钢桥设计技术丛书

BUCKLING OF PLATE
AND DESIGN OF STEEL PLATE GIRDER BRIDGE

板的屈曲与钢板梁桥的设计

[日] 吉山 博 编著

人民交通出版社股份有限公司
北京

内 容 提 要

本书是在中国钢材产能过剩、提倡钢桥建设的社会环境下,以日本《道路桥示方书·钢桥分册》为基准的钢桥设计技术参考专业书,适合钢桥设计人员和高等院校的研究生作为技术图书来阅读。

图书在版编目(CIP)数据

板的屈曲与钢板梁桥的设计 /(日)吉山博编著. — 北京:人民交通出版社股份有限公司,2023.5
ISBN 978-7-114-17829-0

Ⅰ.①板… Ⅱ.①吉… Ⅲ.①钢板梁—梁桥—桥梁设计 Ⅳ.①U448.212.5

中国国家版本馆 CIP 数据核字(2023)第 088912 号

著作权合同登记号:图字 01-2021-7356

钢桥设计技术丛书
Ban de Ququ yu Gang Ban Liangqiao de Sheji

书　　名:	板的屈曲与钢板梁桥的设计
著 作 者:	吉山 博
责任编辑:	卢俊丽
责任校对:	孙国靖　刘 璇
责任印制:	张 凯
出版发行:	人民交通出版社股份有限公司
地　　址:	(100011)北京市朝阳区安定门外外馆斜街 3 号
网　　址:	http://www.ccpcl.com.cn
销售电话:	(010)59757973
总 经 销:	人民交通出版社股份有限公司发行部
经　　销:	各地新华书店
印　　刷:	北京印匠彩色印刷有限公司
开　　本:	787×1092　1/16
印　　张:	25.5
字　　数:	630 千
版　　次:	2023 年 5 月　第 1 版
印　　次:	2023 年 5 月　第 1 次印刷
书　　号:	ISBN 978-7-114-17829-0
定　　价:	128.00 元

(有印刷、装订质量问题的图书,由本公司负责调换)

序

近年来,桥梁建设已经成为我国经济社会发展的一大标志,特别是跨越江河湖海深山峡谷的大跨度桥梁以及公铁两用大桥,代表了国家工程技术整体发展水平,在国际上也处于领先水平。据不完全统计,截至2019年年底,中国各种不同类型的桥梁已经接近100万座。同时材料工业也在高速发展,近年来无论在产量和技术上都进入世界大国的行列,我国钢材产量已经超过了基础建设的需求用量,出现了饱和甚至过盛。但是已建成的桥梁当中除特大桥(这种桥所占桥梁总量的比例不到5%)使用钢结构外,绝大多数中小桥梁仍是混凝土桥,与日本50%的钢桥相比差距很大。最近几年国家钢结构行业协会和冶金系统在鼓励推广钢桥的应用,部分省份交通运输行业主管部门也明确要求中小桥梁尽可能推广使用钢结构。这对我们消化钢结构产能,减少对环境的污染,回收利用老旧钢结构材料都非常有好处。

现在全社会都在大力提倡创新,而工业上真正成功的创新需要在掌握工程结构基本理论的基础上,应用专业知识来实现。实际上任何产品的耐久性都需要有制造工艺和过程的保证,这方面日本的做法值得借鉴。在日本钢桥被定义为工业产品并执行相应的严格规定,原则上不允许有会受人为因素影响的现场焊接。占日本桥梁总数50%的钢桥,绝大多数是钢板梁,组合梁的设计并不很多。这就需要全面理解和掌握钢的强度机理、屈曲理论和钢板的加劲技术。这本书的主要内容在吉山先生的公司内部作为对员工的培训教材,已经广泛使用多年。

吉山先生早年毕业于哈尔滨建筑工程学院桥梁相关专业,在日本从事桥梁设计30多年,有坚实的理论基础和丰富的实践经验。多年来与中铁大桥局集团有限公司、中铁大桥勘测设计院集团有限公司保持着技术交流。钢板梁的屈曲理论比较独特,日本刚刚改成了极限状态设计法,好多地方值得我们学习借鉴。本书不但讲透了屈曲的基本知识,还从根本上解释了日本钢桥规范《道路桥梁示方书·钢桥分册》的理论背景，全面阐述了钢板梁屈曲设计理论和应用，对日本梁和板的极限承载曲线进行了详细的解说。这本书中既有经典的结构屈曲理论讲述，也有吉山先生多年设计实践经验的总结。相信此书在中国出版后对高校在校师生和在职学习的技术人员，包括设计工程师都有较高的参考价值。

是为序。

中国工程院　院士　聂建国

日期：2020年 12月 16日

前言

我在日本从事桥梁设计30余年,经日积月累,所经营的企业已经在日本的钢桥结构设计方面达到了一定规模。近年来,在日本干线道路和都市高速道路的钢桥大规模改造项目中,大家在感叹先辈技术成果的同时,也经历了许多惨痛的教训。目前,在中国推广钢桥的相关政策方针下,将有大量的钢桥代替混凝土桥,出版此书的宗旨在于与中国同行交流分享钢桥设计方面的经验和教训,从而使中国同行少走弯路。谈起钢桥设计,包括很多业内人士也都以高性能、大跨径、多组合的"高大上"眼光看问题,导致学生们也误认为设计小桥不是工程师的工作。本书是以非组合钢板梁为主要内容进行编写的,这也是钢桥最基本的起点。道路桥在中国受预应力混凝土桥的影响,开始就没有普及钢梁独自作为桥体的梁桥设计理念,而直接进入了钢-混凝土组合形式。

在日本,钢桥行业开始就把桥面板定义为桥梁附属构件,在长期的实践中已经证明了这个定义的合理性。在增大的荷载、大气、日光,特别是雨水的影响下,亦可说桥面板就如同一般的工业消耗品一样,损伤和破坏不可避免。所以近期日本进行的大规模桥梁改造项目,大多数以桥面板更新为主要目的。非组合钢板梁的桥面板不参加主梁的承载力计算,给今后桥面系的维修和改造包括为提高通行荷载而进行的主梁补强提供了可能。但钢-混凝土组合梁桥的情况则完全不同,维修改造时只撤去部分桥面板也会导致全桥承载力降低,由此产生的费用将会比新桥建设的费用多数倍,半幅的改造也要数年,严重时不得不阻断交通甚至废桥重建。组合钢梁桥存在的问题将在第1章里进行阐述。

非组合钢板梁,由3块板焊接构成的I形截面,看上去很简单,但作为18世纪钢材出现后就发现的最有效的抗弯截面,设计理论从Euler的压杆整体屈曲开始,经Bryan的板屈曲、Karman的板非弹性屈曲,至Bleich的板屈曲后效应,焊接钢板梁的力学合理性已成为经典理论的集合,设计方法是集屈曲理论之大成。突出表现在其承载性能的复杂性,板宽厚比的依存性,在腹板的钢材强度利用空间更显示其屈曲后的构造特殊性,这样的主梁构成的桥梁无疑更具有科学性和经济性。日本《道路桥示方书·钢桥分册》(以下称《道路桥示方书》),是钢结构屈曲设计的实用宝书,中国的工程师们也经常参考使用。《道路桥示方书》中的理论和公式背景也是本书要介绍的主要内容。《道路桥示方书》的公式是建立在双轴对称I形钢板梁的试验曲线基础上,钢板梁设计主要基于Basler的板梁理论,而腹板屈曲规定更多是参考了德国的DIN 4114规范。

在日本,I形梁也叫"钣桁",焊接钢板梁占钢桥的绝大多数,20世纪50年代以来日本干线公路、收费公路的多跨连续钢桥几乎全采用焊接钢板梁,主要的城市高速路高架桥也多采用焊接钢板梁。焊接钢板梁各制造厂家大都有完整的钢板梁生产线,至今已有全自动24h连续生产的车间。几十年来随着板材性能的提高和价格的稳定,加上人工费用的逐年递增,省人力化设计,少主桁、少加劲设计主要是在焊接钢板梁上实现了。遗憾的是,30年以来,钢板梁的设计理论,特别是腹板稳定计算和加劲设计几乎没有太多变化。2004年,美国在LRFD里考虑了屈曲后强度。日本于2017年把长期使用的容许应力法改成了分项系数极限应力状态设计方法,但计算公式还是以前的相关曲线下的回归式;在腹板的计算上只是改变了安全系数,容许应力法并没有变。考虑板的屈曲后强度应采用基于拉力场理论的性能检验法,日本正在研究开发中,期待尽快形成新的板梁体设计方法。

近些年来,由于计算机性能和有限元分析程序的进步,不只是在板件局部或节点,包括结构物整体的极限状态行为也可以用数值计算直接评价;出现局部屈曲的薄板构造的极限状态行为,亦可用常规商用程序的板单元来解其几何学非线性和材料非线性的组合作用。Abaqus和ANSYS都已具备了较完备的功能,比起日本的加劲设计公式,中国的工程师在整体或者节点设计上采用有限单元法的很多。那么在什么应力水平下基于什么理论,使用哪种本构关系,采用什么样的模态和边界条件等,均要求工程师具备足够的技术。

用有限元做屈曲分析,在弹性范围内只能做有效屈曲长度和初期挠度的计算,而计算板的承载力需要用大挠度的复合非线性分析,如果考虑初期变形和焊接应力那就更难一些。日本的屈曲设计法一定会结合当今的软件技术来制定,同时数值分析的应用也需要工程师们更好地理解板屈曲理论。

钢板梁多用于钢桥和建筑的吊车梁,板的屈曲实际属于弹性力学内容。本书作为钢板梁专业技术丛书,内容编排上尽量保证本科生能够读懂,以树立压杆的结构概念为基础,用力学方法推导了受压板屈曲,结合图表详细推导了腹板的弯剪组合验算公式,对板的屈曲后强度这一难点由浅入深阐述了理论和应用;考虑钢桥疲劳破坏的特点,最后分析了钢板梁桥上经常发生的疲劳裂纹机理,作为板理论的实例应用进行了分析。另外,对日本商用软件 APOLLO 也进行了介绍。日本现在常用的两套钢桥设计软件 APOLLO 和 HYBRIDGE 都是基于现行《道路桥示方书》板算法的自动设计程序,使用者均处于"知道设计流程,但不清楚其理论背景和内容"的状态。为此,本书将有助于处于此状态的中日钢桥设计者和相关专业学生。

本书的内容主要是讲解板的屈曲理论并应用理论来解释《道路桥示方书》的公式背景。由于笔者并没有参加《道路桥示方书》的实际编写,更缺乏试验数据,全书是在公司内部讲习资料的基础上总结编写而成的,加之笔者对中国桥梁的学习不够,难免有不准确之处,请读者们批评指正(yoshiyama@jccon.co.jp)。

本书编写中参考学习了吴冲教授的《现代钢桥》等著作,第 11 章由哈尔滨工业大学孙永明副教授编写。中铁大桥勘测设计院有限公司的刘自明博士对本书的编写也提出了很多宝贵意见,而书稿的文字录入是由各分公司的职员协力完成的。这里一并表示感谢。

著者
2021 年 3 月

目录

第1章 稳定性问题概述 1
1.1 强度、刚度和稳定性 2
1.2 稳定性问题分类 4
1.3 二阶应力理论 5
1.4 组合钢板梁桥 8

第2章 柱的屈曲 11
2.1 概述 11
2.2 长柱的弹性屈曲 12
2.3 屈曲系数和有效屈曲长度 16
2.4 弯曲放大系数 21
2.5 短柱的塑性屈曲 26

第3章 钢材强度与构件设计基础知识 31
3.1 概述 31
3.2 钢材的基础知识 33
3.3 概率论解法的相关公式 41
3.4 钢材的强度 44
3.5 常用变形模量与钢材的弹塑性 49
3.6 钢材的屈服条件 51
3.7 钢材的破坏韧性 56
3.8 焊接与残余应力 62

第4章 受压构件的承载力 77
4.1 I形截面的极限强度 77
4.2 局部屈曲和整体屈曲 80
4.3 I形截面的非弹性屈曲 82
4.4 承载力曲线 88

第5章 钢板梁的屈曲理论 94
- 5.1 钢板梁桥的历史 94
- 5.2 钢板梁桥的结构 96
- 5.3 合理化、省力化钢板梁桥 98
- 5.4 钢板梁的屈曲问题 102
- 5.5 板的屈曲理论式 104
- 5.6 板屈曲的能量法 117
- 5.7 板的弯曲屈曲 120
- 5.8 板的剪切屈曲 123

第6章 加劲肋设计 127
- 6.1 概述 127
- 6.2 板的屈曲公式研究 130
- 6.3 板的宽厚比 136
- 6.4 构件整体-局部耦合屈曲验算 147
- 6.5 加劲板的屈曲 151
- 6.6 加劲板的设计 164

第7章 钢板梁的设计理论 172
- 7.1 概述 172
- 7.2 钢板梁横向屈曲 176
- 7.3 钢板梁的弯曲强度 186
- 7.4 钢板梁的抗剪屈曲强度 199
- 7.5 组合应力计算和加劲肋设计 209

第8章 板的有限变形理论与弹塑性屈曲 238
- 8.1 概述 238
- 8.2 板的有限变形理论 239
- 8.3 板的屈曲后有效宽度 250
- 8.4 板的弹塑性屈曲 256
- 8.5 板构件的有限变位分析法 262

第9章 钢板梁桥的设计 277
- 9.1 设计概论 277
- 9.2 构造分析 281
- 9.3 分配横梁的设计 290
- 9.4 主梁的设计 297
- 9.5 联结系的设计 305
- 9.6 新《道路桥示方书》的应用心得 314

第10章 钢板梁桥的疲劳分析 317
- 10.1 σ-N 疲劳曲线 317
- 10.2 焊接接头的疲劳强度 321

10.3	钢桥的疲劳验算法	326
10.4	中国的钢桥疲劳验算法	331
10.5	钢板梁桥横截面的疲劳分析	334
10.6	钢板梁腹板的疲劳分析	350

第11章 钢板梁桥自动设计软件 APOLLO ································· 361

11.1	概述	361
11.2	建立桥梁结构分析模型	363
11.3	任意梁单元分析	371
11.4	主梁设计	373
11.5	横梁设计	376
11.6	加劲肋设计	379
11.7	钢材用量验证、刚度比验证	383
11.8	疲劳验算	385
11.9	自动制图	387
11.10	本章小结	389

后记 ································· 391

参考文献 ································· 393

第1章 稳定性问题概述

结构概念及其原理是抽象的,一般无法被直接看到和感觉到,主要是通过手算和工程经验积累获得,而现在大量的手工计算工作已被计算机取代,这就需要借助新的方式来获取结构概念。事实上尽管计算机分析结果在数学上是正确的,包括有很多设计公式是多年沿用的经验回归,但如果采用了不正确的假设和模型,或者不了解公式的理论背景,其结果仍可能存在缺陷甚至错误。理解了结构理论并通过优化设计才能真正建立结构概念,从而完成名副其实的概念设计,工程师的创新是从这里开始的。图1-1是与本书要学习的结构稳定性对应的常见失稳形式。

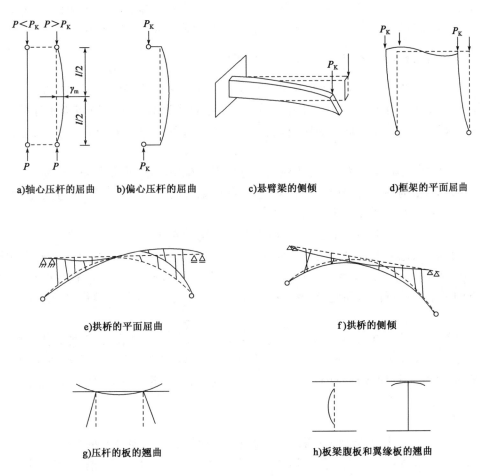

图1-1 常见失稳形式
P_K-欧拉临界力

1.1　强度、刚度和稳定性

结构的强度、刚度和稳定性是三个不同的概念。强度表示结构中的材料或截面能够承受的最大应力；刚度表示结构抵抗变形的能力；而稳定性表示结构能够保持原有的平衡状态且能继续承担附加的荷载。材料力学是我们最先接触的力学入门专业课，已在我们脑海里留下深深的烙印。实际上刚度是结构居于首位的性质，强度是刚度为零成为塑性铰的一种极限状态。那么刚度是什么呢？

①对材料来说指的是 E 和 G（E,G 分别为材料弹性模量和剪切模量）；

②对截面来说是 EA,EI,GA 和 GI（A,I 分别为截面面积和惯性矩）；

③对构件来说是 EI/L（L 为构件长度）和边界条件；

④对结构来说是侧向刚度和子结构。

那么柔性是什么呢？柔性是相对刚性而言的一种结构特性，柔性是结构的变形能力，是在稳定状态下强度维持的范围，是结构抗震和吸收能量的重要性能。飞机翼肋板屈曲后的张力场，波形钢腹板桥的竖向刚性和水平风琴效应都是结构刚性和柔性的体现。

本书主要讲述杆件的屈曲问题。从压杆的弹性临界荷载 $P_{cr}=\dfrac{\pi^2 EI}{(\mu L)^2}$ 可以看出，稳定是刚度问题；但进入弹塑性阶段 EI 是变化的，弹塑性阶段的稳定计算则与钢材的屈服强度有关。对仅在主平面内承受荷载的 I 形梁来说，常见可能发生的整体失稳现象为弯扭失稳、弯曲失稳和扭转失稳，而在弯曲失稳中，杆件端支点附近存在着腹板局部剪切屈曲的面外失稳现象。

钢结构的强度问题是截面问题，而稳定问题却不是截面问题，而是与整个结构或构件有关的变形问题。钢结构的稳定分析应有整体观点，基于稳定问题的数值计算，一般是通过考虑几何非线性的二阶弹性或塑性分析来完成的。

钢结构在荷载作用下要发生变形，此时若对钢结构处在未变形状态下的平衡进行内力分析，称为一阶分析，这大多是设计上的截面问题。当钢结构在一个外力作用下变成不稳定状态时，它已显著地偏离原来的位置，当平衡和变形协调条件是按已变形的状态来建立时，对已变形状态下的钢结构进行内力和变形分析，就必须进行二阶分析，这是二类稳定问题的一个显著特点。

稳定性问题可以通过图 1-2 中曲面上小球的状态来理解，小球在 ABC 线上什么位置稳定性更好？显然是 A 侧更稳定一些。这种稳定性的定量评价方法在力学上是可被接受的。

平衡稳定性的判定准则有两个，一个是静力准则，另一个是能量准则。这里，把判定稳定状态的这两个准则简单介绍一下。

(1) 静力准则

满足静力平衡条件的某结构体系，当受到微小扰动使其偏离原来的平衡位置时：

①若在该结构体系上产生一指向原来平衡位置的力（恢复力），而当此扰动去除后，能使该体系迅速恢复到原来位置，则原来的平衡状态为稳定平衡[图 1-3a]。

②若产生背向原来平衡位置的力（负恢复力），而使偏离越来越大，则原来的平衡状态为

不稳定平衡[图 1-3b)]。

③若受扰动后不产生任何作用于该体系的力,而当扰动去除后,既不能恢复原来的平衡位置也不继续增大偏离时,则为随遇平衡[图 1-3c)]。

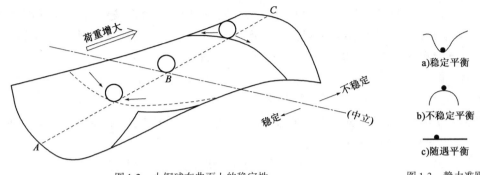

图 1-2 小钢球在曲面上的稳定性

图 1-3 静力准则

(2)能量准则

总势能 Π 是结构体系内的应变能 U 和外荷载势能 V 两者的和,$\Pi = U + V$。

①如果结构体系受到微小扰动而变形,体系的总势能 Π 是增加的(原来的总势能具有极小值),则原来的平衡状态是稳定平衡。变分 $\delta\Pi = 0, \delta^2\Pi > 0$,为凹曲线。

②如果总势能 Π 是减少的(原来的总势能具有最大值),则原来的平衡状态是不稳定平衡。其变分 $\delta\Pi = 0, \delta^2\Pi < 0$,为凸曲线。

③假如总势能保持不变,则为随遇平衡。其变分 $\delta\Pi = 0, \delta^2\Pi = 0$。

以钢球的平衡稳定性为例,如图 1-4 所示,静力平衡是指重力 P 和支承反力 R 都使钢球处在静力平衡状态。在应用上述静力准则时,要注意到,使钢球发生微小位移的微小扰动力是不进入研究过程的,即不进入平衡条件,因为静力准则所研究的是扰动去除后该体系能否回复到原来状态。

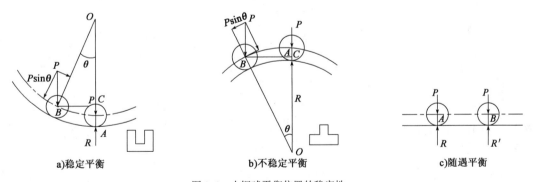

图 1-4 小钢球平衡位置的稳定性

在应用上述能量准则时,要注意 $d\Pi/d\theta = 0$ 仅说明小球处在平衡状态,要判断这个平衡状态的性质,则需要看总势能是否有极大值、极小值。由高等数学的知识可知,当 $d^2\Pi/d\theta^2 > 0$ 时,总势能为极小,平衡状态是稳定的;当 $d^2\Pi/d\theta^2 < 0$ 时,总势能为极大值,平衡状态是不稳定的;当 $d^2\Pi/d\theta^2 = 0$ 时,还要看总势能的高阶导数是大于零、小于零还是等于零,最终判断出总势能在该平衡状态的极值性质,最终确定平衡状态的性质。

1.2 稳定性问题分类

设计工程师都想把结构设计得理想乃至完美,但是钢结构的每个施工流程包括钢材采购、加工制作、现场架设等都会对结构的最终状态产生影响。设计工程师对结构理想化的完美愿望往往是不可能实现。本书从客观角度出发把结构分成完善力学体系和非完善力学体系。

完善力学体系:理想的均质材料,通过不产生内部约束力的加工方式制成对称截面,由此组成的完全理想结构体,另外,施加的是理想荷载。

非完善力学体系:考虑材料的非均质性,制作过程中产生了内部约束应力,存在截面的非对称性,荷载的偏心等结构的初始缺陷。

结构的稳定性在性质上可以分为平衡分岔失稳、极值点失稳和跃越失稳三类。第一类稳定问题叫作完善力学体系的失稳,包括平衡分岔失稳和不平衡分岔失稳;第二类叫作非完善力学体系的失稳,包括极值点失稳和跃越失稳。本书第1章~第6章主要论述非完善力学体系的临界荷载问题,第7章和第8章是钢板梁的二阶应力的屈曲后强度问题。以线材结构为例,对其稳定问题的分类,前提条件以及内外力和长细比 λ 关系如表1-1所示。

稳定问题的种类　　　　　　　　　　表1-1

稳定问题的分类			前提条件	力与变形、λ 与 σ 的关系
第一类稳定问题	完善力学体系的分岔失稳	I　弹性失稳（欧拉屈曲）	①理想的弹性材料;②线材;③荷载无偏心	
		II　弹塑性失稳（Engesser-Kaman 等）	①弹塑性材料;②线材;③荷载无偏心	
第二类稳定问题	非完善力学体系的极值点失稳	III　二阶应力理论	材料、构造上存在初始缺陷	

注:σ_F-屈服点应力;P_{ki}-弹性屈服轴力;P_k-屈服轴力;P_{kr}-失稳极限荷载(或压溃荷载);r-回转半径。

(1)分岔失稳(第一类稳定问题)

一个理想直杆,无任何缺陷,两端铰支,长度为 l,截面抗弯刚度为 EI,在轴力 P 作用下,当压力达到它的欧拉临界荷载 $P_E = \dfrac{\pi^2 EI}{l^2}$ 时,杆件将从原来的直线轴向压缩的平衡状态突然转变为弯曲,这种平衡状态发生突变的现象称为屈曲,也叫平衡的分岔,称为第一类稳定问题。

至今对稳定性的研究主要是依据线性化的方法,这就导致对屈曲发生以后结构的性能无法进行正确判定。实际上特别是板结构在屈曲后表现出不同性能,图1-5示意了板的对称不稳定屈曲,而图1-6则是非对称不稳定屈曲。由图1-5、图1-6可以看出,在面内荷载作用下,板在屈曲后仍然保有一定的强度,这叫屈曲后强度;而柱壳要在荷载下降到较低的水平才能维持平衡,微小的缺陷即导致承载力的大幅度下降。

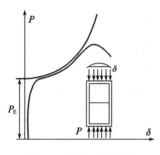
图1-5 板的屈曲后性质

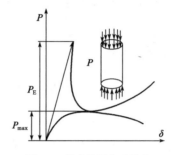
图1-6 柱壳的屈曲后性质

(2)极值点失稳(第二类稳定问题)

理想的无任何缺陷的结构实际是不存在的,轴压杆存在初始弯曲和荷载的初始偏心,钢材的应力达到一定值时就会发生屈服,导致截面的刚度降低。这类问题与前面的分岔失稳有所不同。

这类问题破坏状态是唯一的,不会发生突变的分岔,是一个渐变的过程。在失稳时的最大荷载也是结构实际能承受的最大荷载,即稳定极限荷载,也叫压溃荷载,不存在屈曲后承载力。

对于结构系这类问题是由于二次应力引起的稳定应力问题,平衡是建立在二次应力下变形后的荷载状态,也常叫弹塑性平衡状态。实际上的结构稳定问题都属于第二类。但是,因为第一类稳定问题的力学情况比较简单明确,在数学上作为求特征值问题比较容易处理,而它的临界荷载又近似地代表相应的第二类稳定的上限,所以,在理论分析中占有重要地位。

1.3 二阶应力理论

一般认为作用在已变形结构的几何构形上的加载效应称为二阶效应,二阶效应(P-delta效应)是由于构件的挠曲和结构的侧移所引起,又可分为P-δ和P-Δ效应。稳定问题与强度问题有本质区别:若分析研究的目的是为了找出构件或结构在稳定平衡状态下最大的应力,就是强度问题,即应力问题,对结构进行强度设计的目的是为了避免构件的最大应力超过材料的极限强度;若为了找出构件或结构内、外力之间的不稳定平衡状态,就是稳定问题,即刚度问题,对结构进行稳定设计的目的是为了防止结构在使用时发生失稳,也是为了防止结构产生不稳定平衡状态。考虑二阶效应(P-delta效应)的分析都是非线性分析。最初的非线性研究大多是关于结构小变形的弹塑性分析,随着有限元法、数值迭代计算技术的发展及计算机的广泛应用,考虑大变形的分析方法得到了迅速发展。只有考虑结构几何位置的改变才能跟踪结构的荷载-位移的非线性曲线,因此,对钢框架结构进行精确的二阶弹性分析就涉及荷载-位移路径跟踪的问题。

二阶应力问题也是用欧拉屈曲荷载的求法,只不过这里是在结构系变形后的状态下作平衡微分方程式,用单柱变形后的平衡式来说明二阶应力的问题(图1-7)。

m 截面的弯矩 M_m 为

$$M_m = W(h-x) + N\frac{\mathrm{d}v}{\mathrm{d}x}(h-x) + Nv(x) \tag{1-1}$$

式中:$W(h-x)$——一阶应力部分;
$\mathrm{d}v/\mathrm{d}x$——杆件转角 θ;
$v(x)$——挠度。

式(1-1)中的后两项为二阶应力部分。

梁的挠度方程(微小变形假定下)为

$$\frac{\mathrm{d}^2 v}{\mathrm{d}x^2} = -\frac{M_m(x)}{EI} \tag{1-2}$$

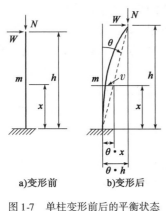

图1-7 单柱变形前后的平衡状态

这里的二阶应力是指在结构变形后,由于杆件转角 $\theta = \mathrm{d}v/\mathrm{d}x$ 和水平位移 $v(x)$ 在轴力作用下所产生的附加弯矩,在杆件的二阶应力理论里常把应变 ε 这个无量纲值应用于分析中:

$$\begin{cases} 应变 \quad \varepsilon = l\sqrt{\dfrac{N}{EI}} & 轴力 \quad N = \dfrac{\varepsilon^2 EI}{l^2} \\ 长细比 \quad \lambda = \dfrac{l}{r} & 应力 \quad \sigma = \dfrac{\varepsilon^2 E}{\lambda^2} \end{cases} \tag{1-3}$$

式中:r——回转半径。

在考虑结构的稳定应力时,设计上一般按下述方法进行研究:

(1)弹性范围内

①进行弹性应力分析,采用欧拉屈曲公式计算。

②使用安全系数 k 倍的设计荷载对结构进行二阶应力理论分析,然后计算结构的稳定极限荷载。

(2)塑性范围内

①型钢板的稳定性研究:对到达塑性状态的部位(塑性铰),通过规定宽厚比来限制局部屈曲。

②结构的面外稳定性研究:轴线方向及侧方向产生移动的同时也产生结构的扭转,使用大变形理论进行几何非线性分析。

塑性范围内的研讨都属于结构的二阶应力分析,I形截面钢板梁的极限承载力计算,理论上要考虑中间腹板屈曲后强度的发挥(图1-5)和板结构的大挠度变形,即作结构的复合非线性(材料非线性和几何非线性)二阶应力分析,具体的方法是:

①通过弹性有限变形分析计算出安全系数 k 倍设计荷载下的钢板的较大压应力强度,与通过压板宽厚比参量 R(考虑弯曲应力比)计算出的压应力进行比较,并判定其安全性。

②作弹塑性有限变形分析,考虑腹板单元的局部初期挠度波形作二阶复合非线性分析,这样可以较精确地计算梁的极限承载力。

实际的纯压杆并不多,大多数构件都是压弯组合的应力状态,常叫作柱梁。

相对于二阶应力分析,我们把不考虑塑性铰影响的分析定义为一阶应力分析。

压弯构件的基本性能可以参照图 1-8 来说明。图 1-8a)是两端铰支,承受轴力和两端相同弯矩作用的压弯杆。图 1-8b)是在弯矩不变,柱中点在轴力增加情况下的轴力-挠度曲线。图 1-8c)是轴力不变下的弯矩-挠度曲线。

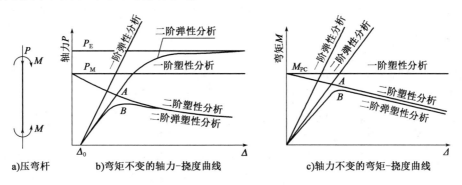

图 1-8 压弯构件的荷载-挠度曲线关系

对于压弯杆件的分析方法不同,则轴力-挠度曲线也不同,如下所述:
①一阶弹性分析,轴力-挠度关系是线性关系。
②二阶弹性分析,轴力-挠度关系是非线性关系,在轴力接近欧拉临界荷载时,挠度趋向无穷大。
③一阶塑性分析,塑性分析不考虑形成塑性铰以前的挠度,因此,轴力小于塑性铰荷载(P_M)时,挠度为零;一旦达到塑性铰荷载,挠度可以无限大。
④二阶塑性分析,与一阶塑性分析的区别是,要考虑挠度和轴力相乘引起的弯矩,这个附加弯矩使得塑性铰状态下的轴力必须减小,因为此时的附加弯矩是假设不变的。
⑤二阶弹塑性分析,这是最精确的分析,它考虑了变形的逐步发展,即塑性区的逐步开展。二阶弹塑性分析得到的轴力-挠度曲线永远处于二阶弹性分析和二阶塑性分析曲线的下方。表明二阶弹性分析和二阶塑性分析的曲线是真实曲线的上限。

由图 1-8 可知,二阶弹塑性分析得到的轴力最大值在 B 点,二阶弹性分析和二阶塑性分析曲线的交点在 A 点,A 点永远处在 B 点的上方,而且,有时 A 点对应的挠度要比 B 点对应的挠度小很多。

对于钢板梁而言,单体梁腹板如果具有较小宽厚比,为实现全塑性弯矩的设计,其极限状态将出现塑性铰问题,这样构件整体分析也就以二阶应力分析为主。相反,若采用宽厚比大的薄腹板,想要利用其屈曲后强度,则会出现支点处腹板弯剪组合屈曲,从而导致局部屈服这样的塑性问题出现,这样腹板的面外挠度也是二阶应力问题的主要表现。换句话说,钢板梁要追究彻底的结构极限,理论上离不开二阶应力分析。从吊车梁和钢板梁桥的观察结果发现,结构的破坏大都以主梁结构与横梁的二次杆件之间发生的受拉疲劳断裂为主,这种面外挠度支持的二次连接点是在主梁面外力特别是二阶变形的控制点。越来越多的实践经验表明,要控制整个构造系整体的使用寿命,需要做整体模型下的应力分析。近年来用整体有限单元法模型分析整桥的例子也越来越多。

所谓二阶应力分析,理论上讲是一种力或者变形的耦合关系的处理。在设计上,钢结构的屈曲计算常将问题简单化,用下述的系数连乘法来计算容许压应力。将与构件长细比相关的整体稳定极限荷载系数 ρ_{crg} 和与截面构成板单元宽厚比相关的局部稳定极限荷载系数 ρ_{crl} 用连乘系数的方法来计算耦合屈曲强度 σ_{cud}，是新《道路桥示方书》规范的特点。不只有弱轴的开口截面可以这样计算，焊接箱形截面也同样可以。在设计上一般都是在不允许整体屈曲先发生的条件下，以局部屈曲与屈服点相等时来规定最小宽厚比。但在下列情况下是允许采用局部屈曲的设计方法：

①构件受相反应力的较小压力；
②架设时临时荷载作用下的小压力构件；
③与混凝土组合受力的板件。

日本的连乘系数法来自美国的 Q 系数法（$Q = Q_s \cdot Q_a$，细长单元折减系数），欧洲用的是考虑板屈曲后强度的有效宽度概念计算协调。

另外要注意的是，在平均应力和截面内最大应力是非线性关系时，乘积公式计算有时候会出现过度的安全性，或者出现宽厚比越大反而越安全的脱离现实的情况。这时，需要用高度的非线性耦合屈曲分析手段来解决，有时候需用几何非线性和材料非线性的复合手法。

1.4　组合钢板梁桥

结构的稳定问题来自巨大的轴压力，本书主要目的是讲述非组合钢板梁桥，其重要内容是针对双轴对称的 I 形截面梁体。谈起梁的稳定，一般轴力都不是重要的讨论问题，或者计算中根本就不考虑。而组合钢板梁桥是中国桥梁设计的主要形式，其特点就是钢筋混凝土桥面板参与桥梁总体分析，承担轴向力。实践中常见的连续梁中支座会出现很大的负弯矩而导致桥面出现裂缝，此时，加入预应力已成为组合钢板梁的常规做法，这种顺桥轴方向增加轴压力的处理也可以说成是梁的内力稳定问题。本节作为非组合钢板梁桥的附加内容，讨论一下组合钢板梁桥的技术和应用问题。

组合钢板梁桥一直是梁式桥领域共同的研究方向，在重要或者大型的桥梁建设中，组合结构更能体现出优越的承载能力和跨越能力。相反，各国在普通跨径的桥梁中应用组合钢板梁的比例并不高。钢筋混凝土桥为钢与混凝土异种材料的组合具有优异的力学性能。尽管人们对钢筋混凝土桥面板功能有充分的肯定，但其混凝土受干燥收缩徐变、应力松弛以及温度差的影响而在一般施工水平下是否具备共同抗力性还有待商榷。因此，组合钢板梁桥在日本境内的应用并不广泛。作为发明国的法国，组合结构桥梁在桥梁总数上也不超过10%。而在中国，组合结构的应用十分广泛，特别是钢管混凝土组合拱桥应该是世界第一。笔者分析其原因：一方面大多数设计者是钢筋混凝土领域的工程师，过度信任混凝土的抗压性能；另一方面是对钢板的屈曲知识不足，有的设计者以充填混凝土来防止钢板屈曲的发生。

在支座的负弯矩区，中国的处理方法是，对于梁下缘受压区钢板，没有考虑腹板屈曲后性能的发挥，仍然按照一般的屈曲板宽厚比要求验算钢腹板截面，在腹板局部设置多段纵横加劲肋，或者一味地提高腹板的厚度。

各国对于组合钢板梁桥的研究现状均较滞后，原因有很多：首先，组合钢板梁施工程序繁杂，施工水平要求很高，设计的理想状态需要在高水平的施工管理下才能实现；其次，组合效果的检测也是个难题；最后，结构组合效果仍需考量长期耐久性，负责任的业主不得不对其工法的采用持谨慎的态度。

组合梁的混凝土桥面板一旦出现破损,不只是桥面板,包括主梁的承载力都会减小,对整桥的影响十分严重。而为了修补桥面板的损伤,需要拆除重新打设一部分桥面板,而主梁承载力的显著减小导致修补期间的活荷载承载能力成为问题,严重时必须中断交通。在此情况下,对于钢板梁上的组合桥面板,特别在质量和强度上均有较高的要求,原则上应与钢梁有共同的使用寿命,这是各国对组合钢板梁桥的基本要求。

组合梁是钢筋混凝土板与钢梁通过十分坚固的结合键(剪力连接件)形成一体共同抵抗外力,保证正常服役期间不发生任何错位。作为组合梁,根据负荷状态可分恒活荷载组合梁和活荷载组合梁两类。

(1)恒活荷载组合梁

在跨间的适当位置设置施工临时支座的状态下浇筑混凝土,硬化后撤去临时支座,使组合梁共同承担恒活荷载。

(2)活荷载组合梁

不设临时支座,混凝土和梁自重由钢梁承担,而硬化后的活荷载由组合梁共同承担。

无论哪种组合梁,连续梁负弯矩区的混凝土裂缝问题依然严重,这样又有下述 3 种方法对桥面板施加轴力以减少裂缝。

①前荷载法:对跨中混凝土进行压缩或加载,支座混凝土硬化后,卸载;

②降支座法:架设钢梁后顶升支座,混凝土硬化后下降支座;

③预应力法:桥面板与钢梁合成后,在受拉侧施加预应力。

另外随着大型车辆的载重增加,世界各国的荷载组合和非组合钢桥的设计法也复杂多样,表 1-2 是美国桥梁规范的设计法变迁。1986 年开始推行代替荷载系数法,对最大假想荷载允许中间支座形成有效塑性铰,并保证转角不超过 0.063rad,梁制作时要考虑预拱度。

美国组合梁与非组合梁钢桥的设计法 表 1-2

设计荷载	验算内容	
	LFD 法(荷载系数法)	ALFD 法(代替荷载系数法)
使用荷载 $D+(L+I)$	·保证疲劳寿命 ·限制活荷载挠度 ·限制混凝土的裂缝	·保证疲劳寿命 ·限制活荷载挠度 ·限制混凝土的裂缝
超过荷载 $D+\dfrac{5}{3}(L+I)$	·控制过大的永久变形 负的 $M_{max} \leqslant 0.8M_y$(非组合梁、组合梁) 正的 $M_{max} \leqslant 0.8M_y$(非组合梁) $\leqslant 0.95M_y$(组合梁) (10%的弯矩再分配)	·控制过大的永久变形 局部屈服 正的 $M_{max} \leqslant 0.8M_y$(非组合梁) $\leqslant 0.95M_y$(组合梁) (变形硬化分析)
最大设计荷载 $1.3\left[D+\dfrac{5}{3}(L+I)\right]$	·等于或超过最大荷载的抵抗强度的保证 负的 $M_{max} \leqslant M_p$(非组合梁、组合梁) 正的 $M_{max} \leqslant M_p$(非组合梁、组合梁) (10%的弯矩再分配)	·等于或超过最大荷载的抵抗强度的保证 负的 $M_{max} \leqslant M_p$(非组合梁、组合梁) 正的 $M_{max} \leqslant M_p$(非组合梁、组合梁) (塑性解析)

综上所述,组合钢板梁桥无论是设计和施工都是比较复杂的,而且下列问题仍存在于各国的实践中。

①设计计算非常复杂,现场的应力调整作业、施工管理等都需要高度的技术水平;
②在部分修补重打桥面板混凝土时,若想保证主梁的承载力,则施工很复杂;
③在对桥面板施加轴力的 3 种方法中,只有预应力法在施工条件允许时效果较好;
④使用预应力法的预应力钢束的桥面板锚固点的弱点很多,可靠性有待研究;
⑤支座部位桥面板的裂缝控制、防水层的可靠性及桥梁耐久性问题依然严重。

由以上的分析可见,我们需要重新认真考虑一下组合钢板梁结构的使用,建议回到非组合钢板梁的起点上,从而减少由于维修重建工作为社会带来的负面影响。

第 2 章 柱 的 屈 曲

2.1 概 述

用细棒承载重物的例子来说明柱的屈曲,如图 2-1 所示,柱的下端不移动,重物的位置有向下降的趋向,这时柱的抵抗方法有两种,一种是柱压缩后重物降低[图 2-1a)],另一种是柱中央横向弯曲使重物下降[图 2-1b)]。不管怎样,物体都要通过容易的过程运动,这是地球上物理现象的法则,换句话说横向弯曲要比压缩来得容易得多,发生横向弯曲时的重物重量就是柱的屈曲荷载。

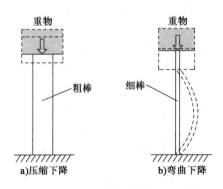

图 2-1 重物的运动法则

这种平衡状态如图 2-2 所示,用轴心受压构件相对应的小球所处的 3 种不同的平衡位置来说明平衡的稳定性。图 2-2 中的 3 个小球都处在平衡状态,但其稳定性却并不相同。对于图 2-2a),当给小球微小干扰后,小球虽然暂时离开了原点,但其势能增加了,一旦撤去干扰,小球又可恢复到原点,因此,这种平衡状态是稳定的。图 2-2b)则不然,小球经干扰离开原点以后,其势能减小了,撤去干扰后小球不仅不能恢复到原来的原点,反而继续向下滚动,远离原点,因此,这种平衡状态是不稳定的。图 2-2c)的小球经干扰后离开原点,干扰撤去后停留在新的位置,处在中性平衡状态,又称随遇平衡状态,也可以说是从稳定平衡过渡到不稳定平衡的临界状态。当 $P = P_{cr}$ 时,轴心受压构件处于这样的临界状态。

屈曲的定义是:杆件因发生不同于荷载作用方向的变形,致使杆件丧失承重能力的现象叫作屈曲。杆件发生屈曲现象的影响因素是长细比 $\lambda = l/r$,l 是杆件长度,r 是截面二次半径(即回转半径,$r = \sqrt{I/A}$,截面二次惯性矩与面积之比的平方根)。长细比也就是杆件的屈曲容易度,其与截面单位面积上惯性矩的大小有关。板的屈曲则与其长宽比有关。长柱一般都是弹性屈曲,也就是发生可以恢复的变形,在屈曲前截面不会进入塑性;而短柱长细比小,屈曲前截面已经进入塑性,屈曲容易发生,这时叫作塑性屈曲;板的屈曲后强度说的主要是弹塑性屈曲。飞机翼腹板就是在塑性波纹发生后的状态下工作的。

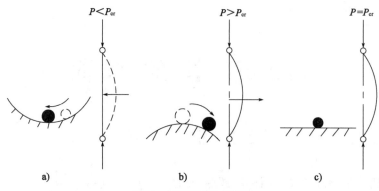

图 2-2 平衡状态的稳定性

屈曲和疲劳是钢构造物破坏的两大原因,也是难题所在。建筑钢结构以线材为主骨架,主要存在杆件的弯曲屈曲问题,其中,H 型钢的横向屈曲是一个难点。钢桥大多是焊接板梁,主要存在板的弯曲屈曲和剪切屈曲两个方面的问题。结构的屈曲稳定问题与振动问题相似,数学解法上属于特征值问题。屈曲现象与振动频率为零或者周期无限大的振动现象相对应。短柱的长细比小,材料的应力增至塑性范围产生塑性屈曲;长柱则易发生几何不稳定现象,叫作欧拉屈曲。短柱的塑性屈曲指屈曲变形引起截面的局部屈服,计算上可采用基于切线模量 E_t 理论和换算模量 E_r 理论两种方法,而采用前一种方法时需要反复计算。为研究板的弯曲屈曲,需要先了解线材的屈曲,即柱的屈曲计算。

我们这里主要是研究柱在微小变形理论下的屈曲问题,即在弹性范围内和小挠度理论下临界荷载对应的屈曲。该临界荷载在实际工程中有重大意义。在大挠度理论上,我们发现当荷载继续增加,变形迅速变大,图 2-3 为各种理论下柱荷载与变形的关系。如图 2-3 所示,当达到 B 点时,杆件进入弹塑性状态,杆的刚度也明显降低,此时,荷载与变形的关系按 BEF 变化。大挠度理论在 B 对应的荷载与欧拉荷载相差不到 2%,变形就达到杆长的 3% 左右。由此可见,尽管按大挠度理论计算的临界荷载在小范围内与变形有一对一的关系,即屈曲后强度,但对于柱的杆件是没有实际意义的。相反,板单元的情况就完全不同,下一章将讲述板的屈曲后强度问题。

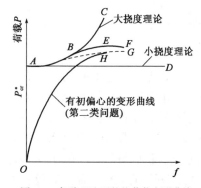

图 2-3 各种理论下的柱荷载变形曲线

压杆稳定虽是杆件的轴力问题,但欧拉在梁的弯曲问题上对其进行了力学解释,这就是产生了有名的欧拉公式。胡克定律于 1678 年被发现,伯努利-欧拉的梁原理发表于 1705 年,1744 年欧拉建立了杆的屈曲理论,同时,创造出了伯努利-欧拉挠度曲线方程式,这些都是人类社会最经典宝贵的理论。

2.2 长柱的弹性屈曲

长柱的弹性屈曲是屈曲的经典问题,图 2-4 为两端简支长柱的屈曲示意图。假定柱是完全的直杆且中心受压,在荷载 P 比较小的时候,内部截面只产生轴力 P。当荷载逐渐加大时,柱产生横向弯曲现象,图 2-4b)的状态下,下支点向上 x 高的 t-t 截面处,挠度为 y,这个位置的截面力是轴力。

$$\begin{cases} N = P \\ M_{\text{ext}} = P \cdot y \end{cases} \tag{2-1}$$

式中:N——轴力;
M_{ext}——弯矩。

式(2-1)是弹性屈曲发生时的平衡状态等式,屈曲是柱杆件的弯曲现象,把 M_{ext} 当作 t-t 以下部分杆件的外力来研究截面的位置变化更为方便。

谈到杆件的弯曲,我们再引入梁的弯曲抗力问题。将弯曲产生的挠度用 $y = f(x)$ 在图 2-5 里表示。曲线上点的倾斜角为 θ,曲率为 ϕ,先讨论曲线挠度与弯矩的关系。几何学中圆滑曲线上任意点的倾角 θ 是曲线的一次微分,而设定的曲率 ϕ 是曲线方程的二次微分。

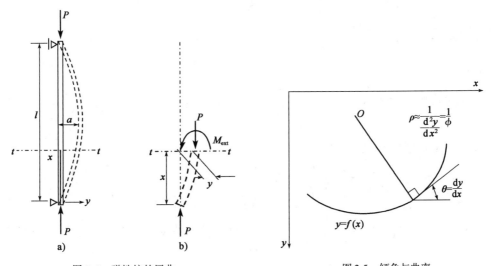

图 2-4 弹性柱的屈曲　　　　图 2-5 倾角与曲率

$$\theta = \frac{dy}{dx} \tag{2-2}$$

$$\phi = \frac{d^2y}{dx^2}\left(\approx \frac{1}{\rho}\right) \tag{2-3}$$

式中:ρ——曲率半径。

作为数学和材料力学基本问题的复习,这里再把挠度的定义和摩尔梁的公式概念演绎一遍,并通过挠度理论建立梁的几何学非线性概念。

看得出来压杆屈曲是按照柱的弯曲来考虑的,理想直杆的中心受压是我们的概念假定。由于绝对的直杆和中心受压,特别是材料的绝对均质,客观上是不可能存在的,所以屈曲来自杆件的几何非对称和材料的非均质。

2.2.1 挠度曲线的曲率半径

如图 2-6 所示,有曲线 $f(x)$ 存在,那么对应 P 点就有半径 $\rho(x)$ 存在,而通过设定点 $P(a$, b)的圆,圆方程为$(x-a)^2+(y-b)^2=\rho^2$。曲线曲率的定义为：P点曲线$y=f(x)$在设定点单位弧长上的转角即为曲率,也可以表示为圆半径的倒数。

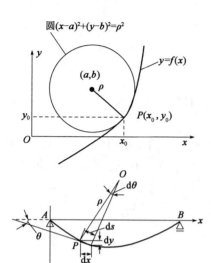

图2-6 挠度曲线的曲率半径

$$\phi(x)=\frac{d\theta}{dx}=\frac{1}{\rho(x)} \quad (2\text{-}4)$$

单位弧长
$$ds=\rho\cdot d\theta$$
$$=\sqrt{(dx)^2+(dy)^2}$$
$$=dx\sqrt{1+\left(\frac{dy}{dx}\right)^2} \quad (2\text{-}5)$$

也就是
$$\frac{1}{\rho}=\frac{1}{\sqrt{1+(dy/dx)^2}}\cdot\frac{d\theta}{dx} \quad (2\text{-}6)$$

而$\frac{dy}{dx}=\tan\theta$,求导得

$$\frac{d^2y}{dx^2}=(1+\tan^2\theta)\frac{d\theta}{dx} \quad (2\text{-}7)$$

$$\frac{d\theta}{dx}=\frac{1}{1+\tan^2\theta}\cdot\frac{d^2y}{dx^2}=\frac{1}{1+\left(\frac{dy}{dx}\right)^2}\cdot\frac{d^2y}{dx^2} \quad (2\text{-}8)$$

代入式(2-6),曲率ϕ为

$$\phi(x)=\frac{1}{\rho(x)}=\frac{1}{\sqrt{1+\left(\frac{dy}{dx}\right)^2}}\frac{1}{1+\left(\frac{dy}{dx}\right)^2}\cdot\frac{d^2y}{dx^2}=\frac{1}{\left[1+\left(\frac{dy}{dx}\right)^2\right]^{\frac{3}{2}}}\cdot\frac{d^2y}{dx^2} \quad (2\text{-}9)$$

已知$y=f(x)$求点P的曲率半径e,通过P点的圆方程是唯一的,充分而必要的几何条件是：

①圆$(x_0-a)^2+(y_0-b)^2=\rho^2$；②$P$点的倾角也就是$f'(x_0)$；③$P$点圆方程的二阶微分是$f''(x_0)$。

则曲率半径
$$\rho(x_0)=\frac{[1+(y')^2]^{\frac{3}{2}}}{y''} \quad (2\text{-}10)$$

微小变形理论中由于y'小于1,$[(y')^2]^{3/2}$则再次缩小,可以忽略不计,这就可得有名的摩尔梁的公式

$$\phi(x)=\frac{1}{\rho(x)}=\frac{d^2y}{dx^2} \quad (2\text{-}11)$$

而这样使用曲率公式(2-9)就是我们常说的梁纯弯曲的几何学大变形问题。

2.2.2 摩尔的弯曲梁

这里假设弯曲梁变形后的截面中性轴$y=f(x)$应变仍然保持平面,从挠度曲线的曲率可以导出截面的应变、转角、弯矩、剪力以及梁上分布荷载关系式(图2-7),明确它们之间的关系是非常必要的。

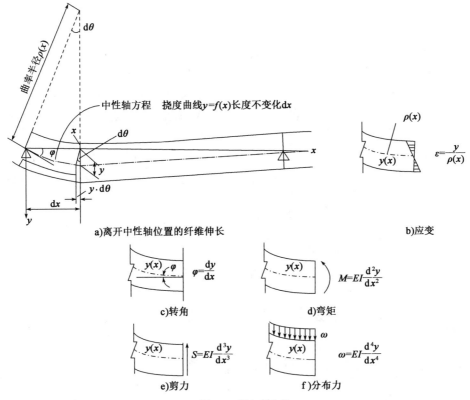

图2-7 摩尔弯曲梁

截面的应变是纤维伸长的变化率。梁的大挠度也就是几何学非线性在挠度曲线的曲率计算中考虑了$(dy/dx)^2$二次项的影响,即曲率严格按理论式计算。另外,又考虑了剪切的影响,剪切项里同样要考虑二次项。

由微小变形理论可认为$[1+(y')^2]^{\frac{3}{2}}$近似为1,则可按如下公式计算可得:

曲率
$$\phi(x) = \frac{1}{\rho(x)} = \frac{y''}{[1+(y')^2]^{3/2}} \approx y'' = \frac{d^2y}{dx^2} \tag{2-12}$$

弯矩
$$M = S_A yb dA = S_A yE\frac{y}{\rho}dy = \frac{E}{\rho(x)}S_A y^2 dy \tag{2-13}$$

令二次弯矩$I = S_A y^2 dy$,将上两式合并可得梁的弯矩公式为

$$M = EIy'' = EI\frac{d^2y}{dx^2} \tag{2-14}$$

从挠度曲线的几何关系导出了计算点曲率的概念,然后,用摩尔的截面微小变形理论建立了梁的弯曲方程式,由图2-4可知:

$$EI\frac{d^2y}{dx^2} + Py = 0 \quad 或 \quad \frac{d^2y}{dx^2} + \frac{P}{EI}y = 0 \tag{2-15}$$

这就是求解弹性屈曲荷载的基本公式。满足微分方程的P值就是屈曲荷载。这是一个

经典的二阶齐次常系数微分方程式，变换一下形式，令

$$k = \sqrt{\frac{P}{EI}} \tag{2-16}$$

则方程为

$$y'' + k^2 y = 0 \tag{2-17}$$

式(2-17)的通解为

$$y = A\cos(kx) + B\sin(kx) \tag{2-18}$$

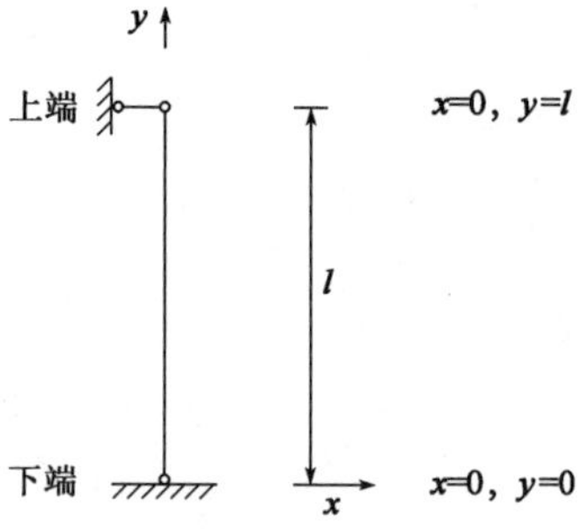

在图 2-8 所示的边界条件下，下端：$x=0, y=0$，则 $0 = A\cos(k \cdot 0) + B\sin(k \cdot 0)$，可得：$A = 0$。

上端：$x=0, y=l$，则 $0 = B\sin(kl)$，可得：$\sin(kl) = 0$。那么有 $kl = \pi, 2\pi, 3\pi\cdots$ 时，方程成立，取最小值 $kl = \pi$，由式(2-16)可得 $\left(\dfrac{\pi}{l}\right)^2 = \dfrac{P}{EI}$，也就是

$$P = \frac{\pi^2 EI}{l^2} = P_{cr} \tag{2-19}$$

式中：P_{cr}——屈曲极限荷载。

图 2-8 边界示意图

2.3 屈曲系数和有效屈曲长度

在前节可知，当 $kl = n\pi (n=1,2,3\cdots)$ 或 $k = \dfrac{n\pi}{l}$ 时，则

$$P = n^2 \frac{\pi^2 EI}{l^2} \tag{2-20}$$

曲线挠度

$$y = c_1 \sin\left(\frac{n\pi x}{l}\right) \tag{2-21}$$

参数 kl 或 P 在数学上称为特征值，相应的函数 y 称为特征函数。只有在参数取特征值时，微分方程才有非零解，因而，计算临界力的问题，在数学上就是求特征值的问题，也就是说挠度曲线的解实际上有无数个，如图 2-9 所示，在工程上仅有 $n=1$ 时才有意义。

$$\sigma_{cr} = \frac{P_{cr}}{A} = \frac{\pi^2 E}{(\mu l / r)^2} = \frac{\pi^2 E}{\lambda^2} \tag{2-22}$$

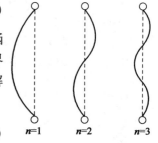

图 2-9 挠度曲线

式中：A——截面积；

λ——长细比，$\lambda = \dfrac{\mu l}{r}$；

r——回转半径，$r = \sqrt{\dfrac{I}{A}}$；

μ——计算长度系数。

土木问题可分为两大类，一类是平衡问题，另外一类就是求解特征值问题。而特征值问题的代表是屈曲问题和振动问题。屈曲问题中，最初杆弯曲的时候假定为平衡，实际上是几乎不可能的，只有 λ 特征值对应的荷载 P 是屈曲荷载时才可能。同样，杆的横向振动亦如此。λ 是特征值时，杆才可能振动，即为 λ 对应振动频率为 ω 时的振动，其他情况时杆的横向振动不可能发生。

一般土木工程中的屈曲是连续体的特征值问题,而振动是质点系(分散体)的特征值问题。

早在 1759 年欧拉就提出了欧拉荷载 P_E,即当 $n=1$ 时,

$$P_E = \frac{\pi^2 EI}{l^2} \tag{2-23}$$

欧拉屈曲应力

$$\sigma_E = \frac{\pi^2 E}{(l/r)^2} \tag{2-24}$$

回转半径 r 常在屈曲问题上出现,表示截面抵抗屈曲的能力,工程上常按图 2-10 估算钢结构截面的回转半径 r,可以理解回转半径的意义。

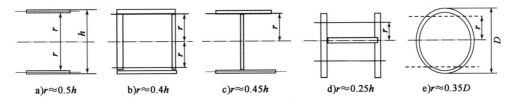

图 2-10 截面回转半径概算值

日本《道路桥示方书》上对各种杆件的长细比分主要构件和次要构件(表 2-1)进行了规定。主要构件指的是参与结构截面力计算模型的杆件,而次要构件则是不参与截面力分析的杆件,比如纵横连接杆件等次要构件相较于主要构件,在长细比的要求上放宽了 25%。对杆件的长细比规定是为了保证桥整体的刚性,表 2-1 中是最大的容许值,并不能保证结构中不发生局部屈曲,因此,仍需要对杆件做具体截面力的屈曲设计。而在截面计算中,线材的压应力允许值是根据长细比的大小同时考虑材质来确定的。采用容许应力法时,容许轴压应力 σ_{ca} (表 2-2),也叫整体屈曲压应力 σ_{cag},是以考虑压杆初期变形时承载力曲线为基础,实际计算中通过应力和长细比变化对容许应力进行反复验算求得。

杆件长细比的规定比较 (l/r) 表 2-1

构件		日本	中国
受压构件	主要构件	120	100
	次要构件	150	130

由于欧拉屈曲荷载与杆件长度的平方成反比,杆件长度减短一点极限荷载就提高很多,欧拉是在材料的胡克定律基础上导入的屈曲荷载,荷载过大或者短柱的情况下弹性屈曲之前会发生塑性屈曲。由图 2-11 可知,以材料的屈服应力 σ_y 作为分界点,左侧是由材料的屈服应力 σ_y 决定的短柱塑性屈曲,右侧是由欧拉屈曲荷载决定的弹性屈曲。交点处的长细比叫作基准长细比 $(l/r)_0$,也就是屈服应力等于屈曲应力时的长细比。长细比与基准长细比 $(l/r)_0$ 的比为

$$\overline{\lambda} = \frac{l/r}{l/r_0} = \frac{1}{\pi}\sqrt{\frac{\sigma_y}{E}} \cdot \frac{l}{r} \tag{2-25}$$

称为杆件的长细比参量 $\overline{\lambda}$,即

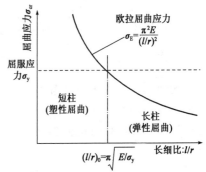

图 2-11 弹性屈曲应力度

基准长细比 $l/r_0 = \pi\sqrt{E/\sigma_y}$ 是材料的特性值。

旧《道路桥示方书》容许轴压应力 表2-2

钢材种类	长 细 比	容许轴压应力 σ_{ca}
SS41 SM41 SMA41	$\dfrac{l}{r} \leq 20$	1400
	$20 < \dfrac{l}{r} \leq 93$	$1400 - 8.4\left(\dfrac{l}{r} - 20\right)$
	$93 < \dfrac{l}{r}$	$\dfrac{12000000}{6700 + \left(\dfrac{l}{r}\right)^2}$
SM50	$\dfrac{l}{r} \leq 15$	1900
	$15 < \dfrac{l}{r} \leq 80$	$1900 - 13\left(\dfrac{l}{r} - 15\right)$
	$80 < \dfrac{l}{r}$	$\dfrac{12000000}{5000 + \left(\dfrac{l}{r}\right)^2}$
SM50Y SM53 SMA50	$\dfrac{l}{r} \leq 14$	2100
	$14 < \dfrac{l}{r} \leq 76$	$2100 - 15\left(\dfrac{l}{r} - 14\right)$
	$76 < \dfrac{l}{r}$	$\dfrac{12000000}{4500 + \left(\dfrac{l}{r}\right)^2}$
SM58 SMA58	$\dfrac{l}{r} \leq 18$	2600
	$18 < \dfrac{l}{r} \leq 67$	$2600 - 22\left(\dfrac{l}{r} - 18\right)$
	$67 < \dfrac{l}{r}$	$\dfrac{12000000}{3500 + \left(\dfrac{l}{r}\right)^2}$

注：l-杆件有效屈曲长度；r-杆件总截面的回转半径。

从式(2-24) $\sigma_E = \dfrac{\pi^2 E}{(l/r)^2}$ 可以看出，理想的中心压杆在弹性范围内的屈曲强度只与杆件长度 l、截面回转半径 r 和材料弹性模量 E 这3项有关，与材料的强度无关；但是弹性屈曲的界限值即基准长细比$(l/r)_0$与材料的屈服强度有关。另外 σ_E 与杆件的杆端约束条件有关。这里把屈曲中的受弯杆件的微量 dx 按图2-12的分析方向取出，x 方向的荷载 P 在杆件直角方向的分力为

$$P\dfrac{dy}{dx} - P\left(\dfrac{dy}{dx} + \dfrac{d^2y}{dx^2}dx\right) = -P\dfrac{d^2y}{dx^2}dx \tag{2-26}$$

单位上的横向力:$q(x) = -P\dfrac{d^2y}{dx^2}$,则式(2-15)的二次微分即是单位长度上的横向荷载:

$$EI\dfrac{d^4y}{dx^4} = -P\dfrac{d^2y}{dx^2} \quad (2-27)$$

综上可知,梁的力学关系 $EI\dfrac{d^4y}{dx^4} = q(x)$ 成立。

式(2-27)是4阶常微分方程式,解的4个积分常数分别与表2-3杆件的柱端条件对应,从任意 dx 梁段建立的微分方程也是可解的。

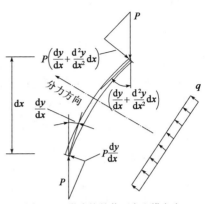

图 2-12 微小柱的截面力和横向力

长柱杆件的柱端条件 表 2-3

固定端		挠度:$y=0$,转角:$\dfrac{dy}{dx}=0$
铰接端		挠度:$y=0$,弯矩:$\dfrac{d^2y}{dx^2}=0$
自由端		弯矩:$\dfrac{d^2y}{dx^2}=0$,反力:$EI\dfrac{d^3y}{dx^3}+P\dfrac{dy}{dx}=0$

式(2-24)中 l 用 l_0 表示:

$$l_0 = \mu l \quad (2-28)$$

式中:l_0——等效长度或计算长度,有代表性的长柱杆件柱端条件下的有效屈曲长度如表2-4所示;

μ——计算长度系数;

l——实际几何长度。

表2-4中图示虚线可以理解为屈曲模态,而有效屈曲长度 l_0 是弯矩为0的反弯点之间的间距。表2-4是4种典型屈曲模态下的计算长度系数,其中屈曲系数 $k_b = 1/\mu^2$。

长柱杆件计算长度系数理论值 表 2-4

编号	a)	b)	c)	d)
屈曲系数 k_b	4	2	1	0.25
柱端约束条件和屈曲类型				
μ 的理论值	0.5	0.7	1.0	2.0

欧拉屈曲应力
$$\sigma_E = \frac{\pi^2 E}{(\mu l/r)^2} = \frac{\pi^2 E}{\lambda^2} \tag{2-29}$$

由表2-4可以看出,杆件和截面不变时,端部约束度越大,有效屈曲长度越小,屈曲荷载越大。桥梁主要构件之间采用理想状态的完全固定进行计算往往是不现实的,工程中杆件是焊接或者高强度螺栓连接时常考虑成弹性固定,日本《道路桥示方书》里对柱的固定端考虑了固定度的问题,给出了表2-5的推荐值,表2-5a)是在下端考虑弹簧k_0的初弯矩$M_0 = K_\theta \cdot \theta_0$的条件下推导出来的$P_{cr} = \frac{\pi^2 EI}{(0.65l)^2}$。表2-4c)的状态为标准的欧拉状态,那么,其他对应状态的弹性屈曲应力σ_{cr}就是由该状态的欧拉屈曲应力σ_E乘以相应的屈曲系数k_b求得。

$$\sigma_{cr} = k_b \sigma_E \tag{2-30}$$

长柱杆件的计算长度系数 表2-5

编号	a)	b)	c)	d)	e)	f)
屈曲模态						
μ的理论值	0.5	0.7	1.0	1.0	2.0	2.0
μ的推荐值	0.65	0.8	1.2	1.0	2.1	2.0

注:l-杆件长度(mm)。

σ_E是$l_0 = l$时,也就是(两端铰支状态下)的弹性屈曲应力,也是经典欧拉解下的屈曲应力,我们常叫它欧拉应力。得到屈曲系数k_b后,杆件的屈曲强度也就出来了,特别是在以后的板屈曲计算中,这个概念很重要。

等效屈曲长度也叫计算屈曲长度l_0,杆件两端铰接的经典屈曲长度为l_e,$l_e = l_0 = l$。以图2-13为例说明变截面单柱的有效屈曲长度的计算方法,计算的原则是:图2-13的a)、b)、c)情况是在屈曲荷载P_{cr}相等的条件下推算出的有效屈曲长度l_e。如图2-13a)所示,柱是由$h_1 = h_2 = h$,$I_1 = I_2/2$的变截面两段柱构成。用I_1截面计算出的两端铰支模型的屈曲长度$l_e = 2.185 \times 2h$,I_2截面计算出的是$l_e = 1.5845 \times 2h$,明显小截面与短屈曲长度相对应。这样在具体设计截面时,材料①和②可以作为等价的截面,如图2-13b)、c)所示,柱所对应的等效屈曲长度l_0可在各种承载力曲线上进行核查,且必须使用两端铰接的经典柱模型中的等效屈曲长度l_0。同样,在多轴应力情况下,考虑了弯曲放大系数的整体屈曲稳定式和应力式也是这样进行推算。

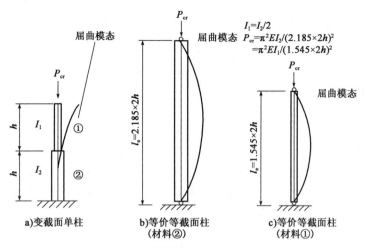

图 2-13 变截面单柱的有效屈曲长度

2.4 弯曲放大系数

2.4.1 弯曲放大系数

杆件在生产、安装过程中难免造成轴心线的初始弯曲,初始弯曲的形状各式各样,例如有弓形初弯曲、S形初弯曲等,如图2-14所示。但不管初弯曲的形状如何,均可用下面的傅立叶级数表示,即

$$y_0(x) = a_1\sin\left(\frac{\pi x}{l}\right) + a_2\sin\left(\frac{2\pi x}{l}\right) + \cdots + a_i\sin\left(\frac{i\pi x}{l}\right) + \cdots$$

$$= \sum_{i=1}^{\infty} a_i\sin\left(\frac{i\pi x}{l}\right) \qquad (2\text{-}31)$$

在未加载之前,截面任一点的曲率可用 $-y_0''(x)$ 表示,在轴压力作用下,总的变形为 $y(x)$,实际的曲率变化为 $[y''(x) - y_0''(x)]$,截面的内力矩为 $-EI(y'' - y_0'')$,外力矩为 Py,平衡方程为

$$EIy'' + Py = EIy_0'' \qquad (2\text{-}32)$$

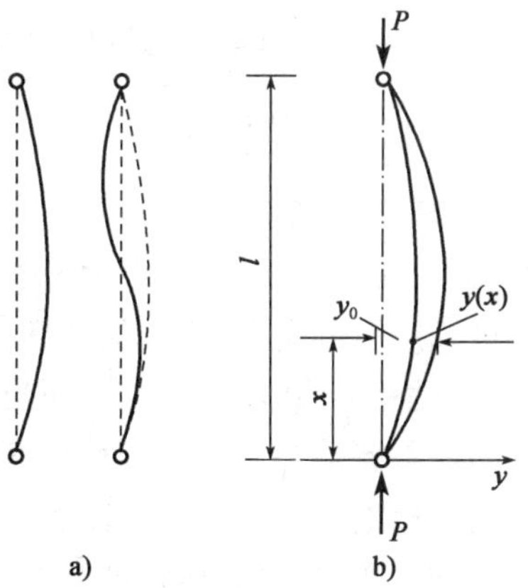

令 $k^2 = \dfrac{P}{EI}$,将式(2-31)代入式(2-32)有

$$y'' + k^2 y = -\sum_{i=1}^{\infty}\left(\frac{i\pi}{l}\right)^2 a_i\sin\left(\frac{i\pi x}{l}\right) \qquad (2\text{-}33)$$

图 2-14 压杆的初弯曲

设其特解有如下形式:

$$y^* = \sum_{i=1}^{\infty} c_i\sin\left(\frac{i\pi x}{l}\right) \qquad (2\text{-}34)$$

将式(2-34)代入式(2-33)有

$$\sum_{i=1}^{\infty}\left[c_i\left(k^2 - \frac{i^2\pi^2}{l^2}\right) + \frac{i^2\pi^2 a_i}{l^2}\right]\sin\left(\frac{i\pi x}{l}\right) = 0$$

由于 $\sin\left(\dfrac{i\pi x}{l}\right) \neq 0$，所以必有

$$c_i = -\frac{\pi^2}{l^2} \frac{i^2 a_i}{k^2 - i^2\pi^2/l^2} \tag{2-35}$$

将式(2-35)代入式(2-34)特解为：

$$y^*(x) = -\frac{\pi^2}{l^2}\sum_{i=1}^{\infty}\frac{i^2 a_i}{k^2 - i^2\pi^2/l^2}\sin\left(\frac{i\pi x}{l}\right) \tag{2-36}$$

通解可写成：

$$y(x) = A\sin(kx) + B\cos(kx) + y^*(x) \tag{2-37}$$

由边界条件 $x=0, y=0$ 与 $x=l, y=0$，解得 $B=0, A\sin(kl)=0$。由于有初弯曲，$P < P_E = \pi^2 EI/l^2$，即 $kl < \pi$，所以 $\sin(kl) \neq 0$，可得 $A=0$，于是式(2-37)为

$$y(x) = y^*(x) = -\frac{\pi^2}{l^2}\sum_{i=1}^{\infty}\frac{i^2 a_i}{k^2 - i^2\pi^2/l^2}\sin\left(\frac{i\pi x}{l}\right)$$

$$= \frac{a_1}{1 - P/P_E}\sin\left(\frac{\pi x}{l}\right) + \frac{a_2}{1 - P/(4P_E)}\sin\left(\frac{2\pi x}{l}\right) + \cdots + \frac{a_i}{1 - P/(i^2 P_E)}\sin\left(\frac{i\pi x}{l}\right) + \cdots$$

$$\tag{2-38}$$

比较式(2-38)和式(2-31)，在轴力的作用下，最初的变形分别加上了一个因子 $1/[1-P/(i^2 P_E)]$，由于式(2-38)中第一项最大，一般只取它作为变形后的弯曲曲线，于是

$$y(x) = \frac{a_1}{1 - P/P_E}\sin\left(\frac{\pi x}{l}\right) \tag{2-39}$$

式中： a_1——初弯曲的变形幅度；

$\dfrac{1}{1 - P/P_E}$——弯曲放大系数。

弯曲放大系数表示初弯曲存在时轴力对变形的影响。从式(2-39)可知，随着轴力 P 的逐渐增大，变形迅速增大，当 $P = P_E$ 时，变形为无穷大。所以说欧拉屈曲荷载 P_E 是其变形曲线的渐进线。但事实上，当变形达到一定程度后，杆内就发生了弹塑性变形，塑性区的刚度急剧下降，于是变形曲线开始弯曲；而当塑性区扩大到不能再承受轴向力时，变形曲线开始下降，这一点的荷载就是杆件失稳的荷载，这类失稳为第二类失稳，即极值失稳，通常用 P_u 表示，欧拉荷载仅从理论上是其上限。图2-15表示了这种变化的关系。

与初弯曲一样，压杆的初偏心也是客观存在的，解法与初弯曲基本相同，结构中常以边缘纤维屈服作为杆件失稳条件。从而解出最大弯矩为

$$M_{max} = \frac{1 + 0.234P/P_E}{1 - P/P_E} P \cdot e \tag{2-40}$$

式中：$\dfrac{1 + 0.234P/P_E}{1 - P/P_E}$——弯矩放大系数，表示初偏心对受压杆的影响。

图2-15为偏心作用时轴向力与变形的关系曲线，它与初弯曲的曲线基本相似，不同之处在于初弯曲变形曲线的起点为 a_1（图2-15），而初偏心变形曲线的起始点为0（图2-16）。

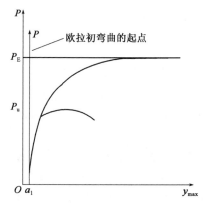

图 2-15　有初弯曲的压杆轴向力与变形的相关曲线

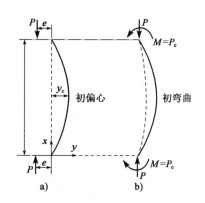

图 2-16　偏心荷载

放大系数 $\dfrac{1}{1-P/P_E}$ 在骨架结构中非常重要，轴压杆件初期变形作为内力引起的附加弯矩都是用 $\dfrac{1}{1-P/P_E}$ 考虑的。只要压杆所受荷载是在欧拉极限值 P_E 以下，由它引起的变形所产生的附加弯矩或应力，可用这种方法叠加，特别与在各种破坏相关的回归式里，多用这种方法计算。图 2-17 是截面全塑性强度的相关式关系曲线。

2.4.2　应力验算

《道路桥示方书》中轴压杆件的多轴应力验算显示，在极限状态下通过放大系数求得变形附加弯矩。以相关式的形式对结构进行整体屈曲安全性检验计算如下：

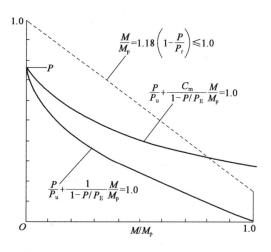

图 2-17　轴力和轴弯曲面内强轴相关强度

由初弯矩 M_0 引起的最大弯矩为 $M_{\max} = \dfrac{M_0}{1-P/P_E}$，增加的部分叫附加弯矩 ΔM：

$$\Delta M = M_{\max} - M_0 = \dfrac{M_0}{1-P/P_E} - M_0 = M_0\left(\dfrac{1}{1-P/P_E}-1\right) = M_0\dfrac{P}{P_E-P} \tag{2-41}$$

当 $P=0.5P_E$ 时，$\Delta M = M_0$，一般也不是一个很小的数。

考虑轴力后的应力为

$$\sigma_{\max} = \dfrac{P}{A} + \dfrac{M_0}{W(1-P/P_E)} \tag{2-42}$$

作为一般式，材料在屈服范围内，有轴力和弯矩的组合相关式为

$$\dfrac{P}{P_y} + \dfrac{M_0}{M_y(1-P/P_E)} \leqslant 1 \tag{2-43}$$

式（2-43）是压弯杆件基本的屈曲稳定验算式，被广泛应用。同样，对局部屈曲的稳定验算也是通过放大系数考虑的，在给定板的宽厚比限值和局部屈曲容许应力 σ_{cal} 的情况下，压弯结合的应力要按下列公式验算：

$$\sigma_c + \frac{\sigma_{bcy}}{1-\frac{\sigma_c}{\sigma_{eay}}} + \frac{\sigma_{bcz}}{1-\frac{\sigma_c}{\sigma_{eaz}}} \leq \sigma_{cal} \qquad (2-44)$$

式中：σ_c、σ_{bcy}、σ_{bcz}——分别是轴向力、绕 y 轴的弯矩和绕 z 轴的弯矩引起的应力；

σ_{eay}、σ_{eaz}——分别是绕 y 轴、z 轴的容许屈曲应力，在轴向力是拉伸的情况下，由于弯矩引起的压缩还存在，这里也需要验算，但是这时式（2-44）的分母可代入 1.0 进行计算。

要注意的是，容许屈曲应力是杆件两端为铰接状态，有效屈曲长度应为 l_e 时的欧拉应力值。使用 H 型钢截面时要特别注意 y 轴和 z 轴的方向问题。

我们对杆件的初期变形是在预先考虑初弯曲或初偏心情况下进行设计的，《道路桥示方书》里的承载力公式是以 1/1000 的初期变形量来控制的。这里我们举例看一下 H 型钢的情况。

两端铰支的 H 型钢柱如图 2-18 所示，初期变形有 $\omega_0/l = 1/500$ 和 $\omega_0/l = 1/100$ 两种情况，通过解二次微分方程 $EI\frac{d^2\omega}{dx^2} + P(\omega + \omega_0) = 0$ 得出梁跨中的弯矩为

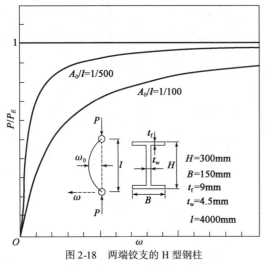

图 2-18　两端铰支的 H 型钢柱

$$M_c = (\omega_c + \omega_0)P = \omega_0 P\left(\frac{1}{1-P/P_E}\right) \qquad (2-45)$$

式中挠度 $$\omega_c = \frac{\omega_0 P}{P_E - P}$$

从图 2-18 中看出，在接近欧拉荷载附近，挠度和弯矩都急剧增加，由初期挠度引起的柱最外缘应力达到材料的屈服点，这时平均轴应力为：

$$\sigma_{cr} = \frac{\sigma_y + \sigma_E(1+\eta) - \sqrt{[\sigma_y + \sigma_E(1+\eta)]^2 - 4\sigma_E\sigma_y}}{2} \qquad (2-46)$$

式中：$\sigma_E = P_E/A$，$\eta = \omega_0 C/r^2$；

ω_0——初期挠度；

C——截面重心距最外缘的距离；

r——截面回转半径；

P_E——欧拉荷载，$P_E = \frac{\pi^2 EI}{l^2}$。

如果把 H 型钢柱最外缘屈服时的状态称为极限状态，则柱的极限荷载就比欧拉荷载小，即 $P_{cr} < P_E$，或者 $\sigma_{cr} < \sigma_E$，初期挠度越大，这种倾向性越严重。

结构计算中经常出现压弯组合的两轴合成应力验算的问题，下面以框架桥墩的稳定和应力验算来说明弯矩扩大系数的用法，如图 2-19 和图 2-20 所示。

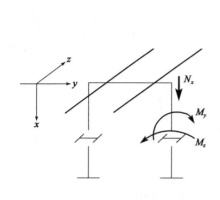
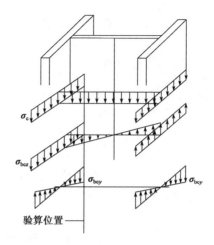

图 2-19　框架桥墩模型图　　图 2-20　计算截面的应力图

下面把压弯组合的 H 型钢截面验算公式的用法详细介绍一下。

轴压情况下，稳定性验算：

$$\frac{\sigma_{\mathrm{c}}}{\sigma_{\mathrm{caz}}} + \frac{\sigma_{\mathrm{bcy}}}{\sigma_{\mathrm{bagy}}\left(1 - \dfrac{\sigma_{\mathrm{c}}}{\sigma_{\mathrm{eay}}}\right)} + \frac{\sigma_{\mathrm{bcz}}}{\sigma_{\mathrm{bao}}\left(1 - \dfrac{\sigma_{\mathrm{c}}}{\sigma_{\mathrm{eaz}}}\right)} \leqslant 1 \tag{2-47}$$

式中：σ_{c}——作用于验算截面的轴向压力 N_x 引起的应力；

σ_{bcy}、σ_{bcz}——分别为绕弱轴和强轴的弯矩 M_y 和 M_z 引起的弯曲压应力，下标 b 表示弯曲，c 表示压缩；

σ_{caz}——根据式（2-49）算出的绕强轴的局部屈曲的容许轴向压应力，下标 a 表示容许；

σ_{bagy}——不考虑局部屈曲的弱轴的容许弯曲压应力，下标 g 表示整体屈曲；

σ_{bao}——不考虑局部屈曲的柱的容许轴向压应力，可直接查材料表取值；

σ_{eay}、σ_{eaz}——分别为绕弱轴及强轴的容许欧拉屈曲应力（欧拉屈曲应力除以安全系数 1.7），这两个值的计算要考虑两端铰支状态下的压杆标准公式所用的屈曲长度，如果不是标准状态，要进行有效屈曲长度的验算。

σ_{eay} 和 σ_{eaz} 的计算式为

$$\begin{cases} \sigma_{\mathrm{eay}} = 12000000 \Big/ \left(\dfrac{l_{\mathrm{k}}}{r_y}\right)^2 \\ \sigma_{\mathrm{eaz}} = 12000000 \Big/ \left(\dfrac{l_{\mathrm{k}}}{r_z}\right)^2 \end{cases} \tag{2-48}$$

式中：l_{k}——βl；

r_y、r_z——分别为绕弱轴和强轴的截面回转半径。

注意在稳定性验算上需要对构件空间只验算一次。

局部屈曲应力验算式为式（2-44）。

在应力计算上要对各个截面都进行验算。这里要特别注意一下式（2-47）、式（2-44）中应力符号。

$\left(1 - \dfrac{\sigma_\mathrm{c}}{\sigma_\mathrm{eay}}\right)$ 就是本节讲述的绕 y 轴的弯矩扩大系数。新《道路桥示方书》中这部分考虑了理论解的安全性,将容许欧拉屈曲应力 σ_eay 乘以 0.8,变为 $\left(1 - \dfrac{\sigma_\mathrm{c}}{0.8\sigma_\mathrm{eay}}\right)$,增大了弯矩扩大效果。

另外,在 σ_caz 的计算中考虑了构件的整体屈曲与局部板屈曲的耦合关系,整体耦合屈曲状态下杆件的容许压应力 σ_caz 为

$$\sigma_\mathrm{caz} = \sigma_\mathrm{cagy} \cdot \dfrac{\sigma_\mathrm{cal}}{\sigma_\mathrm{bao}} \tag{2-49}$$

式中:σ_cagy——不考虑局部屈曲的绕强轴的容许弯曲压应力;

其他变量意义同前。

2.5 短柱的塑性屈曲

前几节讲的长柱的屈曲是几何学不稳定现象,以欧拉荷载为极限荷载,与杆件的强度无关。而短柱的长细比比较小,屈曲时轴向荷载超过了材料的屈服强度,所引起的是机械性的材料不稳定现象,也就是塑性屈曲。在土木工程中,非弹性屈曲的现象可能在大地震或飓风情况下发生,桥梁结构设计中大都仍采用欧拉屈曲理论,在材料的屈曲应力以下进行讨论研究,超过这个界限去设计杆件的情况也很少。本节简单介绍一下塑性屈曲荷载的计算理论。1744年,数学家欧拉求解了长柱的弹性屈曲;1889年,Engesser 提出了切线模量理论;1891年,Consider 阐述了双模量理论;1895年,Engesser 提出了双模量理论;1947年,Shanley 在双模量理论基础上,完善了切线模量理论。如图 2-21 所示,切线模量理论的屈曲荷载一般大于换算模量法的结果,试验证明也是比较接近实际。

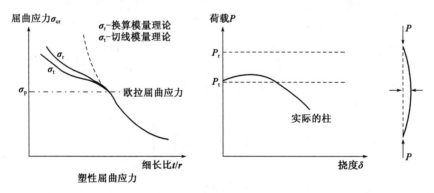

图 2-21 塑性屈曲理论的比较

2.5.1 Engesser 的双模量理论

梁在弹性阶段满足 $y'' = -\dfrac{M}{EI}$,而在弹塑性阶段此关系不再成立,那么弯矩(M)和挠度(y)的关系到底如何?

双模量理论的基础(图 2-22):失稳过程中轴压力保持不变;压杆发生弯曲失稳时,截面上

必然存在受拉侧的弹性卸载区和受压侧的弹塑性加载区,因此,截面上有两个模量区,弯曲产生的 M 与这两个模量都有关系。

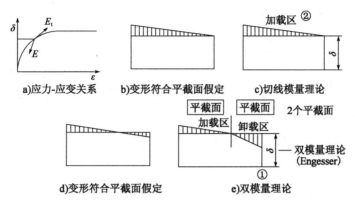

图 2-22 切线模量理论和双模量理论

弹塑性抗弯刚度与切线模量关系式(图 2-23):

$$M = \int_{AL} E(-xy'') \times dA + \int_{Aa} E_t(-xy'') \times dA \quad (2\text{-}50)$$

受拉侧应变为平截面假定 $\dfrac{1}{\rho_{AL}} = \dfrac{d^2 y}{dx^2}$;

受压侧为另一平截面假定 $\dfrac{1}{\rho_{Aa}} = \dfrac{d^2 y}{dx^2}$。

离截面形心轴有如下关系:

受拉侧 $d\varepsilon_{AL} = -\dfrac{x_{AL}}{\rho_{AL}} = -x_{AL} y''$

受压侧 $d\varepsilon_{Aa} = -\dfrac{x_{Aa}}{\rho_{Aa}} = -x_{Aa} y''$

这样基本平衡关系式为

$$\int_{AL} E(-xy'') \times dA + \int_{Aa} E_t(-xy'') \times dA = -(EI)_r y'' \quad (2\text{-}51)$$

图 2-23 弹塑性抗弯刚度与切线模量关系示意图

式中:E_r——折算模量;

E_t——切线模量。

这时临界荷载为

$$P_r = \dfrac{\pi^2 (EI)_r}{L^2} \quad (2\text{-}52)$$

2.5.2 切线模量理论

如图 2-24 所示,失稳过程中截面不发生卸载,截面上应力的增量为 $d\sigma = E_t d\varepsilon$,按照平截面假定可知,应变的增量与屈曲产生的挠度成比例,与弹性阶段相同,即

$$d\varepsilon = -xy''$$

中性轴内力矩

$$M = \int_A E_t(-xy'') dA = -(EI)_t y'' \quad (2\text{-}53)$$

弹性阶段的两端铰支稳定性方程：$(EI)_t = \int_A E_t x^2 dA$ (2-54)

同理可得 $M = -(EI)_t y'' \quad (EI)_t y'' + Py = 0 \quad P_t = \dfrac{\pi^2 (EI)_t}{L^2}$ (2-55)

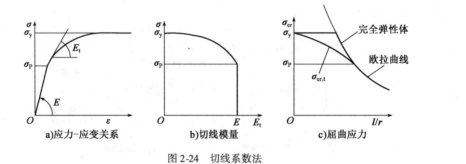

图 2-24 切线系数法

2.5.3 Shanley 模型

Shanley 模型如图 2-25 所示，两根长度为 $l/2$ 的刚性杆件在中间由两根高度为 h，间距为 h，面积为 A 的弹塑性短杆连接，两端铰支，承受轴压力为 P，弹塑性短杆的模量为 E，屈服点为 f_y，切线模量为 E_t；双肢杆模型屈曲时凹面的应变 ε_1（拉为正），凸面的应变 ε_2（拉为正），中间点挠度为 d，杆总长 l。截面不同的应变面几何关系、应力-应变关系分别见图 2-26、图 2-27。

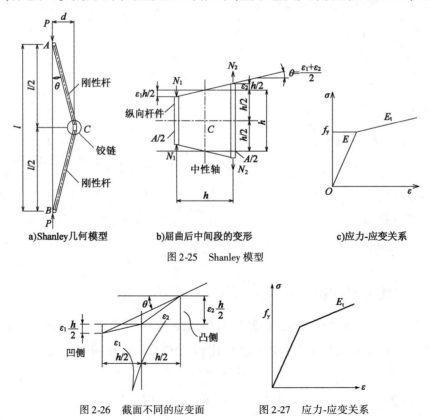

图 2-25 Shanley 模型

图 2-26 截面不同的应变面   图 2-27 应力-应变关系

从几何关系上有 $\dfrac{\varepsilon_1 \dfrac{h}{2} + \varepsilon_2 \dfrac{h}{2}}{h} = \dfrac{d}{l/2}$，$\varepsilon_1 + \varepsilon_2 = \dfrac{4d}{l}$，屈曲发生时内弯矩为

$$M_{\text{内}} = N_1 \dfrac{h}{2} + N_2 \dfrac{h}{2} = \left(A_1 E_1 \varepsilon_1 + A_2 E_2 \varepsilon_2\right) \dfrac{h}{2} \tag{2-56}$$

外弯矩是 $\qquad\qquad\qquad M_{\text{外}} = Pd$

内外弯矩平衡有 $\qquad Pd = \dfrac{1}{2} A \left(E_1 \varepsilon_1 + E_2 \varepsilon_2\right) \dfrac{h}{2} \tag{2-57}$

这里 $d = \dfrac{1}{4}(\varepsilon_1 + \varepsilon_2) \cdot l$，所以，屈曲荷载为

$$P = \dfrac{Ah}{l} \left(\dfrac{E_1 \varepsilon_1 + E_2 \varepsilon_2}{\varepsilon_1 + \varepsilon_2}\right) \tag{2-58}$$

弹性阶段屈曲荷载 $\qquad P_{\text{E}} = \dfrac{EA \cdot h}{l} \quad (l \geqslant Eh/f_y) \tag{2-59}$

切线模量屈曲荷载 $\qquad P_{\text{t}} = \dfrac{E_{\text{t}} \cdot Ah}{l} \tag{2-60}$

双模量屈曲荷载 $\qquad P_{\text{r}} = \dfrac{E_{\text{r}} \cdot Ah}{l} = \dfrac{2 E_{\text{t}} \cdot E}{E_{\text{t}} + E} \cdot \dfrac{Ah}{l} \tag{2-61}$

实际计算时需要根据 4 个区间分别进行判断：
① $l \geqslant Eh/f_y$；
② $E_{\text{r}} h/f_y < l < Eh/f_y$；
③ $E_{\text{t}} h/f_y < l < E_{\text{r}} h/f_y$；
④ $l < E_{\text{t}} h/f_y$。

2.5.4 换算模量理论

实际工作中，在进行钢柱作为压塑材料的非弹性屈曲应力的评价时，使用切线模量理论的较多。为寻求 σ_{cr} 与 E_{t} 一致，需要进行多次的反复计算。以矩形截面为例介绍一下换算模量法，如图 2-28 所示，等价换算模量 E_{r} 定义如下。

$$\sigma_{\text{cr,r}} = \dfrac{\pi^2 E_{\text{r}}}{(l/r)^2} \tag{2-62}$$

图 2-28 换算模量法示意图

弹性域和非弹性域的临界 y 坐标用 y_0 表示，杆件曲率为 ϕ，平均应力 $\sigma = P/A$ 的应力增量 $\Delta\sigma$ 和弯矩 M 为

$y \geqslant y_0$（弹性域） $\qquad \Delta\sigma = E\varepsilon = E\phi(y - y_0) \tag{2-63}$

$y < y_0$（非弹性域） $\qquad \Delta\sigma = E_{\text{t}}\varepsilon = E_{\text{t}}\phi(y - y_0) \tag{2-64}$

$$M = E_{\text{r}} I_z \phi = \phi \left[E \int_{y \geqslant y_0} (y - y_0)^2 \mathrm{d}A + E_{\text{t}} \int_{y < y_0} (y - y_0)^2 \mathrm{d}A\right] \tag{2-65}$$

有

$$E_r = \frac{1}{I_z}\left[E\int_{y\geq y_0}(y-y_0)^2 dA + E_t\int_{y<y_0}(y-y_0)^2 dA\right] \quad (2\text{-}66)$$

对图 2-29 矩形截面,中性轴上的 y_0 有 $\int_A \Delta\sigma dA = 0$ 条件成立,则

$$\phi\left[Eb\int_{y\geq y_0}(y-y_0)dy + E_t b\int_{y<y_0}(y-y_0)dy\right] = \phi\frac{b}{2}\left[E\left(\frac{d}{2}-y_0\right)^2 + E_t\left(\frac{d}{2}+y_0\right)^2\right] = 0 \quad (2\text{-}67)$$

求解出

$$y_0 = \frac{d}{2} \cdot \frac{\sqrt{E}-\sqrt{E_t}}{\sqrt{E}+\sqrt{E_t}} \quad (2\text{-}68)$$

$$E_r = \frac{b}{3I_z}\left[E\left(\frac{d}{2}-y_0\right)^3 + E_t\left(\frac{d}{2}+y_0\right)^3\right] = \frac{4E E_t}{(\sqrt{E}+\sqrt{E_t})^2} \quad (2\text{-}69)$$

同理也可以推出上下对称的等翼缘梁的 I 形截面换算模量 E_r 为

$$E_r = \frac{2E E_t}{E + E_t} \quad (2\text{-}70)$$

一般有 $E > E_r > E_t$ 的大小关系(图 2-30)。实际计算受压钢杆件的非弹性屈曲应力时采用切线模量 E_t 的情况较多。

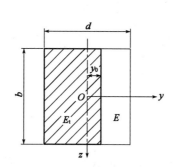
图 2-29 矩形截面换算模量法

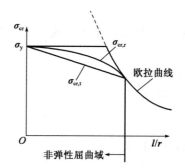
图 2-30 $\sigma_{cr,t}$、$\sigma_{cr,r}$ 及欧拉曲线关系示意

钢材进入非弹性屈曲域时,随着应力的增加会产生应变硬化现象,而在循环荷载作用下压缩侧又会产生刚度软化的包辛格现象,这些现象要通过材料的构成来表现其复杂的材料非线性特性。

第3章 钢材强度与构件设计基础知识

3.1 概 述

钢桥通过工厂焊接、现场拼装而成,混凝土桥是用工厂的水泥、石子、砂和水混合运送到现场支模浇筑而成,这两种类型的桥梁是人类文明、社会进步、城市发展的重要标志。钢结构自重轻,弯拉强度大,但需注意屈曲稳定性;而混凝土结构抗压能力强且稳定性好,但存在干燥收缩、徐变、自重大等不利条件。

钢材具有轻、快、好、省的优势,可谓是现今最可靠的建筑材料之一,它与混凝土的比较见表3-1。

钢与混凝土的比较 表3-1

项目	钢	混凝土
强度特性	拉伸和压缩具有相同的强度,但抗压强度可能受屈曲的限制	拉伸强度弱
强度(抗压强度)(MPa)	400~600	21~60
每单位体积(m^3)的质量(kg)	7800	2200
每单位质量(t)的价格(万日元)	4~8	0.5
每单位质量(t)的强度(MPa)	500~1000	10~30
材质变化	无变化	干燥收缩,会产生徐变和磷化,随着时间的推移强度增加
耐久性	做好腐蚀和疲劳预防,可半永久	受环境和施工的影响,优良施工可以50年以上
与环境的和谐性	可以再利用,生产时排出的CO_2比混凝土的多	成为工业垃圾
施工方法	在工厂切断钢板等,焊接成构件,在现场组合	现场组合钢筋笼和模板后,注入混凝土

钢板虽然在面外方向刚度很弱,但通过加劲肋可以使之增强很多。在日本钢桥已经成为一种重要的桥种,被广泛采用。而在钢桥设计中,要充分发挥钢材强度和性能就离不开屈曲理论的运用,也就是在保证稳定性的条件下进行钢桥杆件截面的强度计算。在土木建筑结构的设计中,针对具体结构、外力、应力水平、理论方法、性能目标常有以下几类设计方法,分别是:

①应力水平:弹性设计法和塑性设计法(极限强度设计法);
②理论方法:决定论设计法和概率论设计法;

③偶然荷载:静态设计法和动态设计法;
④性能目标:容许应力法和极限状态设计法。

这里决定论设计法指经典理论下的设计法,动态设计法常指入射波下的时程分析法,极限状态设计法也称为极限状态法,引申一下叫性能核查设计法。日本一直长期使用容许应力法做钢桥设计。2017 年《道路桥示方书》H29 刚刚引入极限状态设计法,现阶段只是在强度核查上有区别,是采用分项系数的极限状态设计法。旧的容许应力法是使各项目在规定的容许值和承载力以及形状尺寸范围内去设计,换句话说是样式规定形的设计法。而真正的极限状态设计法是只要求性能指标,让工程师为满足此性能去发挥特长,也就是设计自由度高、结构合理、经济适用的设计法。

表 3-2 是各构造设计法的比较,钢结构设计方面大家抛不掉传统的容许应力法,而可靠性设计也称之为性能设计,是构造物设计的最佳方法。

各结构设计法的比较 表 3-2

设计方法	材料特性	安全系数	计算法	背景	使用现状	将来被采用的可能性	合理性	设计难度
容许应力法	弹性	容许应力	线性	经验	使用中	无	少	小
极限强度设计法	非线性	分项系数法	塑性	破坏力学	未使用	低	有	中
极限状态设计法	非线性	分项系数法	非线性	确定论	开始用	高	有	大
性能设计法	非线性	安全系数法	非线性	概率论	将来用	高	多	大

极限强度设计法是以对整体构造物的强度进行评价,容许部分截面进入塑性状态而不影响结构性能,最终达到不能抵抗的荷载极限作为目标进行设计。对于静定钢结构,极限强度设计法与容许应力法的区别并不大;但在超静定结构中考虑不静定约束力而得到的合力,明显具有合理性和经济性。

作为钢结构设计师,首先要求掌握钢材的规格和钢材的试验规定、破坏形式、拉伸特性、冲击强度、疲劳这 6 个基本特点。

在此基础上才能深入了解钢材的力学性质,在掌握压杆屈曲的基础上把知识扩展至板材的翘曲,然后通过对构件和结构的几何缺陷、残余应力和非弹性行为的理解,逐步建立结构物极限状态的整体设计概念(表 3-3)。看得出来,结构稳定是当作极限状态来考虑的。

极 限 状 态 表 3-3

承载力极限状态	使用极限状态
1.强度(塑性、屈曲、倒塌)	1.过度的挠性变形
2.反转、结构失稳	2.过度的振动
3.疲劳破坏	3.疲劳引起的可修补的损伤
4.脆性破坏	4.腐蚀

钢材的热处理与焊接知识的缺乏是土木工程师的不足之处,而钢桥破坏大多数是焊接处集中应力引起的疲劳破坏,学习冶金方面的知识是提高工程师水平的重要手段。

3.2 钢材的基础知识

钢材在力学上的重要指标包括弹性模量、比例极限、弹性极限,屈服强度、抗拉强度、疲劳强度,伸长率、断面收缩率和冲击韧性等。本节主要了解这些指标的试验、形态、特性以及特点。

3.2.1 试验的规格

钢材材料的检验和各种试验设计需要有各种统一规定的方法,钢材成品各个方向的强度也各不相同。如图 3-1 所示,试件一般取特征尺寸的 1/2 或 1/4 位置,日本 SM490C 的 C 和中国 Q345QZ15 的 Z 都表示板厚方向的强度指标,钢结构的节点处需要板厚方向的强度指标。

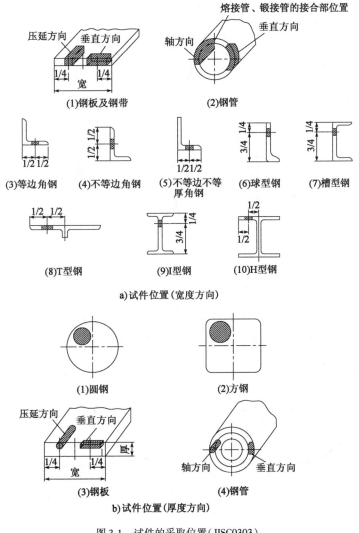

图 3-1 试件的采取位置(JISG0303)

3.2.2 破坏的形态

金属材料的破坏(图 3-2)从宏观形态上可分为拉伸破坏和剪切破坏两种;从破坏发展的塑性变形程度可以分为脆性破坏和延性破坏两种;从金属的组织面来看,可分为结晶粒内破坏和结晶边界破坏;而从外界条件上来分可分为静力破坏、冲击破坏、疲劳破坏、蠕变破坏、时效破坏。其中时效破坏指高强度螺栓的滞后破坏,也叫环境诱发破坏,是静力下的疲劳破坏。造成美国 47 名公民死亡的 Point Pleasant 银桥(位于西弗吉尼亚州的波因特普莱森特)事故,就是螺栓由于应力腐蚀而龟裂引起落桥才造成的。图 3-3、图 3-4 是时效破坏概念示意图和氢致脆化过程图,日本的 F13T 高强度螺栓就是由于易发生时效破坏而被取消使用的。

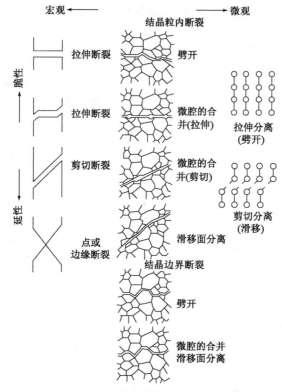

图 3-2 宏观级别和微观级别断裂的分类

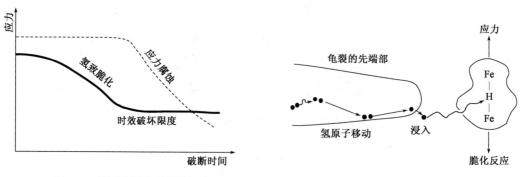

图 3-3 时效破坏概念示意图　　　　图 3-4 氢致脆化过程

3.2.3 拉伸特性

钢材试件的拉伸试验见图3-5,可得出其应力-应变曲线。应力-应变曲线的形状与钢种有关,日本的SS400和中国的Q235作为一般软钢材,达到最大荷载后,试验钢材经历一段延伸后才破坏。钢材的等级升高后反而不会出现明显的延伸段,不同钢材的应力-应变如图3-6所示。

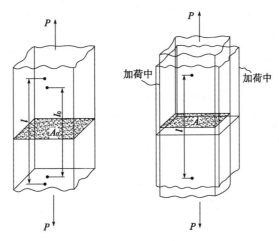

图3-5 拉伸试验

A_0-最初的截面面积;l_0-试验前标点间距;l-加荷中的标点间距;A-加荷中的截面面积;P-拉力荷载

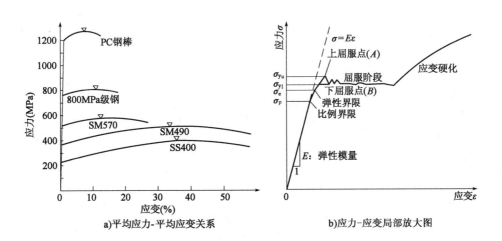

a) 平均应力-平均应变关系　　b) 应力-应变局部放大图

图3-6 不同钢材的应力-应变曲线

由图3-5可知,随着加载截面的变化,应力、应变的计算式分别为

平均应力 σ $$\sigma = \frac{P}{A_0} \tag{3-1}$$

平均应变 ε $$\varepsilon = \frac{l - l_0}{l_0} \tag{3-2}$$

真实应力 σ_t $\qquad \sigma_t = \dfrac{P}{A}$ (3-3)

真实应变 ε_t $\qquad \varepsilon_t = \ln \dfrac{l}{l_0}$ (3-4)

截面收缩率 ϕ $\qquad \phi = \dfrac{A_0 - A}{A_0}$ (3-5)

式中变量意义如图 3-5 所示。

真实应变也叫对数应变,平均应力常称为工学应力,平均应变常称为工学应变。截面收缩率是评价钢板厚度方向强度的重要指标,与材料的硫(S)含量有关。

图 3-6b)是应力-应变关系曲线局部放大展示,应力-应变曲线的直线界限也叫比例界限 σ_p,卸载后能返回 0 点的界限为弹性界限 σ_e,曲线上应变开始急剧增加的点称为屈服点,软钢有上屈服点 σ_{yu} 和下屈服点 σ_{yl},下屈服点过于敏感不稳定,一般定义上屈服点为屈服点。土木建筑在取屈服强度值时,为安全起见常使用稳定后与屈服平台接近的下屈服点的强度值。而高强度钢材常不出现明显的拐点,因此,采用 0.2% 应变时对应的 $\sigma_{0.2}$ 作为屈服强度,如图 3-7 所示。

从屈服平台再加载,曲线开始上升,出现材料的应变硬化现象,截面有颈缩现象过后发生断裂,这时的最大荷载除以最初的截面面积叫作材料的拉伸强度 σ_B,如图 3-8 所示。颈缩前至断裂的某一时刻,真实应变的微分增量 $d\varepsilon_t$ 为

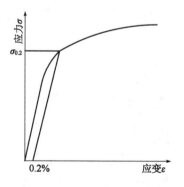

图 3-7 $\sigma_{0.2}$(屈服点不明显时)

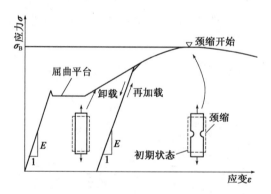

图 3-8 卸载、再加载时的应力-应变曲线

$$d\varepsilon_t = \dfrac{\text{某时刻的长度变化}}{\text{此时刻的长度}} = \dfrac{dl}{l} \qquad (3\text{-}6)$$

$$\varepsilon_t = \int_0^l \dfrac{dl}{l} = \ln\dfrac{l}{l_0} = \ln\dfrac{l_0 + \Delta_l}{l_0} = \ln\left(1 + \dfrac{\Delta_l}{l_0}\right) = \ln(1 + \varepsilon) \qquad (3\text{-}7)$$

真实应力-真实应变曲线即使有颈缩发生,曲线还是保持上升形状,一般平均应变与对数应变有 10% 的误差。图 3-9 和图 3-10 为真实应力-真实应变曲线和试件的拉伸分布。塑性研究中多用真实应变来表示变形,也就是应变增量理论可以更准确地表示塑性过程。

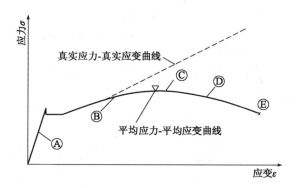

图 3-9 真实应力-真实应变曲线

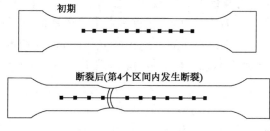

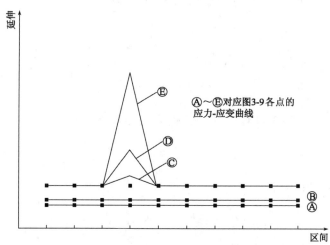

图 3-10 试件的拉伸分布

图 3-10 表示各应力状态下试件沿长度方向的拉伸分布,直到颈缩出现前各点的拉伸都是一样的;颈缩发生后只有颈缩截面发生较大变形,其他截面则因荷载降低而发生弹性收缩,当然收缩是很微小的。如图 3-11 所示,真实应力-真实应变曲线的塑性区间的关系式为

$$\sigma_t = K\varepsilon_p^n \tag{3-8}$$

式中:σ_t——真实应力;

ε_p——塑性应变;

n——应变硬化指数,也叫加工硬化指数;

K——材料常数。

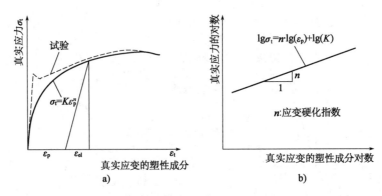

图 3-11 应变硬化指数

下面对材料拉伸试验的荷载最大点到截面颈缩后这个过程中力的变化情况进行分析。微小的时刻内,应变硬化的斜率还存在,试验体承受荷载能力的增量为 $A \cdot d\sigma_t$,而颈缩造成的承受荷载能力的减少量是 $\sigma_t \cdot dA$。颈缩的外部表现正是变化的 $d\sigma_t$ 对应的承载能力的增量 $A \cdot d\sigma_t$ 小于变化的 dA 对应的承载能力的减少量 $\sigma_t \cdot dA$ 所产生的力学不稳定现象。

承载能力 P 为
$$P = A \cdot \sigma_t \tag{3-9}$$

瞬时值 dP 为
$$dP = \sigma_t \cdot dA + A \cdot d\sigma_t \tag{3-10}$$

不稳定状态的移动条件是 $dP=0$,代入式(3-10),即
$$\frac{d\sigma_t}{\sigma_t} = \frac{-dA}{A} \tag{3-11}$$

而塑性变形时体积不变,Al = 常数,则有
$$Adl + ldA = 0 \tag{3-12}$$

也就是 $-\frac{dA}{A} = \frac{dl}{l}$,将式(3-11)和式(3-6)代入式(3-12)可得
$$\sigma_t = \frac{d\sigma_t}{d\varepsilon_t} \tag{3-13}$$

式(3-8)的一阶微分为
$$d\sigma_t = d(K\varepsilon_p^n) = Kn\varepsilon_p^{n-1}d\varepsilon_p \tag{3-14}$$

将式(3-8)、式(3-14)代入式(3-13)得
$$K\varepsilon_p^n = \frac{Kn\varepsilon_p^{n-1}d\varepsilon_p}{d\varepsilon_p} \tag{3-15}$$

有
$$K\varepsilon_p^n = Kn\varepsilon_p^{n-1}$$

得
$$n = \varepsilon_p \tag{3-16}$$

也就是说在真实应变与加工硬化指数相等时才出现截面的颈缩现象。

3.2.4 钢材的变形能力

钢材的变形能力主要体现在屈服点以后。应力水平达到屈服后,应力保持不变而变形继续发展,这个现象叫塑性流动,对应的应力-应变曲线叫屈服平台。塑性流动进行到一定程度

后应力再度上升,即为应变硬化现象。但应变硬化产生的应力增大是有限的,很快达到最大应力值,即拉伸强度 σ_u。试件(软钢)的形状和其应力-应变曲线如图 3-12 所示。

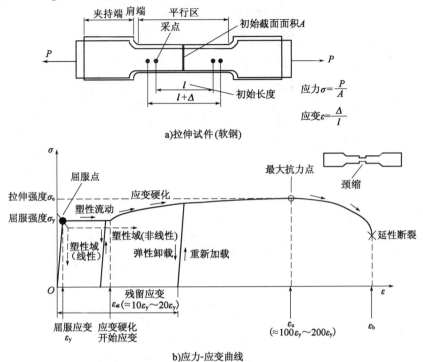

图 3-12 拉伸试件及其应力-应变曲线(软钢)

这里 $\sigma_u A$ 是试件所能承受的最大荷载,也叫最大耐力。拉伸强度到达时,试件的平行区发生颈缩现象,试件沿长度各处应变不再相等。这之后应变发展的同时颈缩扩大,应力减小,接着颈缩部发生断裂。

屈服应变 ε_y 与破坏时应变 ε_b 差值的大小就是材料的塑性变形能力。对受拉构件来讲,线性塑性域一般约为 $15\varepsilon_y$,是肉眼可见的变形。日本土木学会规定(表3-4),可靠度为 2 的钢构件的塑性变形能力的界限值是 $2\varepsilon_y$,而具有可修复变形的可靠度为 3 的构件的界限值是 $8.4\varepsilon_y$。在板单元的极限压缩应变推导式中(表3-5),界限值取到了 $20\varepsilon_y$,可见钢材的塑性变形能力很大。

考虑板厚和反复荷载的影响,日本宇佐美教授提出使用 95% 最大加载力对应的平均应变来反应钢材的塑性变形能力是更加合理的。在钢结构设计中,对材料做受拉应力分析时,如建筑上取材料的拉伸屈服点和拉伸极限的 70% 这两个值中的较小者作为基准强度 $F = \min(\sigma_y, 0.7\sigma_u)$。而钢结构设计中在长期荷载作用下采用的拉伸容许值为 $F/1.5$,短期荷载作用下直接使用 F,而土木工程中往往是直接用 $F/1.7$。

在桥梁设计和建筑的吊车梁设计中,都是给出了挠度的规定,从而控制结构变形。如简支梁挠度限值是跨径的 1/500,这样设计出来的梁的应力会在 σ_y 以内,而应变要比 ε_y 小得多。

桥梁和吊车梁的荷载主要都是使用状态的永久恒荷载和车辆的可变荷载,设计承载能力的极限状态是梁可以产生短期且能修复的损伤,那么跨中下翼缘超过了容许应力 ε_{ta},或者荷载产生应力再增加达到 σ_y，就是应变过了 ε_y 进入塑性达到 $2\varepsilon_y$，腹板情况会怎么样呢？可见真正合理且经济的设计需要研究，钢结构的成本压缩空间还是有的。

杆件的可靠度验算法　　　　　　　　　　　　　　　　　　表 3-4

(第1：下部构造、上部构造、减震器)

杆件可靠度			可靠度1	可靠度2	可靠度3	可靠度4
内容			无损伤（弹性行为/无须补修）	轻微损伤（耐力、变形性能好/轻微补修）	限定损伤（耐力、变形有富余/补修补强后可再利用）	损伤大（耐力、变形性能的极限/需要更换）
变位验算法	构造安全性	(1)变形性能	最大应变 $\gamma \cdot \delta_{max} \leq \delta_u$			
	地震后使用性	(2)机能保持性、恢复性（h：桥墩高度）	$\delta_R \leq h/1000$	$\delta_R \leq h/300$	$\delta_R \leq h/100$	—
			$\delta_{max} \leq \delta_y$	$\delta_{max} \leq 2.8\delta_y$（混凝土无填充）$\delta_{max} \leq 2.9\delta_y$（混凝土部分填充）	$\delta_{max} \leq 5.3\delta_y$（混凝土无填充）$\delta_{max} \leq 9.4\delta_y$（混凝土部分填充）	—
挠度验算法	构造安全性	(1)变形性能	$(\gamma \cdot \varepsilon_a)_{max} \leq \varepsilon_u$（钢截面压缩挠度，屈曲约束支撑） $(\gamma \cdot \varepsilon_a)_{max} \leq 0.05$（钢截面拉伸挠度） $(\gamma \cdot \varepsilon_a)_{max} \leq 0.011$（填充混凝土压缩挠度） $(\gamma \cdot \gamma_a)_{max} \leq \gamma_u$（钢腹板剪切挠度，剪切面板）			
		(2)低循环疲劳（减震器适用）	累积塑性变形 $CID = \gamma \cdot \sum_{i=0}^{n} |\delta_{pi}| \leq (CID)_{lim}$ δ_{pi}：塑性变形			
	地震后使用性	(3)机能保持性、恢复性 — 钢	$(\gamma \cdot \varepsilon_a)_{max} \leq \varepsilon_y$	$(\gamma \cdot \varepsilon_a)_{max} \leq 2.0\varepsilon_y$	$(\gamma \cdot \varepsilon_a)_{max} \leq 8.4\varepsilon_y$	—
		填充混凝土	$(\gamma \cdot \varepsilon_a)_{max} \leq 0.002$	$(\gamma \cdot \varepsilon_a)_{max} \leq 0.004$	$(\gamma \cdot \varepsilon_a)_{max} \leq 0.011$	—
		钢腹板	$(\gamma \cdot \gamma_a)_{max} \leq \gamma_y$	$(\gamma \cdot \gamma_a)_{max} \leq 2.0\gamma_y$	$(\gamma \cdot \gamma_a)_{max} \leq 8.4\gamma_y$	—

板单元和加劲板的界限值（极限压应变）　　　　　　　　　　　　表 3-5

种类		极限应变推定式	适用范围	文献
板单元	无加劲肋	$\dfrac{\varepsilon_u}{\varepsilon_y} = \dfrac{0.07}{(R_f - 0.2)^{2.53}} + 1.85 \leq 20.0$	$0.2 \leq R_f \leq 0.7$	宇佐美等 1995
	有加劲肋	$\dfrac{\varepsilon_u}{\varepsilon_y} = \dfrac{0.145}{(\lambda_s - 0.2)^{1.11}} + 1.19 \leq 20.0$	$0.2 \leq R_f \leq 0.5$ $0.2 \leq \lambda_s \leq 0.8$ $\gamma/\gamma^* \geq 1.0$	
加劲板（纯压缩）	箱形	同板单元		
	管	$\dfrac{\varepsilon_u}{\varepsilon_y} = \dfrac{0.445}{(R_t - 0.03)^{0.6}} + 1.0 \leq 20.0$	$0.03 \leq R_t \leq 0.09$	Gao 1998

续上表

种类		极限应变推定式	适用范围	文献
加劲板 (压缩-轴弯曲)	无加劲肋箱形	$\dfrac{\varepsilon_u}{\varepsilon_y} = \dfrac{0.24}{(R_f - 0.2)^{2.8}(1 + N/N_y)^{2.4}} + \dfrac{2.8}{(1 + N/N_y)^{0.6}} \leq 20.0$	$0.2 \leq R_f \leq 0.7$ $0.0 \leq N/N_y \leq 1.0$	葛汉彬 2004
	有加劲肋箱形	$\dfrac{\varepsilon_u}{\varepsilon_y} = \dfrac{0.7}{(R_f \lambda_3^{0.18} - 0.18)^{1.3}(1 + N/N_y)^{2.2}} + \dfrac{3.2}{(1 + N/N_y)} \leq 20.0$	$0.3 \leq R_f \leq 0.5$ $\gamma/\gamma^* \geq 1.0$ $0.0 \leq N/N_y \leq 1.0$	葛汉彬 2004
		$\dfrac{\varepsilon_u}{\varepsilon_y} = 20 - 25 R_f$	$0.3 \leq R_f \leq 0.5$ $\gamma/\gamma^* \geq 1.0$ $0.0 \leq N/N_y \leq 0.2$	日本道路协会 2002
	管	$\dfrac{\varepsilon_u}{\varepsilon_y} = \dfrac{0.14(1.1 - N/N_y)^{1.8}}{(R_t - 0.03)^{1.4}} + \dfrac{3.0}{(1 + N/N_y)^{0.7}} \leq 20.0$	$0.03 \leq R_t \leq 0.09$ $0.0 \leq N/N_y \leq 1.0$	葛汉彬 2004
		$\dfrac{\varepsilon_u}{\varepsilon_y} = 20 - 140 R_t$	$0.03 \leq R_t \leq 0.08$ $0.0 \leq N/N_y \leq 0.2$	日本道路协会 2002a

3.3 概率论解法的相关公式

目前工程上复杂的屈曲问题,就是杆件的局部屈曲验算,也大都是采用概率论方法的相关分析式计算,大多数设计规范是在杆件的长细比或板的宽厚比确定的条件下使用经验回归的相关公式。

《道路桥示方书》薄壁截面杆件屈曲验算公式见式(2-44)、式(2-47),即

稳定性验算
$$\frac{\sigma_c}{\sigma_{caz}} + \frac{\sigma_{bcy}}{\sigma_{bagy}\left(1 - \dfrac{\sigma_c}{\sigma_{eay}}\right)} + \frac{\sigma_{bcz}}{\sigma_{bao}\left(1 - \dfrac{\sigma_c}{\sigma_{eaz}}\right)} \leq 1$$

应力验算
$$\sigma_c + \frac{\sigma_{bcy}}{1 - \dfrac{\sigma_c}{\sigma_{eay}}} + \frac{\sigma_{bcz}}{1 - \dfrac{\sigma_c}{\sigma_{eaz}}} \leq \sigma_{cal}$$

式中:σ_{eay}、σ_{eaz}——两端铰接状态下绕 y 轴、z 轴对应有效屈曲长度的容许屈曲应力;
其他变量意义同式(2-44)、式(2-47)。

由《道路桥示方书》13.4.2(2)可知,钢板梁的腹板稳定性公式为

$$\frac{1+\varphi}{4} \cdot \frac{\sigma_c}{\sigma_{cr}} + \sqrt{\left(\frac{3-\varphi}{4} \cdot \frac{\sigma_c}{\sigma_{cr}}\right)^2 + \left(\frac{\tau_c}{\tau_{cr}}\right)^2} = \frac{R^2}{\nu_B} \tag{3-17}$$

$$R = \frac{b}{\tau}\sqrt{\frac{\sigma_y 12(1-\nu^2)}{E} \cdot \frac{1}{\pi^2 k}} \tag{3-18}$$

式中:ν_B——安全系数,$\nu_B = 1.00 + 0.8(0.3 + 0.15\psi)e^{-4.3\eta} \geq 1$,$\eta = \tau/\sigma$;
φ——应力比系数,$\varphi = \sigma_1/\sigma$;

ν——泊松比。

可以看出以上公式都是使用杆件的局部屈曲应力与经典状态下的容许屈曲应力的比,根据经验来验算截面的局部屈曲稳定性,这种方法也称为间接法。而这些屈曲稳定公式都是采用概率论方法,由理论解和试验相关分析回归得来的。

对自然界现象通过模型化解析和评价并进行定量分析是现代工学的通用手段。模型概念可以抽象成精巧的可视模型,复杂的数学模型可通过计算机进行过程演示分析,最后实现最优化结果,这样的例子有很多。但是,不论是对数学模型或是研究室试验模型进行多么巧妙的简化,大都是在理想化假定条件下进行的。就像300年前屈曲的发现一样,当时,数学家欧拉是从假定的压杆横向弯曲,通过特征值推出竖向稳定的极限力。而数学上理想的真轴心杆件不存在,而绝对的不偏心荷载也做不到,压杆的横向无干扰也无法保证,这些都是不确定的,可见所谓定量的模型解,不一定能完全真实地反映外部世界。

实际工程中的屈曲问题非常复杂,真正考虑结构的稳定性和强度性能需要有两大领域的工作:一个是结构屈曲的几何转化,另外一个是材料屈服的刚性转化过程,显著影响因素有初始几何缺陷、荷载的不确定、残余应力、节点连接刚度以及非线性问题。这里工学上常用概率论的方法来处理实际工程问题。

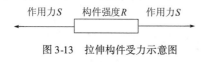

图3-13 拉伸构件受力示意图

用简单的材料拉伸强度评价来概述概率论方法,图3-13为拉伸构件的受力示意图。

结构的功能函数:

$$Z = g(R,S) = R - S > 0 \tag{3-19}$$

式中:Z——构件强度 R 对作用力 S 的余量;

其他变量意义如图3-13所示。

图3-14为拉伸构件试验安全性条件状态统计图。在概率论中有两个独立的事件 A 和 B,那么它们同时发生的概率是各自发生概率的乘积。

$$P_r(A \cap B) = P_r(A) \times P_r(B) \tag{3-20}$$

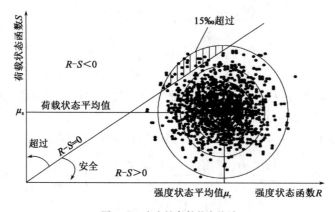

图3-14 安全性条件状态统计

将作用荷载 S 的发生概率定为 $f_S(S)$,而强度 R 指标达成的概率定为 $f_R(R)$,则构件的失效概率 P_f 为

$$P_f = f_S(S) \times f_R(R) \tag{3-21}$$

式(3-21)中 $f_S(S)$、$f_R(R)$ 在材料试验的统计破坏领域内的积分为

$$P_f = \iint_{R-S<0} f_R(R) \cdot f_S(S) \mathrm{d}R \mathrm{d}S \tag{3-22}$$

结构的功能函数 Z 的平均值 μ_Z 为

$$\mu_Z = \mu_R - \mu_S \tag{3-23}$$

概率标准偏差 σ_Z 为

$$\sigma_Z = \sqrt{\sigma_R^2 + \sigma_S^2} \tag{3-24}$$

式中:σ_R、σ_S——分别为强度达成率和作用荷载发生率偏差值,$\sigma = \sqrt{\dfrac{\sum(偏差)^2}{数据的个数}}$。

可靠指标 β

$$\beta = \frac{\mu_Z}{\sigma_Z} = \frac{\mu_R - \mu_S}{\sqrt{\sigma_R^2 + \sigma_S^2}} \tag{3-25}$$

我们一般采用超过概率 $P_f = 5\%$ 来控制,也就是 $\beta = 1.64$,这时的不超过概率为95%。

回归分析和相关分析是概率理论下两个重要的统计分析方法,而相关分析是研究两个或两个以上处于同等地位的随机变量间的相关关系。在屈曲稳定分析中,常取无量纲的应力水平来作为变量,认为截面上的各种应力水平的一阶项或者二阶项之间的和可以评价截面的屈曲稳定性,也就是说应力水平的大小与稳定性有相互依存关系,具有较好的函数相关性。

对于板的稳定性,1938 年 Lguchi 提出了原始的压缩和剪切相关式:

$$\frac{\sigma'_{\mathrm{cr}}}{\sigma_{\mathrm{cr}}} + \frac{\tau'_{\mathrm{cr}}}{\tau_{\mathrm{cr}}} = 1 \tag{3-26}$$

1936 年 Chwalla 提出了弯曲和剪切的二阶相关公式,也叫圆曲线公式,此式可以用 Mises 强度理论解释。

$$\left(\frac{\sigma'_{\mathrm{ber}}}{\sigma_{\mathrm{ber}}}\right)^2 + \left(\frac{\tau'_{\mathrm{cr}}}{\tau_{\mathrm{cr}}}\right)^2 = 1 \tag{3-27}$$

1951 年 Johnson 回归分析了压缩、弯曲和剪切三者的公式,采用的是圆曲线形式。

$$\frac{\sigma'_{\mathrm{cr}}}{\sigma_{\mathrm{cr}}} + \left(\frac{\sigma'_{\mathrm{ber}}}{\sigma_{\mathrm{ber}}}\right)^2 + \left(\frac{\tau'_{\mathrm{cr}}}{\tau_{\mathrm{cr}}}\right)^2 = 1 \tag{3-28}$$

在此基础上,1974 年仓西把压剪结合与弯剪结合通过应力比系数(φ,η)建立了腹板稳定验算式,并给出了安全系数的关系。

以概率统计为基础的相关式一直用在《道路桥示方书》规定里,如以容许应力法为基础,纯压的安全系数为1.7、纯弯的为1.4、纯剪的为1.25。而最近容许应力法改为极限状态法(《道路桥示方书》H29),也只是修正了安全系数,应用相关曲线的公式没有变化,实际设计上直接解法还是不可能。

工学中的工程设计理论方法有决定论设计法和概率论设计法两类。我们的大学教育中以经典理论下的决定论设计法为主要传授内容,而结构的性能设计理论是基于概率论基础上的各种特性值和极限状态的计算。讲述经典理论下的模型概念当然重要,但是并没有向学生讲述各个计算式的产生背景。

船舶、飞机、桥梁等结构物,在板单元面内具有较大的刚度和强度,结构的特点也是只承担面内荷载的板单元非常多,这种情况下板的屈曲成为全结构极其重要的强度基准。

理论上屈曲是从四阶控制微分方程式的特征值求得,在多样的组合荷载及边界条件下求解一般都比较难,即使一定精度的近似解也需要非常繁杂的分析或者数值计算。面内三成分(弯剪扭)力下的四边简支矩形板,利用有效的最小势能法建立面外微小挠度的二阶偏微分方程式,假定挠度为无穷正弦级数,求特征值问题时需要解多元联立二阶微分方程式,其数值解也需要足够的级数项才能实现。板的弹性大挠度平衡方程式需要加上应变的协调方程式,并且增加了高难的应力函数项,要解挠度和应力函数下的四阶偏微分方程组,更是难上加难。每次都这样解无疑是很难的,不适用于实际工程。

针对以上求解困难的情况,工学上常用相关关系式来解决,即解出假定荷载和边界条件下的理论解。考虑解的广泛应用,利用回归公式也就是相关关系式,或者图表作为设计者的手册便于长期使用。相关关系式一般用无量纲系数来表示,有线性相关和非线性相关,钢桥腹板的屈曲公式实际源于世界权威的挪威船级社,用应力水平的相关关系式验算了腹板的稳定性。

相关并不是相等,工学上的这种相关关系式一般与理论无任何关系。自从使用这种相关关系式后,工程师们逐渐对结构基础理论的因果关系无从理解也就无法推敲,长此以往限制了这门科学技术的发展,在使用极限状态法进行性能设计时更显得无从下手。另外,计算机科学的快速发展,使得数值分析已经成为工程师必备的方法之一。20世纪60年代钢筋混凝土的腹筋设计使用的是查表法(来自一种相关式),现早已经被与数值计算有关的方法所代替。腹板的相关检验公式内含不明的安全系数,长期应用起来设计工程师越来越感觉不到板的刚度公式的存在,板的屈曲后强度和张力场理论就更无人问津,结果是钢材的过度使用和新技术、新产品的滞后。

弯剪强度相关式后来发现是可以用 Mises 强度理论解释的,那么复杂的应力种类和多轴应力只能通过概率相关分析来求解吗?起码应该把屈曲分析从相关性的谜团中拿出来。

3.4 钢材的强度

钢材生产水平标志着一个国家最基本的工业水平,而桥梁工程对所用钢材在负荷性、可焊性、疲劳性和耐候性等方面的综合指标要求很高。钢材的大量生产促进了国家制造业整体的发展。中国近年来在重载铁路桥的建设中开发了高强度钢材,给钢桥的长期发展奠定了基础。

中国桥梁专用钢材(根据设计规范)主要分为三大类:桥梁用结构钢(GB/T 714)、碳素结构钢(GB/T 700)、低合金高强度结构钢(GB/T 1591)。所设计的桥梁依据不同的设计要求选择钢材时,必须满足上述规范的要求,并且优先选用强度较高、韧性较好的材料,实现桥梁建设在选材上的经济性。

桥梁采用的结构钢牌号中由屈服强度的"屈"字拼音首字母 Q 代表屈服强度值,"桥"字拼音首字母 q、屈服强度以及代表质量等级的符号等几个部分组成。例如:Q345qD 的意思是这个牌号的钢材屈服强度为 345MPa,桥梁中使用的质量等级为 D 级。

材料强度的设计值,来源于材料的屈服点和拉伸极限,然后除以安全系数所得。纯拉伸的状态安全系数一般是1.7。《公路钢结构桥梁设计规范》(JTG D64—2015)里给定了不同板厚钢材的强度设计值(表3-6)。

钢材的强度设计值(MPa)　　　　表3-6

钢材		抗拉、抗压和抗弯 f_d	抗剪 f_{vd}	截面承压(刨平顶紧)f_{cd}
牌号	厚度(mm)			
Q235钢	≤16	190	110	280
	16~40	180	105	
	40~100	170	100	
Q345钢	≤16	275	160	355
	16~40	270	155	
	40~63	260	150	
	63~80	250	145	
	80~100	245	140	
Q390钢	≤16	310	180	370
	16~40	295	170	
	40~63	280	160	
	63~100	265	150	
Q420钢	≤16	335	195	390
	16~40	320	185	
	40~63	305	175	
	63~100	290	165	

注:表中厚度指计算点的钢材厚度,对轴心受拉和轴心受压构件指截面中较厚板件的厚度。

表3-7为JTG D64—2015中不同板厚的焊缝强度设计值。

焊缝的强度设计值(MPa)　　　　表3-7

焊接方法和焊条型号	构件钢材		对接焊缝				角焊缝
	牌号	厚度(mm)	抗压 f_{cd}^w	抗拉 f_{td}^w		抗剪 f_{vd}^w	抗拉、抗压或抗剪 f_{fd}^w
				焊缝质量等级			
				一、二级	三级		
自动焊、半自动焊和E43型焊条的手工焊	Q235钢	≤16	190	190	160	110	140
		16~40	180	180	155	105	
		40~100	170	170	145	100	
自动焊、半自动焊和E50型焊条的手工焊	Q345钢	≤16	275	275	235	160	175
		16~40	270	270	230	155	
		40~63	260	260	220	150	
		63~80	250	250	215	145	
		80~100	245	245	210	140	

续上表

焊接方法和焊条型号	构件钢材		对接焊缝				角焊缝
	牌号	厚度(mm)	抗压 f_{cd}^w	抗拉 f_{td}^w		抗剪 f_{vd}^w	抗拉、抗压或抗剪 f_{fd}^w
				焊缝质量等级			
				一、二级	三级		
自动焊、半自动焊和 E55 型焊条的手工焊	Q390 钢	≤16	310	310	265	180	200
		16～40	295	295	250	170	
		40～63	280	280	240	160	
		63～100	265	265	225	150	
	Q420 钢	≤16	335	335	285	195	200
		16～40	320	320	270	185	
		40～63	305	305	260	175	
		63～100	290	290	245	165	

注:1. 对接焊缝受弯时,在受压区的抗弯强度设计值取 f_{cd}^w,在受拉区的抗弯强度设计值取 f_{td}^w。
2. 焊缝质量等级应符合现行《钢结构工程施工质量验收规范》(GB 50205)的规定。其中厚度小于 8mm 钢材的对接焊缝,不应采用超声波探伤确定焊缝质量等级。

从焊接上分,中国结构钢主要有两大类:

①一类是强度等级 Q500 以下的钢材,碳、锰及铌固溶强化,采用热轧或者离线正火处理,显微组织为铁素体及珠光体。这部分与日本的 SS 钢也就是 1973 年国标 JISG3101、SM 钢 G3106 系列的非调质软钢性能相似。

②另一类是强度等级 Q500 以上的钢材,碳、锰固溶强化,微合金元素铬、镍、钼、钛与碳(氮)形成化合物析出强化铁素体,应用离线淬火加回火的调质处理,钢材显微组织为细密的贝氏体,强度和韧性均较高。这类钢材含碳量在 0.1% 以下,裂纹敏感性指数 P_{cm} 为 0.15～0.25,焊接时如果冷却速度过大会形成马氏体,使焊接结构韧性下降;而冷却速度过小则产生珠光体,这时第二相析出物尺寸增大,使得焊接结构韧性严重下降。为了保证热影响区焊后韧化,焊后在 350℃ 下保温 1h 以上。

近来中国常用的高强度结构钢有:(a)高强度热轧耐候钢 BRA520C(宝钢),除五元素(C,Si,Mn,P,S)外,有 Ni,Cu,Cr,Al;(b) Q450NQR1(宝钢),除五元素外有 Ni,Cu,Cr;(c) Q460E-Z35(武钢),正火状态交货,金相是铁素体+珠光体,除五元素外有多种合金元素。以上都是超低碳贝氏体合金钢,而中国都需要焊前预热在 120℃,有的是 200℃ 以上。预热温度 T_0 的计算是使用日本伊藤在 P_{cm} 基础上建立的 P_w 公式和国际焊接学会的碳当量 C_{ev} 公式。

此外,中国也能生产超低碳微合金钢,也就是用 TMCP 热机械控轧工艺,显微组织为针状铁素体。武钢可以生产 600MPa 和 700MPa 两种日本桥梁用高屈服点钢材 SBHS。

对于厚板材料的选取,需要重视对其材料特点的了解和掌握,中国的厚板在 40～100mm 范围内,材质主要有:低合金钢(如 Q345B-Z15,Q345C-Z25)附加 Z 向抗撕裂性要求及结构所用钢材(钢板 Q235GJZ15-C,Q345GJZ25-C,16Mnq-Z15)选取要求如下所述。

①综合考虑荷载性质、工作环境温度、结构塑性发展与延性要求、节点焊接约束状态、板厚与厚度折减效应等条件选材。

②厚板钢材牌号可选用碳素钢 Q235(B、C、D 级)、低合金钢 Q345GJ(B、C、D、E 级)、Q390(C、D、E 级)与 YB4104 的 Q235GJ(C、D 级)钢、Q345GJ(C、D、E 级)钢等。当强度控制截面厚

度或要求综合性能优良时,宜优先选用 Q235GJ 钢板或 Q345GJ 钢板。按抗震设防要求设计的结构框架一般不宜选用强度级别高于 390MPa 的厚板钢材。

③承重结构厚板钢材质量等级不应低于 B 级,其应保证的基本力学性能为:屈服强度、抗拉强度、伸长率、冷弯性能等。对重要承重构件其厚板质量等级不宜低于 C 级,当承受较高烈度地震作用或直接承受动力荷载时,尚应附加保证以下各项性能:

a. 承受直接动力荷载时,应附加保证常温冲击功(20℃,≥27J)作为基本要求,需做疲劳计算的厚板构件,应按工作环境要求保证相应温度的冲击功。

b. 承受较高烈度地震作用时,应再附加保证延性性能要求,包括钢材屈强比不大于 0.8、延伸率不小于 20% 等。

c. 对厚度 $t \geq 50mm$ 的厚板,宜补充"屈服强度因厚度增大的折减率不大于 6%"的要求,必要时可附加屈服强度不因厚度折减的技术要求。

d. 当选用 Q345 钢时,应附加其屈服强度上限值的要求。

④厚板的 Z 向抗撕裂性能属于钢材的纯净度要求,有 Z 向性能要求时,钢材价格将增加 20% 左右,故选材时应按以下要求慎重选用:

a. 仅在施工中因接头构造与焊接约束应力较大,易引起层状撕裂的部位,并在使用中该处也受到层裂方向拉力作用时,才对该部位的厚板考虑 Z 向要求。

b. 对重要框架箱形厚板柱构件,当板厚 $t = 40 \sim 60mm$ 时可要求 Z15 性能,当 $t > 60mm$ 时可要求 Z25 性能,一般不宜要求 Z35 性能。

c. 对类似上述条件的厚翼缘 H 型钢柱,由于节点区约束条件的不同,对厚翼缘钢材有 Z 向性能要求时,可仅要求 Z15 性能的保证。

d. 当重要承重框架梁柱节点采用梁贯通构造,并当隔板厚度 $t > 40mm$ 时,可仅对厚隔板材料附加 Z 向性能要求。

在日本为防止人为施工的不确定性,一般不允许对主构造进行现场焊接,并且现在已经很少使用普通螺栓而是多使用高强度螺栓。表 3-8 给出了《公路钢结构桥梁设计规范》(JTG D64—2015)中对普通螺栓和锚栓连接的强度设计值。

普通螺栓和锚栓连接的强度设计值(MPa)　　　　表 3-8

螺栓的性能等级、锚栓和构件钢材的牌号		普通螺栓						锚栓
		C 级			A、B 级			
		抗拉 f_{td}^b	抗剪 f_{vd}^b	承压 f_{cd}^b	抗拉 f_{td}^b	抗剪 f_{vd}^b	承压 f_{cd}^b	抗拉 f_{td}^b
普通螺栓	4.6 级、4.8 级	145	120	—	—	—	—	—
	5.6 级	—	—	—	185	165	—	—
	8.8 级	—	—	—	350	280	—	—
锚栓	Q235 钢	—	—	—	—	—	—	125
	Q345 钢	—	—	—	—	—	—	160
构件	Q235 钢	—	—	265	—	—	350	—
	Q345 钢	—	—	340	—	—	450	—
	Q390 钢	—	—	355	—	—	470	—
	Q420 钢	—	—	380	—	—	500	—

注:A、B 级螺栓孔的精度和孔壁表面粗糙度,C 级螺栓孔的容许偏差和孔壁表面粗糙度,均应符合现行《钢结构工程施工质量验收规范》(GB 50205)的要求。

中国钢桥的主要受力构件一般都采用 Q345q 钢材,对于次要辅助构件可选用 Q235 钢材。这里为了方便设计,一并把规范(JTG D64—2015)内的构件容许最大长细比、全梁变形的竖向挠度要求列于表 3-9 和表 3-10 供参考。

构件容许最大长细比　　　　　　　　　　　　　　　表 3-9

类　　别	杆　　件	容许最大长细比
主桁架	受压弦杆 受压或受压-拉腹杆	100
	仅受拉力的弦杆	130
	仅受拉力的腹杆	180
联结系构件	纵向联结系,支点处横向联结系和制动联结系的受压或受压-拉构件	130
	中间横向联结系的受压或受压-拉构件	150
	各种联结系的受拉构件	200

竖向挠度限值　　　　　　　　　　　　　　　　　　表 3-10

桥梁结构形式	简支或连续桁架	简支或连续板梁	梁的悬臂端部	斜拉桥主梁	悬索桥加劲梁
竖向挠度限值	$\dfrac{l}{500}$	$\dfrac{l}{500}$	$\dfrac{l_1}{500}$	$\dfrac{l}{400}$	$\dfrac{l}{250}$

注:1.表中 l 为计算跨径,l_1 为悬臂长度。
　　2.当荷载作用于一个跨径内有可能引起该跨径正负挠度时,计算挠度应为正负挠度绝对值之和。
　　3.挠度按毛截面计算。

这里将各国一般钢种的型号对比列于表 3-11,同时,近年各国的高性能(HPS)钢材的力学性能对比也作为参考列于表 3-12。

部分国家的钢材型号对比　　　　　　　　　　　　　表 3-11

钢材	中国	美国 AASHTO	美国 ASTM	日本	英国	法国	德国	俄罗斯	备　　注
型钢钢材	Q235	M183	A36	SS400 SM400 SMA400	40	E24	St37	C235	型钢,次要构件
	Q345q	M223	A572	SM490Y	50D	E36	St52	C345	主要构件
	Q345q	M222	A588	SM520					焊接钢梁
	Q390			SM570	50F			C390	很少采用
高强度螺栓	8.8 级	M164	A325	F8T,S8T	—			—	—
	10.9 级	M253	A490	S10T,F10T	—			—	—

HPS 力学性能对比　　　　　　　　　　　　　　　　表 3-12

国家 或地区	钢材等级	板厚 (mm)	屈服强度 (MPa)	抗拉强度 (MPa)	最小伸长率 (%)	韧　性	
						温度(℃)	冲击功(J)
美国	HPS70W	≤100 ≤50	485	586~760	19	−23	48
	HPS100W	6~64	690	760~895	18	−34	48

续上表

国家或地区	钢材等级	板厚（mm）	屈服强度（MPa）	抗拉强度（MPa）	最小伸长率（%）	韧性 温度(℃)	韧性 冲击功(J)
日本	BHS500	6~100	500	>570	19	-5	100
日本	BHS700	6~100	700	>780	16	-40	100
欧洲	S460M	≤16	460	760~895	17	-20	40
欧洲	S460M	17~40	440	760~895	17	-20	40
欧洲	S460M	41~63	430	760~895	17	-20	40
欧洲	S460M	64~80	410	760~895	17	-20	40
欧洲	S460M	81~100	400	760~895	17	-20	40
欧洲	S460M	101~120	385	760~895	17	-20	40
欧洲	S690M	3~50	690	760~895	17	-40	30
欧洲	S690M	51~100	650	760~895	17	-40	30
欧洲	S690M	101~150	630	760~895	17	-40	30

3.5 常用变形模量与钢材的弹塑性

在钢桥学习中，应力和应变是两个重要的表达参数。在弹性范围内无论是拉伸还是剪切，单轴还是多轴，应力和应变的关系都是通过几个重要的模量来表示的，而这些模量基本概念的掌握是非常重要的。本节再复习一下 3 个模量与钢材的弹塑性性质（图 3-15）。

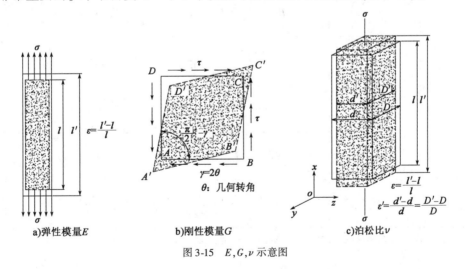

图 3-15 E,G,ν 示意图

3.5.1 E, G, ν

（1）弹性模量 E，也叫杨氏模量。直线杆件在均匀单轴应力 σ 作用下，轴向产生的应变为 ε，则 E 定义为

$$E = \frac{\sigma'_x}{\varepsilon_x} = \frac{\sigma}{\varepsilon} \tag{3-29}$$

$$E = 2(1+\nu)G \tag{3-30}$$

(2)剪切模量 G,也叫刚性模量,有时也用 μ 表示。在纯剪切应力 τ 的作用下,直角 $\angle DAB$ 缩小 γ,变成 $\angle D'A'B'$,γ 称为工学剪切应变,则 G 定义为

$$G = \frac{\tau_{xy}}{\gamma_{xy}} = \frac{\tau}{\gamma} \tag{3-31}$$

$$G = \frac{E}{2(1+\nu)} \tag{3-32}$$

(3)泊松比 ν。

在任一方向的应力作用下,在该方向产生应变 ε_x,与这个方向垂直的横方向发生应变 ε_y,则 ν 定义为

$$\nu = \left|\frac{\varepsilon_y}{\varepsilon_x}\right| = \left|\frac{\varepsilon'}{\varepsilon}\right| \tag{3-33}$$

$$\nu = \frac{\lambda}{2(\lambda+\mu)} \tag{3-34}$$

式中:λ——拉梅参数,有正负,见表 3-13。

变形模量相互转化一览表 表 3-13

因变量	自变量				
	(λ,μ)	(E,G)	(E,ν)	(G,ν)	(G,K)
E	$\dfrac{\mu(3\lambda+2\mu)}{\lambda+\mu}$	E	E	$2(1+\nu)G$	$\dfrac{9KG}{3K+G}$
$G(\mu)$	μ	G	$\dfrac{E}{2(1+\nu)}$	G	G
K	$\dfrac{3\lambda+2\mu}{3}$	$\dfrac{EG}{3(3G-E)}$	$\dfrac{E}{3(1-2\nu)}$	$\dfrac{2G(1+\nu)}{3(1-2\nu)}$	K
ν	$\dfrac{\lambda}{2(\lambda+\mu)}$	$\dfrac{E-2G}{2G}$	ν	ν	$\dfrac{3K-2G}{6K+2G}$
λ	λ	$\dfrac{G(E-2G)}{3G-E}$	$\dfrac{\nu E}{(1+\nu)(1-2\nu)}$	$\dfrac{2\nu G}{1-2\nu}$	$\dfrac{3K-2G}{3}$

注:K-体积弹性系数,压缩率;λ-拉梅参数,有正负;μ-同 G,剪切模量。

3.5.2 钢材的弹塑性性质

从钢材的应力-应变关系可以了解钢材的弹塑性性质。中国最常用的钢材为 Q235 和 Q345,图 3-16 是 Q235 的拉伸应力-应变曲线。

从应力-应变曲线可以得到几个重要的指标:

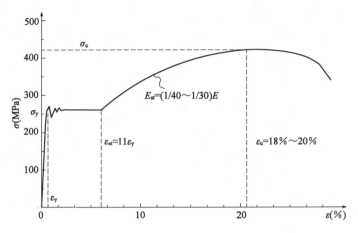

图 3-16 钢材 Q235 的应力-应变曲线

①钢材的弹性模量 $E=206\mathrm{GPa}$，是钢材材料层次的刚度，对结构的稳定起着重要的作用。要保证钢材的质量，不仅要保证其强度指标，还要保证弹性模量不低于规定值，也是保证结构稳定极限承载力的重要措施。

②钢材屈服强度 $\sigma_y=235\mathrm{MPa}(345\mathrm{MPa})$，决定了弹性阶段的范围，同时它是用应力表示的稳定极限承载力的上限。与这个应力对应的应变 $\varepsilon_y=\sigma_y/E$。

③钢材具有非常好的延性。应力-应变曲线上有一个水平段。由于很多构件在进入极限承载力前材料不会进入硬化阶段，这个水平段使得我们在进行理论研究时，可以采用材料是理想弹塑性的假设。硬化开始的应变记为 ε_{st}，它一般为 ε_y 的 11 倍左右。

④硬化阶段应力继续上升，硬化模量 E_{st} 对碳素钢通常为弹性模量的 $1/40\sim1/30$。

⑤Q235 的极限抗拉强度为 375MPa，对于 Q345 则为 470MPa。钢材拉断时的极限拉应变为 $\varepsilon_u=18\%\sim20\%$。

⑥σ_y/σ_u 为屈强比，是钢材塑性能力的韧性指标，在抗震设计上用于评价材料的塑性度，即吸收能量的大小，一般要求在 0.7～0.8 以下。

钢材应力-应变曲线显示了刚度随应力变化的规律。在应力达到屈服强度后，材料切线模量下降为零，通常认为是强度不够，刚度才降低。但是也可以反向理解：是材料的刚度不够，才出现屈服现象和屈服平台。对研究稳定性来说，刚度是首先要考虑的因素。

钢材的受压和受剪应力-应变曲线与受拉应力-应变曲线基本相同。

构件的弯扭失稳存在着需要确定塑性阶段剪切模量的问题。在薄壁构件的弹塑性失稳中，剪切模量取值影响不大，可以取 $G_t=\left(\dfrac{1}{4}\sim\dfrac{1}{3}\right)G$，在强化阶段 $G_{st}=\left(\dfrac{1}{5}\sim\dfrac{1}{4}\right)G$。

3.6 钢材的屈服条件

材料力学中学习过三向应力，实际工程中的梁体构件（图 3-17）都是在三向应力下工作的，图 3-17 表现的是加载平面的二维应力状况。把分析点拿出来，一般点处于图 3-18 中 a) 的一般应力状态，又称为全应力状态；若以中心转动，则可以转为 b) 的主应力状态，或只存在剪力的 c)状态。3 种状态下原点相同,单元体方向不同。

那么材料进入塑性,在什么情况下开始屈服呢？复杂应力状态下哪个条件是材料屈服的决定因素呢？

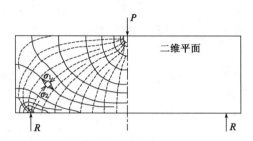

图 3-17 平面应力下的梁

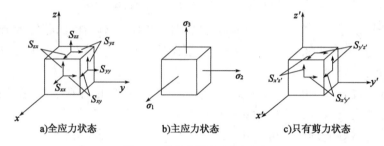

图 3-18 某点的转动后应力状态

连续体的应力和应变存在 3 个不变量,也就是说这 3 个力学上的不变量是控制材料进入塑性进而发生屈服的指标,通过试验分析 3 个不变量的经典理论有 Tresca 屈服条件理论和 Mises 屈服条件理论。

3.6.1 Tresca 屈服条件理论

我们常把最大的正应力出现的主应力状态[图 3-18b)]按下列大小关系定义:$\sigma_1 \geqslant \sigma_2 \geqslant \sigma_3$。1814 年法国材料学家特雷斯卡(Tresca)提出了最大剪切应力准则,认为最大剪应力达到材料的某一固有数值时,开始进入屈服的塑性变形阶段,也就是说当变形体的质点中的最大切应力达到一定值时,材料发生屈服。也可以说成材料处于塑性状态时,其最大剪应力是一个不变的定值,该值只取决于材料变形条件下的性质,而与应力状态无关,因此,Tresca 屈服准则也是最大剪应力不变条件。

材料力学中,主应力平面下的最大剪应力是在两个主应力成 45°角时发生,大小是主应力差的一半,$\tau_{max} = \frac{1}{2}(\sigma_1 - \sigma_3)$,而在三维的立体模型中问题稍微有点复杂,需要确定在各自的正应力表示下最大剪切应力的作用面的情况。

在图 3-18b)所示的主应力状态下,根据 σ_1,σ_2,σ_3 的大小关系可分为图 3-19 所示的 3 种状态,然后分别找出全方向中的最大和最小正应力。

也就有 Tresca 的屈服公式

$$\tau_{max} = \frac{1}{2}(\sigma_1 - \sigma_3) = \frac{\sigma_y}{2} \tag{3-35}$$

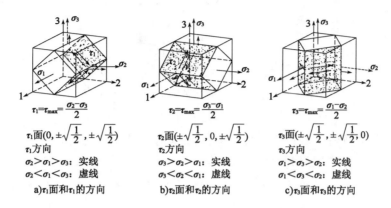

图 3-19 最大(主)剪应力和作用面

3.6.2 Mises 屈服条件理论

材料变形时来自外力所做的功转化为材料的体积变化能和剪切应变能,材料的剪切应变能达到某一定值时材料开始屈服,这就是 1913 年奥地利学者 Von Mises(范·米塞斯)提出的剪切应变能屈服理论。

任意三向应力小方块可以按图 3-20 在全应力状态和主应力状态下进行分解组合,其中,σ_m 为正应力的平均值(即静水应力),再用矩阵展开就更明确了。

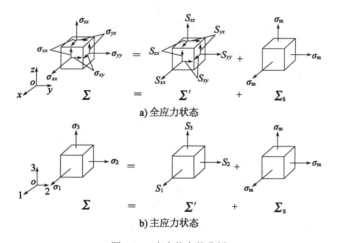

图 3-20 应力状态的分析

应力张量 $\boldsymbol{\Sigma}$ 与偏应力张量 $\boldsymbol{\Sigma}'$ 关系式为

$$\boldsymbol{\Sigma}' = \begin{bmatrix} S_{xx} & S_{xy} & S_{xz} \\ S_{yx} & S_{yy} & S_{yz} \\ S_{zx} & S_{zy} & S_{zz} \end{bmatrix} = \begin{bmatrix} \sigma_{xx} & \sigma_{xy} & \sigma_{xz} \\ \sigma_{yx} & \sigma_{yy} & \sigma_{yz} \\ \sigma_{zx} & \sigma_{zy} & \sigma_{zz} \end{bmatrix} - \begin{bmatrix} \sigma_m & 0 & 0 \\ 0 & \sigma_m & 0 \\ 0 & 0 & \sigma_m \end{bmatrix} = \boldsymbol{\Sigma} - \boldsymbol{\Sigma}_s \quad (3\text{-}36)$$

$\boldsymbol{\Sigma}_s$ 是静水压应力矩阵,公式为

$$\boldsymbol{\Sigma}_s = \begin{bmatrix} \sigma_m & 0 & 0 \\ 0 & \sigma_m & 0 \\ 0 & 0 & \sigma_m \end{bmatrix} \tag{3-37}$$

应力矩阵
$$\boldsymbol{\sigma}_{ij} = \begin{bmatrix} S_{xx} & \tau_{xy} & \tau_{xz} \\ \tau_{yx} & S_{yy} & \tau_{yz} \\ \tau_{zx} & \tau_{zy} & S_{zz} \end{bmatrix} + \begin{bmatrix} \sigma_m & 0 & 0 \\ 0 & \sigma_m & 0 \\ 0 & 0 & \sigma_m \end{bmatrix} \tag{3-38}$$

式(3-38)中第1项称为塑性变形关联项,第2项称为体积变化关联项。

对角主应力矩阵可以定义为主偏应力矩阵,表示为

$$\begin{bmatrix} S_1 & 0 & 0 \\ 0 & S_2 & 0 \\ 0 & 0 & S_3 \end{bmatrix} = \begin{bmatrix} \sigma_1 - \sigma_m & 0 & 0 \\ 0 & \sigma_2 - \sigma_m & 0 \\ 0 & 0 & \sigma_3 - \sigma_m \end{bmatrix} = \begin{bmatrix} \sigma_1 & 0 & 0 \\ 0 & \sigma_2 & 0 \\ 0 & 0 & \sigma_3 \end{bmatrix} - \begin{bmatrix} \sigma_m & 0 & 0 \\ 0 & \sigma_m & 0 \\ 0 & 0 & \sigma_m \end{bmatrix} \tag{3-39}$$

胡克定律公式为

$$\begin{cases} \varepsilon_1 = \frac{1}{E}[\sigma_1 - \nu(\sigma_2 + \sigma_3)] \\ \varepsilon_2 = \frac{1}{E}[\sigma_2 - \nu(\sigma_1 + \sigma_3)] \\ \varepsilon_3 = \frac{1}{E}[\sigma_3 - \nu(\sigma_1 + \sigma_2)] \end{cases} \tag{3-40}$$

根据胡克定律,弹性状态下的全应变能为

$$W = \frac{1}{2}(\sigma_1\varepsilon_1 + \sigma_2\varepsilon_2 + \sigma_3\varepsilon_3) = \frac{1}{2E}[\sigma_1^2 + \sigma_2^2 + \sigma_3^2 - 2\nu(\sigma_1\sigma_2 + \sigma_2\sigma_3 + \sigma_3\sigma_1)] \tag{3-41}$$

体积应变
$$\varepsilon_m = \frac{1}{3}(\varepsilon_1 + \varepsilon_2 + \varepsilon_3) = \frac{1-2\nu}{E}(\sigma_1 + \sigma_2 + \sigma_3)$$

$$= \frac{3(1-2\nu)}{E}\sigma_m = \frac{\sigma_m}{K} \tag{3-42}$$

式中:$K = \frac{E}{3(1-2\nu)}$。

偏应变组成成分 $\quad \varepsilon_1' = \varepsilon_1 - \varepsilon_m = \frac{1+\nu}{E}\sigma_1' = \frac{1}{2G}\sigma_1' \tag{3-43}$

剪切模量 $\quad G = \frac{E}{2(1+\nu)} \tag{3-44}$

偏应变与对应的重偏应力的关系同样为 $\frac{\varepsilon_1'}{S_1} = \frac{1}{2G}$,即其比例常数也是材料固有的定值 $\frac{1}{2G}$。

体积应变:
$$\varepsilon_v = (1+\varepsilon_1)(1+\varepsilon_2)(1+\varepsilon_3) - 1$$
$$= \varepsilon_1\varepsilon_2\varepsilon_3 + \varepsilon_1\varepsilon_2 + \varepsilon_2\varepsilon_3 + \varepsilon_3\varepsilon_1 + \varepsilon_1 + \varepsilon_2 + \varepsilon_3$$

$$\approx \varepsilon_1 + \varepsilon_2 + \varepsilon_3 = \frac{3\sigma_{\mathrm{m}}}{E}(1-2\nu) = \frac{\sigma_{\mathrm{m}}}{K} \quad (3\text{-}45)$$

体积应变所做的功:$W_{\mathrm{v}} = \frac{1}{2}\sigma_{\mathrm{m}} \cdot \varepsilon_{\mathrm{v}} = \frac{\sigma_{\mathrm{m}}}{2} \cdot \frac{3\sigma_{\mathrm{m}}}{E}(1-2\nu) = \frac{1-2\nu}{6E}(\sigma_1+\sigma_2+\sigma_3)^2 \quad (3\text{-}46)$

剪切应变能通过从全应变能中减去体积应变所做的功来求解:

$$W_{\mathrm{s}} = W - W_{\mathrm{v}} = \frac{1}{2E}[\sigma_1^2+\sigma_2^2+\sigma_3^2-2\nu(\sigma_1\sigma_2+\sigma_2\sigma_3+\sigma_3\sigma_1)] - \frac{1-2\nu}{6E}(\sigma_1+\sigma_2+\sigma_3)^2$$

$$= \frac{1}{12G}[(\sigma_1-\sigma_2)^2+(\sigma_2-\sigma_3)^2+(\sigma_3-\sigma_1)^2] \quad (3\text{-}47)$$

接着,计算材料的单纯剪切变形情况下的剪切应变做功。设定剪切应力 $\tau = k$ 时屈服变形开始。如图 3-21 所示,试件 ABCD 发生剪切应变 γ 后变成 $A'BCD'$,剪切强度 $\tau = F/A$, A 为试件截面面积,剪切变形 λ 是

$$\lambda = \gamma l = \frac{\tau}{G}l = \frac{Fl}{AG} \quad (3\text{-}48)$$

力 F 所做的功 $\quad U = \frac{1}{2}F\lambda = \frac{F^2 l}{2AG} = \frac{AG}{2l}\lambda^2 \quad (3\text{-}49)$

单位体积计算的功 $\quad W_{\mathrm{s}}' = \frac{U}{Al} = \frac{1}{2}\tau\gamma = \frac{\tau^2}{2G} \quad (3\text{-}50)$

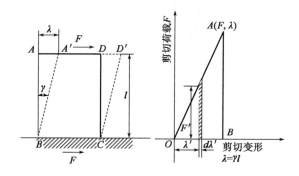

图 3-21 纯剪模型

式(3-50)与式(3-47)的剪切应变能 W_{s} 等价时,纯剪所做的功等于内部剪切应变能。

$$(\sigma_1-\sigma_2)^2+(\sigma_2-\sigma_3)^2+(\sigma_3-\sigma_1)^2 = 6k^2 \quad (3\text{-}51)$$

式中:k——屈服条件下的剪应力。

单轴拉伸变形的情况下,将 $\sigma_1 = Y, \sigma_2 = \sigma_3 = 0$ 代入式(3-51),可得

$$(\sigma_1-\sigma_2)^2+(\sigma_2-\sigma_3)^2+(\sigma_3-\sigma_1)^2 = Y^2+0+Y^2 = 2Y^2 \quad (3\text{-}52)$$

这就是单轴拉伸状态下的屈服条件,即当应力 $\overline{\sigma}$ 达到 Y 时,材料屈服,开始进入塑性状态。

$$\overline{\sigma} = \sqrt{\frac{1}{2}[(\sigma_1-\sigma_2)^2+(\sigma_2-\sigma_3)^2+(\sigma_3-\sigma_1)^2]} = Y \quad (3\text{-}53)$$

这里 $\bar{\sigma}$ 是三轴应力转化成单轴应力时的等效应力,也叫屈服有效应力。换句话说,就是复杂应力状态下由三轴应力转化成单轴应力的等效应力达到 Y 值时,材料开始屈服。单纯剪切情况下 $\sigma_1=k,\sigma_2=0,\sigma_3=k$ 代入式(3-53),可得

$$\bar{\sigma}=\sqrt{\frac{1}{2}[(k-0)^2+(0+k)^2+(-k-k)^2]}=\sqrt{3}k \tag{3-54}$$

也就是说 Mises 的单轴屈服有效应力 $\bar{\sigma}$ 为 Y,而剪切屈服的有效应力 $\bar{\sigma}$ 为 $\sqrt{3}k$,使用时屈服剪切强度 $\tau_y=\dfrac{\sigma_y}{\sqrt{3}}$,即材料屈服点应力的 $\dfrac{1}{\sqrt{3}}$ 倍。钢材常用 Mises 准则来判定屈服。

3.7 钢材的破坏韧性

钢结构桥梁中,构件的脆性破坏可能会使整体结构瞬间失去相应的约束,无预兆就可能导致倒塌,所以,脆性破坏被列入桥梁的极限状态。而钢材的脆性由周边温度、应变发展速度、冲击韧性所决定,此外,还与断裂韧性相关。断裂韧性是材料固有的特性,与材料本身热处理及加工工艺有关。构件的局部应力集中部位会产生疲劳裂纹,裂纹产生的时间及扩展速度与钢材的断裂韧性大小有一定关系。

3.7.1 脆性破坏

图 3-22 表示材料立方体试块在相等的拉伸正应力作用下的平衡状态,这时 Tresca 屈服条件和 Mises 屈服条件中的主应力 $\sigma_1,\sigma_2,\sigma_3$ 都相等,式(3-57)、式(3-58)并不成立,也就是说主应力相等时,主应力即使超过屈服应力,立方体也不屈服而弹性变形继续发展,当主应力增加到 σ_f(屈服应力)时,立方体就破坏了。这种不出现屈服而直接从弹性状态发生破坏的现象叫作脆性破坏,脆性破坏不伴随有塑性变形发生,构件破坏变形很小。

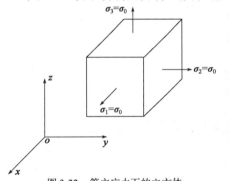

图 3-22 等主应力下的立方体

两个屈服准则的脆性破坏公式为

Tresca $$\sigma_1-\sigma_3=\sigma_f \tag{3-55}$$

Mises $$\sqrt{\frac{1}{2}[(\sigma_1-\sigma_2)^2+(\sigma_2-\sigma_3)^2+(\sigma_3-\sigma_1)^2]}=\sigma_f \tag{3-56}$$

当三个主应力同号,且它们的绝对值接近时,即使 $\sigma_1,\sigma_2,\sigma_3$ 的绝对值很大,大大超过屈服点,但由于其差值不大,等效应力并不大,材料就不易进入塑性,也就是说有可能直至材料破坏时还未进入塑性,这个破坏就是脆性破坏。因此,钢材在多轴应力状态下,当处于同号应力场时(同压或同拉),钢材易产生脆性破坏。这时,定义脆性破坏的发生条件是,主应力本身达到屈服,即

$$\sigma_1=\sigma_f \tag{3-57}$$

这也叫作脆性破坏的最大主应力理论。实际上 3 个方向拉伸主应力相等的情况不能模拟,所以,脆性破坏时的应力 σ_f 无法在试验室通过试验获得。如图 3-23 所示,ε_1 对应的应力为 σ_B,这

里 σ_f 比 $\sigma_B(1+\varepsilon_1)$ 还要大。对于充分的平滑钢材，σ_1 不会超过 σ_f，也就不能发生脆性破坏。

下面介绍主应力 σ_1 超过屈服应力的应力集中部位，或者裂纹发生的尖端部位的情况。如图3-24所示，中央有缺陷的平板受 σ_1 的拉伸应力时，缺陷截面处开始发生塑性变形，但其下部分由弹性截面产生的收缩而约束着，横方向会产生拉伸应力 σ_2，满足 Tresca 屈服条件的话，缺陷截面上：$\sigma_1 - \sigma_2 = \sigma_y$，$\sigma_1 = \sigma_2 + \sigma_y$ 成立。

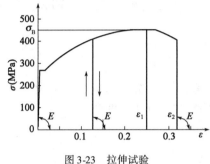

图3-23 拉伸试验　　图3-24 应力集中示意图

σ_2 是拉伸应力，所以 σ_1 比 σ_y 要大，这类缺陷截面，有发生脆性破坏的可能性。此缺陷截面不只有 σ_1，而且有 σ_2，也就是说处于多轴应力状态，这种情况下是由弹性状态的领域约束着截面的塑性变形，叫作塑性约束。接下来介绍裂纹尖端的应力，如图3-25所示。在薄板的塑性域内，$\sigma_1 = \sigma_x = \sigma_y$，$\sigma_z = 0$，$\sigma_1 = \sigma_x = \sigma_y$。也就是主应力 σ_1 与 σ_y 相同。在厚板的塑性域内，则有

$$\sigma_x = \sigma_y = \sigma_y/(1-2\nu) \tag{3-58}$$

$$\sigma_z = 2\nu\sigma_y/(1-2\nu) \tag{3-59}$$

所以，板厚时，σ_1 是 σ_y 的 $1/(1-2\nu)$ 倍，代入泊松比 $\nu = 0.3$ 得 σ_1 是薄板的 2.5 倍，可见厚板裂纹的情况下，其主应力 σ_1 比屈服应力 σ_y 要超过很多，因此厚板的脆性破坏更容易出现。

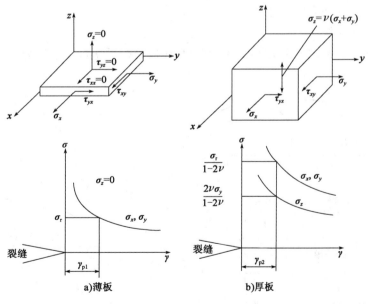

图3-25 裂纹尖端前方的应力分布

由以上分析可知,脆性破坏比较容易在应力集中部位或者有裂纹发生的构件上,而且板越厚,发生的可能性越大。

以上是主应力 σ_1 超过 σ_y 时脆性破坏的分析。另外,材料自身的 σ_f 低也易导致脆性破坏。当材料的 σ_f 在低温、快速加载、大的塑性应变情况下,即使 σ_1 比 σ_y 小也会引起脆性破坏。因为材料的 σ_f 一般不能通过试验取得,设计时必须了解脆性破坏的控制参数——破坏韧性。脆性破坏发生的原因是缺陷截面产生裂纹从而发生极端情况,而这种初期裂纹怎么会导致周边的应力扩大呢?

3.7.2 裂纹的应力扩大

破坏力学里,裂纹变形性能可以分成 3 种基本类型,分别对应于上下裂纹面相互独立移动的情况,如图 3-26 所示,分别称为张开Ⅰ型、滑移Ⅱ型和撕裂Ⅲ型。

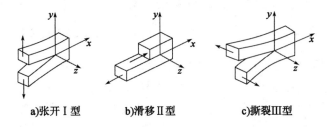

图 3-26 裂纹的 3 种基本类型

由于钢桥中断裂临界构件通常是受拉或弯拉构件,且引起的脆性断裂几乎都是垂直于主拉应力方向的Ⅰ型裂纹形式,因此,张开裂纹是钢桥构件断裂的主要形式。图 3-27 给出了不同构件的应力-变形曲线,可以采用相适应的断裂力学方法描述:

①线弹性断裂力学;
②小范围屈服的线弹性断裂力学;
③弹塑性断裂力学。

如图 3-28 所示,裂纹尖端周围的场应力分布在极坐标系里可以表达为

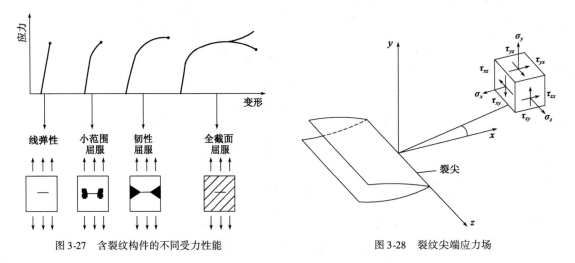

图 3-27 含裂纹构件的不同受力性能　　　图 3-28 裂纹尖端应力场

$$\sigma_{kl} = \frac{1}{\sqrt{2\pi r}} + [K_{\mathrm{I}} f_{kl}^{\mathrm{I}}(\theta) + K_{\mathrm{II}} f_{kl}^{\mathrm{II}}(\theta) + K_{\mathrm{III}} f_{kl}^{\mathrm{III}}(\theta)] \qquad k,l = x,y,z \tag{3-60}$$

式中：$f_{kl}^{\mathrm{I}}(\theta), f_{kl}^{\mathrm{II}}(\theta), f_{kl}^{\mathrm{III}}(\theta)$——无长度单位的函数，仅含有角度 θ；

$K_{\mathrm{I}}, K_{\mathrm{II}}, K_{\mathrm{III}}$——分别为对应于张开Ⅰ型、滑移Ⅱ型、撕裂Ⅲ型的应力强度因子，与坐标 r, θ 无关，表征裂尖应力场的强度。

具体到二维平面情形，张开Ⅰ型裂纹的裂尖近场应力分布用广义的胡克定律建立极坐标平衡方程，通过 Goursat 的应力函数，可解出下列平面表达式：

$$\begin{cases} \sigma_x = \dfrac{K_{\mathrm{I}}}{\sqrt{2\pi r}} \cos \dfrac{\theta}{2} \left(1 - \sin \dfrac{\theta}{2} \sin \dfrac{3\theta}{2}\right) \\[6pt] \sigma_y = \dfrac{K_{\mathrm{I}}}{\sqrt{2\pi r}} \cos \dfrac{\theta}{2} \left(1 + \sin \dfrac{\theta}{2} \sin \dfrac{3\theta}{2}\right) \\[6pt] \tau_{xy} = \dfrac{K_{\mathrm{I}}}{\sqrt{2\pi r}} \sin \dfrac{\theta}{2} \cos \dfrac{\theta}{2} \cos \dfrac{3\theta}{2} \\[6pt] u_y = \dfrac{K_{\mathrm{I}}}{\sqrt{2G}} \sqrt{\dfrac{r}{2\pi}} \sin \dfrac{\theta}{2} \left(f + 1 - 2\cos \dfrac{2\theta}{2}\right) \end{cases} \tag{3-61}$$

式中：f——材料常数，它是泊松比的函数。

图 3-29 为均匀拉伸应力下的无限板内部裂纹，裂纹长 $2a$，垂直裂纹的方向有均等的拉伸应力 σ，裂纹的发展沿 x 轴进行，局部坐标为 r, θ，从式(3-61)可知，裂纹尖端近旁的应力分布依存于 r 和 θ，当 θ 很小时，近旁的应力大小只依存于应力扩大系数 K_{I}，即荷载大小只影响扩大系数，应力扩大系数是决定裂纹尖端状态的关键。这里定义

$$K_{\mathrm{I}} = \sigma \sqrt{\pi a} \tag{3-62}$$

薄板椭圆孔 $\qquad K_{\mathrm{I}} = 1 + 2\sqrt{\dfrac{a}{\rho}} \tag{3-63}$

式中：ρ——尖端曲率半径。

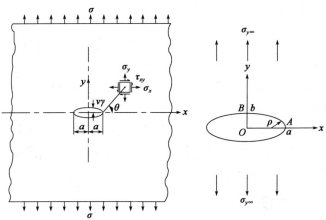

图 3-29 均匀拉应力下无限板中的内部裂纹

从微观来看，这种裂纹在钢材中不可避免，重要的问题在于怎么控制微小裂纹的发展。裂纹开始扩展的系数为 K_{th}，也叫阈值，扩大系数大于这个值时裂纹开始扩展，达到 K_{IC} 时发生断裂。

3.7.3 断裂韧性

1920年英国学者Griffith提出了脆性破坏的能量理论,认为脆性破坏起源于完全脆性体内的裂纹,伴随裂纹传播释放的能量作为驱动力,当超过形成新破裂面必需的能量时,裂纹开始传播延伸,从这个假说推出了脆性破坏的控制参数。

图3-30所示,裂纹还没有传播时,裂纹前方的应力σ_y为

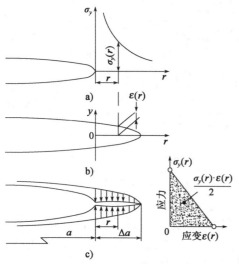

图3-30 伴随裂纹传播的释放能量计算

$$\sigma_y = \frac{K(a)}{\sqrt{2\pi r}} \qquad (3\text{-}64)$$

尖端近旁的垂直应变为

$$\varepsilon = \frac{f+1}{2G}K(a)\sqrt{\frac{r}{2\pi}} \qquad (3\text{-}65)$$

模量f的平面应力状态($\sigma_z = 0$)是

$$f = \frac{3-\nu}{1+\nu} \qquad (3\text{-}66)$$

裂纹传播Δa时裂纹尖端近旁上下缘的应变是

$$\varepsilon = \pm \frac{f+1}{2G}K(a+\Delta a)\sqrt{\frac{\Delta a - r}{2\pi}} \qquad (3\text{-}67)$$

断裂力学是用钢材缺口吸收能的试验来评价断裂韧性的大小。若要让Δa的裂纹关闭,将需要恢复传播前状态所做的功定义为开放能。Δa部分传播前存在的应力为σ_y,σ_y与ε的关系为线性关系,导致Δa裂纹闭合所做的功为

$$\Delta W = 2\int_0^{\Delta a} \frac{\sigma_y \varepsilon}{2}\mathrm{d}r = \frac{f+1}{4\pi G}K(a)k(a+\Delta a)\int_0^{\Delta a}\sqrt{\frac{\Delta a - r}{r}}\mathrm{d}r = \frac{f+1}{8G}K(a)K(a+\Delta a)\Delta a \qquad (3\text{-}68)$$

裂纹在传播后,分离面单位面积的开放能叫作开放率g,计算公式如下

$$g = \lim \frac{\Delta W}{\Delta a} = \frac{f+1}{8G}K^2 = \frac{(f+1)(1+\nu)}{4}\frac{K^2}{E} \qquad (3\text{-}69)$$

用$g \geq g_c$作为脆性破坏的理想条件,g_c是脆性破坏时的能量开放率。能量开放率g与应力扩大系数K的关系如式(3-69)所示,也就是说$K \geq K_c$,K_c是脆性破坏发生时的应力扩大系数,这里g_c和K_c均是极值,都叫破坏韧性。

日本工业规范JISG0564规定了破坏韧性的试验方法,试验结果显示这个应力扩大率与开放量有一一对应关系,并得出了裂纹尖端近旁的特异应力场关系式,这些是钢桥多发疲劳病害研究的重要基础。

3.7.4 冲击韧性试验

冲击韧性是反映钢材在冲击荷载作用下断裂时吸收机械能的能力,脆性的断裂韧性是衡量钢材阻止宏观裂纹失稳扩展的能力,是材料固有的特性,只与材料本身调质合金与热处理工艺有关,常用断裂前物体吸收的能量或外界对物体所做的功表示。

金属的夏比缺口冲击试验如图 3-31 所示,吸收的能量 CVN 与温度的关系如图 3-32 所示。某个温度下材料的吸收能极低,该温度叫韧脆转变温度,其对应的是材料的动平面应变断裂韧性 K_d。

这个韧脆转变温度下的夏比吸收能 CVN 与动平面应变断裂韧性 K_d 有如下关系(图 3-33):

$$\frac{K_d^2}{E} = \frac{CVN}{1548} \tag{3-70}$$

式中:CVN——夏比吸收能,J;
K_d——在冲击荷载应变速率 $d\varepsilon/dt$ 为 $(10s)^{-1}$ 的荷载作用下,动平面应变状态下的破坏韧性;
E——弹性模量,MPa。

$$T_s = \begin{cases} 119 - \dfrac{\sigma_y}{8.27} & (248\text{MPa} \leqslant \sigma_y \leqslant 965\text{MPa}) \\ 0 & (\sigma_y > 965\text{MPa}) \end{cases} \tag{3-71}$$

式中:T_s——韧脆转变温度的移动量,℃;
σ_y——室温时的屈曲应力,MPa。

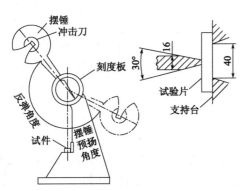

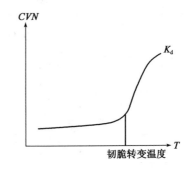

图 3-32 夏比缺口吸收能与温度的关系

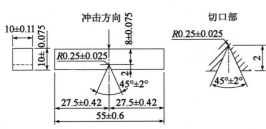

图 3-31 夏比缺口冲击机和试件(尺寸单位:mm)

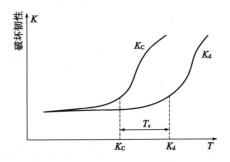

图 3-33 应变速率对破坏韧性的影响

钢材的冲击韧性随温度改变而变化。对于特殊环境下建造的桥梁,所用钢材除需要满足常温冲击韧性外,还应根据所处极端环境情况,满足低温或高温的冲击韧性。常用钢材的冲击韧性见表 3-14 ~ 表 3-16。

桥梁用结构钢冲击韧性（GB/T 714—2015）　　　表3-14

钢材型号	Q345q			Q370q			Q420q			Q460q			Q500q			Q550q			Q620q			Q690q		
质量等级	C	D	E	C	D	E	D	E	F	D	E	F	D	E	F	D	E	F	D	E	F	D	E	F
试验温度（℃）	0	−20	−40	0	−20	−40	−20	−40	−60	−20	−40	−60	−20	−40	−60	−20	−40	−60	−20	−40	−60	−20	−40	−60
冲击吸收能量KV_2^*（J）	120			120			120		47	120		47	120		47	120		47	120		47	120		47

注：* 此处的冲击吸收能量用V形缺口2mm摆锤刀刃半径下的冲击功（KV_2）表示。

碳素结构钢冲击韧性（GB/T 700—2006）　　　表3-15

钢材型号	Q195	Q215		Q235				Q275			
质量等级	—	A	B	A	B	C	D	A	B	C	D
试验温度（℃）	—	—	+20	—	+20	0	−20	—	+20	0	−20
冲击吸收能量KV_2（J）	—	—	≥27	—	≥27			—	≥27		

低合金高强度结构钢冲击韧性（GB/T 1591—2008）　　　表3-16

钢材型号		Q345				Q390				Q420				Q460			Q500、Q550 Q620、Q690		
质量等级		B	C	D	E	B	C	D	E	B	C	D	E	C	D	E	C	D	E
试验温度（℃）		20	0	−20	−40	20	0	−20	−40	20	0	−20	−40	0	−20	−40	0	−20	−40
冲击吸收能量KV_2（J）	厚度（mm） 12~150	≥34				≥34				≥34				≥34			≥55	≥47	≥31
	>150~250	≥27				—				—				—					
	>250~400	—	≥27			—				—				—					

钢桥中夏比冲击吸收能设置下限值是为了防止钢材在焊接过程中由于母材的温度变化而产生内部裂纹，这种能量越大表示材料的韧性越好，也就是对焊接敏感性越弱。一般厚板要求的下限值比较小。

3.8 焊接与残余应力

3.8.1 概述

焊接是一种使用高温或高压的方式接合金属或其他热塑性材料的制造工艺及技术。焊接的工业应用主要是造船、土木钢结构和容器这三大类。焊接构件的连接质量受工人技能、电流大小、机材和环境等多方面的影响，而其中工人的因素影响最大。基于这种不确定性的影响，日本钢桥焊接主要在工厂进行，现场的构件连接原则上采用高强度螺栓连接。

焊缝连接形式的分类如表3-17所示，焊接时的施焊位置和操作姿态见图3-34。

焊缝连接形式　　　　　　表 3-17

	对头焊	角接头	栓接	缝焊
平接	▨	—	—	—
T字接头	▨	▨	—	—
角接头	▨	▨	—	—
垫接头	—	▨	▨	▨
搭接	—	▨	▨	▨

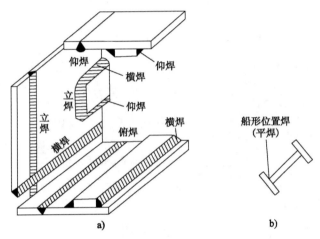

图 3-34　焊接操作姿态

适用于手工焊接头处的坡口处理以及焊接符号(世界通用)见图 3-35,影响接头性能的主要因素见图 3-36。钢板梁桥工厂焊接大都是全自动的多丝埋弧焊,现场一般是二氧化碳药芯气体保护焊,见图 3-37。

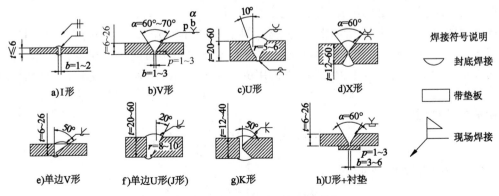

图 3-35　坡口焊接(适用于手工焊,尺寸单位:mm)

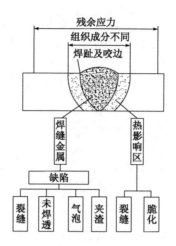

图 3-36 影响焊接接头性能的主要因素

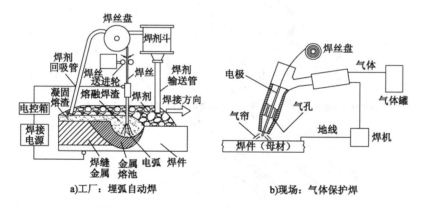

图 3-37 钢桥常用的焊接方法

焊接的原理是利用高强电流产生的高温电弧熔化金属和熔材,形成熔池把构件熔融在一起,保护气体是为了使熔融金属与大气隔离,防止杂物的掺入。

调质和热处理是原钢提高性能、保证质量的两大手段,除了熔材本身的缺陷之外,焊接是一个周边热处理的过程,特别是现场焊接,人为因素对焊接质量影响很大,接头点的微小裂纹和连接部的刚度变化也是构件疲劳破坏的主要原因。

焊接部的情况如图 3-36 所示,熔融金属冷却后,多数的热流入母材,也就是说焊接使母材急速加热和冷却,这种变化造成钢材硬化后易产生脆性的焊接裂纹。焊接构造用钢材对化学元素的含量进行了规定。日本 JIS 标准中常用的是碳素当量 C_{eq} 和冷裂纹敏感系数 P_{cm},计算公式为:

碳素当量 C_{eq} 上限值

$$C_{eq} = C + \frac{Mn}{6} + \frac{Si}{24} + \frac{Ni}{40} + \frac{Cr}{5} + \frac{Mo}{4} + \frac{V}{14} (\%) \quad (3-72)$$

冷裂纹敏感指数 P_{cm} 上限值

$$P_{cm} = C + \frac{Si}{30} + \frac{Mn}{20} + \frac{Cu}{20} + \frac{Ni}{60} + \frac{Cr}{20} + \frac{Mo}{15} + \frac{V}{10} + 5B(\%) \quad (3-73)$$

原则上是要求熔材发生的裂纹不能延伸到母材,这样就能保证母材在一定的夏比冲击吸收能下有表 3-13～表 3-15 的下限值以上程度的韧性指标。而新《道路桥示方书》在标准预热温度下的冷裂纹敏感系数上限值如表 3-18 所示。

新《道路桥示方书》标准预热温度下的 P_{cm} 上限值　　　表 3-18

板厚(mm)	钢　种				
	SM400	SMA400W	SM490Y	SM520	SMA490W
			SM490Y	SM570	SMA570W
$t \leq 25$	0.24 以下	0.24 以下	0.26 以下	0.26 以下	0.26 以下
$25 < t \leq 50$			0.26 以下	0.27 以下	0.27 以下
$50 < t \leq 100$			0.27 以下	0.29 以下	0.29 以下

3.8.2　焊缝的计算方法

钢板桥中主要的板焊接焊缝主要有两种:角焊缝和坡口(日语叫开先)焊缝。它们的计算方法必须掌握。角焊缝主要是剪切传力,是现场焊接的主要形式;而坡口焊缝可承担组合应力,以工厂焊接为主。

日本一般没有三级坡口,中国规定的一级坡口、二级坡口和不受拉应力的三级坡口,焊缝与母体构件钢材等强度,所以,坡口焊缝不进行应力计算。但在现场角焊缝的情况下需进行焊缝计算,焊缝的抗拉强度、抗压强度、抗剪强度设计值见表 3-6。

焊缝的厚度也叫焊脚有效厚度 h_e,分坡口焊和角焊,如图 3-38 所示。由几何计算可知,有效厚度 $h_e = s/\sqrt{2}$。焊缝的平面有效长度如图 3-39 所示,角焊缝以侧面抗剪为主,端焊缝使用量不大,拐角处的 $2s$ 部分和焊接开始点的 s 部分,只作为构造要求,在计算上不包含在有效长度之内。

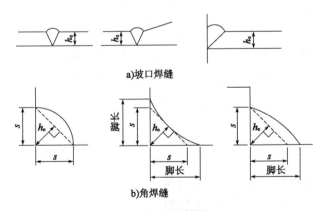

图 3-38　焊缝有效厚度 h_e

图 3-40 是端角焊缝的应力分布图。由图 3-40a)可知侧面角焊缝主要承受剪力,应力状态比较单一,在弹性状态下剪应力沿焊缝方向呈两端大中间小的不平均分布,而进入塑性后逐渐呈均匀的应力分布,破坏时可按全长均匀受力考虑,剪切面也发生在 45°有效厚度 $h_e = 0.7s$ 的最小截面处。

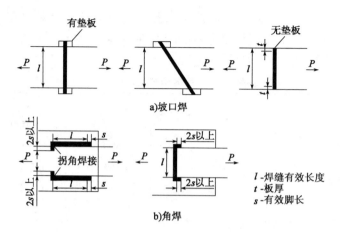

图 3-39 焊缝有效长度 l

相反,端角焊缝应力状态复杂[图3-40b)],有效厚度 BD 面上有复杂的不均匀的正应力和剪应力,复合应力的集中较严重,焊缝根部 B 处有很大的高峰正应力。有研究表明,端角焊缝对静应力的抵抗有效,但对桥梁构件的动荷载,性能薄弱,不宜采用。

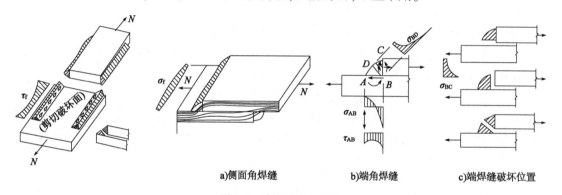

图 3-40 角焊缝应力分布

从微观角度来讲,角焊缝的受力状态是比较复杂的,精确的计算比较困难。日本是采用传统的 Von Mises 理论来计算,同时承受轴力、弯矩和剪力的构件,焊缝应力需满足的条件为

坡口焊缝 $$\left(\frac{\sigma}{\sigma_a}\right)^2 + \left(\frac{\tau_{/\!/}}{\tau_a}\right)^2 \leqslant 1.2 \tag{3-74}$$

角焊缝 $$\left(\frac{\tau_\perp}{\tau_a}\right)^2 + \left(\frac{\tau_{/\!/}}{\tau_a}\right)^2 \leqslant 1 \tag{3-75}$$

式中:σ——轴力或者弯矩所产生的正应力的和;

$\tau_\perp$——轴力或者弯矩所产生的剪应力的和;

$\tau_{/\!/}$——剪应力;

σ_a——焊接部位的容许正应力;

τ_a——容许剪应力。

图3-41a)为坡口焊缝时的拉弯剪结合受力分析,根据 Mises 条件[式(3-53)],对于薄板($\sigma_3 = 0$),二维等效应力式为

$$\sigma_1 = \frac{\sigma_x + \sigma_y}{2} + \sqrt{\left(\frac{\sigma_x - \sigma_y}{2}\right)^2 + \tau_{xy}^2} \qquad (3\text{-}76)$$

$$\sigma_2 = \frac{\sigma_x + \sigma_y}{2} - \sqrt{\left(\frac{\sigma_x - \sigma_y}{2}\right)^2 + \tau_{xy}^2} \qquad (3\text{-}77)$$

$$\sigma_x^2 + \sigma_y^2 - \sigma_x \sigma_y + 3\tau_{xy}^2 = \sigma_Y^2 \qquad (3\text{-}78)$$

焊缝处 $\sigma_x = \sigma, \sigma_y = 0, \tau_{xy} = \tau_{/\!/}$，式(3-78)可得

$$\sigma^2 + 3\tau_{/\!/}^2 = \sigma_Y^2 \qquad (3\text{-}79)$$

而单纯剪切的 Mises 等效应力有：$\sigma_Y = \sqrt{3}\tau_Y$，即 $\sigma_Y^2 = 3\tau_Y^2$。

与式(3-79)相除有 $\dfrac{\sigma^2}{\sigma_Y^2} + \dfrac{3\tau_{/\!/}^2}{3\tau_Y^2} = \dfrac{\sigma_Y^2}{\sigma_Y^2} = 1$，也就是

$$\frac{\sigma^2}{\sigma_Y^2} + \frac{\tau_{/\!/}^2}{\tau_Y^2} = 1 \qquad (3\text{-}80)$$

式(3-80)的解是 Mises 条件下组合应力的经典解。将 σ_Y 和 τ_Y 换成焊接部的容许应力 σ_a 和 τ_a 代入，则考虑试验所得的经验，将安全系数提升为 1.2。

$$\left(\frac{\sigma}{\sigma_a}\right)^2 + \left(\frac{\tau_{/\!/}}{\tau_a}\right)^2 \leqslant 1.2 \quad \text{也就是} \quad \sqrt{\left(\frac{\sigma}{\sigma_a}\right)^2 + \left(\frac{\tau_{/\!/}}{\tau_a}\right)^2} \leqslant 1.1 \qquad (3\text{-}81)$$

由于有正应力与剪应力通过剪切应变能的 Mises 等价转换，相当于《公路钢结构桥梁设计规范》(JTG D64—2015)的 $\sqrt{\sigma^2 + 3\tau^2} = f_{ed}^w$，提高了 10% 的容许值。

而角焊缝[图 3-41b)]是弯矩与剪力所产生应力的单纯叠加，没有双重的 Mises 等价转换，所以，角焊接的检验式是 Mises 的一次经典解。

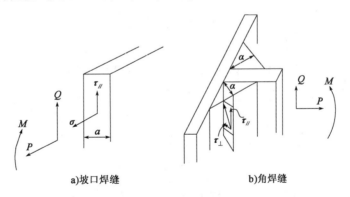

图 3-41 轴力、弯矩、剪力同时作用下的焊缝

$$\left(\frac{\tau_\perp}{\tau_a}\right)^2 + \left(\frac{\tau_{/\!/}}{\tau_a}\right)^2 \leqslant 1.0 \qquad (3\text{-}82)$$

对应图 3-40a)的焊接情况，也就是 $\tau_\perp$ 和 $\tau_{/\!/}$ 的平方勾股合成，剪应力之间关系有：

$$\tau_\perp^2 + \tau_{/\!/}^2 \leqslant \tau_a^2 \quad \text{或者} \quad \sqrt{\tau_\perp^2 + \tau_{/\!/}^2} \leqslant \tau_a \qquad (3\text{-}83)$$

可见中国和日本的计算理论、计算公式和安全系数都相同，均基于 Mises 的屈服理论。下面介绍坡口焊缝和角焊缝的计算。

1) 坡口焊缝的计算

(1) 对接焊缝只承受轴力作用

当对接直焊缝承受轴力作用时[图3-42a)],其强度计算式为

$$\sigma = \frac{N}{l_w t} \leqslant f_t^w \text{ 或 } \sigma = \frac{N}{l_w t} \leqslant f_c^w \tag{3-84}$$

式中：N——轴心拉力或压力；

l_w——焊缝的计算长度,当未采用引弧板时,焊缝长度取实际长度减去$2h_e$；当采用引弧板时,取焊缝实际长度；

t——焊缝的计算厚度,取连接件中较薄板的厚度；T形连接中,取腹板厚度。

当对接斜焊缝承受轴力作用时,如图3-42b)所示,应力可分解为焊缝法向和长度方向应力,其强度计算式为

$$\begin{cases} \sigma = \dfrac{N\sin\theta}{l_w t} \leqslant f_t^w \text{ 或 } f_c^w \\ \tau = \dfrac{N\cos\theta}{l_w t} \leqslant f_v^w \end{cases} \tag{3-85}$$

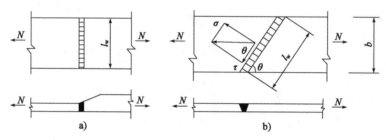

图3-42 承受轴力作用的对接焊缝

(2) 对接焊缝承受剪力和弯矩作用

当对接焊缝承受剪力V和弯矩M时,如图3-43a)所示,其焊缝强度计算式为

$$\begin{cases} \sigma = \dfrac{M}{W_w} \leqslant f_t^w \\ \tau = \dfrac{VS_w}{I_w t} \leqslant f_v^w \end{cases} \tag{3-86}$$

式中：W_w——对接焊缝有效截面的截面抵抗矩；

I_w——对接焊缝截面对其中性轴的惯性矩；

S_w——所求应力点以下(或以上)焊缝截面对中性轴的面积矩。

对于某些对接焊缝,如图3-43b)所示的工字形对接焊缝,其截面腹板与翼缘的交接处存在较大的正应力和剪应力,还应验算该点的折算应力,验算公式为

$$\sqrt{\sigma_1^2 + \tau_1^2} \leqslant 1.1 f_t^w \tag{3-87}$$

考虑折算应力仅在局部位置产生,故将强度设计计算值f_t^w提高10%。

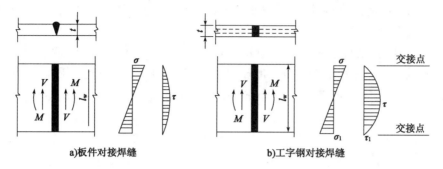

图3-43 承受剪力和弯矩作用的对接焊缝

(3) 对接焊缝承受剪力、弯矩和轴力作用

当对接焊缝承受剪力 V、弯矩 M 和轴力 N 共同作用时,如图3-44所示,其强度计算式为

$$\sigma = \frac{M}{W_w} + \frac{N}{A_w} \leq f_t^w \tag{3-88}$$

式中:A_w——对接焊缝的截面面积。

在推导 Mises 屈服条件[式(3-53)]时,薄板 $\varepsilon_z = 0$ 的二维表达式常用莫尔圆的表达方式,在材料力学中经常出现式(3-76)、式(3-77)的计算式。

图3-44,在双向应力状态下,$\sigma_x = \sigma$,$\sigma_y = 0$,$\tau_{xy} = \tau_{max}$,$\sigma_Y = 1.1 f_t^w$,就有规范公式成立,即

$$\sqrt{\sigma_N^2 + 3\tau_{max}^2} \leq 1.1 f_t^w \tag{3-89}$$

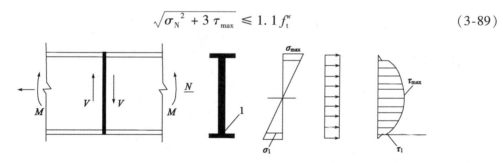

图3-44 承受剪力、弯矩和轴力作用的工字型钢对接焊缝

这里正应力的和是弯矩应力与轴力应力的合计,且 $\tau_{max} = \tau_1$,则

$$\sqrt{(\sigma_1 + \sigma_N)^2 + 3\tau_1^2} \leq 1.1 f_t^w \tag{3-90}$$

看得出来,对于坡口焊缝,其计算与一般的构件母材计算是一样的,而重点是验算焊缝的位置,也就是腹板与翼缘的交接处。

2) 角焊缝的计算

角焊缝的计算也是通过 Mises 的等效应力验算。如图3-45a)中的角焊缝连接,在三向轴力 N_x,N_y,N_z 作用下,其有效截面上存在三向应力,分别用 $\sigma_\perp$,$\tau_\perp$ 和 $\tau_{/\!/}$ 表示。其中 $\sigma_\perp$ 为垂直于焊缝长度方向的正应力,$\tau_\perp$ 为垂直于焊缝长度方向的剪应力,$\tau_{/\!/}$ 为平行于焊缝长度方向的剪应力。根据理论分析和试验证明,角焊缝在复杂应力作用下的强度条件可与母材相同,即由式(3-83)、式(3-79)可得

$$\sqrt{\sigma_\perp^2 + 3(\tau_\perp^2 + \tau_{/\!/}^2)} \leq \sqrt{3} f_f^w \tag{3-91}$$

式中：$f_{\mathrm{f}}^{\mathrm{w}}$——角焊缝的强度设计值（表 3-7），把它看作是剪切强度，则相当于角焊缝单向抗拉强度设计值。

为了便于计算角焊缝，把图 3-45b) 所示的有效截面上的正应力 $\sigma_\perp$ 和剪应力 $\tau_\perp$ 用垂直于焊脚边并在有效截面上分布的应力 σ_{fx} 和 σ_{fy} 表示，同时，剪应力 $\tau_{/\!/}$ 的符号用 τ_{fz} 表示。计算时，假定有效截面上的主应力都是均匀分布的，有效截面为 A_{e}，则 $N_x = \sigma_{\mathrm{fx}} A_{\mathrm{e}}$，$N_y = \sigma_{\mathrm{fy}} A_{\mathrm{e}}$，$N_z = \tau_{\mathrm{fz}} A_{\mathrm{e}}$。

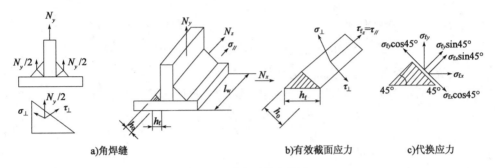

图 3-45 角焊缝应力分析

根据平衡条件有

$$\begin{cases} \sigma_\perp A_{\mathrm{e}} = \sigma_{\mathrm{fx}} A_{\mathrm{e}} \dfrac{\sqrt{2}}{2} + \sigma_{\mathrm{fy}} A_{\mathrm{e}} \dfrac{\sqrt{2}}{2} \\ \tau_\perp A_{\mathrm{e}} = \sigma_{\mathrm{fy}} A_{\mathrm{e}} \dfrac{\sqrt{2}}{2} - \sigma_{\mathrm{fx}} A_{\mathrm{e}} \dfrac{\sqrt{2}}{2} \end{cases} \quad (3\text{-}92)$$

θ 变化时可得

$$\begin{cases} \sigma_\perp = \sigma_{\mathrm{fx}} \dfrac{\sqrt{2}}{2} + \sigma_{\mathrm{fy}} \dfrac{\sqrt{2}}{2} = \dfrac{\sin\theta \sin(135°-\theta)}{2 h_{\mathrm{f}} \cdot l_{\mathrm{w}} \sin 45°} N_y \\ \tau_\perp = \sigma_{\mathrm{fy}} \dfrac{\sqrt{2}}{2} - \sigma_{\mathrm{fx}} \dfrac{\sqrt{2}}{2} = \dfrac{\cos\theta \sin(135°-\theta)}{2 h_{\mathrm{f}} l_{\mathrm{w}} \cdot \sin 45°} N_y \end{cases} \quad (3\text{-}93)$$

把式（3-93）代入式（3-91）可得

$$\sqrt{\dfrac{2}{3}(\sigma_{\mathrm{fx}}^2 + \sigma_{\mathrm{fy}}^2 - \sigma_{\mathrm{fx}} \sigma_{\mathrm{fy}}) + \tau_{\mathrm{fx}}^2} \leqslant f_{\mathrm{f}}^{\mathrm{w}} \quad (3\text{-}94)$$

一般在角焊接强度评价时，不考虑垂直角焊缝截面作用力 N_z 产生的正应力 $\sigma_{/\!/}$，这是一个特殊的假定，因 $\sigma_{/\!/}$ 的约束力很小可不计。

式（3-93）中，θ 可能产生的应力最大值从 $\dfrac{\mathrm{d}\sigma}{\mathrm{d}\theta}$ 和 $\dfrac{\mathrm{d}\tau}{\mathrm{d}\theta}$ 可求得

$$\sigma_\perp = \tau_\perp = 1.207 \dfrac{N_y}{2 h_{\mathrm{f}} l_{\mathrm{w}}} \quad (3\text{-}95)$$

（1）正面角焊缝计算公式

对于正面角焊缝，当只有垂直于焊缝长度方向的轴心力 N 时 $[N_z = 0, N_x(\text{或} N_y) = 0]$，式（3-95）有最大值，而日本规范里是把简单的几何关系，定义为角焊接剪切验算公式：

$$\tau_\perp = \dfrac{N}{2 h_{\mathrm{e}} l_{\mathrm{w}}} = \sqrt{2} \dfrac{N}{2 h_{\mathrm{f}} l_{\mathrm{w}}} = 1.414 \dfrac{N}{2 h_{\mathrm{f}} l_{\mathrm{w}}} \quad (3\text{-}96)$$

式中：N——轴力。

由于焊接部位的容许剪应力 τ_a 小于正应力 σ_a，所以，就只作剪切应力验算。中国的角焊接剪切验算公式只表示在单侧角焊接的情况下，使用时要注意，一般单侧的角焊接很少。

单侧焊缝

$$\sigma_f = \frac{N}{0.7 h_f l_w} \leqslant 1.22 f_f^w \tag{3-97}$$

（2）侧面角焊缝计算公式

对于侧面角焊缝，当只有平行于焊缝长度方向的轴心力 N_z 时（$N_x = N_y = 0$），验算公式为

$$\tau_{fx} = \frac{N_x}{0.7 h_f l_w} \leqslant f_f^w \tag{3-98}$$

（3）斜向角焊缝计算公式

当斜向角焊缝承受轴心力 N 时，设力 N 与焊缝长度方向的夹角为 θ，则可把力分解成垂直于焊缝长度方向的力 $N\sin\theta$ 和平行于焊缝长度方向的力 $N\cos\theta$，如图3-46所示，则焊缝上的应力分量为

$$\begin{cases} \sigma_\perp = \dfrac{\sqrt{2}}{2} \cdot \dfrac{N\sin\theta}{A_e} \\ \tau_\perp = \dfrac{\sqrt{2}}{2} \cdot \dfrac{N\sin\theta}{A_e} \\ \tau_\parallel = \dfrac{N\cos\theta}{A_e} \end{cases} \tag{3-99}$$

代入式(3-91)，并整理得到

$$\frac{N}{A_e}\sqrt{3 - \sin^2\theta} \leqslant \sqrt{3} f_f^w \tag{3-100}$$

令 $\sigma_f = \dfrac{N}{A_e}$；$\beta = 1 \Big/ \sqrt{1 - \dfrac{1}{3}\sin^2\theta}$，则有

$$\sigma_t = \frac{N}{A_e} \leqslant \beta f_f^w \tag{3-101}$$

式中：β——斜向角焊缝强度增大系数。

当 $\theta = 0°$ 时，$\beta = 1$，式(3-101)与式(3-98)相同。当 $\theta = 90°$ 时，$\beta = 1.22$，则式(3-101)与式(3-97)相同。

（4）一般情况

当 σ_{fx}（或 σ_{fy}）$= 0$，即平行和垂直焊缝长度方向的轴心力同时作用于焊缝时，由式(3-94)可得

$$\sqrt{\left(\frac{\sigma_f}{1.22}\right)^2 + \tau_f^2} \leqslant f_f^w \tag{3-102}$$

当直接承受动力荷载时，鉴于正面角焊缝刚度大，塑性变形能力低，不再考虑强度增大，在式(3-97)、式(3-101)和式(3-102)中，f_f^w 的系数均取 1.0。

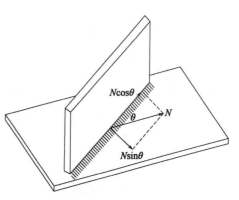

图3-46 斜向角焊缝受轴心力作用

3.8.3 焊接残余应力与变形

焊接使焊接部位金属从液体变成固体,会发生比较显著的体积收缩,这种体积收缩导致固体内产生残余应力,见图3-47。用材料力学中的温度应力考虑以下参数:杆的线膨胀系数 α,弹性模量 E,长度 l,在温度变化为 T℃时,棒的长度变化 Δl 为

$$\Delta l = \alpha T L \tag{3-103}$$

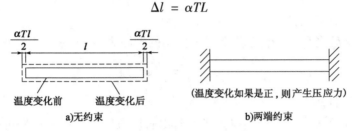

图3-47 钢棒的温度变化

T-温度;α-线膨胀系数

两端固定的杆在 $-T$ 温度作用时,长度变化受限,则在杆内产生的温度应力 $\Delta\sigma$ 为

$$\Delta\sigma = E(-\Delta l/l) = -E\alpha T \tag{3-104}$$

式中:E——弹性模量。

钢材线膨胀系数 $\alpha = 12 \times 10^{-6}/$℃,$E = 200$GPa,那么仅100℃的温度变化就有240MPa的温度压应力产生。Q235的软钢屈服点为230MPa,可见100℃时软钢在热影响下已经发生屈服。

图3-48是焊接部周边的温度分布,焊接的入热量 $Q = VI/v$,V 为电压,I 为电流,v 为焊接速度。当入热量高时,焊池增大,高温的范围也就大。

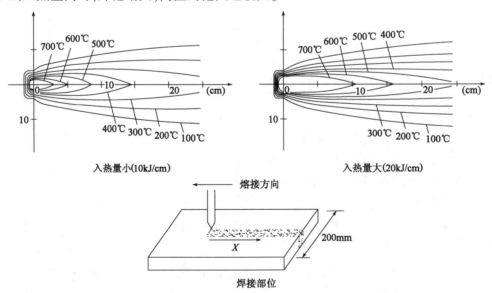

图3-48 焊接部位的温度分布

图3-49表示钢材随温度上升发生的软化,也就是屈服点和弹性模量的下降。焊接过程是一个不均匀加热和冷却的过程,在施焊时,焊件上产生不均匀温度场,焊缝及附近温度过高,其邻近区域则温度急剧下降。不均匀的温度场要求产生不均匀膨胀。由于受到两侧温度较低,

膨胀较小的钢材的限制,产生了热状态塑性压缩。焊缝冷却时,被塑性压缩的焊缝区趋向于缩得比原始长度稍短,这种缩短变形受到两侧钢材的限制,使焊缝区产生纵向拉应力。通常,钢材焊接部位的残余应力与材料的拉伸屈服水平应力相当。

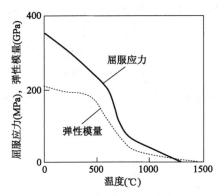

图 3-49 屈服应力、弹性模量的温度依存性

通过图 3-50 所示的例子说明残余应力的形成机理。如图 3-50a)所示,模型是同等面积和长度的 3 根铁棒,两端均刚性固定,两侧的棒保持室温,而将中间的棒加热到 600℃,然后再降至室温。

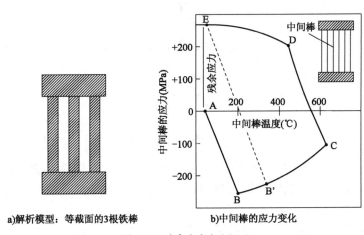

a)解析模型:等截面的3根铁棒　　　　b)中间棒的应力变化

图 3-50 残余应力发生机理

中间棒与两侧棒是等长的,两侧棒的应力为 σ_s,中间棒的应力为 σ_m,平衡方程为

$$\sigma_m + 2\sigma_s = 0 \tag{3-105}$$

实际应变量如果是 ε,有:

$$\sigma_m = E_t(\varepsilon - \alpha\Delta T), \sigma_s = \varepsilon E \tag{3-106}$$

也就是

$$\frac{\sigma_m}{E_t} + \alpha\Delta T - \frac{\sigma_s}{E} = 0 \tag{3-107}$$

$$\sigma_m = -\alpha\Delta T \frac{2E}{1 + 2E/E_t} \tag{3-108}$$

式中:E——室温下的弹性模量;

E_t——中间棒温度 T 下的弹性模量,不考虑线膨胀系数与温度的依存性。

由图3-50可以看出，中间棒的应力随着温度上升而由A点开始变化，到温度170℃（B点）发生屈服，棒中的应力在曲线BC上对应着各点温度时的屈服应力。温度到达C点（600℃）以后，从开始屈服起，应力就开始释放，转为拉伸状态，并马上到拉伸侧屈服点D，中间棒的应力在曲线DE上，再一次对应着降温时各温度下的屈服点应力。这个过程就是焊接部金属经压力屈服转拉伸屈服而残留下来的焊接残余应力状态。

焊接残余应力的分布与构件的尺寸、形状以及焊缝的形状、坡口形状、入热量、焊接顺序、焊接次数有关。图3-51表示周边自由板在作对接焊时的残余应力分布。残余应力是构件的内力，所以各截面应力是平衡的，也就是说σ_x与σ_y在各截面内的拉伸部分与压缩部分的面积代数和是0。

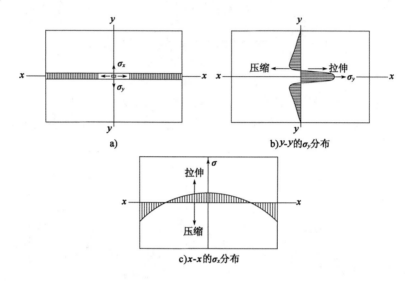

图3-51 周边自由板对接焊的残余应力分布

在焊接I型钢的情况下，纵向残余应力分布如图3-52所示，a）图是翼缘板边为轧制，b）图是焰切割，由于翼缘板边焰切并冷却后，该板存在板边受拉但中部受压的纵向残余应力。

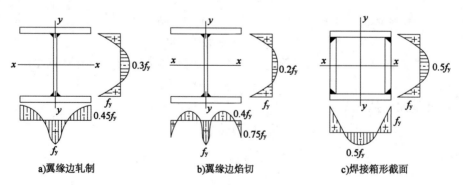

图3-52 焊接构件纵向焊接残余应力σ_z

关于板梁和箱梁的残余应力，《道路桥示方书》的构件屈曲曲线考虑了$0.25\sigma_y$的构件焊接影响。压力容器等焊接后用电炉作应力"烧纯"的整体热处理来除去残余应力，而土木工程中通常是焊接后直接使用,这部分需要考虑应力失效的影响。

由于焊件在焊接和冷却过程中受热和冷却都不均匀,焊件中除产生焊接残余应力外,还将产生焊接残余变形。一般情况下,若焊接时较严格地限制或约束焊件的变形,则残余变形较小而残余应力增大;反之,若允许焊件自由变形则残余应力较小而残余变形增大。

屈曲计算时往往需要考虑构件的初期变形量,也就是焊接残余变形,《道路桥示方书》中钢板梁腹板计算是考虑了面外变形量为 $H/250$ 的稳定公式。

钢材在热轧成型之后往往需要矫正,矫正的方法有压力和热煨弯两种。矫正原有的弯曲,必须反弯至出现塑性变形才能生效。图 3-53 所示宽翼缘工字钢绕弱轴有原始弯曲,预加反弯曲时沿翼缘宽度的应力分布如 ABCDE 所示,AB 和 DE 为屈服区;在卸去施加的弯矩时,变形和应力都按线弹性规律变化,即相当于从 ABCDE 应力图中减去 MCN 应力;因此,截面中残存有应力 RSCTU;反弯时受拉一侧为残余压应力。以上分析是按钢材不存在初始残余应力做出的。实际上,钢材热轧冷却后存在残余应力,因此,矫正后的残余应力应是对原始残余应力进行重新分布。重分布使翼缘原始残余压应力峰值有所降低,将减轻用作压杆时的不利作用。

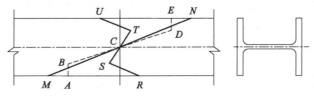

图 3-53 矫正产生的残余应力

焊接钢构造物的损伤破坏有一半左右的原因是焊接设计不良,焊接设计有强度计算、构造计算和工作图面三个方面的内容。设计经验上的注意点可总结如下:

①焊接尺寸在设计时的要求不要超过强度必需的尺寸太多,要保持结合部的平整。
②要尽量避免焊缝和接头的集中、接近和交叉,对厚板的接头要强调消应和消氢的处理。
③要注意钢材的含碳量、调质处理情况和接头的力学特性,在构造的不连续位置、截面形状急剧变化的位置和缺口位置尽可能不设焊头。
④选定焊接性和韧性好的碳素当量在 0.39% 以下的材料,采用容易的焊接操作姿态施工。
⑤同时采用焊接与栓接时,应保证先栓后焊的顺序。
⑥当母板上存在与板面垂直的拉伸焊件时,注意要求母板厚度方向的 Z 向强度规定。
⑦留意焊接应变和残余应力,特别要注意防止在不能焊接收缩的部位设计焊头。
⑧尽量减少需要作表面处理的焊缝。
⑨设计上尽量采用弯板、大型压延材或者栓接,减少焊接接头。
⑩为提高焊接的可靠性,尽量采用工厂焊接,减少现场焊接接头。

钢桥大都发生的是疲劳破坏,而钢桥的疲劳主要是焊接集中温度应力和一定应力幅范围内的裂纹进展破坏影响。无论坡口焊缝还是角焊缝都容易在焊趾、焊缝根部、端部和起弧或熄弧处萌生裂纹,焊缝本身也会出现纵横的裂纹,焊头会造成较强的应力集中和高温引起的较大残余应力。要明白钢材的高频应力疲劳破坏的力学机理,理解钢材韧性和焊接脆化的关系非常重要。旧 JIS B 8201—1977 有接头效率 = 焊接接头强度/母材强度的规定,见表 3-19。可以看出,检测方法为放射线检验和非放射线检验,它们检验出的接头效率均小于1,即焊接接头能保持与母材同等强度是很难的。

焊头的效率(JIS B 8201—1977) 表3-19

接头的种类	焊头效率	
	放射线检验	非放射线检验
(1)坡口两侧焊接或视同单侧焊接	100	70
(2)使用垫板坡口单侧焊接	90	65
(3)第(1)、(2)项以外的单侧焊接	—	60
(4)两侧全角焊焊接	—	55
(5)单侧全角焊焊接	—	45

实际上,焊接是钢结构中构件相连接最经济、有效的手段,但也存在十分明确的脆弱点,因此,日本索性将受人为因素影响较大的现场焊接取消了。对于焊接,要提高接合可靠性只有一个办法,就是事后检验,因此焊缝检测则成为一个很关键的学科,检测手段的高低和抽样合格率的情况是其重点。工学上这种被动的应用技术可能只有焊接,已有上百年历史,而今后构造物设计使用寿命为100年,值得所有设计人员足够重视。

第4章 受压构件的承载力

4.1 I形截面的极限强度

土木建筑中I形截面的构件是最基本的形式,它通过腹板的面内强度支持两翼缘厚板承受巨大的拉压力,从而形成最佳的截面抵抗矩来承担外力产生的弯矩。桥梁中的I型钢板梁占钢桥桥种的大多数,而建筑中的H型钢则是建筑钢结构的主流构件。I形截面的设计是以线材的整体屈曲和板材的局部屈曲理论为基础的,本节主要介绍I形截面的极限强度。

当腹板的宽厚比较小时,截面会进入全塑性工作状态,这就是全塑性弯矩的概念。I形梁在跨中集中荷载下,若应力和应变按完全弹塑性考虑,且应变一直与距中性轴距离保持比例变化,也就是平面应变假定是成立的,则此时应变和应力分布如图4-1所示。

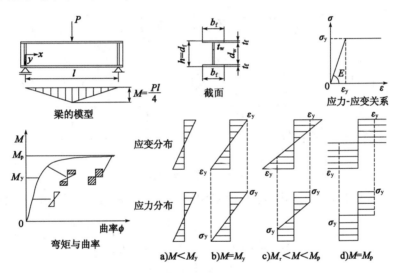

图 4-1 应变分布与应力分布

图 4-1b) 对应 $M = M_y$,M_y 为屈服弯矩,$M_y = \sigma_y \cdot W$。

图 4-1d) 对应的 $M = M_p$,M_p 为全塑性弯矩,$M_p = \sigma_y \cdot Z$,Z 为塑性截面系数。

定义 $f = M_p / M_y = Z/W$ 为形状系数,表示全塑性弯矩是屈服弯矩的倍数。

$$I = \frac{t_w d_w^3}{12} + 2\left[\frac{b_f t_f^3}{12} + b_f t_f \left(\frac{d_f - t_f}{2}\right)^2\right] = \frac{A_w d_w^2}{12} + 2\left[\frac{A_f t_f^2}{12} + A_f \left(\frac{d_f - t_f}{2}\right)^2\right] \tag{4-1}$$

式中:t_w——腹板厚度;
b_f——翼缘板宽度;
t_f——翼缘板厚度;

d_w——腹板高度；
A_f——翼缘板截面面积；
A_w——腹板面积。

这里 t_f 对 d_f 来说可以忽略不计，而有

$$I \approx \frac{A_w d_w^2}{12} + \frac{A_f d_f^2}{2} \tag{4-2}$$

中性轴距下缘的距离为 $y_1 = d_f/2$，则 W 按下式计算：

$$W = \frac{\frac{A_w d_w^2}{12} + \frac{A_f d_f^2}{2}}{\frac{d_f}{2}} = d_f \left[\frac{A_w}{6} \left(\frac{d_w}{d_f} \right)^2 + A_f \right] \approx d_f \left(\frac{A_w}{6} + A_f \right) \tag{4-3}$$

在桥梁设计里一般用腹板面积的 $1/6$，即 $A_w/6$ 作为有效计算，从而推出

$$M_y = A_f \sigma_y d_f \left(1 + \frac{1}{6} \frac{A_w}{A_f} \right) \tag{4-4}$$

全截面屈服时，塑性状态的弯矩示意图见图 4-2，全塑性弯矩 M_p 按下式计算：

$$M_p = A_f \sigma_y d_f \left(1 + \frac{1}{4} \frac{A_w}{A_f} \right) \tag{4-5}$$

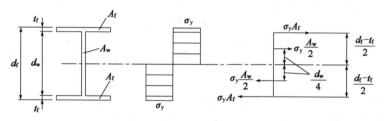

图 4-2 全塑性弯矩示意图

图 4-2 也是不发生板的局部屈曲和梁的整体屈曲时最理想的极限状态，全塑性弯矩 M_p 为

$$M_p = f \cdot M_y = \frac{1 + \frac{1}{4} \frac{A_w}{A_f}}{1 + \frac{1}{6} \frac{A_w}{A_f}} \cdot M_y \tag{4-6}$$

通常 I 形截面的形状系数 f 在 $1.1 \sim 1.23$ 之间。但是图 4-1d) 的理想状态里，中性轴以上的腹板和翼缘板会因受压而屈曲，极限弯矩较低。在假定翼缘板的横向屈曲和弯曲失稳都不发生的情况下，美国学者 Basler 针对 I 形截面腹板屈曲对极限弯矩的影响做了很多理论和试验研究。

图 4-3 为某 I 形截面（牌号相当于 GB/T 700—1988 中的 Q235B 或 JTS-G3101—1993 中的 SS41）极限弯矩与腹板宽厚比的关系，横轴表示腹板的宽厚比 $\beta = h/t_w$，纵轴是极限形状系数 M_u/M_y。点线曲线表示腹板自身在两边固定板状态下的弹性欧拉屈曲曲线，水平的 7 根直线是腹板面积与单侧翼缘的面积比，A_w/A_f 为 0 时表示只有腹板的单板情况，为 5 时表示厚腹板，为 0.5 时是薄腹板。图 4-3 中 $\beta = 53$ 的 A 线上，表示全塑性弯矩 $M_u = M_p$，也就是理想的全强状态，可以进行产生截面塑性铰的塑性设计。在 A 线上（即 $\beta = h/t_w = 53$ 不变），随着腹板

翼板面积比为 A_w/A_f 增加，$M_u = (1.0 \sim 1.2)M_y$。仅有腹板单板时，$M_u = M_y$。

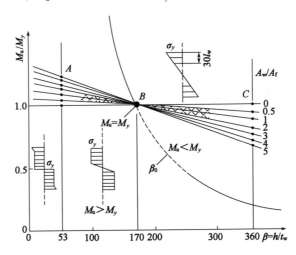

图 4-3　极限弯矩与腹板宽厚比的关系（牌号相当于 SS41 或 Q235B）

当 β 小于 53 时，试验发现翼缘板有应力过大而发生应变硬化的情况，此时 $M_u > M_p$。

从 $\beta = 53$ 开始，腹板变薄时 β 增大，梁的一部分进入塑性，还有一部分是弹性状态，这时 $M_u > M_y$。

之后，图 4-3 中 B 点 $\beta = 170$ 时腹板发生弹性欧拉屈曲，设定此时截面也开始进入塑性，B 点即为双重控制点，$M_u = M_y$。

但是 Basler 发现 $\beta > 170$ 后，M_u 并没有急减，虽然此时腹板的一部分已经屈曲，但与翼缘板结合部的腹板 $30t_w$ 的部分形成的 T 形截面仍然存在，形成屈曲后强度，这个状态一直到 C 点（$\beta = 360$）之后腹板强度急剧低下，垂直发生屈曲。

从图 4-3 可以看出，宽厚比 β 比较小时，截面可以实现全塑性，而宽厚比 β 相对大时，截面能利用到板的屈曲后强度，而我们的现行设计大多数是按照腹板屈曲和材料屈服的双重点控制的。

以上是在截面上变化板的宽厚比 β 来研究截面在加载状态下的弯矩变化，从而推出板的极限承载力的适用范围。实际翼缘屈服与腹板弹性屈曲是两个状态，而且有腹板局部弹性屈曲后张力场形成的过程。

轧制工字钢大都是在 $M_u > M_p$ 的规定宽厚比下制造的，而设计时钢板梁的截面应力是控制在容许应力以内，实际这时，并不能保证对腹板和翼缘板的局部稳定，因此，设计时需要事先对截面的尺寸比（即板的宽厚比）以及加劲肋的刚度等基本参数进行规定，在第 2 章里讲了材料相对长细比参量 λ_c，λ_c 是 λ 与 λ_y 的比（λ_y 与欧拉临界力 $\sigma_E = \pi^2 E/\lambda_y^2$ 对应），λ_c 为

$$\lambda_c = \frac{\lambda}{\lambda_y} = \frac{\lambda}{\pi\sqrt{E/\sigma_y}} = \sqrt{\frac{\sigma_y}{\sigma_E}} \tag{4-7}$$

相比于线材，板材同样要建立板达到材料屈服点时也发生弹性屈曲的概念，如图 4-4 所示，以后经常用这种表示法来讨论板的屈曲问题。图 4-5 是无量纲表示的屈曲曲线，也是各种规范屈曲承载曲线的上限值轮廓。

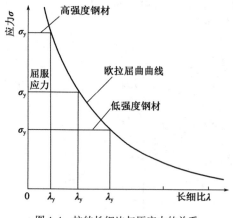

图4-4 柱的长细比与压应力的关系

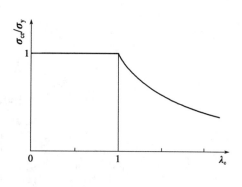

图4-5 无量纲表示的屈曲曲线

4.2 局部屈曲和整体屈曲

前面讲了受压杆件的屈曲,在结构里局部构件发生屈曲可能会导致整体屈曲。图4-6所示为板的局部屈曲后整体结构的承载力低下,会发生整体屈曲现象。

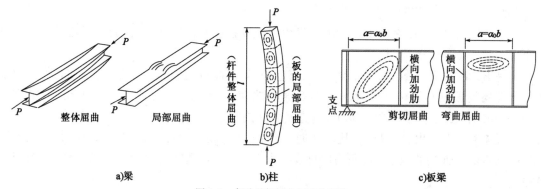

图4-6 各种局部屈曲与整体屈曲

当整体屈曲与局部屈曲的屈曲荷载有较大差值时,较小的荷载成为控制性荷载。大家知道屈曲发生于轴压力 N 时,且 N 来自整体系的应力计算中。另外就是各压杆的有效屈曲长度 L_e 需要弹性特征值分析来计算。设计上需要有单杆的 N 和 L_e 才能通过欧拉公式验算其稳定性,这对超静定结构显然是比较麻烦的。

强度评定中局部屈曲与整体屈曲关系密切。现实中的构件不可避免地存在几何缺陷,在较小的荷载下也会发生变形,而板单元构成的截面在较早的阶段就可能达到局部屈曲应力,这种局部屈曲应力低于整体屈曲应力的板单元只要存在,考虑局部屈曲发生时,整体承载力显然无法保证,相当于该截面的二次惯性矩减少一样,整体系的屈曲荷载变小。但是这样的构件组成的板单元的局部屈曲对整体屈曲强度的影响评价起来很难,再加上残余应力的影响,严密的计算就非常困难了,这种局部屈曲对整体屈曲的影响,《道路桥示方书》给出了简单的近似公式:

$$\sigma_{ca} = \sigma_{cag} \frac{\sigma_{cal}}{\sigma_{cao}} \tag{4-8}$$

式中：σ_{ca}——构件的容许轴向压应力；
σ_{cag}——不考虑局部屈曲下的容许轴向压应力；
σ_{cal}——考虑板或者加劲板构件局部屈曲的容许应力；
σ_{cao}——不考虑局部屈曲的轴心受压容许应力，也就是材料的上限值。

当不考虑构件的局部屈曲的影响时，对于同一个截面就认为：$\sigma_{cal} = \sigma_{cao}$，局部屈曲强度就取到上限。这时，不考虑局部屈曲的条件下，构件的容许轴向压应力 σ_{ca} 也就与不考虑局部屈曲下的容许轴向压应力 σ_{cag} 一样了。按构件的欧拉公式只计算出 σ_{cag}，取 $\sigma_{ca} = \sigma_{cag}$。相反，若考虑构件的局部屈曲，当然就可以计算出局部屈曲容许应力 σ_{cal}，而 σ_{cao} 是材料已给条件，这时，考虑局部屈曲条件下的整体屈曲容许应力 σ_{ca} 需要在构件的欧拉屈曲应力 σ_{cag} 之上乘以 $\sigma_{cal}/\sigma_{cao}$，也就是 $\sigma_{ca} = \sigma_{cag} \times \sigma_{cal}/\sigma_{cao}$，等于构件的整体屈曲与板单元的局部屈曲产生了耦合效应，这种效应降低了构件的容许应力。

以上是指材料对 σ_{cao} 而言，考虑的是构件的局部弹性屈曲，如果考虑构件的塑性承载力，式(4-6)也可以写成下列形式：

$$\sigma_{cag} = \sigma_{cr}^0 \frac{\sigma_u^l}{\sigma_y} \tag{4-9}$$

式中：σ_u^l——板的局部屈曲承载力；
σ_{cr}^0——不考虑局部屈曲下的欧拉容许应力。

德国规范里把柱的整体屈曲与板单元的局部屈曲之间的耦合关系用长细比参量 λ 和宽厚比参量 R 来表示，从图4-7的相关图可以看出，在宽厚比小的区域，柱的屈曲特征较为显著；宽厚比大，长细比小的区域，板的屈曲特征较为显著。两者之间的区域，是即有柱又有板的屈曲特征的耦合区域。设计上都是以控制整体屈曲来计算局部屈曲，从而决定截面大小的。

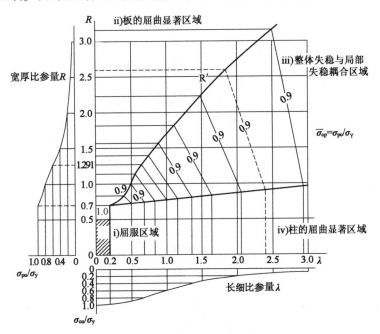

图4-7　柱的整体屈曲与板单元局部屈曲形成的耦合屈曲

按《道路桥示方书》规定，钢桥构件的截面尺寸，也就是板单元的板宽 b 与板厚 t 的关系，通常是以材料的屈服点为界限控制局部屈曲的发生而决定的，在计算构件的局部屈曲应力的限制值 σ_{crld} 时，分别计算作为杆的整体屈曲修正系数 ρ_{crg} 和板的局部屈曲修正系数 ρ_{crl}，而有耦合屈曲的情况下要考虑两者的相乘。

4.3　I 形截面的非弹性屈曲

4.3.1　切线模量的计算

前面 4.1 节对 I 形梁的抗弯极限强度进行了解释，为了全面学习钢板梁的受力极限状态，对于考虑残余应力条件下的 I 形截面屈曲的非线性过程如图 4-8 所示，需要在有轴力作用下的非弹性性能进行深究。这里应用切线模量法理论，具体演示一下材料非线性问题。

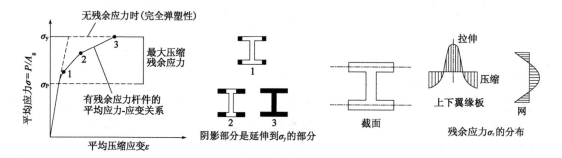

图 4-8　有残余应力的短柱受压时的应力-应变轨迹

平均应力

$$\sigma_{\text{cr}} = \frac{\pi^2 E_t}{(l/r)^2}, P_t = \frac{\pi^2 E_t I}{l^2}, \left(\frac{l}{r}\right)_{\text{cr}} = \pi\sqrt{\frac{E_t}{\sigma_{\text{cr}}}} \tag{4-10}$$

其中 E_t 和 σ 都是 σ_{cr} 的函数，直接不能求得，可用作图法求解，见图 4-9。

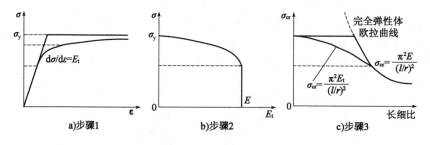

图 4-9　切线系数理论

① 步骤 1：从试验中求得平均应力与应变的关系 $\sigma\text{-}\varepsilon$ 曲线；
② 步骤 2：从 $\sigma\text{-}\varepsilon$ 曲线里对应 $\sigma\text{-}E_t$ 作成曲线；

③步骤3：根据 $\left(\dfrac{l}{r}\right)_{cr} = \pi\sqrt{\dfrac{E_t}{\sigma_{cr}}}$ 里计算出相应的屈曲长细比。

因此，任意材料的柱曲线 σ_{cr}-(l/r) 关系是可以通过试验求得的。

4.3.2 有效刚度 I_e

研究柱的屈曲强度时，I形截面的残余应力常按照屈服应力 σ_y 的 1/3 值考虑，而且分布也按单纯直线的形状假定。

柱的强度

$$P_{cr} = \dfrac{\pi^2 E_t}{(\beta l/r)^2} A_g = \sigma_{cr} A_g \tag{4-11}$$

式中：β——有效屈曲长度系数；

$\beta l/r$——有效长细比；

A_g——构件的截面面积。

图 4-10 中，虚线是不考虑残余应力的状态，由于残余应力的存在，早期的屈服容易发生，弯矩产生的应变从 0 开始，距离中性轴为 y 的微元体产生的弯矩为

$$dM = 应力 \times 面积 \times 臂长 = (\theta E_t y)(dA)(y) \tag{4-12}$$

全截面弯矩

$$M = \int \theta E_t y^2 dA = \theta \int E_t y^2 dA \tag{4-13}$$

按照梁理论有

$$\theta = \dfrac{M}{E'I} \tag{4-14}$$

E' 为有效模量，与切线模量法的 E_t 有如下关系：$E'I = M/\theta = \int_A E_t y^2 dA$。这样梁的刚度与切线模量法的截面刚度的关系就建立起来了。

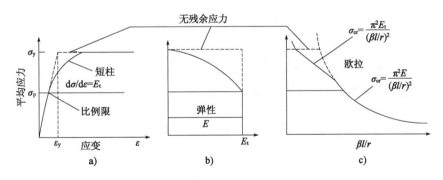

图 4-10　考虑残余应力的柱承载力的求法（切线模量法）

图 4-10 中虚线是完全弹塑性下的应力-应变关系，有 $\sigma < \sigma_y, E_t = E; \sigma = \sigma_y, E_t = 0$。

屈服域内弯曲刚度为0，屈曲强度是弹性或考虑残余应力的刚性 I_e 所产生的，建立有效模量的关系式如下

$$E' = \frac{E'}{I}\int_{A(\text{弹性域})} y^2 dA = E\frac{I_e}{I} \tag{4-15}$$

柱弯曲开始时的屈曲应力 $P_{cr} = \left[\dfrac{\pi^2 E \int y^2 dA}{(\beta l/r)^2 I}\right] A_g = \sigma_{cr} \cdot A_g$，将式(4-15)代入后可得

$$P_{cr} = \left[\frac{\pi^2 E(I_e/I)}{(\beta l/r)^2}\right] A_g = \sigma_{cr} \cdot A_g \tag{4-16}$$

这样要求解作为屈曲的承载力，需要先建立弹性域的刚度 I_e 与应力 σ_{cr} 的关系，这里弹性模量按有效刚度转化计算。

4.3.3　I形截面柱绕弱轴的屈曲

如图4-11所示，腹板屈曲前，按翼缘板未全面屈服的状况来考虑，用 k 作为翼缘板弹性域面积与翼缘板面积的比，则有

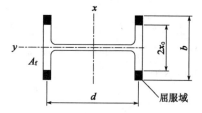

图4-11　I截面柱绕弱轴的屈曲

$$k = \frac{2x_0}{b} = \frac{A_{fe}}{A_f} \tag{4-17}$$

这里忽略腹板的刚度，将式(4-11)代入式(4-9)可得：

$$E' = E\frac{I_e}{I} = E\frac{(2x_0)^3}{12}\left(\frac{12}{b^3}\right) = Ek^3 \tag{4-18}$$

切线模量定义为：

$$E_t = \frac{\text{平均应力的增量}}{\text{弹性区应变的增量}} = \frac{dP/A}{dP/(A_e E)} = \frac{A_e E}{A} \tag{4-19}$$

$$E_t A = A_e E = (A_w + 2kA_f)E \tag{4-20}$$

$$k = \frac{E_t A - A_w E}{2E A_f} \qquad k^3 = \frac{I_e}{I}$$

$$\sigma_{cr} = \frac{\pi^2 E k^3}{(\beta l/r)^2} = \frac{\pi^2 E}{(\beta l/r)^2}\left(\frac{E_t A - A_w E}{2EA_f}\right)^3 \tag{4-21}$$

4.3.4　I形截面柱绕强轴的屈曲

同样，若腹板采用弹性域假定，而且腹板的惯性矩不计：

$$E' = E\frac{I_e}{I} = E\frac{2A_{fe}(d/2)^2}{2A_f(d/2)^2} = Ek \tag{4-22}$$

若包括腹板：

$$E' = E\frac{I_e}{I} = E\left[\frac{2kA_f(d^2/4) + t_w d^3/12}{2A_f(d^2/4) + t_w d^3/12}\right] = E\left(\frac{2kA_f + A_w/3}{2A_f + A_w/3}\right) \tag{4-23}$$

由式(4-20)可得：

$$2kA_f = \frac{E_t A}{E} - A_w \tag{4-24}$$

将上式代入式(4-23)，有

$$E' = E\frac{I_e}{I} = \left(\frac{E_tA/E - 2A_w/3}{2A_f + A_w/3}\right)E \tag{4-25}$$

根据式(4-16),有

$$\sigma_{cr} = \frac{\pi^2 E}{(\beta l/r)^2} \frac{E_tA/E - 2A_w/3}{2A_f + A_w/3} \tag{4-26}$$

实际精度也足够,以上4.3.3节和4.3.4节是I形截面柱强弱轴方向的屈服应力,而且发现I_e/I与残余应力分布无关,σ_{cr}是$\beta l/r$的函数,与残余应力大小有关,与截面的切线模量和初始模量都有关系。

4.3.5　I形截面柱绕强轴方向承载力曲线(σ_{cr}-$\beta l/r$)的计算

假定残余应力分布(直线形)如图4-12所示,则截面内全弹性范围内的受力为$P = \int_A \sigma dA = \sigma A$;有部分塑性出现时受力为$P = (A - A_e)\sigma_y + \int_A \sigma dA$,这里$\sigma_{cr} = P/A \le 2\sigma_y/3$。

若全截面为弹性域,$E_t = E$,这时$E' = EI_e/I$,且$I_e = I$。

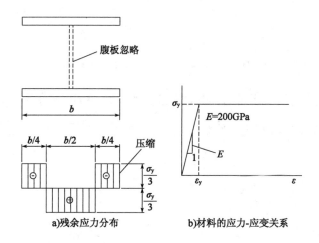

图4-12　残余应力在翼缘内直线分布假定下的屈曲强度计算

图4-13中点1的相关长细比的计算如下:

$$\sigma_{cr} = \frac{2}{3}\sigma_y = \frac{\pi^2 E}{(\beta l/r)^2}$$

$$\frac{\beta l}{r} = \sqrt{\frac{\pi^2(200000)}{2/3(690)}} = 65.4$$

点2的相关长细比的计算如下:

$\sigma_{cr} = P/A > 2\sigma_y/3$,翼缘进入塑性域,$I_e < I$,则有

$$\frac{I_e}{I} = \frac{(b/2)^3}{b^3} = \frac{1}{8}$$

$$\sigma_{cr} = \frac{2}{3}\sigma_y = \frac{\pi^2 E(I_e/I)}{(\beta l/r)^2} = \frac{\pi^2 E}{8(\beta l/r)^2}, 则\frac{\beta l}{r} = 23.2$$

点3的相关长细比的计算为：

$\sigma_{cr} = P/A = \sigma_y$ 的情况下 $\sigma_{cr} = \sigma_y = \dfrac{\pi^2 E}{8(\beta l/r)^2}$，则 $\dfrac{\beta l}{r} = 18.9$。

点4的相关长细比的计算为：

若没有残余应力的情况下，$\sigma_{cr} = \sigma_y$，则 $\dfrac{\beta l}{r} = 53.5$。

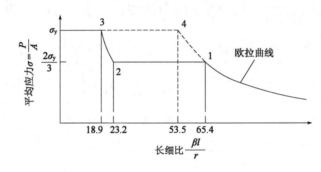

图 4-13 承载力曲线
1-考虑残余应力的弹性域内的屈曲点；2-考虑残余应力的翼缘进入塑性域内的屈曲点

4.3.6 I形截面柱绕弱轴方向承载力曲线(σ_{cr}-$\beta l/r$)的计算

同样，计算I形截面弱轴方向的承载力曲线，残余应力按图4-14假定的斜线分布考虑，腹板不考虑残余应力。

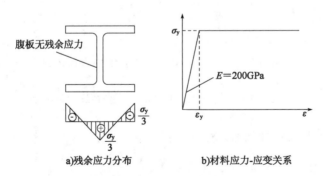

a) 残余应力分布   b) 材料应力-应变关系

图 4-14 残余应力在翼缘内斜线分布的假定下的屈曲强度计算

应力 $\sigma = P/A \leq 2\sigma_y/3$ 时，全截面在弹性域内有 $E_t = E$，则 $\sigma_{cr} = \dfrac{2}{3}\sigma_y = \dfrac{\pi^2 E}{(\beta l/r)^2}$。

当平均应力高于 $\dfrac{2}{3}\sigma_y$ 时，截面的一部分进入塑性域，则 $\sigma_{cr} = \dfrac{\pi^2 E(I_e/I)}{(\beta l/r)^2}$，进而可得

$$\frac{I_e}{I} = \frac{2\left(\frac{1}{12}\right)(2z_0)^3 t}{2\left(\frac{1}{12}\right)b^3 t} = \frac{8z_0^3}{b^3} \tag{4-27}$$

注意这里是用平均应力大小来观察截面状态的。弹性域高度是 $2z_0$，腹板的刚度也忽略的情况下，可以看出 σ_{cr} 与 $2z_0/b$ 和 $\beta l/r$ 的函数关系。

$$\sigma_{cr} = \frac{8E\pi^2 z_0^3/b^3}{(\beta l/r)^2}$$

这里，弹塑性状态下的临界荷载为部分弹性域部分塑性域，即

$$P_{cr} = 2\left[abt - 2\left(\frac{1}{2}\right)\left(\sigma - \frac{2}{3}\sigma_y\right)\left(\frac{1}{2} - \frac{z_0}{b}\right)b \cdot t\right] \tag{4-28}$$

图 4-15 阴影部分同图的点线上三角形部分的关系，可推出直角边的几何比例式是，

$$\frac{\sigma - \frac{2}{3}\sigma_y}{\left(\frac{1}{2} - \frac{z_0}{b}\right)b} = \frac{\frac{2}{3}\sigma_y}{\frac{b}{2}} \quad 解得 \; \sigma = \left(1 - \frac{z_0}{b}\right)\frac{4}{3}\sigma_y \tag{4-29}$$

代入式(4-26)可得：

$$\begin{aligned} P_{cr} &= 2bt\left\{\left(1 - \frac{z_0}{b}\right)\frac{4}{3}\sigma_y - \left[\left(1 - \frac{z_0}{b}\right)\frac{4}{3}\sigma_y - \frac{2}{3}\sigma_y\right]\left(\frac{1}{2} - \frac{z_0}{b}\right)\right\} \\ &= A_f\sigma_y\left[1 - \frac{4}{3}\left(\frac{z_0}{b}\right)^2\right] \end{aligned} \tag{4-30}$$

所以有

$$\sigma_{cr} = \frac{P_{cr}}{A_f} = \sigma_y\left[1 - \frac{4}{3}\left(\frac{z_0}{b}\right)^2\right] \tag{4-31}$$

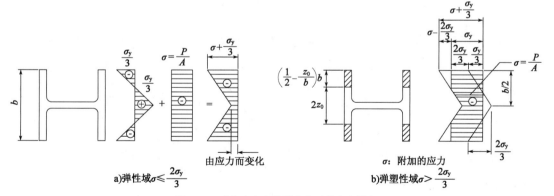

图 4-15 残余应力在线形分布下的应力状态

图 4-16 是式(4-31)中 σ_y 在 250MPa 和 700MPa 的两种钢材的弱轴承载力结果，同样的截面和残余应力可以通过图 4-10 的平均应力曲线使用推导的强轴公式(4-23)和弱轴公式(4-31)计算出来。

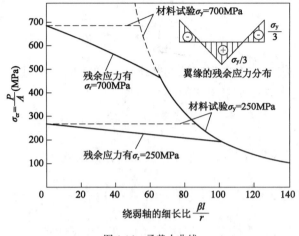

图 4-16 承载力曲线

以上的计算方法可以对各种对称分布残余应力的 I 形截面的弱强轴,求出其屈曲承载力曲线。

翼缘的残余应力分直线分布和抛物线分布两种计算结果,如图 4-16 所示。通常构造用钢材的受压侧残余应力大约为 $\sigma_y/3$。点线表示美国 SSRC 规范的 H 型钢 σ_{cr} 的结果,按下式计算:

$$\sigma_{cr} = \sigma_y \left[1 - \frac{\sigma_y}{\Delta \pi^2 E} \left(\frac{\beta l}{r} \right)^2 \right] \quad (4\text{-}32)$$

式中:Δ——残余应力。

以上通过切线模量理论演示了 I 形截面的应力和应变计算过程,并且考虑了工程实际的残余应力问题,最后画出了比较实际的承载力曲线。在钢构件的设计上对这个基本过程的理解是非常重要的。

4.4 承载力曲线

旨在方便工程设计,类似 I 形截面设计做出各种截面的承载力曲线,在此引入长细比参量。

$$\lambda_c^2 = \frac{\sigma_y}{\sigma_{cr}} = \frac{\sigma_y}{\frac{\pi^2 E}{(\beta l/r)^2}} \quad (4\text{-}33)$$

$$\lambda_c = \frac{\beta l}{r} \sqrt{\frac{\sigma_y}{\pi^2 E}} \quad (4\text{-}34)$$

SSRC 的抛物线:

$$\frac{\sigma_{cr}}{\sigma_y} = 1 - \frac{\lambda_c^2}{4} \quad (\lambda_c \leq \sqrt{2}) \quad (4\text{-}35)$$

如图 4-17 所示,$\lambda_c = \sqrt{2}$ 是欧拉屈曲曲线与 SSRC 抛物线的支点,所以,$\lambda_c < \sqrt{2}$ 时 SSRC 公式适用,$\lambda_c > \sqrt{2}$ 欧拉公式适用。

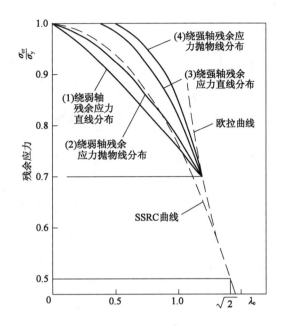

图 4-17 残余应力在翼缘内直线和抛物线分布的柱承载力曲线及 SSRC 曲线

日本土木学会《屈曲设计指南》中的 3 组曲线(图 4-18)是福本教授等人用大量的试验结果整理并结合理论分析而得出 $\lambda_c = \sqrt{\dfrac{\sigma_y}{\sigma_E}} = \dfrac{1}{\pi}\dfrac{l}{r}\sqrt{\dfrac{\sigma_y}{E}}$ 的关系,3 根曲线表示截面不同的 3 个组情况。

这种双轴无量纲的承载力曲线自 1968 年 BEER H. 和 SCHULZ G. 提出以来,一直被全世界广泛应用。随着新钢材开发的一系列试验和理论回归,首先美国和欧洲的曲线出来以后,各国的规范都是在此基础上改编制定。

曲线横轴是截面长细比与材料屈服条件下的欧拉长细比的比值,如图 4-4、图 4-5 所示,与材料等级和宽高比有关,而纵轴是极限强度与屈服强度的比,这里的极限强度考虑了杆件整体屈曲与板局部屈曲的耦合关系。这里指型钢线材的整体屈曲和截面局部屈曲的耦合屈曲下的曲线关系。

日本的《道路桥示方书》也正是以 BEER H. 和 SCHUIZ G. 的曲线为原始方法,考虑到《道路桥示方书》需简略易懂,把残余应力、构件的几何缺陷外力和偏心都包含在内,按下列 3 点,结合大量试验做成了有名的承载力曲线(图 4-19)。

①作为构件不可避免的初期变形,按线材中央 $f = l/1000$ 挠度的正弦曲线考虑。
②根据多数试验的结果,残余应力的分布按直线形,大小按 $\sigma_r = (0.3 \sim 0.7)\sigma_y$ 考虑。
③由于两端支承条件会增加承载力曲线的复杂程度,这里按不偏心铰接考虑。

桥梁的构件截面有多种类型,这里以箱形、I 形和 T 形截面作成了 4 根曲线(I~Ⅳ),应用各种曲线来决定相应经济截面,为了更简略易懂(提出以 a 曲线的焊接箱梁以外的截面参考代表,实际由图 4-19 可见,相当于 4 根曲线的下限值)。图 4-19 中各线的表达式如式(4-21)所示。而常用的容许轴向压应力 σ_{cag} 就是第 1 式的值除以 1.7 安全系数得出的。

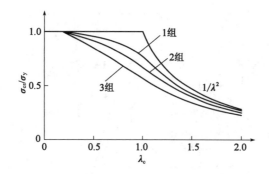

		屈曲轴	对应组别
	(圆形、箱形、方形)	双轴	1
焊接箱形		双轴	1
压延Ⅰ形		$t \leq 40mm$ 双轴	1
		$t > 40mm$ 双轴	3(2)*
焊接Ⅰ形		$t \leq 40mm$ 双轴	2
		$t > 40mm$ 双轴	3
		双轴	2

注：*( )内的数字适用 $\sigma_y > 400 N/mm^2$ 的范围。

图4-18 《屈曲设计指南》的柱子曲线

$$\bar{\sigma} = \begin{cases} 1.00 & \bar{\lambda} \leq 0.2 \\ 1.109 - 0.545\bar{\lambda} & 0.2 < \bar{\lambda} \leq 1.0 \\ 1/(0.733 + \bar{\lambda}^2) & 1.0 < \bar{\lambda} \end{cases} \quad (4\text{-}36)$$

这里，$\bar{\sigma} = \dfrac{\sigma_{cr}}{\sigma_y}, \bar{\lambda} = \dfrac{1}{\pi} \cdot \sqrt{\dfrac{\sigma_y}{E}} \cdot \dfrac{1}{r}$

《道路桥示方书》针对焊接箱形梁作了大量承载力和应力分析，从而给出的承载力曲线 a 是假定考虑了残余应力 $0.25\sigma_y$，以及初期变形 $f = l/1000$。

以上是构件承载力一般代表性的表述，在实际具体构件设计中，对极限承载力的考虑必须理解和掌握下列技术要领：

（1）对拉伸构件，全塑性状态时屈服拉伸承载力是极限。

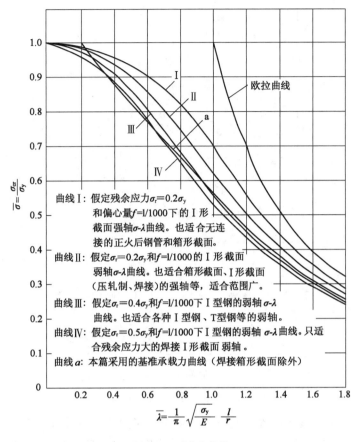

图 4-19 承载力曲线

(2) 对于受压构件,以下①和②中的较小值为极限承载力。

①依存于构件整体屈曲的长细比的弯曲承载力;

②依存于构件单板屈曲的宽厚比的局部屈曲承载力。

(3) 对抗弯构件,全塑性弯矩、横向屈曲承载力、局部屈曲承载力三者的最小值为极限承载力。

(4) 对压弯构件,取(2)和(3)的较小值为极限承载力。

计算容许压应力时,需要对构件力的准则进行了解,图 4-20、图 4-21 示意了杆件和板的屈曲承载力曲线。图 4-20 是把压杆与板放在一起进行了对比,横轴是杆的长细比参量 $\bar{\lambda}_c$ 与板的宽厚比参量 R,(a)线是简支柱;(b)线是非加载边单边支承的板,一般以 $R=0.45$ 点为界限;(c)线是非加载边两边支承的板,超过 $\sigma_{cr}/\sigma_y=1$ 的部分是材料硬化的范围,虚线是考虑实际结构残余应力的过渡曲线。

图 4-20 中的(b)线在工程中可能是钢板梁的翼缘,而(c)线可能是加劲受压板。各曲线升起的部分是材料硬化的表示。

图 4-21 为板的实际承载力曲线,看得出来在 R 比较小时发生材料应变硬化,R 在 $0.5 \sim 0.6$ 之间时为压板的屈服范围,当 R 大于 $\sqrt{2}$ 时出现屈曲后强度问题。

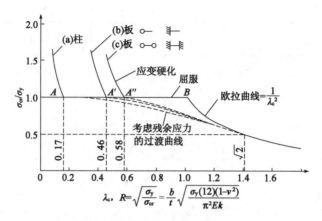

图 4-20 板的屈曲曲线与柱的屈曲曲线

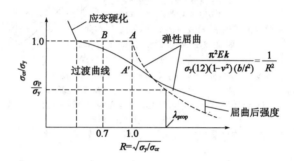

图 4-21 板实际承载力的无量纲表示

总结起来,板的屈曲演变包含弹性屈曲和弹塑性屈曲两个阶段并有屈曲后强度出现,屈曲后强度随板宽厚比 b/t 的提高而增大,在 b/t 比较小的情况下屈曲后强度消失,这时板整体达到屈服的倾向大而且应变硬化现象也将发生。对简单受力情况的板来说,不同受力和约束界限状态分界点也不同,单边支承的自由板 $R=0.45$,两边支承的纯压板 $R=0.7$,纯弯板 $R=1.0$,加劲压板 $R=0.5$。

这里的杆屈曲参量

$$\lambda = \sqrt{\frac{\sigma_y}{\sigma_{cr}}} = \frac{l}{t}\sqrt{\frac{12\sigma_y(1-\nu^2)}{\pi^2 Ek}} \tag{4-37}$$

板屈曲参量

$$R = \sqrt{\frac{\sigma_y}{\sigma_{cr}}} = \frac{D}{t}\sqrt{\frac{12\sigma_y(1-\nu^2)}{\pi^2 Ek}} \tag{4-38}$$

新《道路桥示方书》在计算构件局部屈曲压应力的限制值 σ_{crld} 时,分别使用作为杆的整体屈曲限制值修正系数 ρ_{crg} 和板的局部屈曲限制值修正系数 ρ_{crl},在有耦合相互关系的情况下,计算耦合后的 σ_{crld} 需要乘上 ρ_{crg} 和 ρ_{crl} 两项,这些系数实际就是承载力关系式。下面为《道路桥示方书》中杆整体屈曲的 ρ_{crg} 和板局部屈曲的 ρ_{crl} 表达式,设计时要注意这 5 个承载力公式的区别,具体计算在随后章节里详细介绍。

对于梁柱杆件,使用屈曲参量 λ 和 α 计算压杆或者截面受压侧的容许应力,焊接箱梁以

外的轴压柱的整体屈曲承载力曲线公式为

$$\rho_{crg} = \frac{\sigma_{cr}}{\sigma_y} = \begin{cases} 1.00 & \bar{\lambda} \leq 0.2 \\ 1.109 - 0.545\bar{\lambda} & 0.2 < \bar{\lambda} \leq 1.0 \\ 1/(0.733 + \bar{\lambda}^2) & 1.0 < \bar{\lambda} \end{cases} \quad (4-39)$$

长细比

$$\bar{\lambda} = \frac{1}{\pi}\sqrt{\frac{\sigma_y}{E}} \cdot \frac{l}{r} \quad (4-40)$$

对于受弯梁柱的弱轴屈曲,弯矩方向强轴的截面受压侧,验算整体横向屈曲承载力曲线式为

$$\rho_{brg} = \frac{\sigma_{cr}}{\sigma_y} = \begin{cases} 1.00 & \alpha \leq 0.2 \\ 1.0 - 0.412(\alpha - 0.2) & 0.2 < \alpha \end{cases} \quad (4-41)$$

$$\alpha = \frac{2}{\pi}K\sqrt{\frac{\sigma_y}{E}} \cdot \frac{l}{b} \quad K = \begin{cases} 2 & A_w/A_c \leq 2 \\ \sqrt{3 + \dfrac{A_w}{2A_c}} & A_w/A_c > 2 \end{cases} \quad (4-42)$$

式中:A_w——腹板面积;

A_c——压缩侧翼缘面积。

对于板和加劲板是使用 R 作为屈曲参量,按板的非加载边支承条件和应力情况,分别使用下列的承载力关系式作局部屈曲强度准则。

(1)非加载边两边简支压弯组合板要考虑应力修正系数 f,则

$$\rho_{crl} = \frac{\sigma_{cr}}{\sigma_y} = \begin{cases} 1.00 & R/f \leq 0.7 \\ (0.7f/R/f)^{1.83} & 0.7 < R/f \end{cases} \quad (4-43)$$

(2)非加载边单边简支受压板(主要指自由外伸的翼缘)的局部屈曲,则

$$\rho_{crl} = \frac{\sigma_{cr}}{\sigma_y} = \begin{cases} 1.00 & R \leq 0.7 \\ (0.7/R)^{1.19} & 0.7 < R \end{cases} \quad (4-44)$$

(3)对于加劲板的非加载边两边简支的局部屈曲验算,要考虑应力斜率的修正系数 f,则

$$\rho_{crl} = \frac{\sigma_{cr}}{\sigma_y} = \begin{cases} 1.00 & R/f \leq 0.5 \\ 1.50 - R/f & 0.5 < R/f \leq 1.0 \\ 0.5(f/R)^2 & 1.0 < R/f \end{cases} \quad (4-45)$$

第5章 钢板梁的屈曲理论

5.1 钢板梁桥的历史

18世纪末,焦拉达诺·里卡迪(Giordano Riccadi)和托马斯·扬(Tomas Young)先后按照欧拉(Leonhard Euler)关于模量的理论进行了杨氏模量试验。19世纪初,纳维(Claude-Lours Navier)在胡克定律基础上对平截面假定进行了准确描述,后由莫尔(Christian Otto Mohr)提出弯矩面积定理,这些使得钢材在机械和造船领域以外,开始了在构筑物上的应用。钢板梁发源于第一次工业革命的英国,英文名叫 Plate girder。最早是在1850年,英国土木工程师、结构工程师、造船师费尔贝恩(Fairbairn)将造船的技术用在著名的布列坦尼亚桥(Britannia Bridge)上,在这个桥上他发现了受压翼缘的屈曲强度低于受拉翼缘的现象,并证实了横向加劲肋的有效性。结构上经济性最好的截面也锁定了H形截面,1849年比利时钢铁公司拿到了H型钢的专利,后在德国开始了I形梁桥的建设。日本是1961年把H型钢列入国家标准(JIS),1959年焊接钢板的连续梁桥开始建设,这之后,I形梁的钢板梁(板桁)桥成为应用最多的钢桥类型。20世纪60年代,日本曾经流行钢板组合梁的建设,后发现桥面板破坏严重,1970年以后有20多年基本没有建设组合梁桥。1995年以后随着组合桥面板的开发和少主梁桥的兴起,又开始了钢板组合梁的建设。90年代以后,工厂的三块板高周波焊接的I形钢,也成为了小跨径结构梁体的重要构件。

目前,日本已经有多座钢板梁和箱梁的自动生产厂家,有的制造水平可达到24h连续生产,并且自动化程度很高。

在日本钢桥和混凝土桥数量相近,据2018年调查的结果(图5-1),钢桥长度占比接近于50%,而这里面包括箱梁的钢板梁桥,而钢材使用含量来分超过90%。

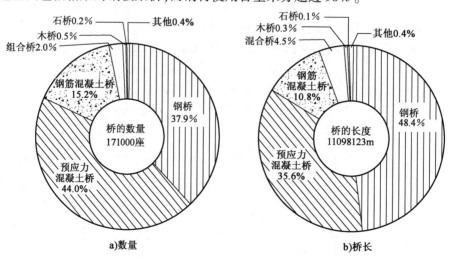

图5-1　日本道路桥梁按材料的分类(《道路统计年报2018》)

在使用结构材料时,重量和强度无疑是极其重要的参数,构造物的成本可使用重量单价、强度单价和刚度单价来分析,表5-1是日本2010年的材料特性价格比。钢材强度400~800MPa,单位重量是77kN/m³;混凝土抗压强度30~70MPa,单位重量是23kN/m³。钢材与混凝土的单位重量相差近4倍。随着混凝土生产的环境受限,钢材已经成为大量生产甚至产能过剩的平价材料,相比之下,从结构使用的观点出发,钢材主要有下列优点:

(1)弹性屈服点高,并有较高的延性和稳定的韧性,可以合理实现构造的性能设计,并容易保证结构极限安全性。

(2)品质的可靠性高,材料均质和各向同性强,可以完全采用工厂制造,各种力学指标有较高的稳定性,成品检测的手段也可靠完善。

(3)材料的可加工性强,包括现场的接合施工、搬运、组装和架设均很容易,在城市内快速安装便利,设计的自由度也高。

(4)作为结构材料的重复性使用率高,现在日本的市面钢材产量有40%为电炉生产的再利用调质钢,钢构件的修补管理也比较容易。

各种材料的特性价格比较(截至2010年)   表5-1

材料		重量价格 (日元/N)	比强度价格[1] [日元/(N・10^6cm)]	比弹性价格[2] [日元/(N・10^8cm^8)]
金属	钢(SS400)	10	19	4
	铝合金	66	60	25
	钛合金	510	222	204
无机	混凝土	0.5	4.1(压缩)	0.7
	碳纤维	410	25	29
有机	木材(杉)	4	3.3(压缩)	2.2
	聚丙烯	20	50	30

注:[1]重量价格(每单位重量价格)和比强度(每单位价格强度)的比。
[2]重量价格(每单位重量价格)和比弹性(每单位价格弹性系数)的比。

当然钢材也存在有易腐蚀、噪声大、疲劳问题复杂、耐火性差和易屈曲等缺点,而至今钢材在日本能得到广泛应用(包括建筑)的理由,有如下3方面的原因:

第一,日本75%的城市建设在冲积软弱地基上,而全世界半数大地震也发生在日本,这样脆弱的国土条件,使得所有的构造物都是由地震荷载决定的。钢材的应用,包括土木建筑的技术和技能都是在这个独特的条件下被迫研究出来的。

第二,日本有质优多样的钢材供应。资源贫乏的日本跟随着欧洲产业革命开始,就立下了钢铁之国的策略,至今一直保持着钢铁工业生产的大国地位,特别在耐火钢等结构用钢方面的技术是世界领先。

第三,钢结构整体的技术水平较高。第二次世界大战后各大学都开始设立钢结构课程,钢结构方面的教育和研究都有较好的基础,学生参加工作后马上应用的就是钢材的抗弯和屈曲计算,频发的地震又增强了对构件变形的感性认识。设计规范的严格性和专家们的技术专业著作标志着行业的成就,其中《道路桥示方书》这本规范称得上是桥梁的宝典。随着刚刚开始的极限状态法的应用,日本自己的钢板梁屈曲设计理论也在研讨开发中。

5.2 钢板梁桥的结构

钢梁包括板梁和箱梁两种,其腹板是主要承重构件。本书将在直线板梁部分重点讲解抵抗竖向荷载的设计内容,在箱形梁部分重点讲解抗扭和曲线梁的设计内容。

钢板梁桥的上部结构主要由主梁、联结系和桥面系组成,为了清楚表示上部钢结构,我们把桥面板抛开,如图 5-2 所示。主梁是钢板梁桥的主要骨架,起到整个桥梁的支撑作用,承担由桥面系和联结系传递来的荷载并将其传递给支座。联结系包括横向联结系和纵向联结系。横向联结系有实腹式梁和空腹式桁架两种形式,前者称为横梁,后者称为横联。横向联结系的作用是把各个主梁连接成整体,横梁起到使荷载横向分布的作用,而横联起到防止主梁侧向失稳的作用。纵向联结系通常采用桁架式结构,其作用主要是加强桥梁的整体稳定性,并与横梁共同承担横向力和扭矩的作用。桥面系主要是为了提供桥梁的行车部分,把桥面荷载传递给主梁和横梁。

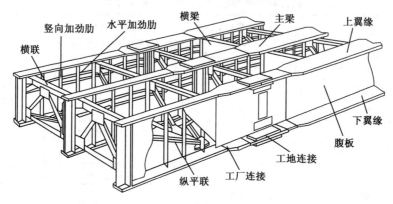

图 5-2 上部结构示意图

钢板梁桥的主梁通常可采用工字钢、H 型钢、焊接工形梁等结构形式,主梁与主梁之间采用横梁和纵梁相连以形成整体受力结构,如图 5-3 所示。作为主要受力构件的主梁和横梁在平面上形成格子形状的梁格,因此,钢板梁桥也被称为格子梁桥。

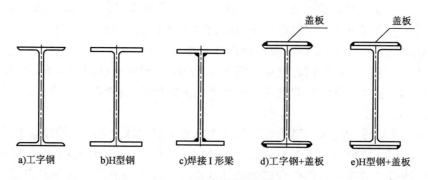

图 5-3 钢板梁桥截面形式

工字钢和 H 型钢通常是由工厂轧制做成等截面的形式,其与焊接钢梁相比具有构造简单、造价低廉等优点。但是采用工字钢和H型钢作为钢板梁桥的主梁,截面尺寸往往受到工厂轧制能力的限制,跨越能力较小,通常不超过20m。为了提高钢板梁桥的跨越能力,可在上下翼缘板增加盖板,盖板通常采用焊接形式与型钢连接,如图5-3 d)、e)所示。此法虽然能在一定程度上增大钢板梁桥的跨径,但是相关规范对于采用加盖板增加上下翼缘厚度这一方法作出了一些限制,如《公路钢结构桥梁设计规范》(JTG D64—2015)中要求,普通焊接板梁应尽量用三块钢板焊接而成,除非当板厚不能用其他方法解决时才采用外贴翼缘钢板的形式,外贴翼缘板宜用一块钢板。焊接工形梁是由上下翼缘和腹板焊接而成,具有结构灵活、构造简单、工地连接方便、单个构件质量轻等优点,适用跨径可以达到60m,是中小跨径钢梁桥最经济和使用最多的结构形式。由于焊接工形梁的抗扭刚度和横向抗弯刚度较小,《公路钢结构桥梁设计规范》(JTG D64—2015)中要求应采取相关措施以防止板梁在制作、运输、安装架设过程中出现过大变形丧失稳定性,在运营阶段的板梁端部支承处也应阻止梁端部截面扭转。

根据桥面板形式可以把钢板梁桥分为钢筋混凝土桥面板梁桥和钢桥面板梁桥。钢桥面由顶板和焊接于顶板上的纵向加劲肋及横向加劲肋组成,其具有自重轻、极限承载能力大、桥面建筑高度小等优点,是大跨度钢桥和建筑高度受到限制时最常采用的结构形式。

根据桥面板的位置可以将钢板梁桥分为上承式钢板梁桥(图5-4)和下承式钢板梁桥(图5-5)两种。上承式钢板梁桥构造简单、节省钢材,可整孔运送、整孔架设,常用于小跨度的钢板梁桥。

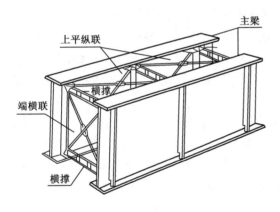

图5-4 上承板梁部分透视图

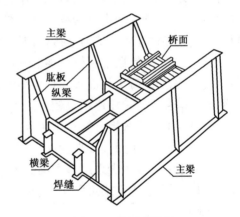

图5-5 下承式板梁桥

与上承式钢板梁桥相比,下承式钢板梁桥增加了桥面系,且制造费料、费工,由于桥宽比较大,无法整孔运送,增加了装运与架桥的工作量,适用于线路高程不宜提高且桥下又要求一定净空及建筑高度受限的情况。下承式钢板梁桥多用于铁路桥和步道桥,采用的是两根主梁。

根据结构体系可以把钢板梁桥分为简支钢板梁桥、连续钢板梁桥和悬臂钢板梁桥3种,如图5-6所示。

简支钢板梁桥是最简单的结构形式,经济跨径一般在40m以下,当跨径较大时多采用连续钢板梁桥的结构形式,连续钢板梁桥的经济跨径可以达到60m。与简支钢板梁桥相比,连续钢板梁桥具有伸缩缝少、噪声小、行车平稳、挠度小、截面经济等优点,目前有逐渐取代简支钢板梁桥的趋势。但是连续钢板梁桥对地基不均匀沉降较为敏感,软土地基上,连续钢板梁桥的附加弯矩较大。悬臂钢板梁桥是静定结构,弯矩与连续梁桥比较接近,截面比简支梁桥经济;

当地基产生不均匀沉降时不会产生附加弯矩,但是其伸缩缝较多,悬臂挠度较大,线形存在折角现象,对行车不利;且牛腿结构受力较为复杂,容易引起疲劳破坏,现已很少采用。

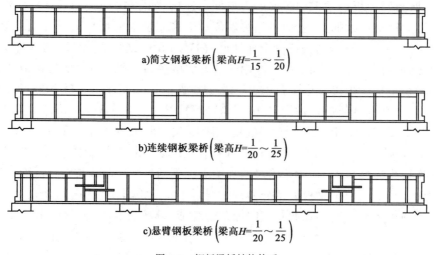

图 5-6　钢板梁桥结构体系

此外,根据桥面板参与主梁受力的情况还可分为组合梁桥和非组合梁桥。组合梁桥的桥面板与主梁共同受力,钢板梁与桥面板结合后由组合截面承受外荷载;非组合梁桥的桥面板不与主梁共同受力,外荷载由钢板梁单独承担。对于钢筋混凝土桥面板组合梁桥,桥面板与钢板梁间用剪力连接件连接。剪力连接件使钢筋混凝土桥面板与钢板梁在竖向荷载的作用下共同受弯,钢板梁的上翼缘或上弦杆所需的承压面积可大大减小,可充分发挥混凝土和钢材的受力特性。同时,钢筋混凝土桥面板与钢板梁结合成一整体,其截面刚度大,可以减少钢材用量,即与同跨径非组合梁桥相比用钢量较少。

钢筋混凝土桥面板组合梁日本叫合成梁,以前过于追求合理性,曾经有很多连续组合梁的建设,后来发现由于桥面板开裂性能问题,特别是在渗水后中间支点破损严重,影响全桥的使用寿命。近年来已经很少采用多主梁的组合梁设计。即使非组合梁,为了保证钢板梁的稳定性,也采用钢筋焊接于钢梁顶面45°弯起,且伸入混凝土面板内长度不小于150mm,间距不大于1m 的配置。

5.3　合理化、省力化钢板梁桥

近年随着日本人口出现老龄化趋势,钢材生产稳定发展的同时人工费高升,人们对公共事业的价值观发生了根本转变,如图5-7所示。初期建设时在基本的合理化基础上强调省力化施工,考虑维持公共项目的全过程成本控制,工程师由过去的一味追求结构设计的最佳合理性,转向维持构造物可能的长寿命化,也就是寻求结构最小程度维修的耐久性设计。

桥梁的破损主要发生在桥面板,混凝土桥面板几乎像消耗品一样,大都在30年左右破损严重。为此,日本经过大量的研究和试验,推出了高强耐久的预应力混凝土面板和钢筋混凝土组合桥面板,其强度可以保证主梁在8m间距下正常工作。这种组合桥面板(主要为钢底板)

的构造形式如图 5-8 所示,日本常用的有以下 4 种形式。

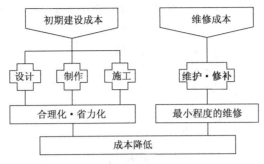

图 5-7 全寿命的成本概念

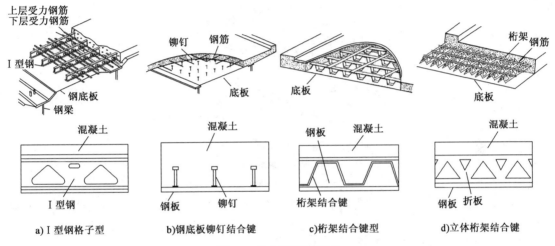

a) Ⅰ型钢格子型　　　b)钢底板铆钉结合键　　　c)桁架结合键型　　　d)立体桁架结合键

图 5-8 组合桥面板的种类

在钢主梁方面以制造的合理、省力为原则,详细探讨了构成结构合理化的各组分,如图 5-9 所示,其中主梁片数占据了工厂加工成本的重要部分,而构件的标准化也是消减工费的重要内容。

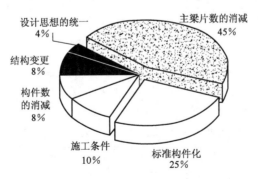

图 5-9 结构的合理化调查结果

在此基础上经过多方共同努力研究,1996 年日本建设省推出了合理、省力化设计的《指针设计》,出现了少主梁桥、连续组合梁桥和开口截面箱梁桥,随后,复合构造和窄幅箱梁桥也开始广泛应用,其中双主梁钢板梁和窄幅箱形梁均被认为是非常经济的主梁形式。这些新型桥型都是基于桥面板性能和形式的优良性而被提出应用的。

《指针设计》的概要见图5-10,以钢板梁为例图,以标准的I形截面和箱形截面的钢腹板梁为对象实施以下内容:

①适用范围为跨度20~80m的I形梁、箱梁桥。
②构件同一截面,主梁构件的翼缘、腹板不设接头,截面变化只在现场设置。
③上、下翼缘全长内采用同一宽度。
④腹板厚度不变,采用1段纵向加劲肋。
⑤翼缘的板厚差接头使用垫板处理。

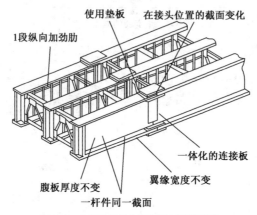

图5-10 《指针设计》的概要(钢板梁桥)

而双主梁的钢板梁桥,作为最经济的桥种已经被广泛推广。图5-11为双主梁钢板梁桥,桥宽为11.2m。这种结构构造简单,大大减少了工厂钢结构制造的工作量,同时,可以提高桥梁施工架设的速度,降低桥梁建设成本。

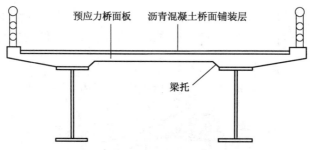

图5-11 双主梁钢板梁桥示意图

钢板梁由于在上下横撑处两主梁之间的平面内设置交叉杆与主梁的上翼缘组成的水平桁架,称为上面水平纵向联结系,简称上平纵联;下面的水平桁架称为下平纵联。纵向联结系承受的荷载较小,通常采用角钢和T型钢等型钢制作,通过节点板与主梁连接。

纵向联结系的主要作用是:①承担横向水平力,并将全桥横向水平力可靠地传于支座。②防止主梁下翼缘的侧向变形和横向振动。③与主梁及横向联结系构成空间桁架,抵抗水平荷载和扭矩作用。

横向联结系的主要作用是:①桥梁安装架设时定位主梁。②抵抗桥梁的扭矩,将扭矩和水平力传递到支座。③在桥面板端部起横向支撑的作用。

纵向联结系对于①~③的主要作用而言,横向联结系设置在跨间位置较为有效;对于横向联结系的主要作用而言,其设置在支承处较为有效。不论横向联结系设置在何处,都应尽量保证其与梁的翼缘直接相连。

按《指针设计》概要,少主梁的三主梁桥包括现场的横梁接头如图5-12所示,采用现场安装的预应力桥面板。中间横联的连接采用型钢(图5-13)。

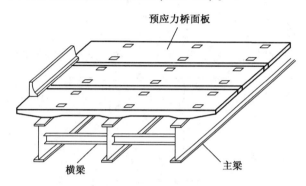

图5-12　3主梁桥的结构概要

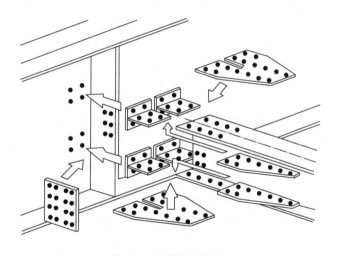

图5-13　中间横联的连接

这种工厂省力化的单片钢板梁无疑重量很大,在工地架设安装时腹板的稳定是一个问题。如图5-14所示,在架桥机中使用滚轴运送时,日本《钢路桥施工便览》给出式(5-1)用于腹板的局部屈曲验算,这时下翼缘的有效宽度是5倍的板厚,应力的限制值采用表5-2的规定。

滚轴上腹板的限制应力 σ_{al} (N/mm²)　　　　表5-2

钢种	SS400,SM400	SM490	SM490Y,SM520	SM570
σ_{al}	180	240	270	345

$$\sigma_x = \frac{2P}{\pi t_w x} \leqslant \sigma_{cr} \tag{5-1}$$

式中：σ_x——腹板的屈曲应力（N/mm^2）；
$\quad\quad P$——滚轴支点的反力（N）；
$\quad\quad t_w$——腹板的板厚（mm）；
$\quad\quad x$——$x = x_1 + d$（mm）；
$\quad\quad x_1$——下翼缘厚 + 焊缝有效高度；
$\quad\quad d$——$d = \dfrac{2c}{\pi} + 1.65\left(\dfrac{I_f}{t_w/2}\right)^{1/3}$；
$\quad\quad I_f$——翼缘的二次惯性矩，这里翼缘（板）的有效宽度取翼缘厚的 5 倍。

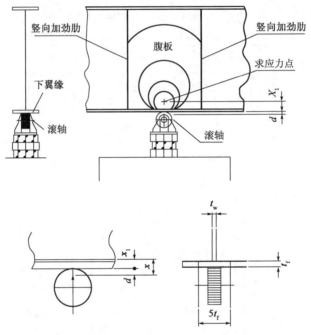

图 5-14　滚轴运送钢梁腹板局部屈曲

局部屈曲公式(5-1)的应用将在以后板的屈曲分析理论里讲述。

5.4　钢板梁的屈曲问题

本书的内容是研讨钢板梁，那么首先要掌握钢板梁极限荷载时的破坏模式，Basler 将简支钢板梁的破坏模式明确分为如图 5-15 所示的 a) ~ d) 4 种模式，由图 5-15 可知，针对简支梁，a) 图是梁跨中发生的弯曲屈曲和端支点的剪切屈曲破坏，这都表示钢板梁的腹板是问题的焦点。而跨中的弯曲屈曲变形可分为图 5-15e) 和 f) 两种形式。

简支梁的端支点会发生剪切屈曲破坏，如图 5-16a) 所示，同样这种破坏模式在钢梁桥广泛使用的连续梁中会发生在中间支点的负弯矩的两端，有弯曲和剪切的共同作用，如图 5-16b) 所示。

本书的内容主要是研究钢板梁最普遍出现的图 5-15a) 的破坏模式，也就是腹板的弯曲屈曲和剪切屈曲。

图 5-15b)是受压翼缘的局部扭转屈曲破坏。这种破坏是因为钢板梁的受压翼缘过薄,由于腹板和横向加劲肋的简支作用,板的自由端发生局部屈曲,这个破坏模式用受压翼缘的宽厚比来限制。

图 5-15d)是受压翼缘的竖向屈曲破坏,指的是腹板端较薄部位发生的竖向屈曲,可通过 a)的屈曲设计,由腹板的高厚比来限制腹板竖向屈曲的发生。

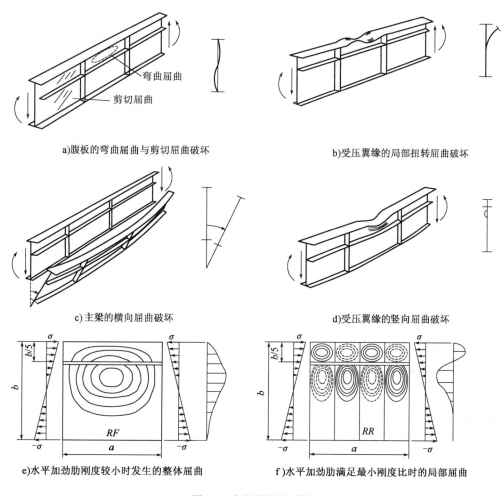

图 5-15 钢板梁的破坏模式

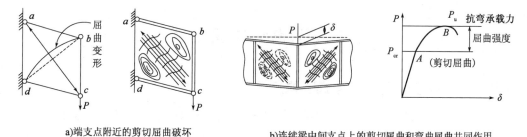

图 5-16 剪切屈曲破坏模式

如图 5-17a)所示钢板梁的腹板是上下翼缘和左右加劲肋所支承的单元板结构,腹板周边的边界条件是左右横向加劲肋为简支,也就是铰接形式,力学模型中上下翼板的边界条件可假设为:

①上下翼缘简支;
②上翼缘简支,下翼缘固定(刚结);
③上下翼缘固定(刚结)。

现行的《道路桥示方书》都是以上下翼缘(板)简支,即四边简支[图 5-17b)中的(1)]的力学模型考虑的,是比较安全保守的假定。实际上,上下翼缘应设有一定的固定度,也就是应考虑回转刚度。

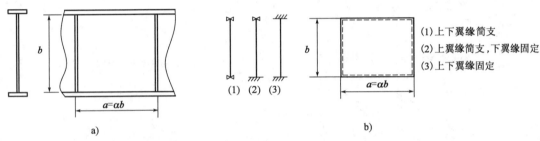

图 5-17　腹板的边界条件

作为腹板单元的受力情况,主要对图 5-18a)~d)的 4 种情况的外力(纯压、纯弯、弯压组合、纯剪)进行分析。实际上腹板是承载的主要构件,受上下的力作用。通过试验发现腹板的承载能力主要是通过腹板的水平抵抗来实现的,所以,除了在架设施工时的局部荷载以外,我们主要考虑单元板的水平力作用。实际上,腹板的弯压和剪切是同时产生的,而在设计时可先分别单独计算,再合成进行验算。

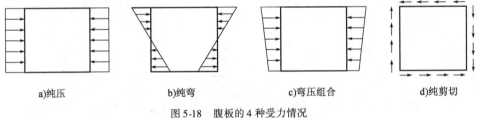

图 5-18　腹板的 4 种受力情况

本章将对纯压、纯弯和纯剪的板屈曲理论进行全面研讨,而弯压组合理论是纯压与纯弯的综合考虑,没有单独推导公式。

5.5　板的屈曲理论式

5.5.1　板的屈曲基本方程式的建立

多数钢构件是由钢板组合成的,构成的钢板受压到一定程度时,同样也会发生像杆件一样的屈曲,叫作局部屈曲。现在假设一个由柱构成的板受压缩的状态(图 5-19),作用力方向 a 边的母线弯曲(图 5-20)表示发生屈曲。母线开始弯曲,作用的正应力也沿着这个弯曲的方向

发生变化,这微小的转角从梁的方程上解是 $\mathrm{d}w/\mathrm{d}x$,而正应力的横向分力为

$$P = \sigma_\mathrm{t} \cdot \sin\frac{1}{2}\Delta\gamma \approx \sigma_\mathrm{t}\frac{\mathrm{d}w}{\mathrm{d}x} \text{ (Bernoulli-Euler 假定)} \tag{5-2}$$

单位长的横向力

$$\frac{\mathrm{d}P}{\mathrm{d}x} = q = \sigma_\mathrm{t}\frac{\mathrm{d}^2 w}{\mathrm{d}x^2} \tag{5-3}$$

式中:w——面外 z 方向的板挠度,可见 x 轴方向的柱一般只用绕 y 轴的弯曲刚度性考虑抵抗,而板的情况下,需要用 x,y,z 方向的弯曲刚度来表示其变形和抵抗能力。

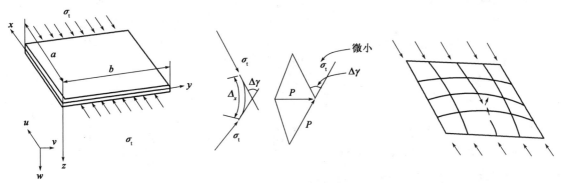

图 5-19 矩形受压板　　　　　图 5-20 板母线弯曲状态的面外分力

下面分析板中的一个 $\mathrm{d}x\mathrm{d}y$ 围起来的微小单元的受力情况。由图 5-21 可以看出,板 4 方边缘上各受弯矩、扭矩、正应力和剪力,这里将屈曲产生的横向力 q 作为屈曲的效果外力加在小单元板的表面上,其中 a)是作用力,b)表示边缘应力及其分布情况。

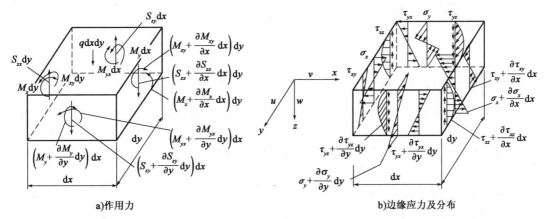

图 5-21 微元 $\mathrm{d}x\mathrm{d}y$ 的作用力和应力

图 5-21b)没有表示变形的方向,但标明了应力分布的状况,边缘力里的 $\frac{\partial u}{\partial x}\mathrm{d}x$,$\frac{\partial u}{\partial y}\mathrm{d}y$ 项表示微元对边的增量,看得出受力状态比较复杂。

为了方便分析,我们把立体的受力状态分解为平面受力,即平面上 x 和 y 两个方向分别表示截面的作用力[图 5-22a)],同时,把各自面内的变形表示在图 5-22b)上,这样分解后就等于在研究 4 个小短梁的受力和变形。

> 板的屈曲与钢板梁桥的设计

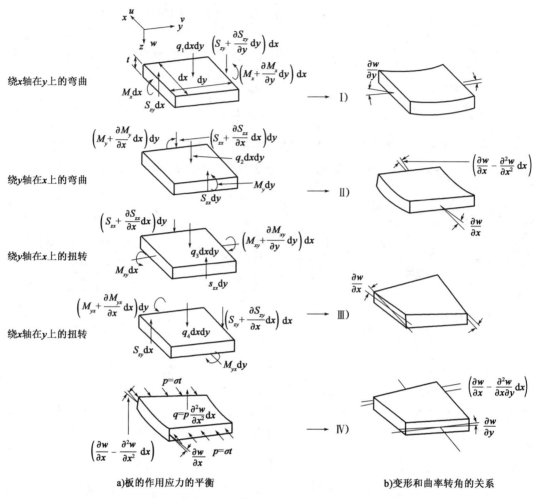

a) 板的作用应力的平衡　　　　b) 变形和曲率转角的关系

图 5-22　板作用力和变形的分解图

图 5-22 几何坐标系是 x,y,z，变形系是 u,v,w。如图 5-22 所示 i) 是绕 x 轴的起点侧，弯矩 $M_x dx$ 和剪力 $S_{zy} dx$ 作用下通过中间荷载 $q_1 dxdy$ 和 $\frac{\partial S_{zy}}{\partial y} dy$ 增量，在终点侧产生的弯矩是 $\left(M_x + \frac{\partial M_x}{\partial y} dy\right) dx$，剪力是 $\left(S_{zy} + \frac{\partial S_{zy}}{\partial y} dy\right) dx$，微元在 y 轴上的变形曲率 $\frac{\partial \omega}{\partial y}$。

单位长度 dy 上的弯矩变化为 $\frac{[M_x + (\partial M_x / \partial y) dy] - M_x}{dy} = \frac{\partial M_x}{\partial y} = S_{zy}$，与梁的结构一样。这部分的 q_1 作用力合计为

$$q_1 dxdy = -\left(S_{zy} + \frac{\partial S_{zy}}{\partial y} dy\right) dx + S_{zy} dx = -\frac{\partial S_{zy}}{\partial y} dy dx \tag{5-4}$$

所以有

$$q_1 = -\frac{\partial S_{zy}}{\partial y} = -\frac{\partial^2 M_x}{\partial y^2} \tag{5-5}$$

同样有

$$q_2 = -\frac{\partial^2 M_y}{\partial x^2},\ q_3 = \frac{\partial^2 M_{xy}}{\partial x \partial y},\ q_4 = \frac{\partial^2 M_{yx}}{\partial y \partial x}\ \cdots \tag{5-6}$$

这样就建立了单元横向力 q 与边缘作用弯矩的平衡关系,与梁的平衡关系形式没有什么区别。另外,根据弹性理论的对称性有 $\tau_{xy} = \tau_{yx}$,所以,$M_{xy} = M_{yx}$ 也成立,横向力 q 是作为板屈曲的效果力来假定的外力,也就是说可以转化成各方向板的弯矩和扭矩。

$$q = q_1 + q_2 + q_3 + q_4 = -\frac{\partial^2 M_x}{\partial y^2} + \frac{2\partial^2 M_{xy}}{\partial x \partial y} - \frac{\partial^2 M_y}{\partial x^2} \tag{5-7}$$

下面介绍图 5-22b)的变形关系,微小的立方体可分别看成是以 y 轴或 x 轴为中心的圆筒单元。图 5-23 中的中央面作为基准面,有纳维的平截面假定,垂直于基准面的截面变形后仍然保持垂直,垂直于中央面的挠度 w 相比板厚是微小的,由荷载引起的板弯曲变形在 x、y、z 方向的变位分别用 u,v,w 表示,与梁弯曲的中性轴一样,中央面弯曲变形也为 0,只是绕着中央轴发生转角 $\partial w/\partial x$ 和 $\partial w/\partial y$(图 5-24),z 在中央面以下为正,u 和 v 取缩短的方向为负号,有

$$u = -z\frac{\partial w}{\partial x},\ v = -z\frac{\partial w}{\partial y} \tag{5-8}$$

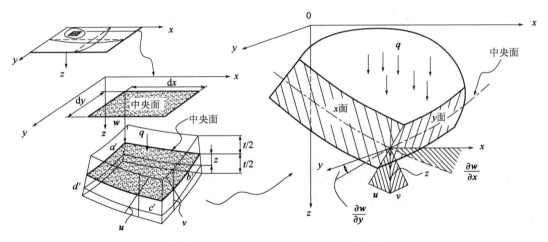

图 5-23 横方向分布荷载 q 作用下板的微元体

而正应变和剪应变参照材料力学梁的应变为

$$\varepsilon_x = \frac{\partial u}{\partial x},\ \varepsilon_y = \frac{\partial v}{\partial y},\ \gamma_{xy} = \frac{\partial u}{\partial y} + \frac{\partial v}{\partial x} \tag{5-9}$$

u,v 代入后有应变式:

$$\begin{cases} \varepsilon_x = \dfrac{\partial u}{\partial x} = \dfrac{\partial}{\partial x}\left(-z\dfrac{\partial w}{\partial x}\right) = -z\dfrac{\partial^2 w}{\partial x^2} \\ \varepsilon_y = \dfrac{\partial v}{\partial y} = \dfrac{\partial}{\partial y}\left(-z\dfrac{\partial w}{\partial y}\right) = -z\dfrac{\partial^2 w}{\partial y^2} \\ \gamma_{xy} = \dfrac{\partial u}{\partial y} + \dfrac{\partial v}{\partial x} \\ \quad = -z\dfrac{\partial^2 w}{\partial y \partial x} - z\dfrac{\partial^2 w}{\partial x \partial y} = -2z\dfrac{\partial^2 w}{\partial x \partial y} \end{cases} \tag{5-10}$$

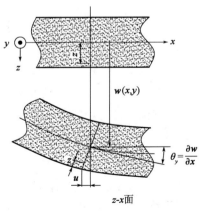

图 5-24 $z\text{-}x$ 面上中央轴转角示意图

也就是说,"平截面假定"使各纤维的应变可以用 z 方向的挠度 w 来表示,那么图 5-22b) 的曲率和转角率的关系也就容易理解了。接着再用材料力学中的立体胡克定律建立应力、应变之间的关系,关系式如下:

$$\begin{cases} \varepsilon_x = \dfrac{1}{E}(\sigma_x - \nu\sigma_y) & \sigma_x = \dfrac{E}{1-\nu^2}(\varepsilon_x + \nu\varepsilon_y) \\ \varepsilon_y = \dfrac{1}{E}(\sigma_y - \nu\sigma_x) & \sigma_y = \dfrac{E}{1-\nu^2}(\varepsilon_y - \nu\varepsilon_x) \\ \gamma_{xy} = \dfrac{1}{G}\tau_{xy} & \tau_{xy} = G\gamma_{xy} \end{cases} \tag{5-11}$$

将式(5-10)代入式(5-11),并且考虑模量关系 $G = \dfrac{E}{2(1+\nu)}$,可得:

$$\begin{cases} \sigma_x = \dfrac{E}{1-\nu^2}\left(-z\dfrac{\partial^2 w}{\partial x^2} - \nu z\dfrac{\partial^2 w}{\partial y^2}\right) = -\dfrac{Ez}{1-\nu^2}\left(\dfrac{\partial^2 w}{\partial x^2} + \nu\dfrac{\partial^2 w}{\partial y^2}\right) \\ \sigma_y = \dfrac{E}{1-\nu^2}\left(-z\dfrac{\partial^2 w}{\partial y^2} - \nu z\dfrac{\partial^2 w}{\partial x^2}\right) = -\dfrac{Ez}{1-\nu^2}\left(\dfrac{\partial^2 w}{\partial y^2} + \nu\dfrac{\partial^2 w}{\partial x^2}\right) \\ \tau_{xy} = \tau_{yx} = G\gamma_{xy} = G\left(-2z\dfrac{\partial^2 w}{\partial x \partial y}\right) = -2Gz\dfrac{\partial^2 w}{\partial x \partial y} \\ \qquad = -\dfrac{Ez}{1+\nu}\dfrac{\partial^2 w}{\partial x \partial y} \end{cases} \tag{5-12}$$

σ_x,σ_y,τ_{xy} 在纳维假定和胡克定律基础上,各任意截面都可通过 w 求得,在图 5-22b) 的 a)、b) 中可以看出,微小立方体作为圆筒单元,同时会产生绕 x 轴和 y 轴的弯矩,也就是 σ_x 以外需要叠加 σ_y 来反映两方向的弯曲效果(图 5-25),用下角标 1 表示绕 y 轴的弯曲变形产生的单位弯矩:

$$M_{x1} = \int_{-\frac{1}{2}t}^{\frac{1}{2}t} \sigma_x z\,\mathrm{d}z,\text{则}M_{x1} = -\dfrac{Et^3}{12(1-\nu^2)}\dfrac{\partial^2 w}{\partial x^2} \tag{5-13}$$

$$M_{y1} = \int_{-\frac{1}{2}t}^{\frac{1}{2}t} \sigma_y z\,\mathrm{d}z,\text{则}M_{y1} = -\dfrac{\nu Et^3}{12(1-\nu^2)}\dfrac{\partial^2 w}{\partial x^2} \tag{5-14}$$

同样绕 x 轴弯曲变形时产生的单位弯矩为

$$M_{y2} = -\dfrac{Et^3}{12(1-\nu^2)}\dfrac{\partial^2 w}{\partial y^2},\quad M_{x2} = -\dfrac{\nu Et^3}{12(1-\nu^2)}\dfrac{\partial^2 w}{\partial y^2} \tag{5-15}$$

这里单位宽度的长方形截面的弯曲刚度 $D = \dfrac{Et^3}{12(1-\nu^2)}$,则上述弯曲引起的圆筒 x,y 方向变形引起的合计弯矩为

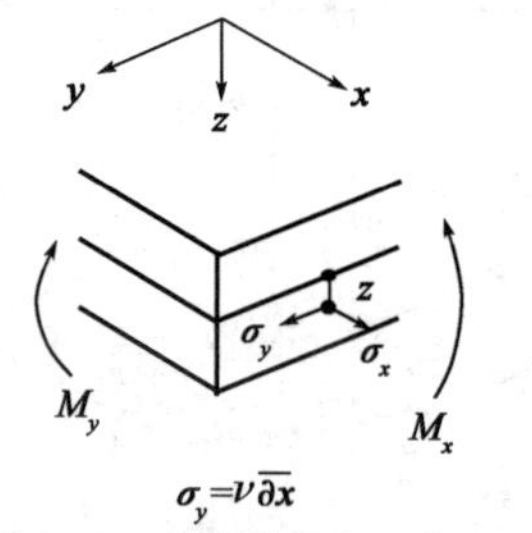

图 5-25 双向弯曲中 σ_x 与 σ_y 关系示意图

$$M_x = M_{x1} + M_{x2} = -D\left(\frac{\partial^2 w}{\partial x^2} + \nu\frac{\partial^2 w}{\partial y^2}\right) \\ M_y = M_{y1} + M_{y2} = -D\left(\frac{\partial^2 w}{\partial y^2} + \nu\frac{\partial^2 w}{\partial x^2}\right)\} \quad (5\text{-}16)$$

下面接着分析扭矩和变形的关系,如图 5-26 所示,若微小截面 dxt 对 x 轴产生 $\partial w/\partial x$ 的倾斜,在 $y+\mathrm{d}y$ 点就有 $\partial w/\partial x + (\partial^2 w/\partial x\partial y)\mathrm{d}y$ 的倾角变化。从图 5-22b)中的 ii),iii),iv)也可以看出,扭转角率可按下式计算:

$$\rho_t = \frac{\partial^2 w}{\partial x\partial y} \quad (5\text{-}17)$$

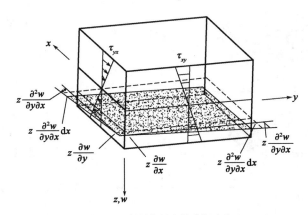

图 5-26　板层位置上的剪切应变

这个转角率与中央面的距离 z 成比例产生剪切应力,这点的剪切应变和应力为

$$\gamma_{xy} = -z\frac{\partial^2 \omega}{\partial x\partial y},\ \tau_{xy} = -Gz\frac{\partial^2 \omega}{\partial x\partial y} \quad (5\text{-}18)$$

单位长度的截面扭矩为

$$M_{xy3} = \int_{-\frac{1}{2}t}^{\frac{1}{2}t} \tau_{xy}z\mathrm{d}z \quad (5\text{-}19)$$

式(5-7)中的扭矩为

$$M_{xy} = M_{yx} = D(1-\nu)\frac{\partial^2 w}{\partial x\partial y} \quad (5\text{-}20)$$

将式(5-16)和式(5-20)代入式(5-7)可得

$$q = D\left(\frac{\partial^4 w}{\partial x^4} + 2\frac{\partial^4 w}{\partial x^2\partial y^2} + \frac{\partial^4 w}{\partial y^4}\right) \quad (5\text{-}21)$$

将 q 代入有 σ_t 的式(5-3),则可得平衡方程式为

$$D\left(\frac{\partial^4 w}{\partial x^4} + 2\frac{\partial^4 w}{\partial x^2\partial y^2} + \frac{\partial^4 w}{\partial y^4}\right) + \sigma_t\frac{\partial^2 w}{\partial x^2} = 0 \quad (5\text{-}22)$$

式(5-22)是板屈曲计算要使用的屈曲基础方程式，σ_{t} 为受压时的屈曲应力，方程是板的面外挠度对面内位置 x,y 的 4 阶偏微分方程式，会出现 8 个积分常数，决定这些常数需要有 8 个边界条件。可见归根结底是边界条件问题。以 b 边的支持为例，表 5-3 给出了不同支持条件下的方程式的边界条件，在解方程中结合实际变形，都是把挠度 w 假定为图 5-27 的正弦级数形式来处理。

$$w = \alpha \sin\left(\frac{\pi x}{\alpha}\right) \sin\left(\frac{\pi y}{\alpha}\right) \tag{5-23}$$

板的支持条件与边界条件　　　　　　　　　　表 5-3

支承条件	边界条件
简支	变位 0，弯矩 0 $w = 0$ $\dfrac{\partial^2 w}{\partial x^2} + \nu \dfrac{\partial^2 w}{\partial y^2} = 0$
固定	变位 0，挠度 0 $w = 0$ $\dfrac{\partial w}{\partial x} = 0$
自由	弯矩 0，反力 0 $\dfrac{\partial^2 w}{\partial x^2} + \nu \dfrac{\partial^2 w}{\partial y^2} = 0$ $\dfrac{\partial^3 w}{\partial x^3} + (2-\nu) \dfrac{\partial^3 w}{\partial x \partial y^2} = 0$
弹性支承	连续梁的弯曲和扭转变形

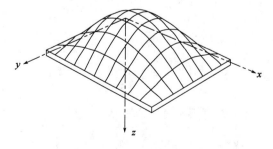

图 5-27　挠度 w 正弦级数曲面

5.5.2 板的屈曲方程的解法

针对式(5-22)的微分方程式,设在如图 5-28 所示的坐标系上,x 方向的面内力沿加载边宽度 b 均匀分布,$x=0$ 和 $x=a$ 的边 b 是简支边,$y=-b/2$ 和 $y=b/2$ 的边 a 的边界条件是 $x=0$,$w=0$;$x=a$,$w=0$。

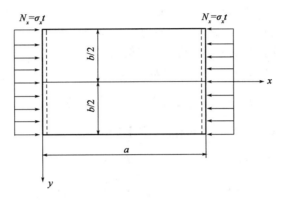

图 5-28 单方向受压板

由式(5-11)可知,$M_x = -D\left(\dfrac{\partial^2 w}{\partial x^2} + \nu \dfrac{\partial^2 w}{\partial y^2}\right) = 0$ 的支点微分方程式成立。$x=0$ 和 $x=a$ 的边 b 是支承边,假定约束为简支条件,y 方向的曲率 $\dfrac{\partial^2 w}{\partial y^2} = 0$,可知 $w=0$,从弯矩 $M_x = 0$ 可得

$$\frac{\partial^2 w}{\partial x^2} = 0 \tag{5-24}$$

微分方程式(5-22)和式(5-24)均成立。假定挠度函数为

$$w = Y\sin\left(\frac{m\pi x}{a}\right) \quad m=1,2,3,\cdots \tag{5-25}$$

式中:Y——未定系数,是 y 的函数,把它代入屈曲微分方程式(5-22),由于是正弦的偶次微分,结果都有 $\sin\left(\dfrac{m\pi x}{a}\right)$ 项出现,整理后为

$$\frac{\mathrm{d}^4 Y}{\mathrm{d}y^4} - 2\left(\frac{m\pi}{a}\right)^2 \frac{\mathrm{d}^2 Y}{\mathrm{d}y^2} + \left[\left(\frac{m\pi}{a}\right)^4 - \frac{\sigma_{\mathrm{cr}} t}{D}\left(\frac{m\pi}{a}\right)^2\right] Y = 0 \tag{5-26}$$

这里,在式(5-22)微分方程式里,板的未知屈曲应力由 $\sigma_{\mathrm{cr}} t$ 取代了,t 是板厚,再引入一个新的变量 μ:

$$\mu^2 = \frac{\sigma_{\mathrm{cr}} t}{D}\left(\frac{a}{m\pi}\right)^2 \tag{5-27}$$

代入方程式(5-26),有

$$\frac{\mathrm{d}^4 Y}{\mathrm{d}y^4} - 2\left(\frac{m\pi}{a}\right)^2 \frac{\mathrm{d}^2 Y}{\mathrm{d}y^2} + \left(\frac{m\pi}{a}\right)^4 (1-\mu^2) Y = 0 \tag{5-28}$$

看得出式(5-28)是一个单系数的高阶齐次微分方程,求解后就可通过参数 μ 来计算板的屈曲应力 σ_{cr}:

$$\sigma_{cr} = \left(\frac{m\pi}{a}\right)^2 \frac{D}{t} \mu^2 \tag{5-29}$$

针对式(5-28)的 y 的 4 阶常系数齐次微分方程,回顾高等数学中的求解过程如下:

一般式: $y^{(n)} + P_1 y^{(n-1)} + P_2 y^{(n-2)} + \cdots + P_{n-1} y' + P_n y = 0$

有特征方程: $k^n + P_1 k^{(n-1)} + P_2 k^{(n-2)} + \cdots + P_{n-1} k + P_n = 0$

有两个单复数的特解 k 的特征根为

$$\alpha \pm i\beta, e^{\alpha K}[c_1 \cos(\beta x) + c_2 \sin(\beta x)] \tag{5-30}$$

对于 4 阶常系数齐次微分方程,我们设一般解为

$$Y = C_1 \cosh(K_1 y) + C_2 \sinh(K_1 y) + C_3 \cos(K_2 y) + C_4 \sin(K_2 y) \tag{5-31}$$

$$K_1 = \frac{m\pi}{a}\sqrt{\mu+1}, K_2 = \frac{m\pi}{a}\sqrt{\mu-1} \tag{5-32}$$

也就是说屈曲方程式(5-22)的一般解可以写成下式:

$$w = \sin\left(\frac{m\pi x}{a}\right)\left[C_1 \cosh(K_1 y) + C_2 \sinh(K_1 y) + C_3 \cos(K_2 y) + C_4 \sin(K_2 y)\right] \tag{5-33}$$

式中: C_1, C_2, C_3, C_4 —— $y = \pm b/2$ 的边 a 的边界条件所决定的定积分系数;

双曲函数为 $\cosh(x) = \dfrac{e^x - e^{-x}}{2}, \sinh(x) = \dfrac{e^x + e^{-x}}{2}$。

这样按各自板的 a 边支承条件,可以解出对应的方程式。下面就解两个有代表性的例子。

1)边 a 是简支的条件下

图 5-29 的非加载边 a 是简支的条件下,最小的屈曲应力 σ_{cr} 下的挠度 w 是 x 轴对称的,也就是说式(5-33)里 $\sinh(K_1 y)$ 和 $\sin(K_2 y)$ 项是 0,有

$$w = \sin\left(\frac{m\pi x}{a}\right)\left[C_1 \cosh(K_1 y) + C_3 \cos(K_2 y)\right] \tag{5-34}$$

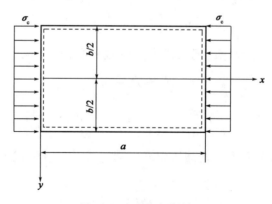

图 5-29 四边简支受压板

为求积分常数 C_1 和 C_3,非加载边 a 的条件导入 $y = \pm b/2$,简支有 $w = 0$,且 $M_y = -D\left(\dfrac{\partial^2 \omega}{\partial y^2} + \nu \dfrac{\partial^2 \omega}{\partial x^2}\right) = 0$。

而 $y = \pm b/2$ 的 a 边是铰支,即边界是直线状态,不发生曲率,$\partial^2 \omega / \partial x^2 = 0$,也就是 $\omega = 0$,则由式(5-16)可得

$$\partial^2 \omega / \partial y^2 = 0 \quad (5\text{-}35)$$

将表 5-3 中简支的边界条件和式(5-35)代入式(5-34),且将 C_1 和 C_3 作为未知量,则可得

$$C_1 \cosh\left(K_1 \frac{b}{2}\right) + C_3 \cos\left(K_2 \frac{b}{2}\right) = 0, C_1 K_1^2 \cosh\left(K_1 \frac{b}{2}\right) - C_3 K_2^2 \cos\left(K_2 \frac{b}{2}\right) = 0 \quad (5\text{-}36)$$

矩阵形式为
$$\begin{bmatrix} \cosh\left(K_1 \frac{b}{2}\right) & \cos\left(K_2 \frac{b}{2}\right) \\ K_1^2 \cosh\left(K_1 \frac{b}{2}\right) & -K_2^2 \cos\left(K_2 \frac{b}{2}\right) \end{bmatrix} \begin{pmatrix} C_1 \\ C_3 \end{pmatrix} = 0 \quad (5\text{-}37)$$

C 前面的系数行列为 0,即

$$-\cosh\left(K_1 \frac{b}{2}\right) \cdot K_2^2 \cos\left(K_2 \frac{b}{2}\right) - \cos\left(K_2 \frac{b}{2}\right) \cdot K_1^2 \cosh\left(K_1 \frac{b}{2}\right) = 0$$

$$(K_1^2 + K_2^2) \cosh\left(K_1 \frac{b}{2}\right) \cos\left(K_2 \frac{b}{2}\right) = 0 \quad (5\text{-}38)$$

只有 $\cosh\left(K_1 \frac{b}{2}\right)\cos\left(K_2 \frac{b}{2}\right) = 0$ 式(5-30)才成立,其中 $\cosh\left(K_1 \frac{b}{2}\right) \neq 0$,那么屈曲条件为

$$\cos\left(K_2 \frac{b}{2}\right) = 0 \quad (5\text{-}39)$$

只有在 K_2 是特定的值时,也就是特征值时,微分方程式(5-28)才成立。

式(5-32)代入式(5-39)可知当 $K_2 \frac{b}{2} = \frac{m\pi b}{2a}\sqrt{\mu - 1} = \frac{\pi}{2}$ 时,$\cos\left(K_2 \frac{b}{2}\right)$ 才能为 0。

这里 α 是板的长宽比,$\alpha = \frac{a}{b}$;$D = \frac{Et^3}{12(1-\nu^2)}$,即可通过 K_1 和 K_2 这 2 个变量解出参数 μ,即

$$\mu^2 = \left[\left(\frac{\alpha}{m}\right)^2 + 1\right]^2 \quad (5\text{-}40)$$

将式(5-40)代入式(5-29)整理得出板的屈曲公式:

$$\sigma_{cr} = \frac{\pi^2 E}{12(1-\nu^2)} \cdot \left(\frac{t}{b}\right)^2 \left(\frac{\alpha}{m} + \frac{m}{\alpha}\right)^2 \quad (5\text{-}41)$$

式中:m——板屈曲时沿 x 方向屈曲的半波长个数。式(5-33)的未知条件是 m。短板时,也就是 $\alpha = a/b$ 值比较小时,发生一个半波;当 α 增大时,会发生 2 个半波长的屈曲。如果将 1 个半波长屈曲移至 2 个半波长屈曲的临界板宽高比记为 $\bar{\alpha}$,将 $m=1$ 和 $m=2$ 代入式(5-41)后可解出 $\bar{\alpha}$:$\bar{\alpha} = \sqrt{2}$。同样,记 m 个半波长屈曲与 $m+1$ 个半波长屈曲同时发生的临界板宽高比为 $\bar{\alpha}$,由式(5-41)可知:$\frac{\bar{\alpha}}{m} + \frac{m}{\bar{\alpha}} = \frac{\bar{\alpha}}{m+1} + \frac{m+1}{\bar{\alpha}}$,解得:

$$\bar{\alpha} = \sqrt{m(m+1)} \quad (5\text{-}42)$$

将 $m=1,2,3,\cdots$ 代入式(5-37),则有 $\bar{\alpha}=\sqrt{2}$,$\sqrt{6}$,$\sqrt{12}$,$\cdots$

与柱一样,半波长个数 m 在弹性域里与材料的性质无关,但在非弹性域也就是说 σ_{cr} 超过 σ_y 时,m 与 E 有关系。弹性域内,$a=1.414b$ 是半波长,$a=1.414b \sim 2.449b$ 是1个波长的屈曲发生(图5-30)。板再变长时,其半波长渐近在板宽 b 左右。一般板的屈曲应力公式为

$$\sigma_{cr} = \frac{\pi^2 E}{12(1-\nu^2)}\left(\frac{t}{b}\right)^2 k \tag{5-43}$$

式中:k——屈曲系数,只由板的形状和边界条件所决定(图5-31),$k = \left(\frac{\alpha}{m}+\frac{m}{\alpha}\right)^2 = \left(\frac{a}{mb}+\frac{mb}{a}\right)^2$。

式(5-43)为研究钢板梁最基本的实用式。

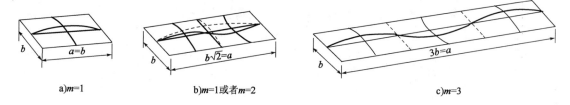

图 5-30 屈曲变形取决于板的长度

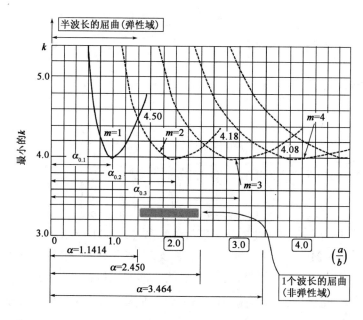

图 5-31 四边简支板的纯弯屈曲系数

2)非加载边简支 + 自由的情况

如图 5-32 所示,最上面 x 轴上的边为非加载简支边,最下面的边为自由非加载边,这个模型是钢板梁的翼缘作为自由伸出板的情况。

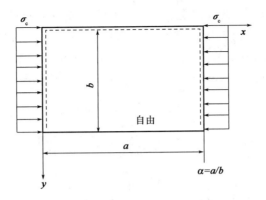

图 5-32 三边简支一边自由的矩形板

在 $y = 0$ 时,$w = 0, M_y = -D\left(\dfrac{\partial^2 w}{\partial y^2} + \nu \dfrac{\partial^2 w}{\partial x^2}\right) = 0$; (5-44)

在 $y = b$ 时,$M_y = -D\left(\dfrac{\partial^2 w}{\partial y^2} + \nu \dfrac{\partial^2 w}{\partial x^2}\right) = 0$ 。 (5-45)

由表 5-3 可知,自由边上另有边界条件式为

$$\dfrac{\partial^3 w}{\partial x^3} + (2-\nu)\dfrac{\partial^3 w}{\partial x^2 \partial y} = 0 \tag{5-46}$$

$y = 0$ 时,$w = 0$,简支边的曲率 $\dfrac{\partial^2 w}{\partial x^2} = 0$,代入式(5-11)中 $\dfrac{\partial^2 w}{\partial y^2} = 0$ 也成立[式(5-28)]。

$y = b$ 时, $\dfrac{\partial^2 w}{\partial y^2} + \nu \dfrac{\partial^2 w}{\partial x^2} = 0,\; \dfrac{\partial^3 w}{\partial y^3} + (2-\nu)\dfrac{\partial^3 w}{\partial x^2 \partial y} = 0$ (5-47)

将式(5-35)代入式(5-33),有定积分系数 $C_1 + C_3 = 0$ 和 $C_1 - C_3 = 0$,可知 $C_1 = C_3 = 0$。那么式(5-33)可变为下式:

$$w = \sin\left(\dfrac{m\pi x}{a}\right)[C_2 \sinh(K_1 y) + C_4 \sin(K_2 y)] \tag{5-48}$$

将式(5-48)代入式(5-47)可得

$$C_2\left(K_1^2 - \nu\dfrac{m^2\pi^2}{a^2}\right)\sinh(K_1 b) - C_4\left(K_2^2 + \nu\dfrac{m^2\pi^2}{a^2}\right)\sin(K_2 b) = 0 \tag{5-49}$$

$$C_2 K_1\left[K_1^2 - (2-\nu)\dfrac{m^2\pi^2}{a^2}\right]\cosh(K_1 b) - C_4 K_2\left[K_2^2 + (2-\nu)\dfrac{m^2\pi^2}{a^2}\right]\cos(K_2 b) = 0 \tag{5-50}$$

利用常系数 C_2 和 C_4 的系数行列式的值是 0 的方程,可以得出如下屈曲条件关系:

$$K_2\left(K_1^2 - \nu\dfrac{m^2\pi^2}{a^2}\right)^2 \tanh(K_1 b) - K_1\left(K_2^2 + \nu\dfrac{m^2\pi^2}{a^2}\right)^2 \tan(K_2 b) = 0 \tag{5-51}$$

这样就有 K_1 和 K_2 的 1 个方程成立,由式(5-32)和式(5-29)可知,

$$K_1 = \dfrac{m\pi}{a}\sqrt{\mu + 1},\; K_2 = \dfrac{m\pi}{a}\sqrt{\mu - 1},\; \mu^2 = \dfrac{\sigma_{cr} \cdot t}{D}\left(\dfrac{a}{m\pi}\right)^2 \tag{5-52}$$

可以看出,式(5-51)的一个方程可以归结出只有 σ_{cr} 一个未知量,是可求的。在屈曲应力最小时,即 $m = 1$ 的情况下,与式(5-43)完全相同。

将板的高度方向两边缘的非加载支承边,分为 $A\sim E$ 的 5 种条件(图 5-33),分别通过边界条件设定,代入挠度 w 一般式(5-33),解定积分系数 C_1,C_2,C_3,C_4,列 K_1 和 K_2 的二元一次方程,利用系数行列式为 0 的屈服条件,导出 K_1 与 K_2 的关系式,从屈服关系式中推出 μ 和 σ_{cr}。

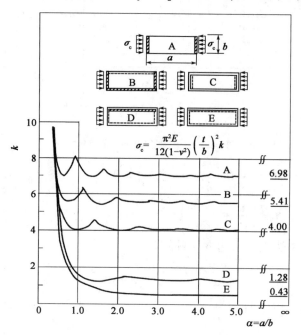

图 5-33 均布压力各种边界条件板的屈曲系数

分析出屈曲式中 k 的最小值 $k_{\min}$,是最有意义的屈曲系数(表 5-4)。在板的理论中,这个方向的 $m=2$ 时的多波形态也是存在的;但在钢板梁中,有时研究长度 a 方向的整波($m=2$)或多波现象(图 5-34),而腹板的高度方向都是考虑 $m=1$,即半波的屈曲表。

最小屈曲系数 $k_{\min}$ 与对应的高宽比 表 5-4

非加载边支承条件与屈曲形状	
ⓒ两端简支 $k_{\min}=4.00$ $\alpha_0=1.000$	
ⓑ一端简支 一端固定 $k_{\min}=5.42$ $\alpha_0=0.800$	
ⓐ两端固定 $k_{\min}=6.97$ $\alpha_0=0.668$	

续上表

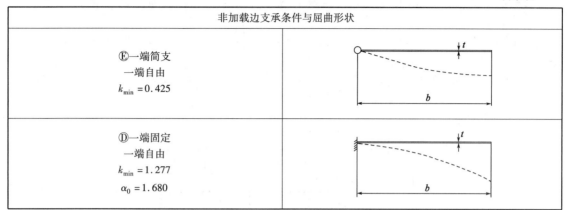

非加载边支承条件与屈曲形状	
Ⓔ 一端简支 一端自由 $k_{min} = 0.425$	
Ⓓ 一端固定 一端自由 $k_{min} = 1.277$ $\alpha_0 = 1.680$	

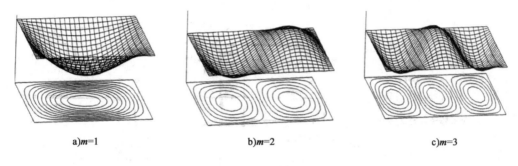

a) $m=1$　　　　b) $m=2$　　　　c) $m=3$

图 5-34　整波或多波图式

5.6　板屈曲的能量法

截至目前,计算采用的面内外力都是均匀分布的,实际上当板受面内弯矩时,板中产生的轴向应力是斜线分布,则 5.5 节中的公式推导就很难,因此,我们需要引入能量法。能量法中的全势能法对板的屈曲分析非常有效,特别在计算加劲肋时更显得高效,最后的数值解虽然是近似的,但工程上已经有足够的精度。

我们所研究的板的中心面是完全在一个平面内,压力和拉力都考虑在一个平面内作用,外力由小变大,开始时的变形是在平面内,随着力增大到一定程度,突然发生面外变形,这就是板的屈曲。这个突然发生面外变形的时刻,我们看成是板的应力不发生任何变化,只有屈曲变形(图 5-35)的瞬间发生。能量上看成这个屈曲变形所发生的全势能变化 Π 是 0,也就是面外变形产生的应变能 U_0 与屈曲变形所做的外力功 T 是平衡的,$\Pi = U_0 - T = 0$。

平面应力状态下的板要素 $\sigma_z = \tau_{xz} = \tau_{zx} = 0$,由图 5-36 可知,微小体积 $dv = tdxdy$ 所储蓄下的应变能是三角形的面积。

$$dU = \left[\frac{1}{2}\int_{-\frac{t}{2}}^{\frac{t}{2}} (\sigma_x \varepsilon_x + \sigma_y \varepsilon_y + \tau_{xy} \gamma_{xy}) dz\right] dxdy \tag{5-53}$$

板会由于挠度在平面内产生缩短,在图 5-35 中看出 $\frac{1}{2}\left(\frac{\partial w}{\partial x}\right)^2 dx$ 为正应变外力功,另外,剪切在两个面上发生,在图 5-37 可看得出,它们都是 $\frac{\partial w \partial w}{\partial x \partial y}$ 所产生的剪应变外力功,则有

$$T = \frac{1}{2} \iint \left[N_x \left(\frac{\partial w}{\partial x}\right)^2 + N_y \left(\frac{\partial w}{\partial y}\right)^2 + 2N_{xy} \frac{\partial w \partial w}{\partial x \partial y} \right] dx dy \tag{5-54}$$

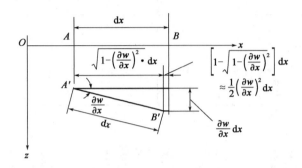

图 5-35 挠度在 x 轴方向的应变

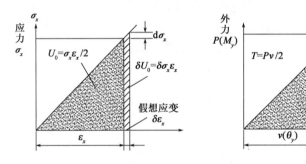

图 5-36 假想应变能　　　图 5-37 假想外力作用

由立体的胡克定律和板的克希霍夫(Kirchhoff)的面外剪切应变不计的假定($r_{zx} = r_{xz} = 0$),参照式(5-8),有应力-挠度关系式(5-10)。

x,y 面上的剪切应变关系如图 5-38 所示,微元体的应变能 dU 为

$$\begin{aligned} dU &= \frac{1}{2} \int_{-\frac{t}{2}}^{\frac{t}{2}} \left[\frac{Ez}{1-\nu^2} \left(\frac{\partial^2 w}{\partial x^2} + \nu \frac{\partial^2 w}{\partial y^2}\right) z \frac{\partial^2 w}{\partial x^2} + \frac{Ez}{1-\nu^2} \left(\frac{\partial^2 w}{\partial y^2} + \nu \frac{\partial^2 w}{\partial x^2}\right) z \frac{\partial^2 w}{\partial y^2} + 2Gz \frac{\partial^2 w}{\partial x \partial y} 2z \frac{\partial^2 w}{\partial x \partial y} \right] dz dx dy \\ &= \frac{1}{2} \left[\frac{E}{1-\nu^2} \left(\frac{\partial^2 w}{\partial x^2} + \nu \frac{\partial^2 w}{\partial y^2}\right) \frac{\partial^2 w}{\partial x^2} + \frac{E}{1-\nu^2} \left(\frac{\partial^2 w}{\partial y^2} + \nu \frac{\partial^2 w}{\partial x^2}\right) \frac{\partial^2 w}{\partial y^2} + 4G \frac{\partial^2 w}{\partial x \partial y} \frac{\partial^2 w}{\partial x \partial y} \right] \left(\int_{-\frac{t}{2}}^{\frac{t}{2}} z^2 dz \right) dx dy \\ &= \frac{1}{2} \left[\frac{E}{1-\nu^2} \left(\frac{\partial^4 w}{\partial x^4} + 2\nu \frac{\partial^4 w}{\partial x^2 \partial y^2} + \frac{\partial^4 w}{\partial y^4} \right) + 4G \left(\frac{\partial^2 w}{\partial x \partial y}\right)^2 \right] \frac{t^3}{12} dx dy \end{aligned}$$
(5-55)

板中微元体的 3 种应力和分布见图 5-39,对面表示微小应力增量的形式。

将 $E = 12D \frac{(1-\nu^2)}{t^3}$, $G = \frac{6D}{t^3}(1-\nu)$ 代入式(5-55)可得

$$dU = \frac{D}{2} \left\{ \left(\frac{\partial^2 w}{\partial x^2} + \frac{\partial^2 w}{\partial y^2}\right)^2 + 2(1-\nu) \left[\left(\frac{\partial^2 w}{\partial x \partial y}\right)^2 - \frac{\partial^2 w}{\partial x^2} \frac{\partial^2 w}{\partial y^2} \right] \right\} dx dy \tag{5-56}$$

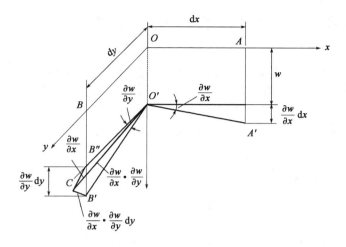

图 5-38 变形引起的剪切应变

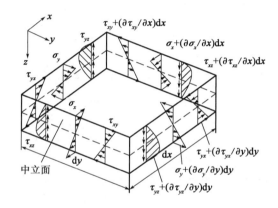

图 5-39 板的微元体上的应力

板件的长度为 a，板宽为 b，在板件中储蓄下来的应变能 U 为

$$U = \int_0^b \int_0^a \mathrm{d}U \mathrm{d}x \mathrm{d}y$$

$$= \int_0^b \int_0^a \frac{D}{2} \left\{ \left(\frac{\partial^2 w}{\partial x^2} + \frac{\partial^2 w}{\partial y^2} \right)^2 + 2(1-\nu) \left[\left(\frac{\partial^2 w}{\partial x \partial y} \right)^2 - \frac{\partial^2 w}{\partial x^2} \frac{\partial^2 w}{\partial y^2} \right] \right\} \mathrm{d}x \mathrm{d}y \tag{5-57}$$

在求解薄板的问题时，5.5 节里是使用力学方法，通过 K_1 和 K_2 两个变量，然后求解 μ 参数，从而能够求出精确解。但注意这时的板边外力和非加载边的支承条件都是比较简单的，只能是一个固定的压力状态。当受压板的力是一次线形或者曲线时，就需要采用能量法。后面我们还要求解有限变位的大挠度问题，能量法就显得更加有效。能量法的外力做功的项比较直观简单，而内部储蓄应变能的计算要理解正应变和剪应变的内容，归根结底是需要掌握板的变形机理。

5.7 板的弯曲屈曲

梁最重要的变形就是弯曲变形。钢板梁的腹板虽然忽略其截面积对弯曲刚度的贡献,但保持上翼缘与下翼缘面积间的距离成为截面刚度的重中之重。对于梁的跨中截面而言,沿梁高材料抵抗正应力的能力无疑是截面抗弯强度的内因。而腹板构件在正应力下的稳定则是整个梁刚度的重要表现。图 5-40 是受纯弯曲变形,也就是中轴方向合力为 0 的上下完全反对称的加载情况,这里用能量法同时考虑纵向也有波数发生的变形情况,周边支承是简支形式,假定挠度为无穷级数,计算式如下:

$$w = \sum_{m=1}^{\infty}\sum_{n=1}^{\infty} a_{mn}\sin\left(\frac{m\pi x}{a}\right)\sin\left(\frac{n\pi y}{b}\right) \tag{5-58}$$

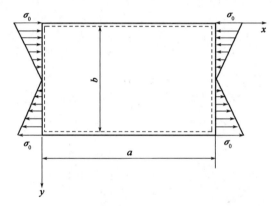

图 5-40 纯弯曲的四边简支板

x 方向的力为比例分布,先考虑普通状态的合力为

$$N_x = -\sigma_0 t\left(1 - 2\frac{y}{b}\right) \tag{5-59}$$

屈曲变形时的应变能可把式(5-58)代入式(5-57),得

$$U_0 = \frac{\pi^4 ab}{8} D \sum_{m=1}^{\infty}\sum_{n=1}^{\infty} a_{mn}^2 \left(\frac{m^2}{a^2} + \frac{n^2}{b^2}\right)^2 \tag{5-60}$$

将 N_x 代入式(5-54)可得板屈曲时的外力所作功

$$T = \frac{1}{2}\int_0^a\int_0^b \sigma_0 t\left(1 - 2\frac{y}{b}\right)\left(\frac{\partial w}{\partial x}\right)^2 dxdy \tag{5-61}$$

而根据正弦级数的奇偶性有

$$\left.\begin{array}{l}\displaystyle\int_0^b y\sin\left(\frac{i\pi y}{b}\right)\sin\left(\frac{j\pi y}{b}\right)dy = \frac{b^2}{4} \quad (i = j \text{ 时})\\[2mm]\displaystyle\int_0^b y\sin\left(\frac{i\pi y}{b}\right)\sin\left(\frac{j\pi y}{b}\right)dy = 0 \quad (i < j, i \neq j, \text{且 } i \pm j \text{ 为偶数时})\\[2mm]\displaystyle\int_0^b y\sin\left(\frac{i\pi y}{b}\right)\sin\left(\frac{j\pi y}{b}\right)dy = -\frac{4b^2}{\pi^2}\frac{ij}{(i^2 - j^2)^2} \quad (i < j, i \neq j, \text{且 } i \pm j \text{ 为奇数时})\end{array}\right\} \tag{5-62}$$

代入式(5-61)可得

$$T = \frac{\sigma_0 t a b}{2} \frac{}{4} \sum_{m=1}^{\infty} \sum_{n=1}^{\infty} a_{mn}^2 \frac{m^2 n^2}{a^2} - \frac{\sigma_0 t}{2} \frac{a}{b} \sum_{m=1}^{\infty} \frac{m^2 \pi^2}{a^2} \cdot \left[\frac{b^2}{4} \sum_{n=1}^{\infty} a_{mn}^2 - \frac{8 b^2}{\pi^2} \sum_{n=1}^{\infty} \sum_{i}^{\infty} \frac{a_{mn} a_{mi} n i}{(n^2 - i^2)^2} \right] \quad (5\text{-}63)$$

这里 i 和 $n \pm i$ 总是奇数,我们的目的是通过 $\Pi = U_0 - T = 0$ 计算出屈曲应力 σ_0 最小时的系数 a_{mn}。变形的应变能与外部正应力功的平衡式比较繁杂,整理以后有平衡方程:

$$\frac{\pi^4 a b}{8} D \sum_{m=1}^{\infty} \sum_{n=1}^{\infty} a_{mn}^2 \left(\frac{m^2}{a^2} + \frac{n^2}{b^2} \right)^2 = \sigma_0 t \frac{4b}{a} \sum_{m=1}^{\infty} m^2 \sum_{n=1}^{\infty} \sum_{i}^{\infty} \frac{a_{mn} a_{mi} n i}{(n^2 - i^2)^2} \quad (5\text{-}64)$$

可以看出,式(5-64)是纵波数 $m = 1, 2, 3, \cdots$ 时的 m 个关于 a_{mn} 的联立线性方程组。当 $m = 1$ 时,最小的 σ_0 对应 a_n,这时有 n 个 a 存在;当 $m = 1, n = 1$ 时,只有一个 a_{11} 存在。可将方程式(5-52)中的 a_{mn} 进行求导取 0 处理,可消去 $\sum_{m}^{\infty} \sum_{n}^{\infty}$ 项,变成线性方程式:

$$D a_{mn} \pi^4 \left(\frac{m^2}{a^2} + \frac{n^2}{b^2} \right)^2 = \sigma_0 t \frac{16 \, m^2}{a^2} \sum_{i}^{\infty} \frac{a_{mi} n i}{(n^2 - i^2)} \quad (5\text{-}65)$$

采用式(5-58)这种二重的无穷正弦级数式。将 x 方向的半波数 m 给固定一个数,其他的 m 项都定成 0,也就是 m 波固定,只变化 n 波项,则有

$$w = \sin\left(\frac{m\pi x}{a}\right) \sum_{n=1}^{\infty} a_{mn} \sin\left(\frac{n\pi y}{b}\right) \quad (5\text{-}66)$$

定好半波数 m 的屈曲变形中,只研究 1 个半波长也就是 $m = 1$ 的情况下,考虑板长的 $1/m$ 部分,将 $m = 1$ 代入式(5-65)可得:

$$a_{1n} \left(1 + n^2 \frac{a^2}{b^2} \right)^2 - 16 \, \sigma_0 \frac{a^2}{\pi^4} \frac{t}{D} \sum_{i}^{\infty} \frac{a_{1i} n i}{(n^2 - i^2)^2} = 0 \quad (5\text{-}67)$$

因为 $n + i$ 总是奇数,当 $n = 1$ 时对应 $i = 2$,系数为 a_{11};当 $n = 2$ 时对应 $i = 1$,系数为 a_{12}。只考虑这两个组合。

$$n = 1, i = 2 \quad \left(1 + \frac{a^2}{b^2} \right)^2 a_{11} - \frac{32}{9} \sigma_0 \frac{a^2}{\pi^4} \frac{t}{D} a_{12} = 0 \quad (5\text{-}68)$$

$$n = 2, i = 1 \quad -\frac{32}{9} \sigma_0 \frac{a^2}{\pi^4} \frac{t}{D} a_{11} + \left(1 + 4 \frac{a^2}{b^2} \right)^2 a_{12} = 0 \quad (5\text{-}69)$$

这两个 a_{11}, a_{12} 的二元同次方程式成立,对应的系数行列式的值必须为 0,来解屈曲应力 σ_{cr} 的近似值:

$$\sigma_{cr} = \frac{9 \pi^4 D}{32 a^2 t} \left(1 + \frac{a^2}{b^2} \right) \left(1 + 4 \frac{a^2}{b^2} \right)$$

$$= \frac{\pi^2 E}{12 (12 - \nu^2)} \left(\frac{t}{b} \right)^2 \frac{9 \pi^2}{32 a^2} (1 + \alpha^2)(1 + 4\alpha^2) \quad (5\text{-}70)$$

考虑 3 个系数 a_{11}, a_{12} 和 a_{13} 采取的情况,这时 $n = 1$ 对应 $i = 2$;$n = 2$ 对应 $i = 1$ 和 $i = 3$;$n = 3$

对应 $i=2$,考虑这 3 个组合的屈曲应力值,有方程:

$$n=1, i=2 \quad \left(1+\frac{a^2}{b^2}\right)^2 a_{11} - \frac{32}{9}\sigma_0 \frac{a^2}{\pi^4}\frac{t}{D} a_{12} = 0 \tag{5-71}$$

$$n=2, i=1,3 \quad -\frac{32}{9}\sigma_0 \frac{a^2}{\pi^4}\frac{t}{D} a_{11} + \left(1+4\frac{a^2}{b^2}\right)^2 a_{12} - \frac{96}{25}\sigma_0 \frac{a^2}{\pi^4}\frac{t}{D} a_{13} = 0 \tag{5-72}$$

$$n=3, i=2 \quad -\frac{96}{25}\sigma_0 \frac{a^2}{\pi^4}\frac{t}{D} a_{12} + \left(1+9\frac{a^2}{b^2}\right)^2 a_{13} = 0 \tag{5-73}$$

对这样的二元线性方程式,同样有 a_{11},a_{12} 和 a_{13} 的系数行列值必须是 0 的成立条件。下面简单介绍一下多元一次方程组系数行列的简单解法,有系数 3×3 的行列,按照图 5-41 的规则相乘并取规定的正负号计算。

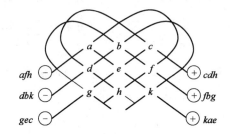

图 5-41 系数行列式为 0 的相乘规则及正负号

$\begin{vmatrix} a & b & c \\ d & e & f \\ g & h & k \end{vmatrix} = 0$,则 $cdh + fbg + kea - afh - dbk - gec = 0$。该线性方程组有解的必要条件是 $c=g=0$,所以有下式成立:

$$\left(1+9\frac{a^2}{b^2}\right)^2\left(1+\frac{a^2}{b^2}\right)^2\left(1+4\frac{a^2}{b^2}\right)^2 - \left(1+\frac{a^2}{b^2}\right)^2\left(-\frac{96}{25}\frac{a^2 t}{\pi^4 D}\sigma_0\right)\left(-\frac{96}{25}\frac{a^2 t}{\pi^4 D}\right) -$$

$$\left(-\frac{32}{9}\frac{a^2 t}{\pi^4 D}\right)\left(-\frac{32}{9}\frac{a^2 t}{\pi^4 b}\sigma_0\right)\left(1+9\frac{a^2}{b^2}\right)^2 = 0 \tag{5-74}$$

令 $a/b = \alpha$,再把板刚度 $D = \frac{t^3 E}{12(1-\nu^2)}$ 代入,整理后得四边简支下纯弯板的屈曲应力式如下:

$$\sigma_{cr} = \frac{\pi^4 D}{\alpha^2 t} \frac{(1+\alpha^2)(1+4\alpha^2)(1+9\alpha^2)}{\sqrt{\left(\frac{96}{25}\right)^2 (1+\alpha^2)^2 + \left(\frac{32}{9}\right)^2 (1+9\alpha^2)^2}}$$

$$= \frac{\pi^2 E}{12(1-\nu^2)}\left(\frac{t}{b}\right)^2 \frac{\pi^2 (1+\alpha^2)(1+4\alpha^2)(1+9\alpha^2)}{a^2\sqrt{\left(\frac{96}{25}\right)^2 (1+\alpha^2)^2 + \left(\frac{32}{9}\right)^2 (1+9\alpha^2)^2}} \tag{5-75}$$

板纯弯曲的屈曲应力为

$$\sigma_{cr} = \frac{\pi^2 E}{12(1-\nu^2)} \left(\frac{t}{b}\right)^2 k = k \cdot \sigma_E$$

$$k = \frac{\pi^2(1+\alpha^2)(1+4\alpha^2)(1+9\alpha^2)}{\alpha^2 \sqrt{\left(\frac{96}{25}\right)^2 (1+\alpha^2)^2 + \left(\frac{32}{9}\right)^2 (1+9\alpha^2)^2}} \tag{5-76}$$

发生挠度曲线的级数取到前 3 项时,其计算精度在工程上就足够了,表 5-5 是式(5-70)取前 2 项和式(5-55)取 3 项的比较计算。图 5-42 是各种长宽比下 $m=1$ 的实线,与表 5-5 的结果对应。$\alpha = 2/3$ 时 k 为最小值。以后要讲到腹板弯曲变形的屈曲系数 $\alpha \geqslant 2/3$ 时取 $k_e = 23.9$;而 $\alpha < 2/3$ 时,k_e 与长宽比 α 成二次曲线关系。

表 5-5 中后一栏的结果是只取了前 3 项的计算值,实际在工程上已经有足够的精度。《道路桥示方书》里规定腹板的长宽比设在 $\alpha < 1.5$ 之内。而当 $\alpha < 2/3$ 时,k 采用德国公式计算取值,即

$$k = 15.87 + \frac{1.87}{\alpha^2} + 8.6\alpha^2 \tag{5-77}$$

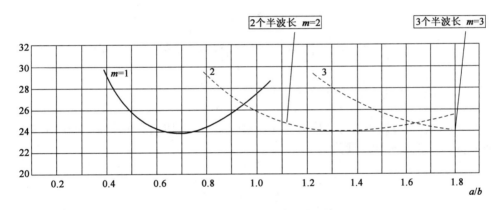

图 5-42 弯曲和简支板的屈曲系数

各种长宽比下的屈曲系数($m=1$) 表 5-5

α	0.4	0.45	0.5	0.6	0.667	0.75	0.8	0.9	1.0	1.2	1.5	
式(5-53)	33.0	29.8	27.8	25.6	25.1	25.0	25.3	26.3	27.8	31.8	40.1	$m=1$
							33.0	29.8	27.8	25.6	25.0	$m=2$
式(5-55)	29.1	27.1	25.6	24.1	23.9	24.1	24.4	25.6	27.1	31.2	39.6	$m=1$
							29.1	27.1	25.6	24.1	24.1	$m=2$

5.8 板的剪切屈曲

梁在剪切屈曲下变形微小,计算时可以不计,而板的情况下特别在钢板梁的支点附近,剪切变形占绝大部分,当跨中的弯曲变形进入屈曲后,即使板中材料没有屈服,其板的周边也很

容易进入剪切屈曲状态。

如图 5-43 所示,四边简支板受纯剪切变形的情况下用能量法分析比较方便,可以套用应变能公式(5-57)和外力功公式(5-54)进行计算。对纯剪的情况下需要说明面外有限变形的关系,矩形板四边作用有剪应力 $\tau = \tau_{xy} = \tau_{yx}$,板的屈曲变形所做的功为 T,随屈曲变形产生的面内变位 x 方向为 Δu,y 方向为 Δv,则外力功 T 的计算式为

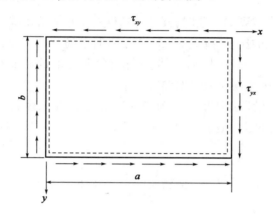

图 5-43　四边简支的剪切矩形板

$$T = t\left[\int_0^b \tau \Delta v_{x=a}\mathrm{d}y - \int_0^b \tau \Delta v_{x=0}\mathrm{d}y + \int_0^a \tau \Delta u_{y=b}\mathrm{d}x - \int_0^a \tau \Delta u_{y=0}\mathrm{d}x\right]$$

$$= t\tau \int_0^a \int_0^b \left(\frac{\partial \Delta u}{\partial y} + \frac{\partial \Delta v}{\partial x}\right)\mathrm{d}x\mathrm{d}y \tag{5-78}$$

屈曲后变形产生的板面内剪切应力分布不变,面内的剪切应变也不变,只是增加了面外应变项,有限变形理论的剪切应变为

$$\gamma_{xy} = \frac{\partial u}{\partial y} + \frac{\partial v}{\partial x} + \frac{\partial w}{\partial x}\frac{\partial w}{\partial y} \tag{5-79}$$

γ_{xy} 中包括挠度方向的分项 $\frac{\partial w}{\partial x}\frac{\partial w}{\partial y}$,该分项是由于板屈曲在面外挠度所产生的高次项。

板屈曲发生前的面内应变：$\gamma_{xy0} = \frac{\partial u_0}{\partial y} + \frac{\partial v_0}{\partial x}$　　（小变形） $\tag{5-80}$

板屈曲发生后的面内应变：$\gamma_{xy0} = \frac{\partial u_0}{\partial y} + \frac{\partial v_0}{\partial x} + \frac{\partial \Delta u}{\partial y} + \frac{\partial \Delta v}{\partial x} + \frac{\partial w}{\partial x}\frac{\partial w}{\partial y}$　　（有限变形）

$$\tag{5-81}$$

两者是相等的,结果有

$$\frac{\partial \Delta u}{\partial y} + \frac{\partial \Delta v}{\partial x} = -\frac{\partial w}{\partial x}\frac{\partial w}{\partial y} \tag{5-82}$$

代入式(5-78),有

$$T = -t\tau \int_0^b \int_0^a \frac{\partial w}{\partial x}\frac{\partial w}{\partial y}\mathrm{d}x\mathrm{d}y \tag{5-83}$$

实际使用公式(5-65),$N_x = N_y = 0$,是一样的结果。

屈曲过程中储蓄在板内的应变能按式(5-57)计算。
最小势能：

$$\Pi = U_0 - T$$
$$= \iint \frac{D}{2}\left\{\left(\frac{\partial^2 w}{\partial x^2} + \frac{\partial^2 w}{\partial y^2}\right) + 2(1-\nu)\left[\left(\frac{\partial^2 w}{\partial x \partial y}\right)^2 - \frac{\partial^2 w}{\partial x^2}\frac{\partial^2 w}{\partial y^2}\right] + t\tau \frac{\partial w}{\partial x}\frac{\partial w}{\partial y}\right\}\mathrm{d}x\mathrm{d}y = 0$$

(5-84)

挠度假定为：

$$w = \sum_{m=1}^{\infty}\sum_{n=1}^{\infty} a_{mn}\sin\left(\frac{m\pi x}{a}\frac{n\pi y}{b}\right)$$

(5-85)

代入 Π 式，同样对等式中的 a_{mn} 进行求导并取 0，求 $N_{xy} = \tau \cdot t$ 极值。

$$\frac{\partial \Pi}{\partial a_{mn}} = \frac{\partial(U_0 - T)}{\partial a_{mn}} = 0$$

(5-86)

简单起见，设 $\lambda = \dfrac{\pi^4 D}{32\,\alpha^3 b^2 N_{xy}}$，$\alpha = \dfrac{a}{b}$，最后推出下式：

$$\lambda(m^2 + n^2\alpha^2)^2 a_{mn} - \sum_i \sum_j \frac{ij a_{ij}}{(i^2 - m^2)(j^2 - n^2)} = 0$$

(5-87)

式中：$\sum\limits_i$——$m+i$ 为奇数时对应的和；

$\sum\limits_j$——$n+j$ 为奇数时对应的和。

所以式(5-87)存在两套齐次方程组，即 $m+n$ 均为奇数的 a_{mn} 的方程组，以及 $m+n$ 均为偶数的 a_{mn} 的方程组。偶数的方程组有意义，可求出极值屈曲荷载，这样对 a_{mn} 的系数行列式取 0，下面计算 $a_{11}, a_{22}, a_{13}, a_{31}, a_{33}$：

当 $m=1, i=2; n=1, j=2$ 时，

$$\lambda(1+\alpha^2)^2 a_{11} - \frac{4}{9}a_{22} = 0$$

(5-88)

当 $m=2, i=1,3; n=2, j=1,3$ 时，

$$-\frac{1}{9}a_{11} + 16\lambda(1+\alpha^2)^2 a_{22} + \frac{1}{5}a_{13} + \frac{1}{5}a_{31} - \frac{9}{25}a_{33} = 0$$

(5-89)

当 $m=1, i=2; n=3, j=2$ 时，

$$\frac{4}{15}a_{22} + \lambda(1+9\alpha^2)^2 a_{13} = 0$$

(5-90)

当 $m=3, i=2; n=1, j=2$ 时，

$$\frac{4}{15}a_{22} + \lambda(9+\alpha^2)^2 a_{31} = 0$$

(5-91)

当 $m=3, i=2; n=3, j=2$ 时,

$$-\frac{4}{25}a_{22} + 81\lambda(1+\alpha^2)^2 a_{33} = 0 \tag{5-92}$$

5 个 a_{mn} 的联立方程的系数项行列式为 0,是方程有解的必要条件,从而直接求导出特征值 λ 的关系式。

解这个联立线性方程组,同样可以用 5.7 节的行列乘法规则来计算 λ^2 的特征值等式:

$$\lambda^2 = \frac{\alpha^4}{81(1+\alpha^2)^4}\left[1 + \frac{81}{625} + \frac{81}{25}\left(\frac{1+\alpha^2}{1+9\alpha^2}\right)^2 + \frac{81}{25}\left(\frac{1+\alpha^2}{9+\alpha^2}\right)^2\right] \tag{5-93}$$

$$N_{xy} = \frac{\pi^4 D}{32\alpha^3 b^2 \lambda}$$

$$\tau_{cr} = \frac{\pi^4 D}{32\alpha^3 b^2 \lambda} \cdot \frac{1}{t} = \frac{\pi^2}{32\alpha^2 \lambda} \cdot \frac{\pi^2 E}{12(1-\nu^2)}\left(\frac{t}{b}\right)^2 = k \cdot \sigma_E \tag{5-94}$$

从而推导出纯剪状态的屈曲系数表达式

$$k = \frac{\pi^2}{32\alpha^2 \lambda} \tag{5-95}$$

由图 5-44 可知长宽比 $\alpha=1$ 正方形板时,$k=9.34$;$\alpha=\infty$ 时,$k=5.34$。大多数规范都是采用 DIN 4114 规定:

$$\begin{cases} k_\tau = 5.34 + \dfrac{4.00}{\alpha^2} & \alpha \geq 1 \\ k_\tau = 4.00 + \dfrac{5.34}{\alpha^2} & \alpha < 1 \end{cases} \tag{5-96}$$

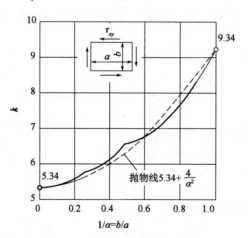

图 5-44 屈曲系数 k

也就是说,精确的剪切屈曲系数与方程的特征值 λ 有关[式(5-95)],但实际工程中全世界都在使用德国规范中的公式。

第6章 加劲肋设计

6.1 概 述

对于钢结构来说，无论是作为构筑物骨架的轧制H型钢线材，还是焊接I形梁，设计师的设计计算过程严格来说都是加劲肋设计行为。"刚"是指构件的刚度，日语是补刚，中文叫加劲。没有任何固定条件的单板形成不了符合设计要求的强度和刚度，也就称不上为构件。开口截面的构件由于形成不了封闭的剪力流，弱轴方向刚度很低，需要进行加劲设计；闭口截面上如果增加横向加劲肋就会大大提高其整体刚度；单板只有固定其周边或在中间焊上加劲肋才能作为面材使用。

深刻理解加劲概念、掌握加劲方法及精通设计计算是高水平钢结构工程师的重要标志。日本的小松定夫可称为钢结构大师，其专著《补刚设计》非常有学习价值。对于设置加劲肋的受压板，其失稳状态与加劲板的相对宽厚比、长宽比、加劲构造、间距、刚度等因素有关，这就需要研究加劲设计问题，根据加劲肋的尺寸与刚度不同，受压加劲板的失稳模态可以分为以下4类。

①母板连同纵、横向加劲肋发生整体失稳（图6-1）：纵、横向加劲肋的相对刚度比均较小时，加劲肋会随着母板一起发生平面外的翘曲失稳，该失稳模态的纵、横向加劲肋均为柔性加劲肋。在日本，既有结构中才有这种形式，原则上新建构件一般不允许出现这种失稳模态。

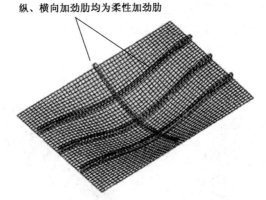

图6-1 母板连同纵、横向加劲肋整体失稳

②母板连同纵向加劲肋在横向加劲肋间发生整体失稳（图6-2）：纵向加劲肋的相对刚度比较小而横向加劲肋的相对刚度较大时，纵向加劲肋会随着母板一起发生以横向加劲肋为波节的翘曲失稳破坏，该失稳模态的纵向加劲肋为柔性加劲肋，横向加劲肋为刚性加劲肋。

③加劲肋之间的母板发生局部失稳（图6-3）：当纵、横向加劲肋的相对刚度比较大时，加劲肋之间的母板发生以纵、横向加劲肋为波节的翘曲失稳破坏，该失稳模态的纵、横向加劲肋

均为刚性加劲肋。

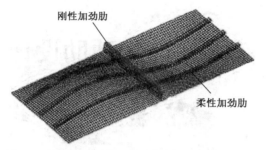

图 6-2　母板连同纵向加劲肋在横向加劲肋间整体失稳

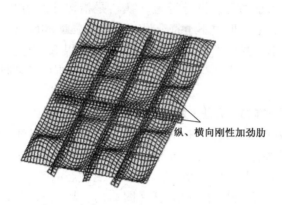

图 6-3　加劲肋之间的母板局部失稳

④加劲肋自身失稳(图 6-4):加劲肋有两种常见失稳模态,即加劲肋腹板的失稳、加劲肋的整体弯扭失稳。当加劲肋的翼缘和母板均较厚实、加劲肋腹板较薄柔时,加劲肋的腹板会发生失稳;当纵向加劲肋的侧弯刚度和扭转刚度很小时,加劲肋发生整体弯扭失稳。

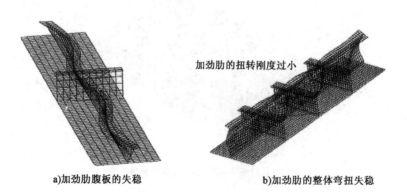

a)加劲肋腹板的失稳　　　　　　　　b)加劲肋的整体弯扭失稳

图 6-4　加劲肋局部失稳

构造加劲设计所涉及的范围非常大,有构造系整体以及局部的构件和单板,真正的分析和评价方法也多种多样,从宏观到微观包括了构造科学的全部。图 6-5 是加劲技术的关联学科理论以及项目细则,图中表示了 3 轴关联项目下的加劲设计操作,总体上是一个系统的结构分析体系。

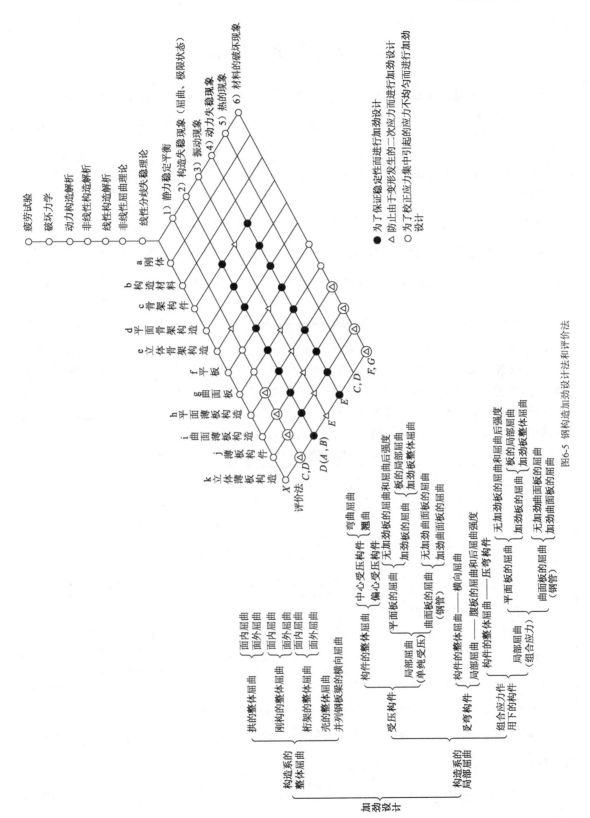

图6-5 钢构造加劲设计法和评价法

6.2 板的屈曲公式研究

板屈曲与柱屈曲的概念中,欧拉公式是最重要的起点,柱是线材,有两个支点,欧拉屈曲应力为 $\sigma_{cr} = \dfrac{\pi^2 EI}{(\beta l/r)^2} = k\sigma_E$。针对支点固定、铰接、自由这3种情况,欧拉公式都是以两端铰接的 σ_E 为基准的,另外公式中还有一个是有效屈曲长度 $l_e = \beta l$,这样对杆件而言,长细比和不同支点条件下的有效屈曲长度就决定了屈曲应力,推导过程中并不常用屈曲系数。下面再看一下板的情况。

首先,板的支承都是沿一个边的,沿板面是保持笔直的,这个方向不发生曲率,即 $\dfrac{\partial^2 w}{\partial y^2} = 0$;而板的面外方向即使是刚结,实际面外刚度也很低,所以,在计算上考虑成简支模型。由表6-1可以看出,板的屈曲计算里,屈曲系数 k 的概念非常重要。板的屈曲应力 $\sigma_{cr} = \dfrac{\pi^2 E}{12(1-\nu^2)}\left(\dfrac{t}{b}\right)^2 k = k\sigma_E$ 中,σ_E 是假定屈曲系数 $k=1$ 时的屈曲应力。$\sigma_{cr} = \dfrac{\pi^2 E}{12b^2(1-\nu^2)}$ 是四边简支板单位宽度内的屈曲应力值,概念如图6-6所示。对板来说,屈曲计算依靠屈曲系数来操作。屈曲系数的影响因素除了支承条件和外力种类之外,外力分布也很重要,而针对某种外力分布,屈曲系数又与板的长宽比有关。研究中钢板梁一般只考虑压缩和弯曲的水平作用,而且分析都是把压缩、弯曲和剪切各自单独考虑。公式推导时已经知道弯矩作用下会产生斜线状变化的水平应力,屈曲系数也比较复杂,压弯组合梁里将应力斜率作为参数考虑。

板的屈曲系数各种边界条件下 表6-1

荷载	压缩			弯曲	剪切
支承条件	四边简支	两边固定 两边简支	三边简支 一边自由	四边简支	四边简支
图式					
屈曲系数	$k = \left(\dfrac{m}{\alpha} + \dfrac{\alpha}{m}\right)^2$ $m = 1,2,3,\cdots$ $k \approx 4.0$ (α 较大时)	$\alpha > 0.66$ $k \approx 7$ $\alpha \leqslant 0.66$ $k = 2.366 - 5.3\alpha^2 + \dfrac{1}{\alpha^2}$	$k = 0.42 + \dfrac{1}{\alpha^2}$	$\alpha > 2/3$ $k \approx 23.9$ $\alpha \leqslant 2/3$ $k = 15.87 + 1.87\alpha^2 + \dfrac{8.6}{\alpha^2}$	$\alpha > 1$ $k = 5.34 + 4.00\alpha^2$ $\alpha \leqslant 1$ $k = 4.00 + 5.34\alpha^2$

在研究发生弯曲变形的板时,把正应力斜率考虑进去,将 $\sigma_x = \sigma_0\left(1 - \varphi\dfrac{b-y}{b}\right)$ 代入屈曲方程后得

$$D\left(\frac{\partial^4 w}{\partial x^4} + 2\frac{\partial^4 w}{\partial x^2 \partial y^2} + \frac{\partial^4 w}{\partial y^4}\right) + \sigma_0 t\left(1 - \varphi\frac{b-y}{b}\right)\frac{\partial^2 w}{\partial x^2} = 0 \quad (6\text{-}1)$$

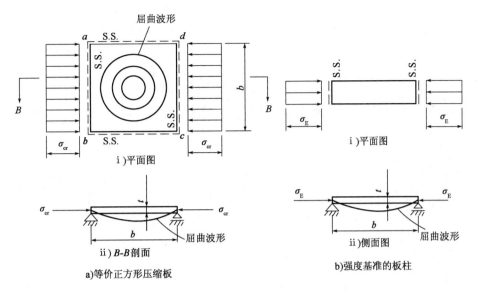

图 6-6 受压板的换算
S.S.-简支

系数 $\varphi=2$ 是轴向力为 0 的纯弯曲状态，$\varphi=0$ 是轴向压应力为 σ_0 的均布纯压状态。

这样解出来四边简支板的结果。按 φ 的大小如图 6-7 所示，《道路桥示方书》里的应力斜率式就是采用这种方法。另外，设计中常将弯压组合分开考虑。这时板上端为 σ_1，下端为 σ_2，用 $\sigma_2=\psi\sigma_1$ 来表示。纯压应力与纯弯曲应力分开表示比较容易。

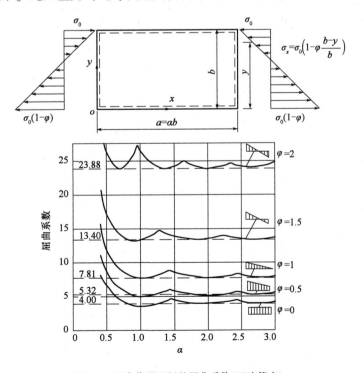

图 6-7 压弯作用下板的屈曲系数（四边简支）

$$\begin{cases} \sigma^C = \dfrac{\sigma_1 + \sigma_2}{2} = \sigma_1 \dfrac{1+\psi}{2} \\ \sigma^M = \pm \dfrac{\sigma_1 - \sigma_2}{2} = \pm \sigma_1 \dfrac{1-\psi}{2} \end{cases} \quad (6-2)$$

图 6-8 和图 6-9 分别为上下缘应力同号和异号情况下压应力与纯弯应力的分解示意图。

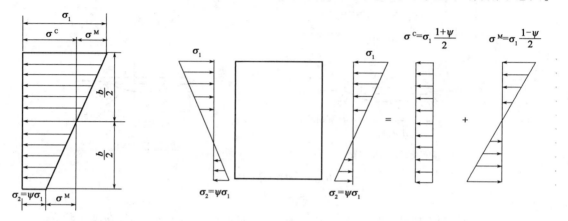

图 6-8 压力与弯矩的分解
（上下缘应力同号）

图 6-9 压力与弯矩的分解（上下缘应力异号）

这两种方法在日本以应力斜率 φ 和 ψ 表示，φ,ψ 之间的关系为 $\psi = 1 - \varphi$，纯弯曲时 $\varphi = 2$，$\psi = -1$。在 DIN 4114 里是用 ψ 来表示的，《道路桥示方书》的腹板稳定式也是使用 ψ 表示，图 6-10 是弯压组合的相关式曲线。

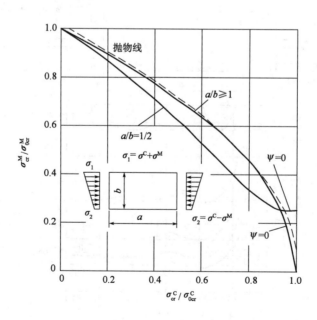

图 6-10 纯压和纯弯组合下的相关曲线

$$\frac{\sigma_{\mathrm{cr}}^{\mathrm{C}}}{\sigma_{0\mathrm{cr}}^{\mathrm{C}}} + \left(\frac{\sigma_{\mathrm{cr}}^{\mathrm{M}}}{\sigma_{0\mathrm{cr}}^{\mathrm{M}}}\right)^2 = 1 \tag{6-3}$$

6.2.1 规范中的屈曲系数

板的压缩和弯曲组合,精确的解当然可以实现;并且分离成单独的压缩和弯曲通过相关关系式也可以近似计算。至今,在推导压弯组合状态的屈曲系数时,这种方法仍普遍被各国使用。

$$\begin{cases} \varphi = \dfrac{\sigma_1 - \sigma_2}{\sigma_1} = \dfrac{2\sigma_{\mathrm{b}}}{\sigma_{\mathrm{c}} + \sigma_{\mathrm{b}}} \\ \dfrac{\sigma_{\mathrm{b}}}{\sigma_{\mathrm{c}}} = \dfrac{\varphi}{2 - \varphi} \end{cases} \tag{6-4}$$

压弯组合状态的屈曲极限应力 $\sigma_{1,\mathrm{cr}} = \sigma_{\mathrm{E}} \cdot k(\varphi)$,式中 k 是要求的组合状态屈曲系数。

$$\sigma_{1,\mathrm{cr}} = (\sigma'_{\mathrm{c}} + \sigma'_{\mathrm{b}})_{\mathrm{cr}} = \sigma'_{\mathrm{c,cr}} + \sigma'_{\mathrm{b,cr}} \tag{6-5}$$

由图 6-11 的几何关系有

$$\begin{cases} \sigma'_{\mathrm{c,cr}} = \sigma_{1,\mathrm{cr}}(1 - \varphi/2) \\ \sigma'_{\mathrm{b,cr}} = \sigma_{1,\mathrm{cr}}(\varphi/2) \end{cases} \tag{6-6}$$

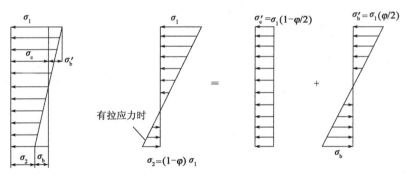

图 6-11 轴向应力和弯曲应力的分解

而 $k_{\mathrm{c}} = \sigma_{\mathrm{c,cr}}/\sigma_{\mathrm{E}}$, $k_{\mathrm{b}} = \sigma_{\mathrm{b,cr}}/\sigma_{\mathrm{E}}$,则有

$$\begin{cases} k_{\mathrm{c}} = k(\varphi)\left(1 - \dfrac{\varphi}{2}\right) \\ k_{\mathrm{b}} = k(\varphi)\left(\dfrac{\varphi}{2}\right) \end{cases} \tag{6-7}$$

单纯受压的屈曲系数用 k_{c}^* 表示,单纯受弯的用 k_{b}^* 表示,则

$$\begin{cases} k_{\mathrm{c}}/k_{\mathrm{c}}^* = \sigma_{\mathrm{c,cr}}/\sigma_{\mathrm{c,cr}}^* = (1 - \varphi/2)k(\varphi)/k_{\mathrm{c}}^* \\ k_{\mathrm{b}}/k_{\mathrm{b}}^* = \sigma_{\mathrm{b,cr}}/\sigma_{\mathrm{b,cr}}^* = (\varphi/2)k(\varphi)/k_{\mathrm{b}}^* \end{cases} \tag{6-8}$$

若 $k_{\mathrm{c}}^*, k_{\mathrm{b}}^*, \varphi, k(\varphi)$ 已知,则 $\sigma_{\mathrm{c,cr}}/\sigma_{\mathrm{c,cr}}^*$ 和 $\sigma_{\mathrm{b,cr}}/\sigma_{\mathrm{b,cr}}^*$ 是可求的。
经过大量的计算,则压缩和弯曲组合相关性的经典抛物线公式如下

$$\left(\frac{\sigma_{c,cr}}{\sigma_{c,cr}^*}\right) + \left(\frac{\sigma_{b,cr}}{\sigma_{b,cr}^*}\right)^2 = 1 \tag{6-9}$$

将式(6-6)代入式(6-9)可得

$$\frac{(2-\varphi)(\sigma_{1,cr}/\sigma_{c,cr}^*)}{2} + \frac{(\varphi\sigma_{1,cr}/\sigma_{b,cr}^*)^2}{4} = 1 \tag{6-10}$$

通过式(6-9)的压弯相关式推出的屈曲应力公式为

$$\sigma_{1,cr} = \frac{\sigma_{b,cr}^*}{\varphi^2}\left[\sqrt{\left(\frac{2-\varphi}{\sigma_{c,cr}^*}\right)^2 + 4\left(\frac{\varphi}{\sigma_{b,cr}^*}\right)^2} - \frac{2-\varphi}{\sigma_{c,cr}^*}\right] \tag{6-11}$$

压弯组合屈曲系数为

$$k(\varphi) = \frac{k_b^*}{\varphi^2}\left[\sqrt{\left(\frac{2-\varphi}{k_c^*}\right)^2 + 4\left(\frac{\varphi}{k_b^*}\right)^2} - \frac{2-\varphi}{k_c^*}\right] \tag{6-12}$$

这样可以通过压弯独立的 σ_{cr}^*,k^* 和应力斜率计算出压弯组合的屈曲应力和屈曲系数,而且发现在 $\varphi < 2$ 的范围内有很好的近似性,表6-2 是屈曲系数计算结果的比较。腹板设计法的源头规范 DIN 4114 就是用这种方法分两个范围所作的 k 的近似公式。

$$\left.\begin{array}{ll} k = \dfrac{8.4}{\psi + 1.1} & 0 < \psi < 1 \\ k = 7.63 - 6.27\psi + 10\psi^2 & -1 < \psi < 0 \end{array}\right\} \tag{6-13}$$

屈曲系数($\varphi = 0 \sim 2$) 表6-2

$\varphi = 1 - \psi$	精确式		近似式		DIN 4114	
0.00	4.00	$\alpha \geq 1.00$	4.00	$\alpha \geq$ —	4.00	$\alpha \geq 1.00$
0.20	4.44	1.00	4.44	—	4.42	1.00
0.28	4.65	1.00	4.65	—	—	—
0.40	4.99	1.00	4.99	—	4.94	1.00
0.60	5.69	1.00	5.69	—	5.60	1.00
11/18	5.73	1.00	5.73	—	—	—
0.80	6.59	0.99	6.59	—	6.46	1.00
1.00	7.81	0.98	7.81	—	7.64	1.00
1.20	9.49	0.97	9.49	—	9.29	1.00
1.40	11.86	0.93	11.86	—	11.74	1.00
1.60	15.13	0.86	15.13	—	14.99	1.00
1.80	19.24	0.76	19.24	—	19.05	1.00
2.00	23.88	0.67	23.88	—	23.90	2/3

对于一般的钢板梁,压缩翼缘板和拉伸翼缘板没有大差别,$\varphi > 2$ 的情况很少出现,各国都是采用这种方法在公式中近似地推算压弯组合的屈曲系数。

在规范规定的宽厚比范围内,需要作各种支承条件下、各种分布外力作用下的分析,压弯组合是最常用的状态,一般弯曲所占比例越大,屈曲系数也就越大。常用图6-12所示的两边

简支条件下的纯压 $k=4$ 到纯弯曲 $k=23.9$ 的变化曲线关系规定板的宽厚比参量和安全系数,《道路桥示方书》中规定

宽厚比参量　　$R = 0.7 + 0.15\varphi$　　(6-14)

安全系数　　　$S = 1.7 - 0.15\varphi$　　(6-15)

（纯压 $S = 1.7, R_{cr}^c = 0.7$；纯弯 $S = 1.4, R_{cr}^b = 1.0$）

作为基本条件,加上弯曲所占比例的影响,规定了宽厚比临界值的近似函数。$\varphi = 0$ 纯压时的 b/t 换成 (b/t_0),它们的关系为

$$(b/t) = f(\varphi) \cdot (b/t_0) \quad (6-16)$$

函数 f 为应力斜率修正系数,实际是通过 $\varphi = 0,1$ 和 2 的 3 个状态来计算回归的二次式,$f(\varphi) = 1.0 + 0.13\varphi + 0.65\varphi^2$,后面再进行推导计算。

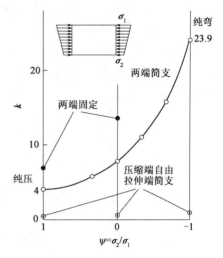

图 6-12　压弯组合的 k

6.2.2　DIN 4114 的腹板规定

至今桥梁构造物设计的屈曲系数大都是采用 DIN 4114 规定的实用值,表 6-3 所示的是两边加载四边简支状态下的屈曲系数关系式。

四边简支板的屈曲系数 k（DIN 4114）　　表 6-3

荷　　载			屈曲应力①	适用范围②	屈曲系数	
压应力比较大的情况下,屈服系数是应力斜率的函数	(1)	直线分布的压应力,$0 \leq \psi \leq 1$	$\sigma_{1cri} = k \cdot \sigma_E$	$\alpha \geq 1$	$k = \dfrac{8.4}{\psi + 1.1}$	←包括纯压状态
				$\alpha < 1$	$k = \left(\alpha + \dfrac{1}{\alpha}\right)^2 \dfrac{2.1}{\psi + 1.1}$	←狭窄单元与高宽比有关
	(2)	直线分布的压应力和拉应力,压应力比较大,$-1 < \psi < 0$	$\sigma_{1cri} = k \cdot \sigma_E$		$\psi = 0$ 拉压界限点,$\psi = -1$ 纯弯 $k = (1 + \psi) \cdot k' + 10\psi \cdot (1 + \psi)$ k' 是 $\psi = 0$ 时的屈曲系数（1 行栏） k' 是 $\psi = -1$ 时的屈曲系数（3 行栏）	
拉应力比较大的情况下,屈服系数与应力斜率无关,是板高宽比的函数	(3)	直线分布的压应力和拉应力,两者相等时 $\psi = -1$,拉应力大时 $\psi < -1$	$\sigma_{1cri} = k \cdot \sigma_E$	$\alpha \geq 2/3$	$k = 23.9$←纯弯状态	
				$\alpha < 2/3$	$k = 15.87 + \dfrac{1.87}{\alpha^2} + 8.6\alpha^2$	←受拉腹板
	(4)	等分布剪切应力	$\tau_{cri} = k \cdot \sigma_E$	$\alpha \geq 1$	$k = 5.34 + \dfrac{4.00}{\alpha^2}$	←包括方板
				$\alpha < 1$	$k = 4.00 + \dfrac{5.34}{\alpha^2}$	←狭窄单元

与高宽比有关

注：①为上缘受压的屈曲应力。
　　②宽高比 $\alpha = a/b$。

$\psi=-1$ 是纯弯,$\psi=1$ 是纯压,$\psi=0$ 是拉压界限点。表 6-3 全面概括了四边简支板单元在水平荷载下的屈曲系数关系。可以看出,在压应力比较大的(1)、(2)状态下,屈曲系数随应力斜率而变化;在拉应力较大的情况下,包括剪力情况,屈服系数与应力斜率失去关系,而与板单元的高宽比有函数关系;在狭窄单元板受压时($\alpha<1$)发现高宽比(α)本身与屈服系数有一定关系,如图 6-13 所示。

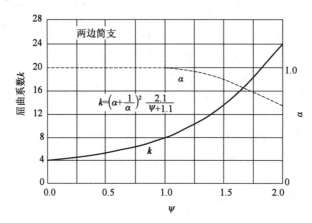

图 6-13 狭窄单元板屈曲系数

要计算的屈曲应力 $\sigma_{cr}=k\sigma_E$ 中的 $\sigma_E=\dfrac{\pi^2 E}{12(1-\nu^2)}\left(\dfrac{b}{t}\right)^2$ 是宽厚比(b/t)的函数,设计中的构造规定就落在宽厚比(b/t)项上。

总体上来说,板的屈曲是先从受力分布来分类,然后看其形状也就是高宽比,钢板梁大多数是四边简支,这样 ψ 和 α 成为了屈曲计算的起始基本条件。

6.3 板的宽厚比

由第 2 章和第 5 章可知,板的屈曲应力 σ_{cr}[式(5-43)]与柱的屈曲应力 σ_{cr}[式(2-30)]一样,板的宽厚比相当于柱的长细比。与长细比相同,宽厚比是很重要的屈曲设计参量,像 $\overline{\lambda}=\dfrac{1}{\pi}\sqrt{\dfrac{\sigma_y}{E}}\cdot\dfrac{l}{r}$ 一样,也进行无量纲化,叫宽厚比参量 R,即

$$R=\sqrt{\dfrac{\sigma_y}{\sigma_{cr}}}=\dfrac{b}{t}\sqrt{\dfrac{\sigma_y}{E}\dfrac{12(1-\nu^2)}{\pi^2 k}} \tag{6-17}$$

式中:k——屈曲系数。

可以看出,宽厚比参量是随板作用的应力分布(纯剪、纯弯或者纯压)而变化,而屈曲系数 k 也与板的高宽比有关。

比如纯压缩的情况下 $k=4$,纯弯时 $k=23.9$;对于宽厚比参量,是纯压纯弯的 $\sqrt{23.9/4}=2.4$ 倍。

图 6-14 是受压板的应力-应变曲线,可以看出 3 种宽厚比与欧拉标准宽厚比(b/t)$_{cr}$ 的关系。曲线①是 b/t 比较大时,低应力下材料屈服前的弹性屈曲。曲线③是 b/t 很小时,高应力

可以实现,而屈曲是在材料屈服状态下发生的。曲线②的 b/t 下,最大承载力与屈曲强度相等,这时的宽厚比就叫临界宽厚比。

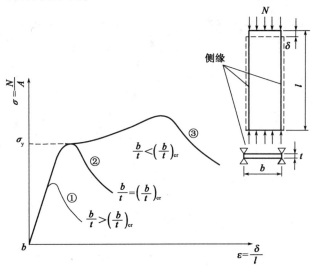

图 6-14 受压板的应力-应变曲线

对于钢板作为基本要素构成的钢构件,常使用钢板的宽厚比参量来衡量其力学性质,一般要注意的是这 6 个问题:

①受压钢板强度与宽厚比的函数关系;
②钢材在确保基准强度情况下的必要宽厚比值;
③构件整体的强度与构成构件的钢板的局部压缩强度的关系;
④宽厚比与屈曲后强度以及变形能力的关系;
⑤宽厚比与屈服点和弹性屈曲应力的关系;
⑥宽厚比与塑性变形以及最终变形能力的关系。

6.3.1 受压钢板强度与宽厚比

首先像第 4.4 节柱的承载力表现一样,看一下问题①中受压钢板强度的问题。与柱一样,钢板也是只能抵抗到屈服强度。初期挠度和残余应力也会引起强度降低,受压钢板的强度是由这些条件综合决定的。图 6-15 是纯受压钢板在四边简支条件下的强度试验结果,可以看出:

①在一定的宽厚比参量下,可以期待钢板达到屈服应力以上的强度。
②宽厚比参量在 1 附近时,试验结果低于板的欧拉屈曲曲线;在 1.5 附近时,比欧拉应力高的强度点出现,而且不只是纯压,受弯和受剪也有这个倾向出现。

根据以上的研究,最早曾经提出下列公式,σ_u 是钢板的强度(压缩极限),而对于 $R<0.5$ 的 σ_y 以上的点为板的屈曲后强度效应。

$$\frac{\sigma_u}{\sigma_y} = \begin{cases} 1 & R \leq 0.526 \\ (0.526/R)^{0.7} & R > 0.526 \end{cases} \tag{6-18}$$

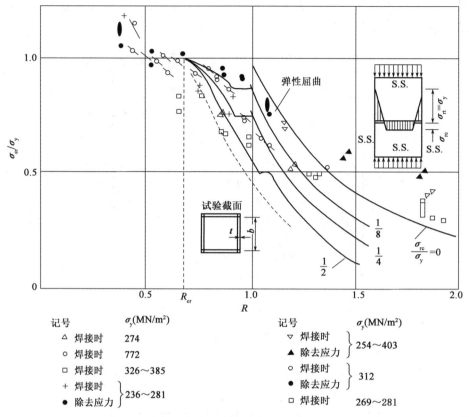

图 6-15 考虑残余应力的钢板纯压屈曲强度
S.S.-简支边

6.3.2 确保钢材基准强度时的必要宽厚比（R_{cr}）

上面分析看出,在较小的宽厚比条件下,确保钢板强度与材料同等强度是可能的,用临界宽厚比参量以下的板构成的加肋板,构件中的板不会出现局部屈曲。换句话说构件设计就只考虑整体屈曲就可以。从图 6-15 中可知,纯压缩的情况下,临界宽厚比参量是 $R_{cr}^c = 0.7$,《道路桥示方书》里对各种屈服点对应的宽厚比给出了规定的最小板厚,其强度是钢材的基准强度值。

以上说的是纯受压板的情况,纯受弯的情况下发现屈曲后强度影响显著,对应的纯弯状态临界宽厚比参量 $R_{cr}^b = 1.0$。

纯压和纯弯之间其他状态的临界宽厚比参量使用下式表示：

$$R_{cr} = R_{cr}^c + \frac{1}{2}(R_{cr}^b - R_{cr}^c) \cdot \varphi \tag{6-19}$$

式中：$R_{cr}^b, R_{cr}^c, \varphi$——物理意义如图 6-16 所示。

这里实际板的受力分布为：纯压时分布是一个定值,而纯弯时分布是沿中轴反对称的三角形,压弯时是梯形分布。各个状态的屈曲系数是变化的。

根据应力分布线形变化条件,分析宽厚比如何变化,也就是分析应力斜率 φ 的函数关系,来求解压弯组合公式。

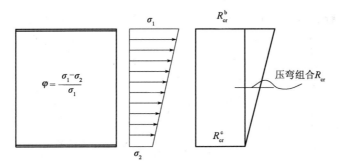

图 6-16 $\varphi = 0$ 纯压，$\varphi = 2$ 纯弯

开始有：

$$\frac{b}{t} \leqslant R_{cr} \sqrt{\frac{E\pi^2 k}{12(1-\nu^2)\sigma_y}} \quad (6\text{-}20)$$

在式(6-20)根号内加入纯压缩板临界宽厚比 R_{cr}^c 和纯压缩屈曲系数 k_c，且将 k 分成 $k/k_c \cdot k_c$，再把式(6-19)的 R_{cr} 代入式(6-20)内，推导如下：

$$R_{cr}\sqrt{\frac{E\pi^2 k}{12(1-\nu^2)\sigma_y}} = \left[R_{cr}^c + (R_{cr}^b - R_{cr}^c)\frac{\varphi}{2}\right]\left(\frac{\sqrt{k/k_c}}{R_{cr}^c}\right)\left[R_{cr}^c\sqrt{\frac{E\pi^2 k_c}{12(1-\nu^2)\sigma_y}}\right] \quad (6\text{-}21)$$

定义 f 为应力斜率的修正系数，则

$$f = \left[1 + \left(\frac{R_{cr}^b}{R_{cr}^c} - 1\right)\frac{\varphi}{2}\right]\sqrt{\frac{k}{k_c}} \quad (6\text{-}22)$$

也就是

$$\frac{b}{t} \leqslant f \cdot \frac{b}{t_0} \quad (6\text{-}23)$$

通过式(6-23)设计压弯板。压弯组合的屈曲系数 k 可使用式(6-12)来确定。

这样正应力 σ 与 φ 的关系可通过图 6-17 来说明，φ 比较全面地反映了腹板的正应力分布状态。

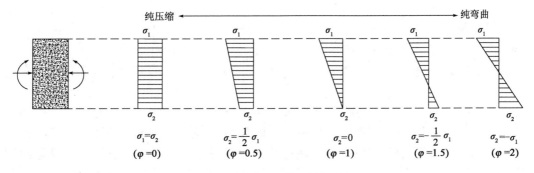

图 6-17 正应力 σ 与 φ 的关系

《道路桥示方书》中的压弯板（图 6-18），容许压应力为：

$$\sigma_{ia} = \frac{\sigma_a}{S} \leqslant \frac{\sigma_u}{S_0} \quad (6\text{-}24)$$

式中：S——安全系数，$S = \dfrac{S_0}{1.7}(1.7 - 0.15\varphi)$，$S_0 = 1.7$。

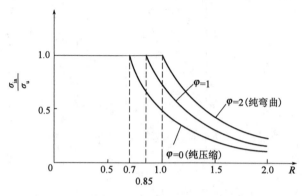

图 6-18　压弯板的基准强度和宽厚比参量关系

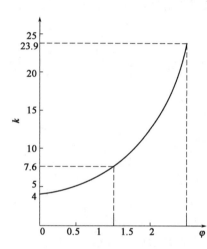

图 6-19　四边简支长方形板的屈曲系数

从而 $\sigma_{ia} = \left(\dfrac{R_{cr}}{R}\right)^2 \dfrac{\sigma_u}{S} = \dfrac{98\pi^2 E}{1020(1-\nu^2)} \left[\dfrac{f}{(b/t)}\right]^2 \dfrac{1.7}{S_0}$

(6-25)

对给定的应力形状 φ，用应力形状修正系数 f 乘以纯压时的宽厚比规定，设计时更为简单。为方便起见，要找一个 f 的近似公式，即

$$f_1 = \sqrt{\dfrac{85}{98}} \dfrac{(0.7 + 0.15\varphi)\sqrt{k}}{\sqrt{1.7 - 0.15\varphi}} \quad (6\text{-}26)$$

为求解 f 函数的近似解，《道路桥示方书》里以钢材 SM41 为例进行说明，$E = 2.06 \times 10^5 \text{MPa}$，$\nu = 0.3$，$\sigma_a = 137\text{MPa}$，安全系数为 S，四边简支长方形板的屈曲系数 k 与 φ 的关系如图 6-19 所示。

纯压：$\varphi = 0$，$R^c_{cr} = 0.7$，$S = 1.70$，$k = 4.0$，计算出 $b/t = 39.5 \approx 40$；

压拉临界：$\varphi = 1$，$R^c_{cr} = 0.85$，$S = 1.55$，$k = 7.8$，计算出 $b/t = 70.2 \approx 70$；

纯弯：$\varphi = 2$，$R^b_{cr} = 1.0$，$S = 1.40$，$k = 23.9$，计算出 $b/t = 152.1 \approx 152$。

那么对四边简支板的修正系数 $f(0) = 1$，$f(1) = 70/40$，$f(2) = 152/40$，进而得出二次回归式为

$$f_2 = 0.65\varphi^2 + 0.13\varphi + 1.0 \quad (6\text{-}27)$$

f 与 φ 的关系如图 6-20 所示。分析可知，纯弯的容许宽厚比是纯压情况的 $152/40 = 3.8$ 倍，式(6-14)是四边简支板的条件下的结果。对单侧自由、一边简支的板的情况，纯弯曲状态的屈曲系数比较小，为安全方便起见，《道路桥示方书》里也用与四边简支板相同的方法来规定其极限宽厚比，按 $f = 1$ 考虑的。

以上是压弯结合的情况，实际工程中压、弯、剪切的 3 种组合下，其板的安全系数、临界宽厚比参量，屈曲系数下的 (b/t) 关系，是通过压、弯、剪 3 项的相关曲线式推导出来的。将在下一章进行介绍。

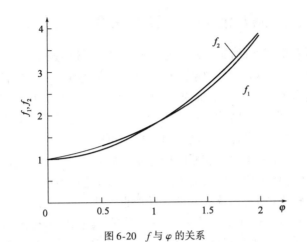

图 6-20 f 与 φ 的关系

式(6-27)的应力斜率修正系数在实际工程中也可以应用,各种截面构成中腹板的应力,可以通过此式反映板的应力分布情况(φ 的变化),进而推导出应力。

表6-4 中可看出,在确保钢材基准强度时的必要宽厚比参量,《道路桥示方书》中对于弯曲取 $R_{cr}^b = 1$,纯压是 $R_{cr}^c = 0.7$,这之间的值为 $R_{cr} = 0.7 + 0.15\varphi$,安全系数为纯压 1.7,加上弯曲时为 $1.7 - 0.15\varphi$,试一下,这样宽厚比根据比例有:

$$\frac{b}{t} = \frac{b}{t_0}\sqrt{\frac{k}{k_c}}\sqrt{\frac{1.7}{1.7-0.15\varphi}} \cdot \frac{0.7+0.15\varphi}{0.7} \tag{6-28}$$

表6-4 是《道路桥示方书》的规定,其中一端支承的自由伸出板是材料强度充分发挥时可能的板厚最小值,这时的应力斜率修正系数按 $f = 1$ 考虑。不同截面 b 取值情况见图 6-21。

基本强度条件的两端受压板和自由伸出板的最小板厚　　表6-4

板厚(mm)	钢 种							
	两端受压板				自由伸出板			
	SS400 SM400	SM490	SM490Y SM520	SM570	SS400 SM400	SM490	SM490Y SM520	SM570
$t \leq 40$	$\dfrac{b}{39.6f}$	$\dfrac{b}{34.0f}$	$\dfrac{b}{32.4f}$	$\dfrac{b}{29.1f}$	$\dfrac{b}{13.1f}$	$\dfrac{b}{11.2f}$	$\dfrac{b}{10.7f}$	$\dfrac{b}{9.6f}$
$40 < t \leq 75$	$\dfrac{b}{41.1f}$	$\dfrac{b}{35.5f}$	$\dfrac{b}{33.2f}$	$\dfrac{b}{29.7f}$	$\dfrac{b}{13.6f}$	$\dfrac{b}{11.7f}$	$\dfrac{b}{11.0f}$	$\dfrac{b}{9.8f}$
$75 < t \leq 100$			$\dfrac{b}{33.6f}$	$\dfrac{b}{30.0f}$			$\dfrac{b}{11.1f}$	$\dfrac{b}{9.9f}$

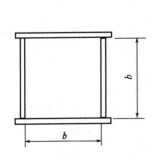 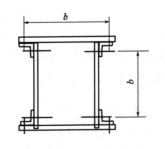 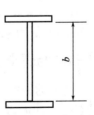 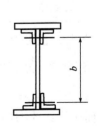

图 6-21 不同截面 b 取值情况

6.3.3 构件抗压强度与板件抗压强度的关系($R \geqslant R_{cr}$时使用)

以上是受压板不发生屈曲的情况下,可达到充分发挥材料强度时的最小厚度的分析。这样可使材料的强度充分发挥吗?当然规定钢板宽厚比的使用界限是构件设计的基本,但是构造物中的构件要求是多种多样的。上面讲过的边界条件、应力分布、外力条件等,仅靠表6-4的宽厚比规定,不一定能保证材料的高效使用,有的时候会出现极端的板厚要求,如当$R \geqslant R_{cr}$时,即超过临界宽厚比规定的设计是有利的情况也有可能出现。

这种情况下,柱的整体受压特性和板的局部受压特性发生了相互作用。柱压缩后形成弯曲,其凹侧的板实际受着超过柱平均值的强大应力,当超过材料的强度时,就开始屈曲。这个过程的受压特性是比较复杂的,涉及大变形的复合非线性方程,在设计公式里严谨地表达是困难的。这里只考虑柱的构成材料,也就是单板的屈曲来考虑,认为这个单一的材料设计好就可以。《道路桥示方书》中,点线表示的强度就是$R > R_{cr}$时的设计方法的明示曲线,如图6-15所示。

式(6-29)是在临界宽厚比以上的强度为板宽厚比的平方的反比例,叫板或者加劲板的局部屈曲容许应力σ_{cr},即

$$\sigma_{cr} = 215750 \left(\frac{tf}{b}\right)^2 \quad \text{条件是} \quad t \geqslant \frac{b}{80f} \quad (6-29)$$

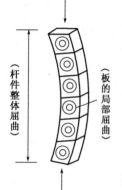

图6-22 杆件整体屈曲与板局部屈曲的耦合图式

考虑焊接变形等因素,对最小板厚附加经验条件$t \geqslant \frac{b}{80f}$。结果,杆件整体局曲与板局部屈曲耦合的情况下,构件的容许应力按式(4-8)计算(图6-22)。

使用式(4-7)可以计算出表6-5的各种材料下两边简支板,对于自由伸出板的局部应力是$\sigma_{cal} = 23535(t/b)^2$,条件是$t > b/16$,这里应力斜率的影响不考虑(即$f = 1$)。

简支受压板的最小板厚(《道路桥示方书》)　　　　表6-5

板厚(mm)	钢　种			
	SS400 SM400 SMA400M	SM490	SM490Y SM520 SMA490W	SM570 SMA570W
$t \leqslant 40$	$\dfrac{b}{56f}$	$\dfrac{b}{48f}$	$\dfrac{b}{46}$	$\dfrac{b}{41f}$
$40 < t \leqslant 75$	$\dfrac{b}{58f}$	$\dfrac{b}{50f}$		
$75 < t \leqslant 100$			$\dfrac{b}{48f}$	$\dfrac{b}{42f}$

另外屈曲导致板强度降低,有效抵抗的板宽减少,还需要考虑有效宽度的问题。

6.3.4 屈曲后强度与变形能力($R \geqslant R_{cr}$时使用)

四边简支单纯受压钢板的屈曲如图6-23所示。母线BB'的弯曲与柱屈曲具有相同的变形,而边缘线AA'还没有受屈曲的影响保持着直线,这样整个板就屈曲了,荷载增加时仍然有承载能力。图6-24是面内弯矩作用下的弹性板变形,板的受力在屈曲弯矩以上时,刚度减

小,但承载力并未下降。图6-25是剪切弹性板的例子,也是屈曲荷载之上承载能力仍存在的情况。在剪切状态下,发生变形的45°隆起面与主压应力和主拉应力所成的面一致,正好是在形成张拉弦的条件下工作着,在张拉弦的张力作用下形成的抵抗系,叫作张力场。

钢板在屈服点以下的应力作用下产生的是弹性屈曲,仍然有充分的荷载抵抗特性和变形能力。利用板的这一特性的相应设计方法(飞机即采用此类设计方法)是以最小重量为主要控制目标,其合金翼缘的设计主要是采用屈曲后强度理论。

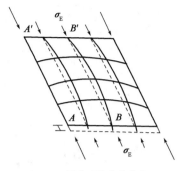

图6-23 屈曲后的应力分布

构件或者整个构造的局部是由钢板组成,钢板不只是作为构造要素抵抗荷载约束变形,而变形进入屈曲以后它的屈曲后强度仍然能发挥其能力,使主体构造满足性能要求,这样的设计是可能的,也叫屈曲后强度设计。后面第8章中将会详细阐述。加劲板和钢板梁正是采用这种思想来设计的。弹性领域内的弹性设计,实际上局部屈曲经常发生。

新《道路桥示方书》的极限状态法里提到的可恢复的变形(可逆性),指弹性屈曲变形,构件的损伤和塑性变形应该包括板的屈曲后强度行为。

6.3.5 线性屈曲应力和屈服点作为基准的宽厚比($R=1$时使用)

屈曲应力式 $\sigma_{cr}=k_m\sigma_E$ 求的是线弹性屈曲应力。考虑到该屈曲应力的深意,实际构造中的板需要周边条件,而制造过程中不可避免地发生初期变形。图6-24、图6-25也可以看出,发生初期变形的板($\omega_0/t=0.2$),如果不显示屈曲应力,只看变形曲线,想找出达到屈曲应力的点是困难的。从板的屈曲变形来说屈曲应力这个点没有什么意义。但在板的有限变形分析的逐点追踪中比较来看,容易发现屈曲点。现实中假定板不发生初期变形,那么屈曲应力下发生屈曲,板的挠度也就开始了。将决定板的刚度基准定为达到弹性屈曲应力时材料的宽厚比,也就是采用宽厚比参量 $R=1$ 时的宽厚比设计时,就等于实现了屈服点设计。

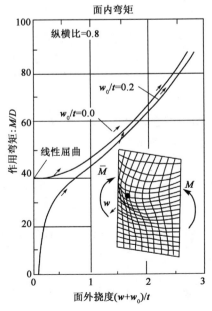

图6-24 四边简支板的受弯性能

对于板件局部屈曲控制设计的方法有两个,一个是保证整体屈曲状态下使构成板不发生局部屈曲的限制母板宽厚比的方法,另一个是像(6.3.3节)给出板宽厚比关系下的局部屈曲容许应力,通过式(4-9)来推定局部屈曲作用下的构件容许应力。

1) 整体屈曲容许下的板宽厚比限制

这个方法就是作用应力达到材料的屈服点保证板不发生局部屈曲,或者说局部屈曲应力不超过材料屈服点的板厚保证,也就是要满足式(6-20)。

如图6-26所示,临界屈曲参量 R_{cr} 在单侧或两边简支下是0.7,有加劲肋的板是0.5,表6-6是日本铁道桥设计规范的示例。

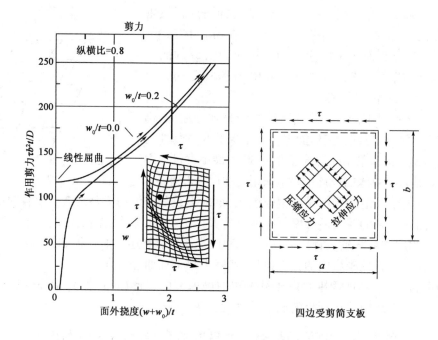

图 6-25 4 边简支板的受剪性能

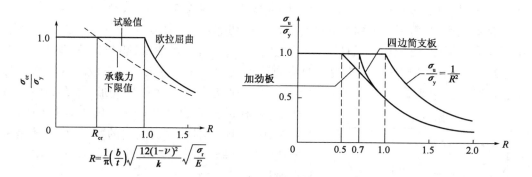

图 6-26 板的屈曲曲线

限制屈曲不发生的临界应力定为屈服点 σ_y，对于 σ_y 可用作用应力 σ 和安全系数 S 表示：$\sigma_y = S\sigma$，公式(6-20)可换成下式

$$\frac{b}{t} \leq R_{cr} \sqrt{\frac{\pi^2 k}{12(1-\nu^2)} \frac{E}{S\sigma}} \tag{6-30}$$

若有板的支承条件和安全系数的话，σ 以外的值已定，可以得到 $b/t \leq$ 常数$/\sqrt{\sigma}$，看出作用力越小需要的宽厚比可越大一些。

2) 根据设计的宽厚比计算其局部屈曲容许应力

如图 6-27 所示，均匀分布压应力下两边简支板的设计基准强度与试验值的关系，板的初期变形、残余应力和应变硬化都反映的承载力结果，其下限值作为基准承载力曲线。

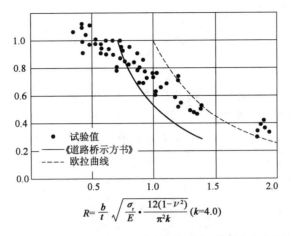

图 6-27 受均布压应力的两侧简支板的设计基准强度和试验值

用于铁道桥设计的板的最大宽厚比 表 6-6

(《铁道构造物等设计标准·同解说》《钢·合成构造物》)

钢种	不同支承条件时板的最大宽厚比(b/t)		
	单侧支承 (单侧支承板)	两侧支承 (两侧支承板)	两侧支承板宽 n 等 分处有加劲肋时
SS400,SM400 SMA400	12.5	40	$28n$
SM490	11	34	$24n$
SM490Y SM520,SMA490	10	32	$22n$
SM570,SMA570	9	28	$20n$
适用范例			

新《道路桥示方书》里，局部屈曲的压应力限制值通过特征值乘以屈曲修正系数 ρ_{crl} 得到。

两边简支板

$$\rho_{crl} = \frac{\sigma_{cr}}{\sigma_y} = \begin{cases} 1.0 & R/f \leq 0.7 \\ (0.7f/R)^{1.83} & 0.7 < R/f \end{cases} \quad (6\text{-}31)$$

单侧支承板

$$\rho_{crl} = \frac{\sigma_{cr}}{\sigma_y} = \begin{cases} 1.0 & R \leq 0.7 \\ (0.7R)^{1.19} & 0.7 < R \end{cases} \quad (6\text{-}32)$$

对于弯曲控制的构件，其压应力的限制值为

$$\sigma_{\text{crld}} = \xi_1 \xi_2 \phi \rho_{\text{crl}} \sigma_{yk} \tag{6-33}$$

式中：ϕ——抵抗系数；
ξ_1——解析系数；
ξ_2——构造系数。

这里 f 是应力斜率修正系数，同样按式(6-27)计算，而新《道路桥示方书》的分项系数法的材料应力限制值按表 6-7 取基本值。

道路桥的应力限制值(MPa)　　　　表 6-7

		钢　种					
		SS400 SM400 SMA400W	SM490	SM490Y SM520 SMA490Y	SBHS400 SBHS400W	SM570 SMA570W	SBHS500 SBHS500W
基准屈服点 $\sigma_{yk}(t<40\text{mm})$		235	315	355	400	450	500
保证拉伸强度 σ_B		400	490	490 520[3]	490	570	570
应力制限值	拉伸压缩[1] σ_{tyd}	179	240	271	306	344	382
	剪切 τ_{yd}	103	137	156	175	198	203
	支承压力[2] σ_{byd} (钢板与钢板)	269	361	467	459	516	540
材料的屈强比 σ_{yd}/σ_B		0.59	0.64	0.72	0.82	0.79	0.88
σ_{yR}/σ_{yd}		1.31	1.31	1.31	1.31	1.31	1.31
σ_B/σ_{tyd}		2.23	2.04	1.81 1.92[2]	1.60	2.66	1.49

注：本表适用于板厚小于 40mm 的对象。
(1) 考虑屈曲的应力限制值另外规定。
(2) 无滑移平面接触。
(3) SM520 材料的特征值。

上述方法是局部屈曲和构件的整体屈曲两方面的容许应力设计。对于轴压控制的构件，新《道路桥示方书》考虑板局部屈曲的受压板件的轴压应力，其限制值：

$$\sigma_{\text{cud}} = \xi_1 \xi_2 \phi \rho_{\text{crl}} \rho_{\text{crg}} \sigma_{yk} \tag{6-34}$$

式中：ρ_{crg}——局部屈曲不考虑柱效应的强度递减率，而式(6-35)是与式(4-8)的相乘公式是同样的想法。

$$\rho_{\text{crg}} = \frac{\sigma_{\text{cr}}}{\sigma_y} = \begin{cases} 1.0 & (\lambda \leq 0.2) \\ 1.109 - 0.545\lambda & (0.2 < \lambda \leq 1.0) \\ 1.0/(0.733 + \lambda^2) & (1.0 < \lambda) \end{cases} \tag{6-35}$$

这里的 ρ_{crg} 是多轴对称截面的强度递减率。从式(6-33)和式(6-34)的对比中可以看出，轴压屈曲的构件容许应力降低了。

6.3.6 塑性变形与变形能力($R \leq R_{\text{cr}}$ 领域的使用)

由图 6-15 可见，在开始的临界宽厚比以下，钢板的材料强度是有可能得到充分发挥的。

在更小的宽厚比下,板的屈曲变形消失,而发生了较大的压缩变形,对这样的板构成的截面,受力时一部分即使发生屈服而板材本身仍然有充分的抵抗能力。构造的应力再分配后,应力也有可能均一化,这种允许构件或者构造中的材料塑性化,以达到整个截面材料的强度得到充分发挥的设计法叫塑性设计法。弹性设计是材料在屈服点范围内以强度设计为主,而塑性化是利用应力的再分配使材料的强度和变形能力的彻底发挥。

塑性化不是任何截面都能实现,例如受压翼缘板的宽厚比大的情况下,翼板会先发生局部屈曲,所以截面塑性化的设计,必须保证该截面满足在不发生局部屈曲的构造规定要求。最近各国的钢构造物设计里,紧凑(Compact)截面的概念经常出现,紧凑截面意思是由宽厚比保证局部屈曲不发生的钢板所构成的截面。荷载抗力系数法LRFD里,梁的强度要求是:

$$M_r = \phi_f M_n \tag{6-36}$$

式中:M_r——乘上荷载分项系数的外力弯矩;

ϕ_f——抗力系数;

M_n——公称弯曲强度。

1)紧凑截面

紧凑截面的梁

$$M_n = M_p \tag{6-37}$$

式中:M_p——全塑性弯矩强度,$M_p = F_r \cdot Z$;

F_r——基本屈服强度;

Z——塑性截面系数。

美国AASHTO的屈服强度不用σ_y,而是F_y记述。

AASHTO基准里,I形截面梁分紧凑和非紧凑两种,紧凑截面的设计是为实现全塑性弯矩M_p的塑性变形,设计其受压翼缘不发生局部屈曲,为此,规定了翼缘板的宽厚比$(b_f/2t_f)P$条件。

2)非紧凑截面

用容许应力法规定了板的宽厚比$(b_f/2t_f)P$,但保证不了翼缘板到达屈服时板不发生局部屈曲。日本的钢板梁设计与非紧凑截面的设计比较接近。对连续梁的支点负弯矩和钢桥墩的抗震设计上是允许进行塑性设计的。

6.4 构件整体-局部耦合屈曲验算

6.4.1 强度再述

构造物所使用钢材有下列4种破坏模式。

①常温下承受静荷载时发生的延性破坏;

②低温状态下承受冲击荷载时发生的脆性破坏;

③反复荷载作用下发生的疲劳破坏;

④高温下持续荷载的徐变、应力松弛。

钢材在压缩和弯曲外力作用下发生构件屈曲破坏占破坏情况的大多数,屈曲现象受构件的长细比、板的宽厚比等形状因素控制,研究发现屈曲现象归根结底是构件的刚度问题,在设计方面工程师往往主要考虑容许应力法,比关注拉伸和压缩极限强度更多一些。

针对上述 4 种外荷载和破坏模式,在使用对比计算时需要充分理解不同工况下钢材对应的破坏模式。钢构件在承受较大荷载,负荷应力远大于材料的屈服强度或强度极限时,产生较大的塑性变形,最后发生断裂被称为延性破坏;但是钢构件在承受低温下的冲击荷载等情况时,负荷应力远小于材料的抗拉强度时无显著变形而突然发生破坏,这种破坏被称为脆性破坏。延性破坏和脆性破坏的对比见表 6-8。不同性质的钢材所对应的破坏模式。

延性破坏与脆性破坏对比　　　　　　　　　　　　　　　　表 6-8

对比项目	延性破坏	脆性破坏
塑性变形	大	无
破坏能量	稳定	不稳定
破坏面	纤维状	结晶状
破坏形式	剪切破坏	劈裂破坏
破坏位置	结晶粒内	结晶粒间

3.2 节中讲到,钢材的张拉强度需要用真实应力和真实应变的试验结果分析后取得。钢材的容许抗拉应力 σ_a 来自屈服点 σ_y 和抗拉强度 σ_B 两个方面。在日本建筑方面大体上是取 $\sigma_{ta} = \min(0.7\sigma_B, \sigma_y)$,而土木上多用 $\sigma_y/1.7$ 的方法,一般式为 $\sigma_a = \dfrac{\sigma_y}{\alpha \cdot \beta}$,屈服点 σ_y 与抗拉强度的比叫屈强比,本州四国联络桥公团的钢材强度(表 6-9)是按 $\alpha = 1.7$ 和式(6-38)中的 β 考虑的。

$$\beta = \begin{cases} 1.0 & \sigma_y/\sigma_B \leq 0.77 \text{ 的钢种} \\ 1.3 \times \sigma_y/\sigma_B & \sigma_y/\sigma_B > 0.77 \text{ 的钢种} \end{cases} \tag{6-38}$$

本州四国联络桥钢上部结构容许抗拉应力　　　　　　　　　　表 6-9

钢种	屈服强度 σ_y (N/mm²)	极限抗拉强度 σ_B (N/mm²)	σ_y/σ_B	$\sigma_y/1.7$ (N/mm²)	$\sigma_B/2.2$ (N/mm²)	σ_{ta} (N/mm²)
SS41 SM41 SMA41	235	402	0.585	138	183	137
SM50	314	490	0.640	186	223	186
SM50Y SMA50	353	490	0.720	208	223	206
SM53	353	520	0.680	208	236	206
SM58 SMA58	451	569	0.793	265	258	255
HT70	588	686	0.857	346	312	314
HT80	686	785	0.875	404	357	353

《道路桥示方书》里的容许应力法的容许拉应力和容许压应力按表 6-10 的上限值和安全系数计算。这里是采用了屈服应力为基准,其中 SM570 和 SMA570W 的屈强比较低,所以,安全系数作了提高。钢材的屈强比大小,是衡量塑性变形能力的重要指标,在抗震设计上非常重要。

《道路桥示方书》规定的容许拉应力及压应力的上限值和安全系数　　　　表6-10

钢　种	SS400 SM400 SMA400W		SM490		SM490Y SM520 SMA490W			SM570 SMA570W		
钢材的板厚(mm)	≤40	40<t≤100	≤40	40<t≤100	≤40	40<t≤75	75<t≤100	≤40	40<t≤75	75<t≤100
标准屈服应力(MPa)	235	215	315	295	355	335	325	450	430	420
容许压应力上限值(MPa)	140	125	185	175	210	195	190	255	245	240
安全系数 $S_0 = \sigma_y/\sigma_{ya}$	1.68	1.72	1.70	1.69	1.69	1.72	1.71	1.76	1.76	1.75

6.4.2　杆件的基准压缩强度 σ_u

在焊接残余应力和变形的影响下,受压构件能承受的最大荷载,也就是承载力要低于屈曲荷载,设计上使用的基准抗压强度都是通过试验和理论分析所得到的。

$$\frac{\sigma_{cr}}{\sigma_y} = \frac{\pi^2 E}{\left(\frac{l_e}{r}\right)^2 \sigma_y} = \frac{1}{\left(\frac{1}{\pi}\sqrt{\frac{\sigma_y}{E}}\frac{l_e}{r}\right)^2} \tag{6-39}$$

设定 λ_c 为换算长细比,也叫长细比参量。将 $\lambda_c = \frac{1}{\pi}\sqrt{\frac{\sigma_y}{E}}\frac{l_e}{r}$,代入式(6-39)有:

$$\frac{\sigma_{cr}}{\sigma_y} = \begin{cases} 1 & (0 \leq \lambda_c < 1.0) \\ 1/\lambda_c^2 & (1 \leq \lambda_c) \end{cases} \tag{6-40}$$

式(6-38)的关系表示在图6-28中,实际压杆承载力受焊接残余应力和变形的影响,式(6-40)的荷载没有达到欧拉公式的屈服荷载,《道路桥示方书》里设计用的基准压缩强度是采用试验基础上的回归公式(6-41)。这个公式主要是杆件整体考虑了初期变形,对象是没有强弱轴的对称截面。

$$\frac{\sigma_u}{\sigma_y} = \begin{cases} 1.0 & (0 \leq \lambda_c \leq 0.2) \\ 1.109 - 0.545\lambda_c & (0.2 < \lambda_c \leq 1.0) \\ 1.0/(0.773 + \lambda_c^2) & (1.0 < \lambda_c) \end{cases} \tag{6-41}$$

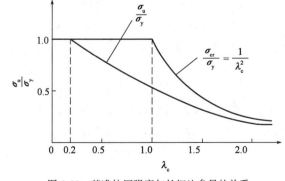

图6-28　基准抗压强度与长细比参量的关系

式(6-41)为非焊接箱形截面以外的杆件的基本承载力公式。该式考虑了压杆的初期挠度在 1/1000 以内时试验值的下限值。这样设计用的容许压缩应力 σ_a 就是基准压缩强度 σ_u 除以安全系数 S_0:

$$\sigma_a = \sigma_u / S_0 \tag{6-42}$$

S_0 安全系数取值见表 6-10,将 λ_c 代入式(6-41),结合式(6-42)得出容许压缩应力 σ_a 与有效长细比 l_e/r 的关系式:

$$\sigma_u = \begin{cases} \sigma_{ya} & \left(0 \leqslant \dfrac{l_e}{r} \leqslant 0.2\xi\right) \\ \left(1.109 - 0.545 \dfrac{l_e}{\xi \; r}\right) \sigma_{ya} & \left(0.2 < \dfrac{l_e}{r} \leqslant \xi\right) \\ \dfrac{1.0}{0.773 + \dfrac{1}{\xi^2}\left(\dfrac{l_e}{r}\right)^2} \sigma_{ya} & \left(\xi < \dfrac{l_e}{r}\right) \end{cases} \tag{6-43}$$

$$\xi = \sqrt{\dfrac{E}{\sigma_y}}$$

式中: σ_{ya}——容许压应力的上限值(参照表 6-10),$\sigma_{ya} = \sigma_y / S_0$。

6.4.3 局部屈曲对整体屈曲的影响

压杆的屈曲应力为: $\sigma_{cr} = \dfrac{\pi^2 E}{\left(\dfrac{l_e}{r}\right)^2}$,将板或者加劲板的基准抗压强度用 σ_{lu} 表示,有

$$\dfrac{\sigma_{cr}}{\sigma_{lu}} = \dfrac{\pi^2 E}{\left(\dfrac{l_e}{r}\right)^2 \sigma_{lu}} = \dfrac{1}{\left(\dfrac{1}{\pi} \sqrt{\dfrac{\sigma_{lu}}{E}} \dfrac{l_e}{r}\right)^2} = \dfrac{1}{\lambda_1^2} \tag{6-44}$$

式中: λ_1——为考虑局部屈曲的整体屈曲长细比参量 $\lambda_1 = \dfrac{1}{\pi} \sqrt{\dfrac{\sigma_{lu}}{E}} \dfrac{l_e}{r}$。

压杆的基准压缩强度式是式(6-41),将式(6-41)中的 λ_c 换成 λ_1,可得到相关屈曲的抗压强度的关系为 $\sigma_u = \sigma_{lu} f(\lambda_1)$。

函数

$$f(x) = \begin{cases} 1.0 & (0 \leqslant x \leqslant 0.2) \\ 1.109 - 0.545x & (0.2 < x \leqslant 1.0) \\ 1.0/(0.773 + x^2) & (1.0 < x) \end{cases} \tag{6-45}$$

而 $\lambda_1 = \dfrac{1}{\pi} \sqrt{\dfrac{\sigma_y}{E}} \cdot \dfrac{l_e}{r} \cdot \sqrt{\dfrac{\sigma_{lu}}{\sigma_y}} = \lambda_c \sqrt{\dfrac{\sigma_{lu}}{\sigma_y}}$,其中 $\lambda_c = \dfrac{1}{\pi} \sqrt{\dfrac{\sigma_y}{E}} \dfrac{l_e}{r}$。

$\sigma_{lu}/\sigma_y \leqslant 1$,所以 $\lambda_1 \leqslant \lambda_c$,也就是 $f(x)$ 是递减的函数,有 $f(\lambda_1) \geqslant f(\lambda_c)$ 存在,这样式(6-46)作为考虑局部屈曲影响的构件基准抗压强度公式是偏于安全的。

$$\sigma_u = \sigma_{lu} f(\lambda_c) \tag{6-46}$$

从式(6-41)可知,

$$f(\lambda_c) = \frac{\sigma_{gu}}{\sigma_y} \tag{6-47}$$

式中：σ_{gu}——不考虑构件局部屈曲影响的基准抗压强度，也叫整体屈曲抗压强度。

将式(6-47)代入式(6-46)，有，

$$\sigma_u = \sigma_{gu} \cdot \frac{\sigma_{lu}}{\sigma_y} \tag{6-48}$$

用容许应力来表示的话就有式(4-8)相同意义的存在，以上过程是公式的理论依据。

$$\sigma_a = \sigma_{ga} \cdot \frac{\sigma_{la}}{\sigma_{ya}} \tag{6-49}$$

式中：σ_a——考虑局部屈曲影响的构件容许抗压应力，也叫相关屈服强度；

σ_{ga}——不考虑局部屈曲影响的构件容许抗压应力；

σ_{la}——板或者加劲板的容许压缩应力；

σ_{ya}——材料的容许压缩上限，$\sigma_{ya}=\sigma_y/S$。

从这个推导过程中可以加深对局部屈曲与整体屈曲的相关作用式(4-6)的理解，用这种方法可以有效地验算耦合屈曲的安全性。

公式(6-41)是焊接箱形截面以外的构件作为压杆整体屈曲的基本抗力公式，σ_u 也就是 σ_{cr} 的意思，是考虑了构件的初期挠度(1/1000)和残余应力($0.25\sigma_y$)基础上的实际屈曲抗力，式(6-41)是设计一般压杆时最常用的整体屈曲验算式。这后面的过程实际是对式(4-6)，也就是考虑局部屈曲对整体屈曲影响下的近似公式的理论解释。通过相关性用简单的方法来推算容许压缩应力，在中国的规范里没有这种相关屈曲的简略评价方法。这种用局部屈曲容许压缩应力与材料上限值的比来降低压缩应力容许值从而近似评定相关强度的方法，在实际钢结构计算中显得简单而有效。《道路桥示方书》对焊接箱形截面的整体屈曲抗力计算另有 3 根曲线对应的公式，考虑方法也适用于式(6-49)。同样，对于存在弱轴的横向屈曲强度 σ_{brg} 计算也适用于式(6-49)的方法。

6.5 加劲板的屈曲

设计中构件若要用较小的用钢材用量达到最大的抗弯惯性矩，减少板厚而增大截面尺寸，当然是一种可用的方法，但薄板构造受压部位的局部屈曲会导致结构强度急剧的减小。为了防止这样的现象发生，采用加劲肋来提升刚度。钢板梁的加劲肋设计是最有代表性的。图6-29是正方形钢板的加劲肋概念，钢板厚为 t。

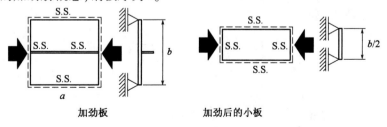

图 6-29 加劲板与板元

复习一下前面的纯压板屈曲应力公式[式(5-41)]

$$\sigma_{cr} = \frac{\pi^2 E}{12(1-\nu^2)} \left(\frac{t}{b}\right)^2 \left(\frac{\alpha}{m} + \frac{m}{\alpha}\right)^2 \quad \alpha = a/b$$

$$D = \frac{Et^3}{12(1-\nu^2)}$$

对于正方形板,考虑半波屈曲模态,$m=1$,有

$$\sigma_{cr} = \frac{\pi^2 E}{12(1-\nu^2)} \left(\frac{t}{b}\right)^2 \left(\frac{1}{1} + \frac{1}{1}\right)^2 = 4\left(\frac{t}{b}\right)^2 D \frac{\pi^2}{t^3}$$

$$P_{cr} = b \cdot t\sigma_{cr} = 4\frac{\pi^2}{b}D$$

加劲肋后的板,$m=1$,$\alpha = a/\frac{b}{2} = 2$,有

$$\sigma_{cr} = \frac{\pi^2 E}{12(1-\nu^2)} \left(\frac{t}{b/2}\right)^2 \left(2 + \frac{1}{2}\right)^2 = 25\left(\frac{t}{b}\right)^2 D \frac{\pi^2}{t^3}$$

$$P'_{cr} = \frac{1}{2}b \cdot t\sigma_{cr} = 12.5\frac{\pi^2}{b}D$$

$\alpha = 2$,$m = 2$,有

$$\sigma_{cr} = \frac{\pi^2 E}{12(1-\nu^2)} \left(\frac{t}{b/2}\right)^2 \left(\frac{2}{2} + \frac{2}{2}\right)^2 = 16\left(\frac{t}{b}\right)^2 D \frac{\pi^2}{t^3}$$

$$P'_{cr} = \frac{1}{2}bt\sigma_{cr} = 8\frac{\pi^2}{b}D$$

可见加劲肋后的半波模态的 $2P'_{cr}$ 为 $25\frac{\pi^2}{b}D$,整波模态的 P^1_{cr} 为 $16\frac{\pi^2}{b}D$。

方板没有加劲肋时的 P_{cr} 为 $4\frac{\pi^2}{b}D$,加劲肋后最小也是增加了 4 倍的抵抗力,而且发现细长板在 $m=2$ 的 1 个整波模态时欧拉承载力小。

6.5.1 微分方程式的解法

图 6-30 表示有中央纵向加劲肋的长方形板,板宽 b,厚度是 t,长度是 a,四边为简支支承。加劲肋是板的中心对称配置,肋板面积是 A,母板中心面为基轴的断面抗弯惯性矩为 I,加劲肋的扭转刚度很小可以忽略不计。也就是只考虑垂直母板方向的加劲肋的弯曲刚度。图 6-30a)中板的左端中央取为 x、y 的原点,母板 $x=0$ 和 $x=a$ 的边有均布压力 $\sigma_0 t$ 作用,加劲肋与母板焊接结合,一样受压力 σ_0 作用,加劲板的弯曲刚度与母板的刚度比是 γ,单个加劲肋面积 A 与母板一侧的侧面积 bt 的比是 δ,则有

$$\begin{cases} \gamma = \frac{EI}{Db} = \frac{12(1-\nu^2)I}{bt^3} \\ \delta = \frac{A}{bt} \end{cases} \tag{6-50}$$

加劲肋与 x 轴对称配置,有下面两个屈曲变形需要考虑。

①图 6-30b)为加劲肋面处有挠度,母板对称变形的模态。

②图6-30c)为加劲肋不发生挠度,母板反对称变形模态。

在图6-30c)所示的情况下,加劲肋的位置是母板变形波的节线,加劲肋的扭转刚度不计,所以被肋板分开的2块母板各按宽 $b/2$,长 a 的独立板考虑。也就是说,母板的挠度变形在节线处虽然是反曲线形状,但一边的板并不向它边传递弯矩,这个时候加劲肋达到最大的屈曲荷载。

图6-30c)所示的反对称屈曲变形是在刚度比 γ 超过一定值 γ_0 时才发生的,也就是说这种模态是刚度比决定的。反对称变形的屈曲应力与刚度比 γ 不发生关系,只是与 $b/2$ 宽的简支板的屈曲荷载相等。而如果 $\gamma < \gamma_0$,加劲肋和母板同时发生面外挠度的对称变形,也就是图6-30b)的变形模态。严格讲,当 $\gamma = \gamma_0$ 时,这两种屈曲都可能发生。可见,这里重要的是 $\gamma < \gamma_0$ 情况下的对称屈曲变形时的屈曲强度,和加劲肋发生反对称屈曲变形时的最小刚度比,这两个概念需要深究。

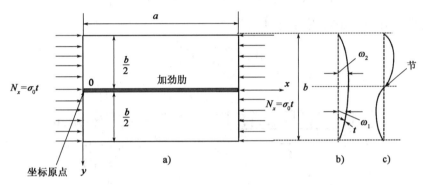

图6-30 纵向加劲肋

对于给定宽厚比的加劲板,它的最大屈曲应力刚度比 γ_0 出现在反对称变形时 $b/2$ 宽母板的局部屈曲和加劲后板整体的屈曲同时发生时,只要把这个必要的 γ_0 计算确定下来,问题就解决了。

首先,在板的对称屈曲变形的屈曲条件公式中,把参数 γ 和 δ 考虑进去,屈曲后板的挠度 ω_1 按式(5-33)计算。

这里 ω_1 是板的下侧半部($y \geq 0$)的挠度,根据对称性,另外半部的挠度式 ω_2 可以先不考虑,根据式(5-32)、$\alpha = \dfrac{a}{b}$、式(5-40)及式(5-42)可得,变量 μ 的计算式为:

$$\mu = \frac{a}{m\pi}\sqrt{\frac{\sigma_{cr}t}{D}} \tag{6-51}$$

ω_1 的4个常数 $C_1 \sim C_4$ 按下列边界条件可以给出:

$y = +b/2$ 边简支,$\omega_1 = 0$,$\dfrac{\partial^2 \omega_1}{\partial y^2} = 0$;$y = 0$ 边对称,不发生转角,$\dfrac{\partial \omega_1}{\partial y} = 0$,$q_1 - q_2 = q$。

这里 q_1 和 q_2 是图6-31的加劲肋与邻接板间单位长度上的剪切力,q 是作用于加劲肋上的剪切力的差分。

这里只注意加劲肋的话,轴力 $P = \sigma \cdot A$,横向荷载 $q(x)$ 的梁模型见图6-32a),而图6-32b)表示的是这个梁的微元体长度 dx 的受力,剪切力 V 和弯矩 M,方向在面外 z 向的平衡为:

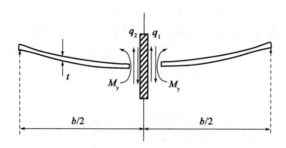

图 6-31　作用于加劲肋的剪切力

$$-V + q\mathrm{d}x + (V + \mathrm{d}V) = 0 \tag{6-52}$$

进而有 $q = -\mathrm{d}V/\mathrm{d}x$，微元 $\mathrm{d}x$ 的起点 n 的弯矩的平衡为：

$$M + q\mathrm{d}x \frac{\mathrm{d}x}{2} + (V + \mathrm{d}V)\mathrm{d}x - (M + \mathrm{d}M) + P\frac{\mathrm{d}\omega}{\mathrm{d}x}\mathrm{d}x = 0 \tag{6-53}$$

这里把高次项 $\mathrm{d}V \cdot \mathrm{d}x$ 忽略不计，则有

$$V = \frac{\mathrm{d}M}{\mathrm{d}x} - P\frac{\mathrm{d}\omega}{\mathrm{d}x} \tag{6-54}$$

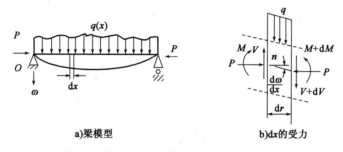

a) 梁模型　　　　　　　b) $\mathrm{d}x$ 的受力

图 6-32　作用于加劲肋的荷载和内力平衡示意图

这里 ω 是加劲肋的挠度，从梁的弯矩和曲率的关系有 $EI\dfrac{\mathrm{d}^2\omega}{\mathrm{d}x^2} = -M$ 存在，代入式(6-54)后

$$EI\frac{\mathrm{d}^3\omega}{\mathrm{d}x^3} + P\frac{\mathrm{d}\omega}{\mathrm{d}x} = -V \tag{6-55}$$

再把 $q = -\dfrac{\mathrm{d}V}{\mathrm{d}x}$，即 $V = -\int q\mathrm{d}x$ 代入上式，消去积分号，有

$$EI\frac{\mathrm{d}^4\omega}{\mathrm{d}x^4} + P\frac{\mathrm{d}^2\omega}{\mathrm{d}x^2} = q \tag{6-56}$$

成立，这就是梁所承受的轴力 P 与横向荷载 q 的基础微分方程式。

下面分析板的边界条件里水平剪切力与垂直力的关系，如图 6-33 所示，通过扭矩来做转换计算。板的端面假定有剪切应力 τ_{xy}[图 6-33a)]，端面处 $x = a$，以宽 $\mathrm{d}y$ 进行小区域分割考虑，见图 6-33b)。剪切应力在各区域里，假定成一个对应的扭矩在保持平衡，这个状态见图 6-32c)，同一作用线上作用的力差可以看成图 6-33d)图中的增量。内力本来是连续分布的，单位长度上的剪切力是 $\partial M_{xy}/\partial y$，与端面上的剪切力 q_x 相加，就是设在端面上的等价剪切力 $\bar{q}_x$：

$$\bar{q}_x = q_x + \frac{\partial M_{xy}}{\partial y} \tag{6-57}$$

同样有

$$\bar{q}_y = q_y + \frac{\partial M_{xy}}{\partial x} \tag{6-58}$$

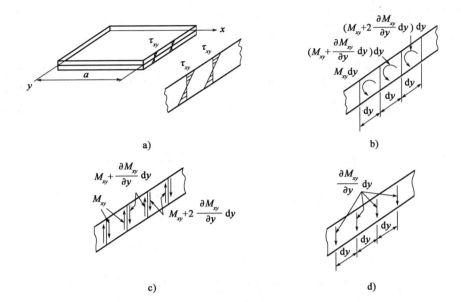

图 6-33 水平剪力的换算

在图 6-33（微元体 dxdy 的作用力和应力）中可以看出 xz 面内的弯矩有：

$$M_x dy - \left(M_x + \frac{\partial M_x}{\partial y}dx\right)dy + M_{xy}dx - \left(M_{xy} + \frac{\partial M_{xy}}{\partial y}dy\right)dx + q_x dy dx = 0 \tag{6-59}$$

消去高次的微小量，有

$$q_x = \frac{\partial M_x}{\partial x} + \frac{\partial M_{xy}}{\partial y} \tag{6-60}$$

根据式(5-12)和式(5-18)，将 $D = Et^3/12(1-\nu^2)$ 代入，可得

$$\begin{cases} q_x = -D\left(\dfrac{\partial^3 \omega}{\partial x^3} + \dfrac{\partial^3 \omega}{\partial x \partial y^2}\right) \\ q_y = -D\left(\dfrac{\partial^3 \omega}{\partial x^3} + \dfrac{\partial^3 \omega}{\partial x^2 \partial y}\right) \end{cases} \tag{6-61}$$

将 q_x 和式(6-61)代入式(6-58)，可得

$$\begin{cases} \bar{q}_x = -D\left[\dfrac{\partial^3 \omega}{\partial x^3} + (2-\nu)\dfrac{\partial^3 \omega}{\partial x \partial y^2}\right] \\ \bar{q}_y = -D\left[\dfrac{\partial^3 \omega}{\partial y^3} + (2-\nu)\dfrac{\partial^3 \omega}{\partial x^2 \partial y}\right] \end{cases} \tag{6-62}$$

这是轴力 P 与横向荷载 q 作用下板件的基础微分方程式，q_1 和 q_2 产生的挠度分别为 ω_1 和 ω_2。则加劲肋两侧的剪力差为：

$$q_1 - q_2 = q = -D\frac{\partial}{\partial y}\left[\frac{\partial^2 \omega_1}{\partial y^2} + (2-\nu)\frac{\partial^2 \omega_1}{\partial x^2} - \frac{\partial^2 \omega_2}{\partial y^2} - (2-\nu)\frac{\partial^2 \omega_2}{\partial x^2}\right]_{y=0} \tag{6-63}$$

$y=0$ 上的对称条件为曲率和剪应变都相等,则有

$$\left[\frac{\partial^3 \omega_1}{\partial y^3} = -\frac{\partial^3 \omega_2}{\partial y^3}\right]_{y=0} \qquad \left[\frac{\partial^2 \omega_1}{\partial x^2} = \frac{\partial^2 \omega_2}{\partial x^2}\right]_{y=0}$$

代入式(6-63)后可得

$$q = -2D\left[\frac{\partial^3 \omega_1}{\partial y^3}\right]_{y=0} \tag{6-64}$$

加劲肋的挠度 ω 与 $y=0$ 的母板的挠度 ω_1 及其微分关系为 $\omega = [\omega_1]_{y=0}, \frac{\partial \omega}{\partial x} = \left[\frac{\partial \omega_1}{\partial x}\right]_{y=0}$

这就是 $q_1 - q_2 = q$ 的边界条件,并将 $IE = \gamma b D, P = \delta\sigma_0 bt$ 代入式(6-62)、式(6-56),有方程式

$$\left[2\frac{\partial^3 \omega_1}{\partial y^3} + \gamma b \frac{\partial^4 \omega_1}{\partial x^4} + \delta \frac{\sigma_0 bt}{D} \frac{\partial^2 \omega_1}{\partial x^2}\right]_{y=0} = 0 \tag{6-65}$$

把 ω_1 的级数式代入,再按照 $y=0$ 和 $y=+b/2$ 的边界条件整理,有 $C_1 \sim C_4$ 的四元同次连立方程式成立:

$$\begin{cases} y = \frac{b}{2}, \omega_1 = 0: C_1 \cosh\frac{K_1 b}{2} + C_2 \sinh\frac{K_1 b}{2} + C_3 \cos\frac{K_2 b}{2} + C_4 \sin\frac{K_2 b}{2} = 0 \\ y = \frac{b}{2}, \frac{\partial \omega_1}{\partial y^2} = 0: K_1^2\left(C_1 \cosh\frac{K_1 b}{2} + C_2 \sinh\frac{K_1 b}{2}\right) - K_2^2\left(C_3 \cos\frac{K_2 b}{2} + C_4 \sin\frac{K_2 b}{2}\right) = 0 \\ y = 0 \quad \frac{\partial \omega_1}{\partial y} = 0: K_1 C_2 + K_2 C_4 = 0 \\ y = 0, q_1 - q_2 = q: 2(K_1^3 C_2 - K_2^3 C_4) + \left(\frac{\gamma}{b^3}\frac{m^4 \pi^4}{\alpha^4} - \delta\frac{\sigma_0 t}{Db}\frac{m^2 \pi^2}{\alpha^2}\right)(C_1 + C_3) = 0 \end{cases} \tag{6-66}$$

方程有解,则 $C_1 \sim C_4$ 的系数行列值一定为0,按照5.7节板的弯曲屈曲里的方法,求解对称变形的屈曲条件有

$$\left(\frac{1}{K_1}\tanh\frac{K_1 b}{2} - \frac{1}{K_2}\tan\frac{K_2 b}{2}\right)\left(\frac{\gamma}{b^3}\frac{m^4 \pi^4}{\alpha^4} - \delta\frac{\sigma_0 t}{Db}\frac{m^2 \pi^2}{\alpha^2}\right) - 2(K_1^2 + K_2^2) = 0 \tag{6-67}$$

看出这个方程里解不出临界刚度比 γ_0,需要再找条件。开始时说过,对称屈曲变形与反对称屈曲变形在同一个应力状态下定义的加劲肋的抗弯刚度比是 γ_0,反对称屈曲变形指的是各板单元作为宽 $b/2$ 的简支板的情况下,对应的是宽 $b/2$ 的4边简支板的屈曲应力,由式(5-41)可得

$$\sigma_{cr} = \frac{\pi^2 E}{12(1-\nu^2)}\left(\frac{2\alpha}{m_1} + \frac{m_1}{2\alpha}\right)^2 \left(\frac{2t}{b}\right)^2 = \frac{4\pi^2 D}{b^2 t}\left(\frac{2\alpha}{m_1} + \frac{m_1}{2\alpha}\right)^2 \tag{6-68}$$

式中:m_1——反对称的半波长的个数。

式(5-41)的 b、α 和 m 分别置换为 $b/2$、2α 和 m_1 可得出

$$\begin{cases} K_1 = \frac{m\pi}{b\alpha}\sqrt{\frac{2\alpha}{m}\left(\frac{2\alpha}{m_1} + \frac{m_1}{2\alpha}\right) + 1} \\ K_2 = \frac{m\pi}{b\alpha}\sqrt{\frac{2\alpha}{m}\left(\frac{2\alpha}{m_1} + \frac{m_1}{2\alpha}\right) - 1} \end{cases} \tag{6-69}$$

把式(6-68)的 σ_{cr} 代入式(6-51),有

$$\mu = \frac{2\alpha}{m}\left(\frac{2\alpha}{m_1} + \frac{m_1}{2\alpha}\right) \tag{6-70}$$

屈曲条件式(6-67)的 γ 作为未知数,代入 $\sigma_0 = \sigma_{cr}$,可以得出临界刚度比 γ_0 的计算式为:

$$\gamma_0 = \frac{8}{\pi^2}\frac{\left(\frac{2\alpha}{m_1} + \frac{m_1}{2\alpha}\right)\left(\frac{\alpha}{m}\right)^3}{\frac{1}{K_1 b}\tanh\frac{K_1 b}{2} - \frac{1}{K_2 b}\tan\frac{K_2 b}{2}} + 4\left(\frac{\alpha}{m}\right)^2\left(\frac{2\alpha}{m_1} + \frac{m_1}{2\alpha}\right)^2\delta \tag{6-71}$$

γ_0 是长宽比($\alpha = a/b$)和面积比 δ 的函数,也就说临界刚度比 γ_0 是随着被加劲板的 α 和 δ 改变而变化,而且存在最大值。图6-34是各种 δ 下 γ_0 与 α 的关系,半波长的个数 $m = 1,2,3$ 对应的曲线可以成为连续的不太圆滑的曲线,各曲线的半波数 m 对应的 γ_0 的最大值是大致相同的,随着 m 的增加 $\alpha = \infty$,γ 渐近于 γ_0,图中的 γ_{0max} 各种关系整理如下。

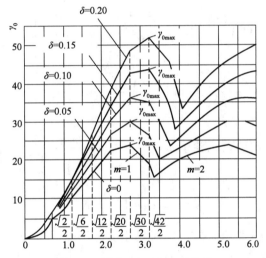

图6-34 不同 δ 时 γ_0 与 α 的关系

刚度比: $\gamma = EI/D \cdot b$;

面积比: $\delta = A/bt$;

临界长宽比: $\overline{\alpha} = \sqrt{m(m+1)}$;

长宽比: $\alpha = \dfrac{a}{b}$;

刚度系数: $D = Et^3/12(1-\nu^2)$。

式(6-71)比较复杂,可以简化一下,忽略 m_1 的变化关系。2α 是整数时,$2\alpha = 1,2,3\cdots$ 对应的半波数 $m_1 = 2\alpha$,则 $(2\alpha/m_1 + m_1/2\alpha) = 2$,$\alpha > 1$ 的范围内 2α 不是整数也可以近似等于2。

对于 $\alpha > 1$ 的范围,将 $(2\alpha/m_1 + m_1/2\alpha) = 2$ 代入式(6-71),有

$$\gamma_0 = \left(\frac{16}{\pi^2}\right)\left(\frac{\alpha}{m}\right)^3 \bigg/ \left(\frac{1}{K_1 b}\tanh\frac{K_1 b}{2} - \frac{1}{K_2 b}\tan\frac{K_2 b}{2}\right) + 16\left(\frac{\alpha}{m}\right)^2\delta \tag{6-72}$$

式中: $K_1, K_2 = \dfrac{m\pi}{b\alpha}\sqrt{\dfrac{4\alpha}{m} \pm 1}$。

当 $\gamma < \gamma_0$ 时，即柔性肋的情况下，屈服变形是保持对称的模态，这样需要解方程式(6-67)，下面要讲这个问题；当 $\gamma_0 > \gamma_{0max}$ 时，对 α 较大的范围设计上取 $\gamma_0 = \gamma_{0max}$ 计算。

6.5.2 柔性加劲肋

上面推出了加劲肋的必要(最小)刚度比 γ_0 的计算式(6-71)，发现式中无板弯曲刚度 D。Bleich 将式(6-72)解释为母板和加劲肋一直是"保持比例"的前提下，总的材料也可以应用并且适用于塑性范围。

当刚度比 $\gamma < \gamma_0$ 时，称之为柔性肋的情况，只适用于对称的屈曲模态，这时需要直接解方程式(6-67)。将式(6-67)中 σ_0 与屈曲系数的关系代入，并应用式(5-32)，求解 γ 的过程如下。

$$K_1, K_2 = \frac{m\pi}{a}\sqrt{\mu \pm 1}, \sigma_{cr} = \frac{\pi^2 D}{b^2 t} \cdot k$$

$$\frac{\gamma}{b^3}\frac{m^4\pi^4}{\alpha^4}\left[\frac{1}{K_1}\tanh\left(\frac{K_1 b}{2}\right) - \frac{1}{K_2}\tan\left(\frac{K_2 b}{2}\right)\right] = \delta\frac{m^2\pi^4}{b^3\alpha^2}k\left[\frac{1}{K_1}\tanh\left(\frac{K_1 b}{2}\right) - \frac{1}{K_2}\tan\left(\frac{K_2 b}{2}\right)\right] + 2(K_1^2 + K_2^2)$$

$$\gamma = \frac{2b^2\alpha^4(K_1^2 + K_2^2)}{m^4\pi^4\left[\frac{1}{K_1 b}\tanh\left(\frac{K_1 b}{2}\right) - \frac{1}{K_2 b}\tan\left(\frac{K_2 b}{2}\right)\right]} + \frac{\alpha^2}{m^2}k\delta$$

将 $K_1, K_2 = \frac{m\pi}{a}\sqrt{\mu \pm 1}$ 代入，设参量 $\varphi = \dfrac{\left(\dfrac{2\alpha}{m\pi}\right)^2 \mu}{\dfrac{1}{bK_1}\tanh\left(\dfrac{bK_1}{2}\right) - \dfrac{1}{bK_2}\tan\left(\dfrac{bK_2}{2}\right)}$，则刚度比 γ 为：

$$\gamma = \varphi + \left(\frac{\alpha}{m}\right)^2 k\delta \tag{6-73}$$

也就是对应屈曲系数 k 变形形式下的必要刚度比公式，其中 φ 是长宽比 α 和半波数 m 的函数。图 6-35 是屈曲系数 k 与长宽比 $\alpha = a/b$ 的关系，φ 为参量变化的表示。此图是 1 根加劲肋的情况。

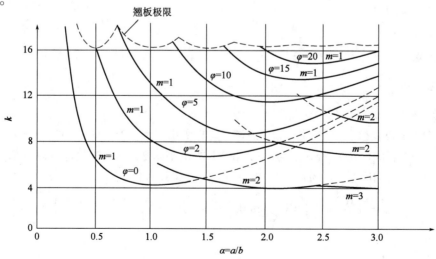

图 6-35　柔性加劲肋参量 φ

项海帆《高等桥梁结构理论》中给出了 $\gamma < \gamma_0$ 时屈曲系数与板的长宽比 α，肋板刚度比 γ_1 的关系图形，见图 6-36。

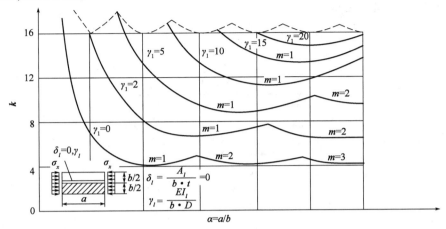

图 6-36　柔性加劲板的翘曲稳定系数

配置等间隔的 2 根或者 3 根加劲肋可查 Timoshenko&Gere，Bleich&Ramsey 等给的有名的 Kloppel 的图表。由图 6-35 和图 6-36 可知，屈曲系数 k 是 α 的函数表示，与无加劲肋的情况一样，α 在一定界限以上，k 也可以收敛，这个界限以下的 α 值时，k 是 α 的函数，Timoshenko 应用正交异性板理论用加劲肋的刚度比 γ 作为变量给出了屈曲系数下述近似式：

$$k = \frac{(1+\alpha^2)^2 + m\gamma}{\alpha^2(1+m\delta)} \tag{6-74}$$

当 $\alpha^2 < \sqrt{1+m\gamma}$ 时，项海帆《高等桥梁结构理论》里也给出了同样形式的计算式，并细致规定了 α 的应用范围下多根加劲肋的计算：

$$\begin{cases} k = \dfrac{(1+\alpha^2)^2 + n\gamma_1}{\alpha^2(1+n\delta_1)} & \alpha = \dfrac{a}{b} \le \alpha_0 \quad \text{半波屈曲} \\ k = \dfrac{2(1+\sqrt{1+n\gamma_1})}{1+n\delta_1} & \alpha = \dfrac{a}{b} > \alpha_0 \quad \text{多波屈曲} \end{cases} \tag{6-75}$$

式中：n——受压板被纵向加劲肋分割的子板元数，$n = n_1 + 1$；

n_1——等间距布置的纵向加劲肋根数；

α——加劲板的长宽比，$\alpha = a/b$；

a——加劲板的长度（横隔板或刚性横向加劲肋的间距）；

b——加劲板的宽度（腹板或刚性纵向加劲肋的间距）；

α_0——$\alpha_0 = \sqrt[4]{1+(n+1)\gamma_1}$。

所谓柔性加劲肋，也就是不改变母板模态的加劲方法。由图 6-35 和图 6-36 可以看出，这种加劲形式也可以把屈曲系数由 4 提高到 16，点线是刚性肋的界限。

6.5.3　能量法的应用

使用能量法进行板的加劲计算时，更能体现出快捷方便的特点。作为学习，这里像求解板的弯曲方程一样，再用能量法展示一下过程。同样，假定 x、y 坐标系（图 6-37），板的屈曲挠度形状为

$$\omega = \sum_{m=1}^{\infty}\sum_{n=1}^{\infty} a_{mn}\sin\left(\frac{m\pi x}{a}\right)\sin\left(\frac{n\pi y}{b}\right)$$

参照 5.7 节，弯曲应变能 U_p 为：

$$U_\mathrm{p} = \frac{\pi^4 D}{2}\frac{ab}{4}\sum_{m=1}^{\infty}\sum_{n=1}^{\infty} a_{mn}^2\left(\frac{m^2}{a^2}+\frac{n^2}{b^2}\right)^2 \tag{6-76}$$

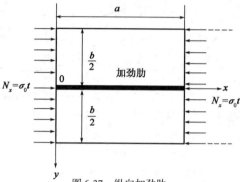

图 6-37 纵向加劲肋

板中央 $y=b/2$ 处焊上的加劲肋与板共同屈曲，加劲肋的弯曲应变能 U_s 如下：

$$U_\mathrm{s} = \frac{EI}{2}\int_0^a \left(\frac{\partial^2\omega}{\partial x^2}\right)^2_{y=\frac{b}{2}} \mathrm{d}x \quad (共有奇数项)$$

$$= \frac{\pi^4 EI}{4a^3}\sum_{m=1}^{\infty} m^4 (a_{m1}-a_{m3}+a_{m5}-\cdots)^2 \tag{6-77}$$

作用在板上的压缩力 N_x 所做的屈曲功 T_P，按式(5-54)计算，则

$$T_\mathrm{P} = \frac{\sigma_{\mathrm{ct}} t}{2}\frac{ab}{4}\sum_{m=1}^{\infty}\sum_{n=1}^{\infty}\frac{m^2\pi^2}{a^2} a_{mn}^2 \tag{6-78}$$

加劲肋作用轴向压缩力的屈曲功可参照式(5-35)和图 5-32，可得

$$T_\mathrm{s} = \frac{P}{2}\int_0^a \left(\frac{\partial\omega}{\partial x}\right)^2_{y=\frac{b}{2}} \mathrm{d}x$$

$$= \frac{p}{2}\frac{\pi^2}{a^2}\frac{\alpha}{2}\sum_{m=1}^{\infty} m^2 (a_{m1}-a_{m3}+a_{m5}-\cdots)^2 \tag{6-79}$$

屈曲变形伴随的全势能 Π 必为 0，则有 $\Pi = U_\mathrm{P}+U_\mathrm{S}-T_\mathrm{P}-T_\mathrm{S}=0$ \hfill (6-80)

式(6-75)~(6-79)代入式(6-80)，求解 σ_{cr} 有：

$$\sigma_{\mathrm{cr}} = \frac{\pi^2 D}{b^2 t\alpha^2}\cdot\frac{\sum_{m=1}^{\infty}\sum_{n=1}^{\infty} a_{mn}^2(m^2+n^2\alpha^2)^2 + 2\gamma\sum_{m=1}^{\infty} m^4(a_{m1}-a_{m3}+a_{m5}-\cdots)^2}{\sum_{m=1}^{\infty}\sum_{n=1}^{\infty} m^2 a_{mn}^2 + 2\delta\sum_{m=1}^{\infty} m^2(a_{m1}-a_{m3}+a_{m5}-\cdots)^2} \tag{6-81}$$

参考 5.7 节，对方程的 a_{mn} 进行求导，$\partial\Pi/\partial a=0$ 有下列方程组：

$$\frac{\pi^2 D}{b^2 t}\left[a_{mn}(m^2+n^2\alpha^2)^2 + 2\gamma\sin\left(\frac{n\pi}{2}\right)m^4\sum_{p=1}^{\infty} a_{mp}\sin\left(\frac{P\pi}{2}\right)\right] -$$
$$\alpha^2\sigma_{\mathrm{cr}}\left[m^2 a_{mn} + 2\delta\sin\left(\frac{n\pi}{2}\right)m^2\sum_{p=1}^{\infty} a_{mp}\sin\left(\frac{P\pi}{2}\right)\right] = 0 \tag{6-82}$$

这样的联立同次方程式有解的条件是系数行列式的值是 0，x 方向的屈曲波形取正弦波的半波长 $m=1$，式(6-82)可以简单地表示成下列形式：

$$\begin{cases} n=1 \text{ 时}, \dfrac{\pi^2 D}{b^2 t \alpha^2}[a_1(1+\alpha^2)^2 + 2\gamma(a_1 - a_3 + a_5 - \cdots)] - \\ \sigma_{cr}[a_1 + 2\delta(a_1 - a_3 + a_5 - \cdots)] = 0 \\ n=2 \text{ 时}, \dfrac{\pi^2 D}{b^2 t \alpha^2}(1+4\alpha^2)^2 a_2 - \sigma_{cr} a_2 = 0 \\ n=3 \text{ 时}, \dfrac{\pi^2 D}{b^2 t \alpha^2}[a_3(1+9\alpha^2)^2 - 2\gamma(a_1 - a_3 + a_5 - \cdots)] - \\ \sigma_{cr}[a_3 - 2\delta(a_1 - a_3 + a_5 - \cdots)] = 0 \\ n=4 \text{ 时}, \dfrac{\pi^2 D}{b^2 t \alpha^2}(1+16\alpha^2)^2 a_4 - \sigma_{cr} a_4 = 0 \end{cases} \quad (6\text{-}83)$$

n 是偶数的式子里只有一个系数，而且是独立的。这个时候屈曲应力是板的屈曲形状所成的节线，在加劲肋位置，这种情况下加劲肋在母板屈曲时保持直线，也就是曲率为 0。加劲肋与屈曲应力的关系见式(6-83)中 n 为奇数时的情况，作为屈曲应力的第 1 近似值，令式(6-83)中 $n=1$ 时的公式中 a_1 以外的系数都为 0，则有

$$\alpha^2 \frac{\pi^2 D}{b^2 t}[a_1(1+\alpha^2)^2 + 2\gamma a_1] - \sigma_{cr}(a_1 + 2\delta a_1) = 0 \quad (6\text{-}84)$$

解得
$$\sigma_{cr} = \frac{\pi^2 D}{b^2 t} \frac{(1+\alpha^2)^2 + 2\gamma}{\alpha^2(1+2\delta)} = \frac{\pi^2 E}{12(1-\nu^2)}\left(\frac{t}{b}\right)^2 \quad (6\text{-}85)$$

这个第 1 近似值，对于 $\alpha>2$ 的长板，发现有足够的精度，而对于短板需要取更多的项，将式(6-83)的第 1 式和第 3 式的方程取出，假定 a_1 和 a_3 以外的系数都为 0 来解二元一次方程组，再一次取行列值为 0，有方程：

$$(k\alpha^2)^2(1+4\delta) - k\alpha^2[(1+2\delta)(c+d) - 8\gamma\delta] + cd - 4\gamma^2 = 0 \quad (6\text{-}86)$$

式中：k——屈曲系数，$k = \dfrac{\sigma_{cr} b^2 t}{\pi^2 D}$；

$c = (1+\alpha^2)^2 + 2\gamma$；

$d = (1+9\alpha^2)^2 + 2\gamma$。

发现利用式(6-85)得出的屈服应力有足够的精度，式(6-83)里 σ_{cr} 最小值时对应的屈曲系数 k_{min} 可以按 $\dfrac{\partial \sigma_{cr}}{\partial \alpha}=0$ 取得，有：

$$k_{min} = \frac{2}{1+2\delta}(1+\sqrt{1+2\gamma}), \alpha = \sqrt[4]{1+2\gamma} \quad (6\text{-}87)$$

设置 1 个加劲肋时，$n=2$，屈曲系数最小值 $k=16$，式(6-83)的屈曲系数等价的最佳刚度比 γ_0 可以按下式计算：

$$\gamma_0 = \frac{1}{2}[16(1+2\delta)\alpha^2 - (1+\alpha^2)^2] \quad (6\text{-}88)$$

γ_0 的最大值可以从 $\frac{\partial \gamma_0}{\partial \alpha} = 0$ 求出，进而可求出 α。

$$\alpha = \sqrt{8(1+2\delta) - 1}, \gamma_{0\max} = 8(1+2\delta)(3+8\delta) \tag{6-89}$$

这样对一根加劲肋可以取 $\gamma_0 \sim \gamma_{0\max}$ 的范围设计其刚度，最大值取 $\gamma_{0\max}$。也就是说，被加劲板的长宽比 α 为式(6-89)时有最大刚度比 $\gamma_{0\max}$。设计时大于 $\gamma_{0\max}$ 的情况也取 $\gamma_{0\max}$ 计算。

6.5.4 加劲板的屈曲强度

前面把四边简支矩形板中央有 1 根加劲肋的结果推出来了（图 6-38），采用同样的手法，可以应用在设置任意间隔，任意根数的加劲肋板的屈曲分析中。铁摩辛柯把等间隔的同一截面加劲肋设置 N 根的屈曲系数，挠度二重级数的取到第 1 项，计算的屈曲系数为

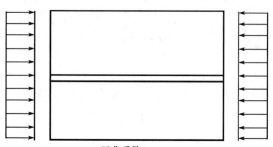

图 6-38　1 个加劲肋的配置

$$k = \frac{(1+\alpha^2)^2 + (N+1)\gamma}{\alpha^2[1+(N+1)\delta]} \tag{6-90}$$

这里，与 $k_{\min}$ 对应的 α 值，通过 $\partial k/\partial \alpha = 0$ 可求出。

$$\left.\begin{array}{l} k_{\min} = \dfrac{2}{1+(N+1)\delta}\left[1 + \sqrt{1+(N+1)\gamma}\right] \\ \alpha = \sqrt[4]{1+(N+1)\gamma} \end{array}\right\} \tag{6-91}$$

由加劲肋分割的小单元在加劲肋上成节线屈曲变形时的屈曲系数为：

$$k = 4(N+1)^2 \tag{6-92}$$

式(6-92)与式(6-90)等值时加劲肋是最佳状态，最佳刚度比 γ_0 可以通过最佳状态的等式求出，即

$$\gamma_0 = \frac{1}{N+1}\{4(N+1)^2[1+(N+1)\delta]\alpha^2 - (1+\alpha^2)^2\} \tag{6-93}$$

γ_0 的最大值也可以通过 $\partial \gamma_0/\partial \alpha = 0$ 求出：

$$\left.\begin{array}{l} \alpha = \sqrt{2(N+1)^2[1+(N+1)\delta] - 1} \\ \gamma_{0\max} = 4(N+1)[1+(N+1)\delta][N(N+2)+(N+1)^3\delta] \end{array}\right\} \tag{6-94}$$

用这些公式 $N=1\sim4$ 可以计算出表 6-11 的结果，表 6-12 是 DIN 4114 的工业规格规定。不考虑加劲肋扭转刚度，有一个最小刚度比概念。各种加劲板给出了最小刚度比 γ^* 公式。公式里有：

$$\alpha = \frac{a}{b}, \gamma = \frac{EI}{bD}, \delta = \frac{A}{bt}, D = \frac{Et^3}{12(1-\nu^2)} \tag{6-95}$$

式中：EI——加劲肋的弯曲刚度；
D——板的弯矩刚度；
A——1个加劲肋的截面积；
bt——板的截面积。

$$\left.\begin{array}{l}\alpha \leqslant \sqrt[4]{1+2\gamma} \text{ 时}, k = \dfrac{(1+\alpha^2)^2+2\gamma}{\alpha^2(1+2\delta)} \\ \alpha > \sqrt[4]{1+2\gamma} \text{ 时}, k = 2\dfrac{1+\sqrt{1+2\gamma}}{1+2\delta}\end{array}\right\} \quad (6\text{-}96)$$

表6-11里的γ_0是最佳刚度比，也就是作为刚性加劲肋的最小值。$\gamma_{0\max}$是刚性加劲肋的最大值，这个最大值是在表6-12最后一栏的宽厚比下计算出来的。实际计算时，只要取$\gamma_0 \sim \gamma_{0\max}$的范围来决定加劲肋的刚度就可以，大于$\gamma_{0\max}$时设计上也取$\gamma_{0\max}$计算。这里考虑的都是加劲肋的弯曲刚度而不计扭转刚度，那么多大的刚度比可以不考虑扭转刚度呢？这就产生了一个最小刚度比的概念。表6-12里γ^*就是不考虑加劲肋扭转刚度时，加劲板能保持屈曲系数k。必要的最小加劲肋的弯曲刚度比，也就是单元板不考虑扭转的屈曲系数是k_0，而加劲后的板能保持$k_0 = 4n^2$屈曲系数的最小刚度比。

加劲肋计算表　　　　　表6-11

N	k	γ_0	$\gamma_{0\max}$	$\gamma_{0\max}$对应的α
1	$\dfrac{(1+\alpha^2)^2+2\gamma}{\alpha^2(1+2\delta)}$	$\dfrac{1}{2}[16(1+2\delta)\alpha^2 - (1+\alpha^2)^2]$	$8(1+2\delta)(3+8\delta)$	$\sqrt{8(1+2\delta)-1}$
2	$\dfrac{(1+\alpha^2)^2+3\gamma}{\alpha^2(1+3\delta)}$	$\dfrac{1}{3}[36(1+3\delta)\alpha^2 - (1+\alpha^2)^2]$	$12(1+3\delta)(8+27\delta)$	$\sqrt{18(1+3\delta)-1}$
3	$\dfrac{(1+\alpha^2)^2+4\gamma}{\alpha^2(1+4\delta)}$	$\dfrac{1}{4}[64(1+4\delta)\alpha^2 - (1+\alpha^2)^2]$	$16(1+4\delta)(15+64\delta)$	$\sqrt{32(1+4\delta)-1}$
4	$\dfrac{(1+\alpha^2)^2+5\gamma}{\alpha^2(1+5\delta)}$	$\dfrac{1}{5}[100(1+5\delta)\alpha^2 - (1+\alpha^2)^2]$	$20(1+5\delta)(24+125\delta)$	$\sqrt{50(1+5\delta)-1}$
n	$\dfrac{(1+\alpha^2)^2+(n+1)\gamma}{\alpha^2[1+(n+1)\delta]}$	$\dfrac{1}{n+1}\{4(n+1)^2[1+(n+1)\delta]\alpha^2 - (1+\alpha^2)^2\}$	$4(n+1)[1+(n+1)\delta] \times [n(n+2)+(n+1)^3\delta]$	$\sqrt{2(n+1)^2[1+(n+1)\delta]-1}$

DIN 4114规定式　　　　　表6-12

加劲肋的配置	适用范围	最小刚度比γ^*
	$\alpha < \sqrt{8(1+2\delta)-1}$	$\gamma^* = \dfrac{\alpha^2}{2}\{16(1+2\delta)-2\} - \dfrac{\alpha^4}{2} + \dfrac{1+2\delta}{2}$
	$\alpha > \sqrt{8(1+2\delta)-1}$	$\gamma^* = \dfrac{1}{2}[8(1+2\delta)-1]^2\dfrac{1+2\delta}{2}$
	$\alpha < \sqrt{18(1+3\delta)-1}$	$\gamma^* = \dfrac{\alpha^2}{3}[36(1+3\delta)-2] - \dfrac{\alpha^4}{3} + \dfrac{1+3\delta}{3}$
	$\alpha > \sqrt{18(1+3\delta)-1}$	$\gamma^* = \dfrac{1}{3}[18(1+3\delta)-1]^2 + \dfrac{1+3\delta}{3}$

续上表

加劲肋的配置	适用范围	最小刚度比 γ^*
	$0.9 \leq \alpha \leq 1.1$	$\gamma_L^* = \dfrac{(1+\alpha^2)^2[4(1+2\delta)-1]}{2(1+f\alpha^3)}$ 其中 $f = \dfrac{\gamma_Q}{\gamma_L} = \dfrac{J_Q}{I_L}$ Q:横向加劲肋;L:纵向加劲肋

注:N-加劲肋的根数。

《道路桥示方书》加劲肋设计规定是1972年开始,1980年进行了若干修订,直到现在没有太大的变更,该设计规定以 Gieucke 的正交异性板作为对象的弹性线性屈曲理论为基础,间接地考虑了残余应力的影响,一直在日本沿用着。要深入学习1980年的规范体系可以参考 DIN 4114 和 AASHTO 的有关文献内容。近年日本也在探讨加劲设计方法,这种屈曲应力为前提的抗力计算理论有待进一步发展。

6.6 加劲板的设计

6.6.1 基准承载力曲线

以上加劲板的理论是现行日本桥梁规范的基础,与无加劲肋的平板一样,加劲板设计不是最终承载力设计,而是板的屈曲设计。但发现在某引些板承载力低的情况下,也会有完全发挥出理论上期待的加劲作用的情况,这时需要用试验来确定。1970年前后频发出由于加劲板的屈曲引起的桥梁崩塌事故,结果发现是在构件的初期缺陷方面理论研究不足,对加劲板承载力有过高评价所致。最为典型的就是加劲板理论上临界刚度比 γ_0 不一定得到期待的承载力。试验上发现了这个严峻的事实。

针对这个问题,日本考虑到的是

①加劲肋的刚度提高;

②加劲肋的使用材料强度提高;

③加劲板的容许应力降低。

建设省土木研究所做了很多大尺度的试验,结论是:

(1)刚性肋提高到临界刚度比以上时,加劲板的承载力并不增加,相反,设置有比临界刚度比 γ_0 低的加劲肋的情况下,加劲肋刚度的增加明显增加了加劲板的承载力。

(2)加劲板的承载力在屈服点附近,加劲板的临界刚度比 γ_0 特性不明显,不一定需要这个临界值。

(3)加劲板的承载力,局部屈曲模态的宽厚比参量 R 值与 γ/γ_0 的函数关系存在,在 $\gamma = \gamma_0$ 时加劲板的承载力:

$$\frac{\sigma_{cr}}{\sigma_y} = 1.378 - 0.920R + 0.277R^2 - 0.046R^3 \tag{6-97}$$

这些试验得到的是加劲板的承载力曲线,并不是屈曲曲线,可参考无加劲平板的设计思想来设计基准承载力曲线。设计基准承载力曲线时需要使试验曲线和理论屈曲应力曲线两者都不超过设定范围,日本设定的基准承载力曲线为:

$$\sigma_{cr}/\sigma_y = \begin{cases} 1.0 & R \leq 0.5 \\ 1.5 - R & 0.5 < R \leq 1.0 \\ 0.5/R^2 & 1.0 < R \end{cases} \quad (6-98)$$

这里 R 是局部屈曲发生时(图6-39)的宽厚比参量,这时的屈曲系数按 $k = 4n^2$ 计算的。

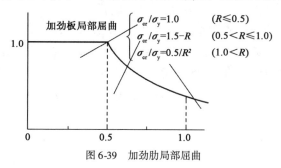

图6-39 加劲肋局部屈曲

6.6.2 计算理论式的形成

又回到前述4.2节里说的局部屈曲与整体屈曲的概念,加劲板是典型的例子。无加劲肋的正交方形板的刚度是 $D = Et^3/12(1-\nu^2)$,板本身的屈曲强度曲线是图6-40的虚线,而单板的破坏曲线是在 $R > 0.7$ 时,《道路桥示方书》中的关系式为 $\sigma_u/\sigma_y = 0.5/R^2$;加劲板在 $0.5 < R \leq 1.0$ 范围内的关系式为 $\sigma_{cr}/\sigma_y = 1.5 - R$,这里加劲板的 R 是指局部屈曲发生(屈曲系数 $k = 4n^2$)时的宽厚比参量。

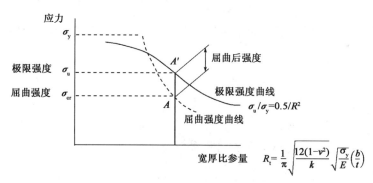

图6-40 屈曲强度曲线和极限强度

$$R = \frac{b}{t}\sqrt{\frac{\sigma_y}{E}\frac{12(1-\nu^2)}{k\pi^2}} = \frac{1}{\pi}\sqrt{\frac{12(1-\nu^2)}{4n^2}}\sqrt{\frac{\sigma_y}{E}}\left(\frac{b}{t}\right) \quad (6-99)$$

无加劲板的纯压屈曲发生在 $R = 0.7$ 以后,而加劲板的局部屈曲注意的范围是 $R > 0.5$。将 $R = 0.5$ 时的板厚设为 t_0,$R > 0.5$ 时设为 t_s,在 $R > 0.5$ 时定义有:

$$R = 0.5\frac{(b/t_s)}{(b/t_0)} \quad (6-100)$$

整体屈曲与局部屈曲定义在屈服点 $\sigma_{cr}/\sigma_y = 1.0$，
$0.5 < R \leq 1.0$ 的情况下（线性关系）：

$$\frac{\sigma_{cr}}{\sigma_y} = 1.5 - 0.5 \frac{(b/t_s)}{(b/t_0)} \tag{6-101}$$

$R > 1.0$ 的情况下（二次曲线关系）：

$$\frac{\sigma_{cr}}{\sigma_y} = 2 \frac{(b/t_s)^2}{(b/t_0)^2} \tag{6-102}$$

这就形成了对应 σ_y 的屈曲极限应力 σ_{cr} 的安全系数概念，从 $R = 0.5$ 整体屈曲与局部屈曲在材料屈服点开始，安全系数为 1.0；$R > 0.5$ 时，加劲肋刚度取在整体屈曲与局部屈曲荷载相等的临界刚度比，安全系数保证在 1.25 之上；而在 $R > 1.0$ 的范围，整体屈曲与局部屈曲荷载相等的刚度比需要满足 2.0 以上的安全系数，这就是《道路桥示方书》对加劲板设计的基本规定。

整体屈曲的相对宽厚比

$$\begin{cases} R_F = 0.5 & R \leq 0.5 \\ R_F = R & R > 0.5 \end{cases} \tag{6-103}$$

整体屈曲模态下的 k 值

$$R_F = \frac{b}{t} \sqrt{\frac{\sigma_y}{E} \frac{12(1-\nu^2)}{k\pi^2}} \tag{6-104}$$

屈曲系数是 $k = \frac{(1+\alpha^2)+n\gamma}{\alpha^2(1+n\delta)}$（当 $\alpha^2 < \sqrt{1+n\gamma}$ 时），铁摩辛柯的柔性加劲肋屈曲系数式：

$$k_F = \frac{(1+\alpha^2)^2 + n\gamma}{\alpha^2(1+n\delta)} \quad (\alpha \leq \alpha_0 = \sqrt[4]{1+n\gamma}) \tag{6-105}$$

$\alpha > \alpha_0$ 的情况下，即使 α 大了，而柔性加劲肋屈曲系数 k_F 的减少可以不考虑，可以看成条件式的 $\alpha = \alpha_0 = \sqrt[4]{1+n\gamma}$。

将 $\alpha^2 = \sqrt{1+n\gamma}$ 代入式（6-105）可得：

$$k_F = \frac{(1+\alpha^2)^2 + n\gamma}{\alpha^2(1+n\delta)} = \frac{(1+\sqrt{1+n\gamma})^2 + n\gamma}{\sqrt{1+n\gamma}(1+n\delta)} = \frac{2(1+\sqrt{1+n\gamma})}{1+n\delta} \tag{6-106}$$

结果为刚性肋的整体屈曲模态下的屈曲系数公式：

$$k_F = \frac{2(1+\sqrt{1+n\gamma})}{1+n\delta} \quad (\alpha > \alpha_0 = \sqrt[4]{1+n\gamma}) \tag{6-107}$$

通过式（6-104）、式（6-105）、式（6-107）可以简单锁定 γ。所谓最佳刚度比的定义，是指整体屈曲荷载下的屈曲系数 k_F 与局部屈曲荷载下的屈曲系数 $k = 4n^2$ 一致状态下的刚度比，图 6-41 是 k_F 的概念图。

柔性肋下发生整体屈曲模态。而刚性肋在局部屈曲模态下加劲肋为不动点的节线，将整体屈曲系数 $k_F = 4n^2$ 代入柔性加劲肋屈曲公式（6-105），可得

$$4n^2 = \frac{(1+\alpha^2)^2 + n\gamma}{\alpha^2(1+n\delta)} \tag{6-108}$$

有：

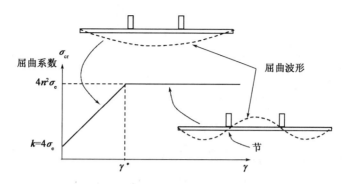

图 6-41 最佳刚度比

$$\gamma = 4\alpha^2 n(1+n\delta) - (1+\alpha^2)^2/n \qquad \alpha \leqslant \alpha_0 \qquad (6\text{-}109)$$

将 $k_F = 4n^2$ 代入刚性加劲肋屈曲公式(6-107),有

$$\gamma = \{[2n^2(1+n\delta)-1]^2-1\}/n \qquad \alpha > \alpha_0 \qquad (6\text{-}110)$$

但是有一个问题,当 $R=0.5$ 时,使用比必要板厚 t_0 更厚的板时,若直接采用 $k_F=4n^2$ 进行设计,会出现厚度越厚的板,要求的加劲肋越大的情况。也就是宽度一定的情况下,使用厚板计算上会因局部屈曲荷载过大而设计过大的加劲肋,这因为板过薄而加劲的初衷产生矛盾。因此,规定板厚一定的情况下,忽略局部屈曲模态,只考虑整体屈曲就可以了。也就是说整体屈曲模态达到屈服点时,保证板不发生屈曲。

$R=0.5$ 时必要板厚为 t_0,设计板厚 $t > t_0$,且 $R = R_F$,则有

$$\frac{b}{t_0}\sqrt{\frac{\sigma_y}{E}\frac{12(1-\nu^2)}{4n^2\pi^2}} = \frac{b}{t}\sqrt{\frac{\sigma_y}{E}\frac{12(1-\nu^2)}{k_F\pi^2}} \qquad (6\text{-}111)$$

$$k_F = 4n^2\frac{(b/t)^2}{(b/t_0)^2} = 4n^2\frac{t_0^2}{t^2} \qquad (6\text{-}112)$$

结果最佳刚度比 γ:

$$\begin{cases} \gamma = 4\alpha^2 n\left(\dfrac{t_0}{t}\right)^2(1+n\delta) - \dfrac{(1+\alpha^2)^2}{n} & (\alpha \leqslant \alpha_0 \quad 半波屈曲) \\ \gamma = \left\{\left[2n^2\left(\dfrac{t_0}{t}\right)^2(1+n\delta) - 1\right]^2 - 1\right\}/n & (\alpha > \alpha_0 \quad 多波屈曲) \end{cases} \qquad (6\text{-}113)$$

诸式中最佳刚度比 γ 计算时需要事先假定出临界长宽比 α_0,

$$\alpha_0 = \sqrt[4]{1+n\cdot\gamma_1} \qquad (6\text{-}114)$$

式中:γ_1——纵向加劲肋的刚度比,$r_1 = \dfrac{I_1}{bt^3/11}$。

6.6.3 纵横向加劲肋的计算

采用类似的方法可以求得纵横向加劲肋等间距布置的加劲板的弹性屈曲系数 k 的近似计算式。

横向加劲肋的相对刚度满足式(6-97)的要求时,横向加劲肋可近似假设为简支边,弹性屈曲稳定系数 k 按仅设纵向加劲肋的 4 边简支板计算,其中加劲板的长度按横向加劲肋的间距 a_t 计算。

$$\gamma_t \geqslant \frac{1+nr_1}{4(a_t/b)^3} \tag{6-115}$$

$$\begin{cases} \gamma_1 = \dfrac{1}{n}[4n^2(1+n\delta_1)\alpha^2 - (\alpha^2+1)^2] & (\alpha \leqslant \alpha_0 \quad \text{单波屈曲 } m=1) \\ \gamma_1 = \dfrac{1}{n}\{[2n^2(1+n\delta_1)-1]^2 - 1\} & (\alpha > \alpha_0 \quad \text{多波屈曲 } m>1) \end{cases} \tag{6-116}$$

$$\alpha_0 = \sqrt[4]{1+(n_1+1)\gamma_1}$$

6.6.4 《道路桥示方书》加劲肋的计算

下面介绍一下日本《道路桥示方书》(H24)版的容许应力法的计算规定：
(1)受压加劲板的加劲肋计算按(2)~(5)的规定执行，这里不包括钢腹板。
(2)纵向加劲肋的钢种与母板的钢种相同或者等级更高。
(3)按第(5)条规定算出的单个纵向加劲肋的截面二次惯性矩 $I_1(\text{mm}^4)$ 和截面面积 $A_1(\text{mm}^2)$ 必须分别满足式(6-117)和式(6-118)的规定。

加劲肋的二次惯性矩：

$$I_1 = \frac{bt^3}{11}\gamma_{1,\text{req}} \tag{6-117}$$

加劲肋的截面积：

$$A_1 \geqslant \frac{bt}{10n} \tag{6-118}$$

式中：t——加劲母板的板厚(mm)；
b——加劲母板的全宽(mm)，见图6-42；
n——纵向加劲肋所分割的单元数；
$\gamma_{1,\text{req}}$——按第(4)条规定算出的纵向加劲肋的必要刚度比，它是 I_1 与母板的二次惯性矩的比。

(4)纵向加劲肋的必要刚度比 $\gamma_{1,\text{req}}$ 按下列规定计算。

①宽厚比 $\alpha \leqslant \alpha_0$ 并且按(5)条规定算出的单个横向加劲肋的截面二次弯矩 $I_t(\text{mm}^4)$ 要满足式(6-120)的规定，这里的下标 t 是指横向，1 是指纵向。$\gamma_{1,\text{req}}$ 按下式计算：

$$\begin{cases} \gamma_{1,\text{req}} = 4a^2 n \left(\dfrac{t_0}{t}\right)^2 (1+n\delta_1) - \dfrac{(a^2+1)^2}{n} & t \geqslant t_0 \\ \gamma_{1,\text{req}} = 4a^2 n(1+n\delta_1) - \dfrac{(a^2+1)^2}{n} & t < t_0 \end{cases} \tag{6-119}$$

$$I_t \geqslant \frac{bt^3}{11} \cdot \frac{1+n\gamma_{1,\text{req}}}{4a^3} \tag{6-120}$$

②除①规定以外的情况下使用式(6-121)，也就是 $\alpha > \alpha_0$ 时，$\gamma_{1,\text{req}}$ 按下式计算：

$$\begin{cases} \gamma_{1,\text{req}} = \dfrac{1}{n}\left\{\left[2n^2\left(\dfrac{t_0}{t}\right)^2(1+n\delta_1)-1\right]^2 - 1\right\} & t \geqslant t_0 \\ \gamma_{1,\text{req}} = \dfrac{1}{n}\{[2n^3(1+n\delta_1)-1]^3 - 1\} & t < t_0 \end{cases} \tag{6-121}$$

式中：α——加劲母板的长宽比 $\alpha = \dfrac{a}{b}$，见图6-42、图6-43；

α_0——临界纵横长宽比,$\alpha_0 = \sqrt[4]{1 + n \cdot \gamma_1}$;

a_t——横向加劲肋间距(mm);

δ_1——单个纵向加劲肋的截面面积与母板截面面积 bt 的比,$\delta_1 = \dfrac{A_1}{b \cdot t}$;

$\gamma_{1,\text{req}}$——纵向加劲肋的刚度比,$\gamma_{1,\text{req}} = \dfrac{I_1}{bt^3/11}$,$bt^3/11$ 是母板的截面二次惯性矩;

t_0——必要板厚(mm),按表 6-13 取值。

板厚 t_0 (mm)　　　　表 6-13

钢种	SS400 SM400 SMA400W	SM490	SM490Y SM520 SMA490W	SM570 SMA570W
t_0	$\dfrac{b}{28fn}$	$\dfrac{b}{24fn}$	$\dfrac{b}{22fn}$	$\dfrac{b}{22fn}$

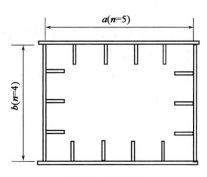

图 6-42　加劲母板

注:f-应力斜率系数,$f = 0.65\varphi^2 + 0.13\varphi + 1.0$;$\varphi$-应力斜率,$\varphi = (\sigma_1 - \sigma_2)/\sigma_1$,见图 6-44。

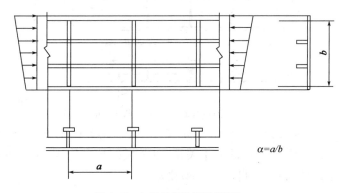

图 6-43　加劲母板的纵横长宽比 α

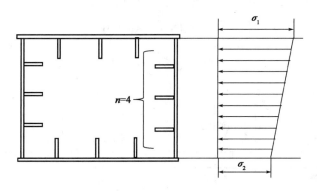

图 6-44　加劲板的边缘应力

(5)加劲肋的截面二次惯性矩计算规定：
①单侧设置加劲肋时，以加劲母板表面为基准，计算加劲肋截面的二次惯性矩；
②双侧设置加劲肋时，以加劲母板的中性面为基准，计算加劲肋截面的二次惯性矩。

6.6.5 加劲板的计算流程

钢结构是尽量使用薄钢板组成的截面作为构件，体现其薄壁轻量的优点，但使用过薄的钢板易导致截面的屈曲强度低下，为了提高钢板屈曲强度，设置了纵、横向加劲肋的钢板叫加劲板。

如图6-45所示，横向加劲肋长度L方向分割为q块，即$L=q\times a$，纵向加劲肋板宽b方向分割为s块，即$b=s\times b_s$，形成四边简支$L\times b$领域的整体板单元，它是由$a\times b$的多个小单元组成，小单元称为板元。加劲板的设计首先是腹板（母材）的厚度t，宽厚比的确定和纵向加劲肋的配置，纵向加劲肋截面面积$A_l\beta$的设定要求作用在腹板上的应力满足在板元的容许应力之下；然后是横向加劲肋板厚，截面及配置方式，经试算后满足必要刚度。

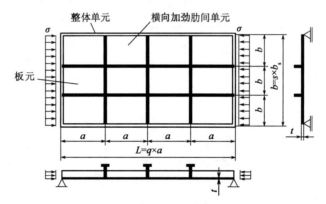

图6-45 加劲板的整体单元，横向加劲肋间单元和板元

根据《道路桥示方书》4.2.5规定，加劲肋的刚性按下述流程操作（图6-46），母材的板厚t和板元局部屈曲考虑的必要板厚t_0的大小关系，以及板的长宽比$\alpha=a/b$和临界纵横比α_0的大小关系的4种情况，分别满足各自的必要刚性要求。

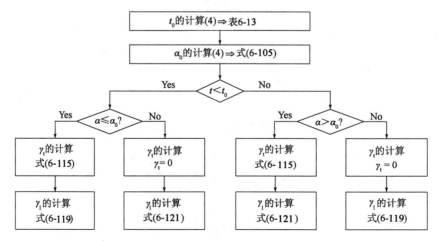

图6-46 加劲肋刚度计算流程

加劲板的临界刚度比是一个比较复杂的问题,有构件的屈服失稳和屈曲失稳之分,另外加劲板又分为等间距加劲和不等间距加劲(钢板梁腹板)两种情况,再加上屈曲模态分为半波屈曲和多波屈曲两大类。在研究板屈曲的大师 Bleich 的文献里,将等间距加劲肋单波屈曲模态的必要刚度比定义为 γ_{I}^{*},多波屈曲模态的必要刚度比定义为 γ_{II}^{*};将不等间距加劲肋(钢板梁腹板加劲肋)定义为 $\gamma_{\mathrm{III}}^{*}$。前两个在本章里都介绍了,钢板梁腹板加劲肋将在下一章中阐述。

第7章 钢板梁的设计理论

7.1 概　　述

钢板梁在设计上有截面尺寸易设计，自由度高的优点，适用于荷载大但用轧制型钢不经济，或者跨径大、腹板薄但梁高较高时。但是腹板与翼缘的焊接，特别是薄钢板作为腹板的力学稳定性需要设计者特殊考虑。日本通常在道路桥、铁路桥方面多用钢板梁，建筑的吊车梁也常用钢板梁。

从钢板梁发展历程来看，1961年以前，钢板梁的截面尺寸是由屈曲稳定性决定的，一些设计以腹板屈曲发生崩塌或者使用界限作为基准，所以配置各种加劲肋来补强腹板，增加抗屈曲荷载的能力成为设计的重点。以屈曲强度为基准设计的钢板梁中，大多数腹板安全系数较低，而且屈曲后强度的使用比较突出。

美国在1961年钢板梁设计规范中采用了最大承载力设计，从多数的理论和试验研究的结果得知，以屈曲后强度为基础的计算方法足够满足要求。这种计算方法比一般以屈曲强度为基础的设计方法要经济，更重要的是以承载力为基准的设计方法比以往的方法更能准确地计算钢板梁真正的承载力。

钢板梁主要由翼缘承担弯矩而腹板承受剪力，为防止截面屈曲，在设计时比降低腹板厚度更有效的方式是增加抗弯刚度，即设置纵、横向加劲肋，也有使用厚板而采用最少加劲肋的方法。前者可以实现重量轻、刚度高的梁，但加工复杂，大多用于桥梁主梁；而后者重量增加了，可达到翼缘屈服后的承载力，加工简单，一般在小桥梁和建筑梁体使用得比较多。

简支梁的情况下，跨中弯矩大但剪力小，而支点附近的弯矩小反而剪力大，鉴于这个原因，跨中腹板承载力余量多，而支点附近翼缘承载力余量大，整体材料得不到有效利用；连续梁的情况下，中间支点附近的负弯矩大，使跨中弯矩减少，翼缘能够得到有效使用的同时，减少了支点上不连续点，车辆的行走性和结构的耐震性能都有提高。

钢板梁截面作用的弯矩，主要由两块翼缘板发生的应力乘以翼缘板的面积所得的翼缘板截面力矩来抵抗，而保持这个力矩的距离是腹板，钢板梁要有足够的强度，必须具有下列主要条件：

①翼缘板的应力能力发挥充分，要能够达到屈服；

②上下拉压翼缘后，由于腹板的存在依然保持翼缘间距稳定。

翼缘板截面力 F_f 如图7-1所示，腹板的剪应力用 τ 表示，有下列关系：

$$F_f = \int_0^z \tau d t_w dz \tag{7-1}$$

式中：t_w——腹板的板厚；

d——腹板高。

第7章 钢板梁的设计理论

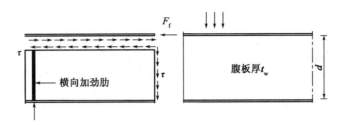

图 7-1 翼板截面力和腹板剪应力的关系

为了能充分发挥翼缘应力,首先腹板要能承受(抵抗)足够的剪应力,而这时截面产生的垂直剪应力正好是腹板水平截面的剪应力,结果腹板抵抗和传递剪应力的能力成为焦点,由此,对腹板的要求是:

①腹板要具备充分的强度和必要的刚度;
②腹板要具备必要的刚度而保证翼缘间距恒定。

当然,翼缘能承担较大的应力,自身要有足够的强度,这是设计时首先要注意的;另外支点位置会有巨大的反力集中出现,构造上要有承受这个反力的强度。

针对钢板梁整体,包括连续梁,大概可以分成以下 7 种破坏模式,破坏模式和破坏发生的位置如图 7-2 中Ⓐ~Ⓖ所示。由Ⓐ:剪切破坏;Ⓑ:弯曲破坏;Ⓒ:弯曲和剪切的组合破坏;Ⓓ:受压翼缘向腹板内垂直屈曲;Ⓔ:受压翼缘的回转局部屈曲;Ⓕ:梁的横向屈曲(受压翼缘的横向屈曲);Ⓖ:集中荷载下的破坏。其中Ⓐ~Ⓓ这 4 种破坏模式是本节的重点讨论内容。

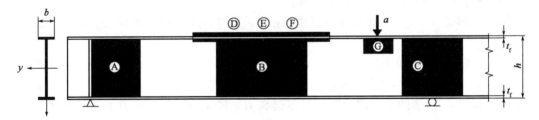

图 7-2 钢板梁破坏模式以及发生位置示意图

针对钢板梁以承载力为基准的设计方法,其中需要确保承载拉压应力的翼缘强度,保证腹板的支承刚度,以及明确整个梁体的破坏模式和发生位置。在研究板的屈曲问题时,图 5-15 也形象地表示了简支钢板梁的破坏形态。图 7-2 中的 7 种破坏模式之间是相互关联的,如在连续梁中间支点的上下缘常伴有发生Ⓐ~Ⓕ6 种破坏模式发生的组合。

图 7-3 是受压翼缘的屈曲破坏模态,如果在连续梁的中间支点,那就是在巨大的弯矩和剪力下发生的。其中Ⓕ模态是腹板的部分($h/6$)(包括翼缘)像柱一样发生侧向弯曲屈曲,本质上归结于梁的横向屈曲问题。Ⓔ模态是翼缘在腹板支持下作为一端自由伸出板,在纯压缩条件下发生局部屈曲的问题。Ⓓ模态是受压翼缘的屈曲,梁的弯曲使翼缘压弯,进而向腹板传递压力,因此,腹板发生柱一样的弯曲屈曲,同时有腹板内的弯曲应力向受压翼缘再分配的现象,最终翼缘受巨大的压缩力而发生屈曲乃至屈服。

由以上分析可知,Ⓓ、Ⓔ、Ⓕ虽然以翼缘的屈曲为命名,仅讨论翼缘是解决不了问题的,而支持翼缘的腹板屈曲问题才是研究的要点。

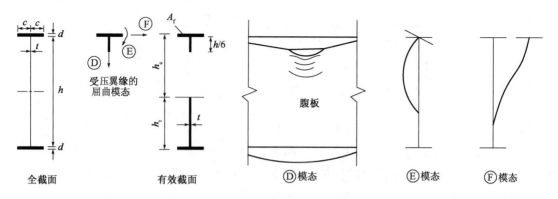

图 7-3　受压翼缘的屈曲破坏模态

实际设计中,《道路桥示方书》规定了翼缘为自由伸出板,并规定了它的宽厚比,从而把破坏模式Ⓔ和Ⓕ作为横向屈曲规定下来了,设计时需要注意Ⓔ和Ⓕ的根本区别。Ⓔ模态是腹板的局部屈曲问题,主要是作为受压板来计算局部容许压应力 σ_{cal}。如果超过规定的宽厚比需要折减,但板厚最小不能小于 $b/16$。Ⓕ模态是横梁固定构件的整体弯曲屈曲,主要计算受压翼缘的弯曲屈曲压应力 σ_{brg},属于梁的整体屈曲问题。用妥当的板宽厚比规定来处理腹板的屈曲问题,要研究的是下列几种腹板情况:

(1)不配置加劲肋的情况;

(2)配置横向加劲肋的情况;

(3)配置横向加劲肋和纵向加劲肋的情况。

上述(2)和(3)均增加了腹板屈曲强度,保证翼缘可以承受更大的应力,从而实现提高梁承载力。

第(1)种情况下,将单板在上下翼缘的边界条件视为固定支承,在一定的梁长范围内,若确定了适当的宽厚比,就可以使单板具有足够的屈曲强度。轧制 I 形梁就是很典型的例子,它已成为定型商品。一般的小型焊接钢板梁在梁高 $H<1200\text{mm}$ 的范围,腹板厚度在 9mm 以上可不用加劲肋,其原理如图 7-4 所示。

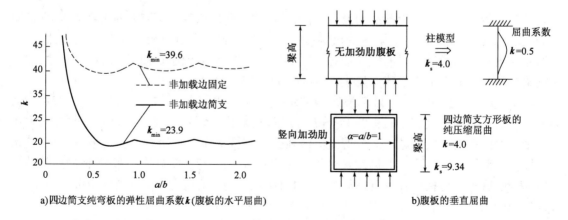

a)四边简支纯弯板的弹性屈曲系数 k(腹板的水平屈曲)　　b)腹板的垂直屈曲

图 7-4　腹板的垂直和水平屈曲

比较一下腹板的水平与垂直屈曲。图7-4a)是腹板受垂直弯矩时,考虑上下翼缘为固定支承或者简支条件时,在长宽比 $\alpha=1.0$ 的方板与 $\alpha\to\infty$ 的无横向加劲肋的情况下,屈曲系数都是23.9~39.6。而图7-4b)是腹板的竖直方向受均布压力时,无加劲肋的柱模型 $k=0.5$,而增加横向加劲肋后的方板 $k=4.0$,提高了8倍;这时作为均布压缩板的纯剪屈曲系数 k_s 由4.0提高到了9.34。

以上分析说明了腹板的长宽比 α 与其弯曲变形的屈曲系数无关,梁高不大时,横向加劲肋的设置不会直接提高腹板的屈曲强度,而如果对翼缘传递下来的分布竖向压力而言,会有直接的加劲效果。

第(2)种情况是配置横向加劲肋来提高强度,通过板单元增加支点抗剪和跨中抗弯强度,是钢板梁的基本构造形式,由此使钢板梁在荷载作用下呈现出比较独特的力学行为,成为钢结构加劲设计的典型课题,也是本章研讨的主要内容。接下来要进一步研究梁整体的承载力,就要研讨梁的横向屈曲行为,以及重载下的有效宽度理论和板的屈曲后强度问题。

钢板梁腹板部分的理论问题是比较复杂的,在传统的容许应力设计法中,考虑不同的截面力状态,取不同的安全系数,腹板纯压时为1.7,纯弯时为1.5,而纯剪时取为1.25,相应的计算公式包括纵横加劲肋的验算也都是建立在这个基础上的。这种因果对应的容许应力公式很难使工程师树立结构的整体性能观点,实际屈曲计算也是这样。新《道路桥示方书》H29里对一般压缩板虽然分为了极限状态1和极限状态3的性能目标,但对屈曲支配的承载力还是很难作状态区分,并且腹板未被列入受压板的范围之内。规范操作上只是针对 $1.05D+1.25L$ 的荷载组合,把安全系数分别降低为纯压1.36、纯弯1.12、纯剪1.0,规范中也把纯剪1.25改为1.0。腹板的抗剪取1.0的安全系数,可以理解为是对屈曲后强度的考虑。

钢板梁腹板的纵横加劲肋理论将在本章讲述,加劲肋的刚度公式 $I_t=\dfrac{ht^3}{11}\gamma$ 中 γ 的解是理论解,但刚度比 $\gamma=8.0(h/a)^2$ 与纵肋刚度比 $\gamma=30(a/h)$ 都找不出太准确的理论根据。γ 的求解主要是沿用德国规范 DIN 4114 中的公式。

钢板梁自由伸出板的局部屈曲容许压应力 σ_{cal} 与弯曲构件整体横向屈曲的容许压应力 σ_{brg},都是作为工字开口截面受压的容许压应力的计算,规范里都是对3种板厚范围内4组材料强度给出的公式,其意义不同,非常容易混淆。自由伸出板是三边支承板的面外屈曲,即板局部屈曲。实际局部屈曲自由伸出板的抗力公式 σ_{cr}/σ_y 是宽厚比参量 R 在0.7以后取 $(0.7/R)^{1.19}$,0.7前是欧拉经典式,是考虑残余应力和初始偏心下的试验公式,这个曲线除以1.7的安全系数就是自由伸出板的容许压应力 σ_{cal},理论上是按一般正压板局部面外屈曲来考虑的。计算上是翼缘厚 t 与伸出长 b 的比 t/b(有限制值),厚度小于其限制值到 $b/16$ 之间需要按 t/b 的公式对规范容许值减小,并规定最小不能小于 $b/16$。设计上一般以不发生容许值减小来保证板厚或者控制翼宽。相反作为 H 型钢构件的弯曲屈曲容许压力是横联支承间开口截面构件整体横向屈曲的压应力,这里说的是构件和截面,所以包含跨间 L/b 和面积 A_w/A_f 影响在内。虽然以上所述都属于屈曲问题,一个是板局部屈曲,另一个是开口断面构件整体屈曲,实际是对受压翼缘有双重的制约,也就是说有关联屈曲存在,而后者强度可以在整体支点的构件长度和截面上来调整。

7.2 钢板梁横向屈曲

7.2.1 扭转平衡方程式的建立

主平面内持荷的 I 形截面梁,诸如简支梁、连续梁,特别是悬臂梁类的薄壁构件,如图 7-5 所示,较为容易发生弯扭失稳破坏。前文主要研讨的是面内弯曲变形模式,但是压弯构件根据支承条件和荷载大小的不同,也可能发生面外失稳。轴向受压的薄壁钢板梁有可能发生四种失稳模式:①扭转失稳,②扭剪失稳,③面外弯曲失稳,④面内弯曲变形,这里①+②称为弯扭失稳,经常以变形组合的形式出现。

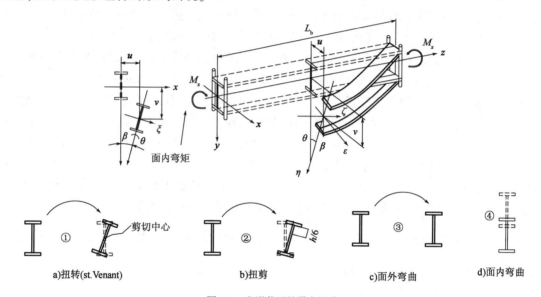

图 7-5 I 形截面的横向屈曲

①扭转失稳方程:
$$EI_w \frac{d^4\theta}{dz^4} - GJ_T \frac{d^2\theta}{dz^2} - \frac{M_x^2}{EI_w} = 0 \tag{7-2}$$

①+②扭剪失稳方程:
$$\frac{d\theta}{dz} - EI_w \frac{d^3\theta}{dz^3} - M_x \frac{du}{dz} = 0 \tag{7-3}$$

③面外弯曲失稳方程:
$$EI_v \frac{d^2u}{dz^2} + \theta M_z = 0 \tag{7-4}$$

④面内弯曲失稳方程:
$$EI_x \frac{d^2v}{dz^2} + M_z = 0 \tag{7-5}$$

而①+②+③是梁横向屈曲的问题。为了加深理解,将相应的变形平衡方程也在图 7-5 后列出,每个具体失稳的因素是构件的截面形式和长度,其中只有非对称截面的轴心受压构件才有可能发生弯扭失稳。

受荷状态下的薄壁构件可能发生弹性失稳或者弹塑性失稳,进而失去承载力;对于细长的薄壁构件,常发生弹性失稳,而对于钢板梁单体的横向失稳,大变形的横向屈曲很容易使材料进入屈服状态,本节将简述横向弹性、弹塑性屈曲的方程推导过程。

Bleich(1952)在研究偏心轴力和横向均布荷载作用下单轴对称截面薄壁构件的失稳时,提出的总势能表达式为:

$$\Pi = \frac{1}{2}\int_L [EI_y \ddot{u}^2 + EI_w \ddot{\theta}^2 + (GJ - Pr_0^2 + 2Pe\beta_x)\dot{\theta}^2 -$$

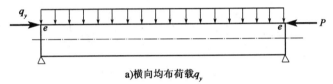

(7-6)

式中:P——轴力,压力为正;

e——沿截面 y 轴方向的偏心;

M_{qx}——横向荷载引起的弯矩;

$r_0 = r_0^2 = \dfrac{I_x + I_y}{A} + x_0^2 + y_0^2$;

(x_0, y_0)——截面剪心 S 在形心主轴坐标系中的坐标,如图 7-6 所示;

q_y——横向均布荷载。

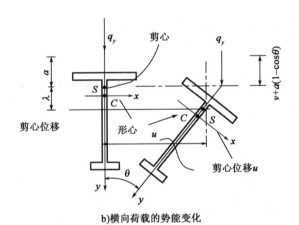

图 7-6 横向均布荷载及横向荷载的势能变化

Bleich 在求解偏心轴力对应的非线性势能时,采用了正应力在纵向纤维总缩短量上所做的功,其中纵向纤维的总缩短量 $\Delta = \dfrac{1}{2}\int_L (\dot{\bar{u}}^2 + \dot{\bar{v}}^2)\mathrm{d}z$ 是由构件失稳时的侧向弯曲引起的。$\bar{u}$ 和 $\bar{v}$ 为截面上任意点在 x 和 y 方向的位移。如图 7-6 所示,用截面剪心 S 的位移 u、v 和截面的转角 θ 来表示。

任意点 (x, y) 位移至 (x_0, y_0) 的位移为

$$\bar{u} = u - (x - x_0)(1 - \cos\theta) - (y - y_0)\sin\theta$$
$$\bar{v} = (x - x_0)\sin\theta - (y - y_0)(1 - \cos\theta)$$

这里,θ 很小,$1-\cos\theta\to 0$,$\sin\theta\to 0$,则有 $\bar{u}=u-(y-y_0)\theta$,$\bar{v}=(x-x_0)\theta$。
纵向纤维总缩短量 Δ 为

$$\Delta = \frac{1}{2}\int_L [\dot{u}^2 - 2(y-y_0)\dot{u}\dot{\theta} + \rho^2 \dot{\theta}^2]dz \tag{7-7}$$

曲率半径 $\rho^2 = (x-x_0)^2 + (y-y_0)^2$,所以,偏心轴力 P 的非线性势能 V_P 为

$$V_P = -\frac{1}{2}\int_L [(Pr_0^2 - 2Pe\beta_x)\dot{\theta}^2 + P\dot{u}^2 + 2P(y_0+e)\dot{u}\dot{\theta}]dt \tag{7-8}$$

外荷载 q_y 的势能变化为

$$V_q = -\int_L q_y[v + a(1-\cos\theta)]dz = -\int_L q_y v dz - \int_L q_y a(1-\cos\theta)dz \tag{7-9}$$

式中:$v + a(1-\cos\theta)$——屈曲过程中均布荷载 q_y 作用位置的下降距离,$(1-\cos\theta) \approx \frac{\theta^2}{2}$。

对于简支梁 V_q 的第一项为:

$$-\int_L q_y v dz = [\alpha_x v]_0^L - [M_{qx}\dot{v}]_0^L + \int_L M_{qx}\ddot{v}dz \tag{7-10}$$

平衡条件是在发生侧向弯曲和扭转以后的主轴上建立的,式(7-9)中右侧的前两项势能不存在,也就是:

弯扭变形 $\quad -\int_L q_y v dz = \int_L M_{qx}\ddot{v}dz \tag{7-11}$

在弯扭失稳过程中,令 $\ddot{v} = \ddot{u}\theta$,则有

$$-\int_L q_y v dz = \int_L M_{qx}\ddot{u}\theta dz \tag{7-12}$$

式(7-12)表示弯矩因弯扭而产生的分量 $M_{qx}\theta$ 在曲率 $\ddot{u}$ 上所做的功。

Bleich 认为 θ 很小,则 $1-\cos\theta \approx \frac{\theta^2}{2}$,这样

$$V_q = -\frac{1}{2}\int_L (M_{qx}\ddot{u}\theta - q_y a\theta^2)dz \tag{7-13}$$

屈曲时的线性应变能 U 为

$$U = \frac{1}{2}\int_L (EI_y \ddot{u}^2 + EI_w \ddot{\theta}^2 + GJ\dot{\theta}^2)dz \tag{7-14}$$

构件的截面为单轴对称时,$x_0 = 0$,$\Pi = U + V_P + V_q$,代入式(7-8)、式(7-13)和式(7-14) 可得

$$\Pi = \frac{1}{2}\int_L (EI_y \ddot{u}^2 + EI_w \ddot{\theta}^2 + (GJ - Pr_0^2 + 2Pe\beta_x)\dot{\theta}^2 - P\dot{u}^2 - 2P(y_0 + e)\dot{u}\dot{\theta} + 2M_{qx}\ddot{u}\theta - q_y a\theta^2]dz \tag{7-15}$$

将 Bleich 的理论应用于梁的弯扭失稳时,这里没有轴力 P,式(7-15)变为

$$\Pi = \frac{1}{2}\int_L (EI_y \ddot{u}^2 + EI_w \ddot{\theta}^2 + GJ\dot{\theta}^2 + 2M_{qx}\ddot{u}\theta - q_y a\cdot\theta^2)dz \tag{7-16}$$

以上是用 Bleich 能量理论推导梁的弹塑性弯曲屈曲总势能公式的概略过程,详解请参考童根树[20]著《钢结构的平面外稳定》。该公式对单轴对称薄板截面构件有广泛的应用价值。

应用最小势能原理 $\mathrm{d}\Pi/\mathrm{d}z = 0$,在弹性变形范围内,不考虑屈曲前变形 v 以及轴向力 P 时,很容易推出弯扭组合①+②与面外弯曲的平衡方程式,将式(7-2)中的 z 改成常用水平面 x 则变为

$$EI_\mathrm{w} \frac{\mathrm{d}^4\theta}{\mathrm{d}x^4} - GJ_\mathrm{t}\frac{\mathrm{d}^2\theta}{\mathrm{d}x^2} - \frac{M_x^2}{EI_y}\theta = 0 \tag{7-17}$$

7.2.2 横向屈曲方程的解

对上述4阶齐次常微分方程式(7-17),采用5.5节介绍的板的解法,其通解为:

$$\theta = C_1\sinh(\alpha_1 x) + C_2\cosh(\alpha_1 x) + C_3\sin(\alpha_2 x) + C_4\cos(\alpha_2 x) \tag{7-18}$$

其中,$\alpha_1 = \sqrt{\dfrac{\lambda_1 + \sqrt{\lambda_1^2 + 4\lambda_2}}{2}}$,$\alpha_2 = \sqrt{\dfrac{-\lambda_1 + \sqrt{\lambda_1^2 + 4\lambda_2}}{2}}$,$\lambda_1 = \dfrac{GJ}{EI_\mathrm{w}}$,$\lambda_2 = \dfrac{M_x^2}{(EI_\mathrm{w})(EI_y)}$。

通解里4个积分系数 $C_1 \sim C_4$ 需要4个边界条件,就图7-7中的板梁来讲,两端扭转约束有 $x=0$ 和 $x=l$ 时,$\theta=0$;而两端截面翘曲是自由的,所以,当 $x=0$,$x=l$ 时,$\mathrm{d}^2\theta/\mathrm{d}x^2=0$。

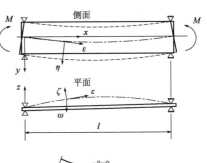

$x=0$ 时,$\theta=0$,那么
$$C_1 \times 1 + C_2 \times 0 + C_3 \times 0 + C_4 \times l = 0$$
$x=0$ 时,$\mathrm{d}^2\theta/\mathrm{d}x^2=0$,那么
$$C_1 \times 0 + C_2 \times \alpha_1^2 + C_3 \times 0 - C_4 \times \alpha_2^2 = 0$$
$x=l$ 时,$\theta=0$,那么

$$C_1\sinh(\alpha_1 l) + C_2\cosh(\alpha_1 l) + C_3\sin(\alpha_2 l) + C_4\cos(\alpha_2 l) = 0$$

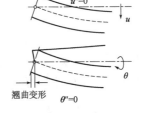

翘曲变形

$x=l$ 时,$\mathrm{d}^2\theta/\mathrm{d}x^2=0$,那么

$$C_1\alpha_1^2\sinh(\alpha_1 l) + C_2\alpha_1^2\cosh(\alpha_1 l) - C_3\alpha_2^2\sin(\alpha_2 l) - C_4\alpha_2^2\cos(\alpha_2 l) = 0$$

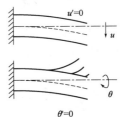

当 $C_1 = C_2 = C_3 = C_4$ 时,$\theta=0$,然而不发生屈曲不是所求解,这样4个方程联立后的系数行列式必须是0,则有

图7-7 板梁边界条件图式

$$\begin{vmatrix} 0 & 1 & 0 & 1 \\ 0 & \alpha_1^2 & 0 & -\alpha_2^2 \\ \sinh(\alpha_1 l) & \cosh(\alpha_1 l) & \sin(\alpha_2 l) & \cos(\alpha_2 l) \\ \alpha_1^2\sinh(\alpha_1 l) & \alpha_1^2\cosh(\alpha_1 l) & -\alpha_2^2\sin(\alpha_2 l) & -\alpha_2^2\cos(\alpha_2 l) \end{vmatrix} = 0$$

同样用5.7节里的行列乘法规则可得

$$(\alpha_1^2 + \alpha_2^2)\sinh(\alpha_1 l) \cdot \sin(\alpha_2 l) = 0 \tag{7-19}$$

$(α_1^2 + α_2^2)$ 和 $\sinh(α_1 l)$ 不能是零,结果有屈曲条件式:

$$\sin(α_2 l) = 0 \Rightarrow α_2 l = nπ, n = 1,2,3\cdots \quad (7\text{-}20)$$

$α_2$ 里包括弯矩 M,同柱的解法一样,最小的 M 对应屈曲弯矩。

$n = 1$ 时,由式(7-18)可求出:

$$M_{cr} = \frac{π}{l}\sqrt{EI_y GJ}\sqrt{1 + \left(\frac{π}{l}\right)^2 \frac{EI_w}{GJ}} \quad (7\text{-}21)$$

由式(7-21)看出,横向(弱轴)的弯曲刚度 EI_y 和扭转刚度 GJ 越小,或者横向支撑点间距 l 越大,横向屈曲弯矩 M_{cr} 就越小。如果考虑屈曲前的面内变形,求解最小势能方程就有下列的精确解存在,I_z 是强轴方向弯曲刚度。

$$M_{cr} = \frac{π}{l}\sqrt{\frac{EI_y GJ}{1 - (I_y/I_z)}}\sqrt{1 + \left(\frac{π}{l}\right)^2 \frac{EI_w}{GJ}} \quad (7\text{-}22)$$

代入式(7-14)可求出:

$$\left[\frac{EI_w n^4 π^4}{l^4} + \frac{GI_t n^2 π^2}{l^2} - \frac{m_x^2}{FI_y}\right]C_3 \sin\frac{nπx}{l} = 0$$

对任意 x,上式成立,$C_3 \neq 0$

$$\frac{EI_w n^4 π^4}{l^4} + \frac{GI_t n^2 π^2}{l^2} - \frac{M_x^2}{EI_y} = 0$$

M_x 即 M_{cr},$n = 1$ 时,

$$M_{crx} = \frac{π^2 EI_y}{l^2}\sqrt{\frac{I_w}{I_y}\left(1 + \frac{GI_t l^2}{π^2 EI_w}\right)}$$

前面讲过在考虑屈曲稳定问题时,一般都是在变形后的状态上建立平衡方程。工程上一般不考虑 I_z 对应的初期强轴(竖向)变形。

7.2.3 等价换算弯矩

对于梁的问题,一般是有很多弯矩沿梁长度变化的情况,Bleich 的经典解对有对称性的构件,其剪切中心的 x 方向变形为 u,y 方向为 v,那么当梁端条件为

$z = 0$ 时,$EI_y \ddot{v} = -M_{x0}$;$z = L$ 时,$EI_y \ddot{v} = -M_{xL}$。

梁的轴向平衡式为

$$EI_y \ddot{v} = p \cdot e \quad (7\text{-}23)$$

这样就有

$$\ddot{v} = -\frac{M_{x0}}{EI_y}\left(1 - \frac{Z}{L}\right) - \frac{M_x}{EI_y}\left(\frac{Z}{L}\right) - \frac{PLZ}{2EI_y}\left(1 - \frac{Z}{L}\right) \quad (7\text{-}24)$$

这里不考虑轴力设 $P = 0$,$M_{x0} = M_x > M_{xL} = kM_x$,那么

$$\ddot{v} = -\frac{M_x}{EI_y}\left[1 - (1-k)\frac{Z}{L}\right] \quad (7\text{-}25)$$

一般化弯曲

$$F_2 = M_x\left[1 - (1-k)\frac{Z}{L}\right] \quad (7\text{-}26)$$

$$F_3 = 2β_y F_2 = M_y\left[1 - (1-k)\frac{Z}{L}\right] \quad (7\text{-}27)$$

通过能量法推导,包含平均回转角 $φ$ 的平衡方程成立如下(鉴于推导过程繁杂且只为解

释等价换算弯矩的概念,因此未给出推导过程)

$$EI_w \dddot{\phi} - (F_3 + GJ)\ddot{\phi} - F_3\phi - \frac{F_2^2}{EI_x}\left(1 - \frac{I_x}{I_y}\right)\phi = 0 \tag{7-28}$$

解出的屈曲弯矩为

$$M_{xcr} = C_1 EI_x \left(\frac{\pi}{L}\right)^2 \left[C_3\beta_y \pm \sqrt{(C_3\beta_y)^2 + \frac{EI_w + GJ(l/\pi)^2}{EI_x}}\right] \tag{7-29}$$

式中:$C_1^2 = \dfrac{6\pi^2}{2\pi^2(1+k+k^2) - 3(1-k)^2}$;$C_3 = \dfrac{(1+k)}{2}C_1$。

将大弯矩端的 M_{x0} 达到屈曲时定义为梁的屈曲弯矩。在弯矩均匀不变时,若 $C_1 = 1$,则大弯矩端的弯矩值 M_{x0} 的 $1/C_1$ 倍即为等价弯矩 M_{eq},认为此时屈曲发生。M_{eq} 就是等价换算的弯矩值,$M_{eq} = C_m M_x$,$C_m = 1/C_1$。

计算 C_1 后,可以通过完全回归分析拟合出下式:

$$C_m = \sqrt{0.2827 + 0.4347k + 0.2827k^2} \tag{7-30}$$

先后有多名学者推定了 C_m 的公式,图 7-8 是 C_m 的概要形状,分别如下:

Austin 曲线:$C_m = 0.6 + 0.4k \geq 0.4$;Salvadori 曲线:$C_m = \dfrac{1}{1.75 - 1.05k + 0.3k^2}$;Massonnet 曲线:$C_m = \sqrt{0.3 + 0.4k + 0.3k^2}$。

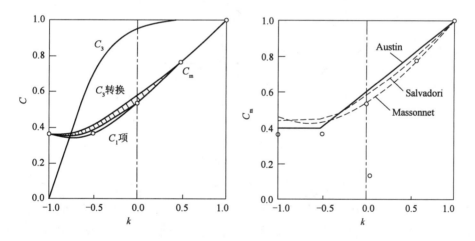

图 7-8　不同学者推导的 C_m 概要形状

7.2.4　钢板梁的横向屈曲计算

Bleich 传统理论的总势能公式,是研究偏心轴力和均布横向荷载下单轴对称薄壁构件的经典解法。在处理下述问题时可通过最小势能理论 $\partial \Pi / \partial z = 0$,设定其问题的各种边界条件来求解。工程上的实际问题,例如梁的横向屈曲问题是梁的横向稳定 M_{cr}:推算出面内弯矩分布(M_1/M_2),计算面外屈曲修正系数 C;柱的附加弯矩问题是柱的偏心稳定 P_{cr}:推算出弱轴压力水平(P/P_E),计算弱轴扩大修正系数 C。

由 Bleich 经典理论按横向荷载为均匀分布,推出的屈曲荷载的弯矩公式对于梁而言,强弱轴的刚性差很大（$I_z \gg I_y$），所以，实用的计算式是式(7-32)。在工程中,梁的弯矩是不可能均等的,特别是连续梁的情况下,会出现反弯点,也就是连受压区和受拉区也在变化。这种情况下,严格来讲对不同的①外力形式(集中、分布),②作用位置,③梁边界条件都要一一用传统理论解出精确解。工程上把条件①和②回归成比较容易使用的系数 C 的公式,主要根据梁端弯矩的作用方式和大小比例来计算,取 $x = M_2/M_1$,近似为:

二次式
$$C = 1.75 + 1.05x + 0.3x^2 \leq 2.56 \qquad -1 \leq x \leq 1 \qquad (7\text{-}31)$$

更简单的一次式
$$1/C = 0.6 + 0.4x \geq 0.4 \qquad -1 \leq x \leq 1 \qquad (7\text{-}32)$$

C 为横向屈曲修正系数,曲线式和比例计算的直线式如图 7-9 所示,$C \leq 2.56$ 基本就满足所有实际工程的范围,则横向屈曲弯矩的一般表现式为:

$$M_{cr} = C \left(\frac{\pi}{k_y l} \right) \sqrt{EI_y GJ} \sqrt{1 + \left(\frac{\pi}{k_y l} \right)^2 \frac{EI_w}{GJ}} \qquad (7\text{-}33)$$

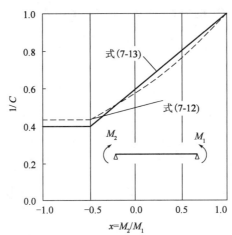

图 7-9 弯矩不同时的修正系数

C 根据梁的弯矩反弯点的有无取其正负号,注意这里有扭转和剪切两项存在。

这里的 k_y 和 k_z 分别是梁的强弱轴方向的有效屈曲系数,这个系数与柱杆件的定义相当,取决于边界支承条件:两端简支 $k_y = k_z = 1.0$;一端固定一端简支 $k_y = k_z = 0.7$;两端固定 $k_y = k_z = 0.5$。在 M_1 和 M_2 的取法上,绝对值大的为 M_1,图 7-10 中,$M_0 > M_1$ 时 $C = 1$。

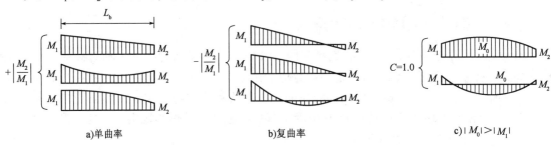

图 7-10 弯矩不同下的修正系数

针对图 7-11 的单轴对称 I 形截面，I_y 可以简单求得，下面给出包括剪切中心距离 e 和扭剪（翘曲）惯性矩 I_w，以及纯扭（圣维南）惯性矩 J 的计算式。

剪切中心距离：$e = \dfrac{e_2 I_2 - e_1 I_1}{I_1 + I_2}$；扭转惯性矩：$J = \dfrac{1}{3}\sum_1^3 b_i t_i^2$；扭剪惯性矩：$I_w = \dfrac{b_3^2 I_1 I_2}{I_1 + I_2}$。其中：$I_1$，$I_2$ 分别为两个翼缘各自对 y 轴的截面二次惯性矩 $tb^3/12$。

钢板梁为单体时，特别是悬臂梁的情况下横向屈曲稳定计算是非常重要的，吊车梁一般是单体结构，钢板梁架设时也是单体，梁的横向稳定问题比较突出；吊车梁设计大部分基于挠度控制；而板梁桥的单体梁架设时需要设置足够的横向支撑来保证板不超过屈服应力。

钢板梁在上下翼缘荷载不同的情况下，其横向屈曲应力也不同：下承式桥的屈曲弯矩有降低的倾向，横向连接需要加强；逆 π 形开口截面钢板梁桥整体的抗扭刚度较低，而且剪切中心(s)的位置很低，横向倾倒（非弹性屈曲）需要特别注意（图 7-12）；残余应力和不可恢复的变形都会较大地影响梁体的承载力。所以，无论在加工和运输，特别是架设过程中，抗横向倾覆的对策必不可少。《道路桥示方书》里将架设时横梁之间的主梁横向屈曲作为重要的施工设计内容，按照《钢构造架设设计施工指针》进行稳定验算，需满足最大弯矩 $M_{\max} \leqslant M_{cr}/1.35$。

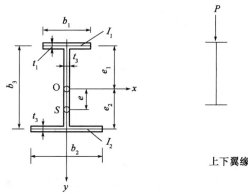

图 7-11 单轴对称 I 形截面

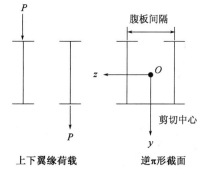

图 7-12 钢板梁受荷及逆 π 截面图式

7.2.5 考虑横向屈曲的弯曲压应力 σ_{cud}

对于 I 轴对称的开口截面形式受压构件，要特别注意其弱轴方向受弯情况下的屈曲应力，在 6.4 节介绍了考虑局部屈曲影响的构件容许压应力 $\sigma_a = \sigma_{ag}(\sigma_{ea}/\sigma_{ya})$，$\sigma_{ea}$ 是加劲后钢板的容许压应力。这种简单的验算耦合屈曲方法在 4.2 节已作了详细介绍，同样它也可以应用在横向屈曲强度的验算上，这里只要给出考虑横向屈曲构件的抗压强度 σ_{cud} 就可以了。

横向屈曲抗压强度：

$$\sigma_{cud} = \frac{\sigma_{cr}}{\nu} \tag{7-34}$$

式中：ν——安全系数。

由式(7-21)可以看出，弹性横向屈曲应力 σ_{cr} 是由圣维南的纯扭应力 σ_{crv} 与翘曲的纯剪应

力 σ_{crw} 组成的,即

$$\sigma_{cr} = \frac{M}{Z} = \sqrt{[\sigma_{crv}]^2 + [\sigma_{crw}]^2} = \sqrt{\left(\frac{\pi}{l}\right)^2 \frac{EI_y GJ}{W_c^2} + \left(\frac{\pi}{l}\right)^4 \frac{EI_y EI_w}{W_c^2}} \quad (7\text{-}35)$$

式中:W_c——受压侧的抗弯截面系数,$W_c = I_g/I_{yc}$。

式(7-35)中定义 $k = l\sqrt{GJ/EI_w}$ 为扭转常数比,是 GJ 与 EI_w/l^2 的比的平方根,这个比在开口截面的 I 形梁里非常小,工程上可以省略不计,而计算出的界限值 σ_{cr} 稍小一些偏于安全,这样有:

$$\sigma_{cr} \approx \frac{\pi^2 E}{l^2 W_c} \sqrt{I_y I_w} \quad (7\text{-}36)$$

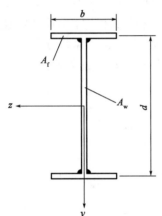

图 7-13 双轴对称 I 形截面

图 7-13 所示为双轴对称 I 形截面,腹板和其中单侧翼缘的截面积为 A_w,A_f,翼缘宽为 b,梁高为 d,工程上下列的计算方法成为定型:

$$I_z \approx \frac{d^2}{2}\left(A_f + \frac{A_w}{6}\right), \quad I_y \approx \frac{b^2}{6}A_f, I_w \approx \frac{d^2}{4},$$

$$I_y \approx \frac{b^2 d^2}{24}A_f, W_c \approx \frac{I_z}{d/2} \approx d\left(A_f + \frac{A_w}{6}\right),$$

则有

$$\sigma_{cr} = \frac{\pi^2 E}{4\left(3 + \frac{A_w}{2A_f}\right)\left(\frac{l}{b}\right)^2} \quad (7\text{-}37)$$

无量纲化,由 $\sigma_{cr}/\sigma_y = 1/\alpha^2$ 可得

$$\alpha = \frac{2}{\pi}\sqrt{3 + \frac{A_w}{2A_f}}\sqrt{\frac{\sigma_y}{E}}\left(\frac{l}{b}\right) \quad (7\text{-}38)$$

用式(4-33)中等价长细比参量 λ 的概念,λ 是受压翼缘固定点间距 l 与受压翼缘宽 b 的比(l/b)的函数;弹性横向屈曲的临界应力也可以用欧拉形式的等价长细比 α 来表示。

另外,腹板与受压翼缘的截面积比 A_w/A_f 与 d 存在函数关系,其中 l/b 相当于柱的长细比。

钢板梁的横向屈服只有在比较大的竖向弯矩作用下才发生。下面分析钢板梁腹板的情况,当接近它的承载力时,荷载增加使翼缘超过屈服点时,截面的屈服区域向腹板扩展。腹板对抵抗弯矩的贡献并非很大,钢板梁腹板很薄,而且制造上的初期变形又不可避免,较大的面内弯矩下受压侧腹板会产生较大的面外挠度,这是实际面外变形的主要原因。这样平截面假定已经不完全成立,导致正应力不再是直线分布,如图 7-14 所示,最终是受压侧弯曲变形部分的正应力消失,试验也充分证明了这一点。使用材料力学知识如何去评价是一个问题,而这里一般的实用方法就是消去应力不发生部分的腹板抗力而只计算腹板接近翼缘的有效部分的抗力。

图 7-15 所示,受压影响范围包括翼缘和腹板高的 1/6,也就是 $A_f + A_w/6$ 作为截面的受压部分参与横向弯曲屈曲的计算,这部分的 y 轴抵抗二次惯性矩近似为 $I_y \approx b^2 A_f/12$,回转半径为:

$$r \approx \sqrt{\frac{b^2 A_f/12}{A_f + A_w/6}} = b / \sqrt{12\left(1 + \frac{A_w}{6A_f}\right)} \tag{7-39}$$

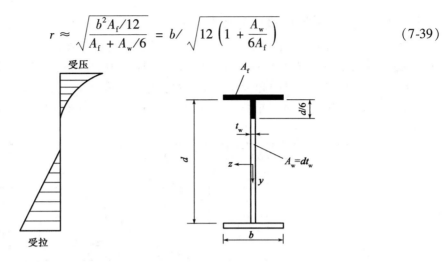

图 7-14　腹板的应力分布　　　　图 7-15　I 形截面有效区

进而可求得横向屈曲压缩应力 σ_{cr}，即式(7-37)。

与式(7-38)类似，是近似计算的结果，但在各种设计程序中都是统一这样使用的。

需要注意的是，式(7-38)的 l 不是梁的跨径长或构件长，而是受压翼缘固定点间的距离。固定点是指对梁的横向屈曲有效约束的横向构件的设置点，当受压翼缘全部由桥面板固定支承条件下取 $l=0$，这时 l/b 非常小，钢材的屈服点可以作为横向屈曲强度来计算 $\sigma_{cr} = \sigma_y$。如果真有横向屈曲发生，l/b 在较小的领域内也发生非弹性屈曲，残余应力和初期变形的影响比较显著，工程上对此需要预先作构造规定。

《道路桥示方书》里通过既往很多的试验，给出了横向约束的下限值作为基准承载力来控制弯曲压应力，新《道路桥示方书》(H29)中分项系数法的极限应力状态设计里，作为由弯曲压缩而产生的横向屈曲压应力的特性值，其整体屈曲修正系数 ρ_{brg} 的计算式如下：

$$\rho_{brg} = \frac{\sigma_{cr}}{\sigma_y} = \begin{cases} 1.0 & \alpha \leq 0.2 \\ 1.0 - 0.412(\alpha - 0.2) & \alpha > 0.2 \end{cases} \tag{7-40}$$

其中 α 计算式见式(7-38)。

但当 $A_w/A_f \leq 2$，也就是 $2A_f > A_w$ 时，取 $2A_f = A_w$ 计算。

把 ρ_{brg} 乘以抵抗系数等作为弯曲压应力的限制值使用：

$$\sigma_{cud} = \xi_1 \xi_2 \Phi \rho_{brg} \cdot \sigma_y \tag{7-41}$$

式(7-41)中抵抗系数 $\Phi = 0.85$，解析系数 $\xi_1 = 0.9$，构造系数 $\xi_2 = 1.0$。ρ_{brg} 与等价长细比参量 α 的关系如图 7-16 所示。

式(7-40)以 $\alpha \leq \sqrt{2}$ 为上限，防止板缘应力低下，而当 $\alpha > \sqrt{2}$ 时采用屈曲理论式(7-38)，虽然称之为抗力设计法，这样的事先构造规定还很多，特别是屈曲方面，试验经验式来的承载力曲线是设计的基本。式(7-38)的承载力关系也常用在柱和梁的弱轴弯压应力验算中，这里的 α 是杆件的长细比参量。

以上的考察看出，横向屈曲的决定因素是参量 α 中的 $\sqrt{3 + A_w/2A_f}\left(\frac{l}{b}\right)$，只和实际几何

尺寸材料性能 $\sqrt{\sigma_y/E}$ 有关，最后由无量纲的 α 参量来决定强度比 σ_{cr}/σ_y，$\sqrt{2}$ 以上是双曲线 $1/\alpha^2$，而大多数试验值都在双曲线之下的位置，这实际是残余应力导致强度低，式(7-40)比例直线是试验值的下限值。这种横向屈曲实际有弹塑性行为的考虑，所以，《道路桥示方书》的容许应力法设计中，弹塑性横向倾倒屈曲应力的安全系数取 1.7，用 $\sigma_{cud}=\sigma_{cr}/1.7$ 作为容许弯压应力，式(7-40)是用于验算强轴方向受弯引起的弱轴方向的构件整体横向屈曲。

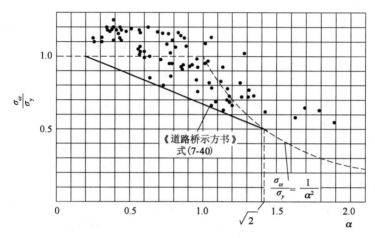

图 7-16　焊接梁的基准承载力曲线和试验值

对开口截面构件或者部分开口截面的构件，就存在有构件整体屈曲和截面局部屈曲的两种破坏形态。当然两者的耦合屈曲理论上是有可能发生的。开口截面的稳定问题有两个，一个是局部的扭转屈曲，设计上提高截面的回转半径后，一般是不会发生这种屈曲的。另一种是构件整体的横向屈曲也正是本节重点介绍的，开口截面构件必须要验算的破坏形态。这里的问题实际是发生在薄壁构件的剪切变形上，薄板上的剪切流是 $\tau\cdot t$，而精确地计算板的剪切变形非常难，因此，实腹截面在设计上一般就不考虑剪切变形。板的剪切屈曲力是 $\tau_y=\sigma_y/\sqrt{3}$ 相对正应力比较小，如果是非对称的开口截面，其剪切中心又不是截面形状中心，强度和变形都变得非常复杂。

在计算钢板梁容许压应力时，一方面要以杆件整体弯曲屈曲（弱轴横向屈曲模式）计算出其不考虑局部屈曲的容许应力值 σ_{brg}，另外还要以三边支承板模型计算出受压翼缘的局部屈曲容许应力值 σ_{cal}，设计上这两种状态都要验算，方法将在第 7.3.3 节进行阐述。

7.3　钢板梁的弯曲强度

前文已介绍了钢板的屈曲（第 5 章）、加劲板的计算（第 6 章），本节介绍钢板梁桥的重要主梁——钢板梁的屈曲强度，实际上主要是边界条件下的腹板强度问题。如图 7-17a) 和 b) 所示，纯弯曲双轴对称腹板截面的应力分布为：上缘是大小为 σ_b 的压应力，下缘是大小为 σ_b 的拉应力，中间为直线变化。

腹板横向挠度为图 7-17c) 中的 ω，图 c) 为弯曲下的平衡状态。弯矩逐渐增加后有图 d) 中的面外变形，初期没有腹板挠度的话，完全平面时应力到达屈曲应力 σ_{cr} 之前，不发生横向变形;当应力达到屈曲应力 σ_{cr} 后腹板开始不稳定,微小的面外变形就会诱导屈曲的发生,实线表示屈曲应力以上荷载对应的腹板变形。

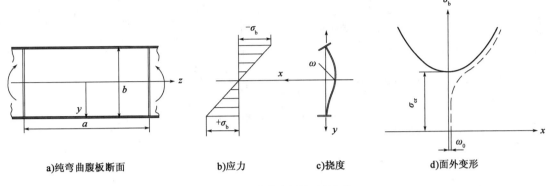

图 7-17 纯弯曲腹板的面外变形

ω 是腹板中心的挠度,实际上初期变形是 0,在达到屈曲应力时,横向挠度并不急速出现,而是随着应力的增加,挠度逐渐呈曲线分布。现实中一定有初期挠度问题,设计基准上应用的是无视初期挠度的完全平面理论,板的屈曲应力在第 5 章讲过,一般板的屈曲应力公式见式(5-43)。

7.3.1 翼缘的垂直屈曲

7.2.5 里讲述了梁横向屈曲后腹板与翼缘连接部的变形行为。图 7-18 的状态正是 7.1 节叙述的①模态,即受压翼缘向腹板内垂直屈曲的现象。钢板梁在大弯矩作用下,应力分布如图 7-19 所示,试验结果的压力用实线表示。受压翼缘的应力接近屈服应力时,因为腹板非常薄,初期挠度也不可避免,腹板压缩侧的应力比理论值小得多,无法承受过大的力。所以减小的部分应力让翼缘来承担,设计上都认为腹板面积的有效部分为 $A_w/6$。

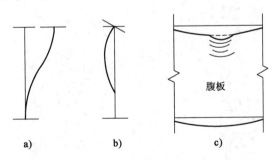

图 7-18 受压翼缘的局部屈曲

纯弯钢板梁的强度,最终是受压翼缘作为柱来承担,需要考察翼缘柱的屈曲、屈服及崩塌行为。图 7-20b)为翼缘柱的 3 个屈曲模态,横向屈曲Ⓔ和Ⓕ在 7.2 节里已经叙述了,是通过容许压应力的设定来防止的,而受压翼缘的局部屈曲是通过自由边的板的宽厚比规定来限制的。

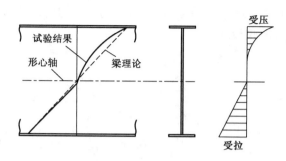

图7-19 纯弯曲状态的应力分布

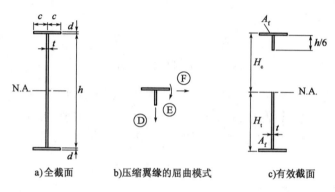

a)全截面　　b)压缩翼缘的屈曲模式　　c)有效截面

图7-20 工字钢板梁

翼缘的垂直面外屈曲,也就是向腹板面内的屈曲,这种现象可以在图7-21中有直观的理解。图7-21为试验梁的垂直屈曲,发生弯曲的钢板梁翼缘的曲率在腹板上产生垂直压力,其最大值需小于腹板的欧拉屈曲强度,通过腹板的宽厚比来控制。试验发现,如果腹板的抵抗强度低于垂直压力,纯弯曲的梁将发生受压翼缘的崩坏现象。

图7-21 试验梁受压翼缘垂直屈曲

如图7-22所示,有曲率为 ϕ 的钢板梁,图中右侧的平衡力表示钢板梁的微小部分的翼缘受力的垂直分量 $A_f \sigma_f \sin\phi$,ϕ 是微小的值,可以计算为 $A_f \sigma_f \phi$。

曲率按梁的理论,若有翼缘应变 ε_f,则有 $\varepsilon_f \cdot dx = \phi \cdot h/2$,$\phi = 2\varepsilon_f(dx/h)$。

翼缘力的垂直分量为 $\sigma_n = 2A_f \sigma_f \varepsilon_f (dx/h)$。

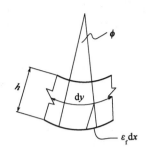
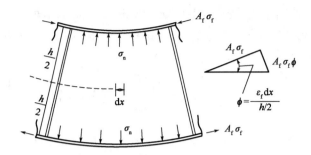

图 7-22 翼板曲率的发生和腹板压缩力

腹板的抵抗力可根据欧拉屈曲应力 σ_E 计算为:$\sigma_E \cdot t \cdot dx$,其中 σ_E 是腹板宽 dx 的一条部分的欧拉屈曲应力,屈曲系数 $k=1$ 时,$\sigma_E = \dfrac{\pi^2 E}{12(1-\nu^2)}\left(\dfrac{t}{h}\right)^2$。

由翼缘作用的垂直力 σ_n 必须小于腹板能承受的垂直抵抗力 $\sigma_E \cdot t \cdot dx$,即

$$2A_f \sigma_f \varepsilon_f \frac{dx}{h} < \frac{\pi^2 E}{12(1-\nu^2)}\left(\frac{t}{h}\right)^2 \cdot t \cdot dx \tag{7-42}$$

注意这里是假定腹板为一条单柱来抵抗外力,没有考虑板两侧的约束条件,这样得出来的 σ_E 偏小($k=1$ 的概念下),有利于安全,对高厚比关系整理后得

$$\frac{h}{t} < \sqrt{\frac{\pi^2 E}{24(1-\nu^2)}\frac{A_w}{A_f}\frac{1}{\sigma_f \varepsilon_f}} \tag{7-43}$$

式中:A_w——腹板的截面面积,$A_w = h \cdot t$。

这里应该注意的是,这种因为翼缘产生曲率而产生的竖向压弯力的过程,式(7-43)中有 $\sigma_f \varepsilon_f$,特别是 ε_f 是在翼缘弯曲压缩时产生的比较大的变形(也就是屈曲)并且有可能是材料屈服时也未能出现的翼缘的弯曲屈曲与腹板屈曲之间产生连动的效应伴随着相互的应力再分配现象出现。这种压应力不应误解为荷载传递的竖向力产生,而是翼缘弯曲屈曲产生的,显然在简支梁的跨中和连续梁的支点处是需要注意的。

对式(7-43)的两个假定:第一个是受压翼缘的残余应力分布假定。按图 7-23 所示残余应力直线分布,最大残余压缩应力的大小与残余拉伸应力的值相等,这样翼缘整体屈服所需的翼缘变形对应的应变为 ε_f,$\varepsilon_f = (\sigma_y + \sigma_r)/E$,$\sigma_r$ 为最大残余应力的绝对值。

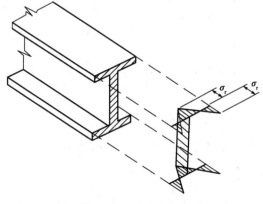

图 7-23 残余应力分布

第二个假定是通常钢板梁的腹板与翼缘截面面积比 A_w/A_f 的最小值是 0.5,焊接钢板(未包括轧制 I 型钢)的 A_w/A_f 也大都在这个范围以内。钢板梁横向屈曲的屈曲弯矩极限 M_y 也是这样控制的。M_y 按下式计算:

$$M_y = A_f \sigma_f h \left(1 + \frac{1}{6}\frac{A_w}{A_f}\right) \tag{7-44}$$

这样残余应力:$\sigma_{r压} = \sigma_{r拉}$,$\varepsilon_f = (\sigma_y + \sigma_r)/E$;面积比:$\frac{A_w}{A_f} \geq 0.5$;泊松比:$\nu = 0.3$。

梁在翼缘垂直屈曲之前,其应力 σ_f 达到屈服点的条件为

$$\frac{h}{t} < \sqrt{\frac{\pi^2 E}{24(1-0.3^2)} \times 0.5 \frac{E}{\sigma_y(\sigma_y+\sigma_r)}} = \frac{0.48E}{\sqrt{\sigma_y(\sigma_y+\sigma_r)}} \tag{7-45}$$

这里 σ_y 是翼缘的屈服应力,比如翼缘用高材质 SM50 材,腹板用 SS41 材,翼缘 $\sigma_y = 2320 \text{kg/cm}^2$,假定 $\sigma_r = 0.5\sigma_y$ 时,高厚比 $\frac{h}{t} < \frac{0.48 \times 2.1 \times 10^6}{\sqrt{2320(2320+1160)}} \approx 360$。

这正是 4.1 节图 4-3 中 C 点的位置。本节内容是翼缘的屈曲,实际计算上不是腹板加载下的纯压屈曲问题,而变形产生的根本原因是截面的弯曲应变 ε_f。

从结果上看,腹板高 2.7m 时的板厚要在 7.5mm 以上,也就是《道路桥示方书》最小腹板厚的规定。这是不考虑加劲肋的条件下,钢板梁一般是非紧凑截面,也就是没有达到全塑性截面来设计的。《道路桥示方书》是按照截面平截面假定基础上的宽厚比设计的主梁,图 7-24 是腹板的宽厚比与极限状态的弯矩和应力的分布,表示的是抵抗弯矩与应力状态下腹板参量的概念关系。由图 7-24 可见,翼缘的垂直屈曲只是在板端腹板很薄的情况下才发生,是以《道路桥示方书》的在 $R = 1$ 为基准条件下进行的,所以,在考虑腹板屈曲稳定的情况下,比如 DIN 4114 里并没有竖向受压板的规定,也就是说钢板梁一般只考虑梁轴向的腹板正应力行为;但如果使用较大的宽厚比参量 $R > 2$,就需要考虑板屈曲后强度的评价。

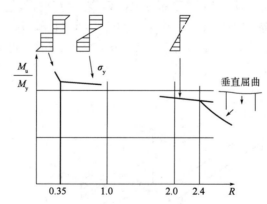

图 7-24 腹板宽厚比与极限状态下的弯矩和弯曲应力

7.3.2 翼缘的水平屈曲

7.2.5 节中已经讲述了钢板梁的横向屈曲计算,图 7-20 的Ⓕ模态就是 I 形截面的横向屈

曲模态行为。这里把腹板的有效高度假定为 $h/6$,翼缘的水平屈曲问题也就成了 T 形柱的水平屈曲问题。将翼缘的应力假定为 σ_f,T 形柱的轴向力 P 为 $\sigma_f(A_f+1/6A_w)$,绕竖直轴的截面二次惯性矩只考虑翼缘的截面弯曲惯性矩 I_f,这时根据 2.3 节讲述的微小柱(图 2-12)的平衡方程可得水平弯曲屈曲方程式

$$EI\frac{\mathrm{d}^4\omega}{\mathrm{d}x^4} = -P\frac{\mathrm{d}^2\omega}{\mathrm{d}x^2} \tag{7-46}$$

很容易导出下面的平衡式:

$$EI_f\frac{\mathrm{d}^4\omega}{\mathrm{d}x^4} + \sigma_f\left(A_f+\frac{1}{6}A_w\right)\frac{\mathrm{d}^2\omega}{\mathrm{d}x^2} = 0 \tag{7-47}$$

式中:ω——由于翼缘柱的屈曲而产生的翼缘水平方向的变形。

式(7-47)二次积分计算后可得

$$EI_f\frac{\mathrm{d}^2\omega}{\mathrm{d}x^2} + \sigma_f\left(A_f+\frac{1}{6}A_w\right)\omega + C_1x + C_2 = 0 \tag{7-48}$$

在讨论翼缘作为自由边的短板时,常以板面内两端固定的条件 $\mathrm{d}\omega/\mathrm{d}x=0$ 来考虑,也是翼缘柱在水平方向的边界条件。一般固定点间距远大于 b,翼缘柱的支承条件安全起见假定为两端简支柱形式,也就是,$\left[\frac{\partial^2\omega}{\partial x^2}\right]_{x=0}=0,[\omega]_{x=0}=0;\left[\frac{\partial^2\omega}{\partial x^2}\right]_{x=l}=0,[\omega]_{x=l}=0$。

有 $C_1=C_2=0$,这样方程简化为

$$EI_f\frac{\mathrm{d}^2\omega}{\mathrm{d}x^2} + \sigma_f\left(A_f+\frac{1}{6}A_w\right)\omega = 0 \tag{7-49}$$

式(7-49)与 2.2 节的压杆屈曲的方程完全相同。

令 $k=\sqrt{\dfrac{\sigma_f\left(A_f+\dfrac{1}{6}A_w\right)}{EI_f}}$,式(7-49)的解为 $\sin(kl)=0,kl=\pi,2\pi,3\pi,\cdots$。

取 $kl=\pi$,则屈曲应力 σ_{cr} 为

$$\sigma_{cr} = \frac{\pi^2 E}{l^2}\frac{I_f}{A_f+\dfrac{1}{6}A_w} \tag{7-50}$$

改成一般形式 $\sigma_{cr}=\dfrac{\pi^2 E}{(l/r)^2}$,二次回转半径 r 由式(7-39)计算。

看得出与 7.2.5 节的推导结果一样的,并没有考虑扭转的部分,实际就是两端简支的纯压板面屈曲。在《道路桥示方书》曾经一直使用翼缘柱长细比(l/r)概念下的长细比参量 λ,作为翼缘水平屈曲曲线的承载力基准。图 7-25 是旧《道路桥示方书》曾经使用的横向屈曲曲线。

《道路桥示方书》规定自由伸出宽度应小于板厚的 16 倍,而宽厚比参量的临界值是 0.7。

$$\lambda = \frac{l}{r}\sqrt{\frac{\varepsilon_y}{\pi^2}} = l\sqrt{\frac{\varepsilon_y}{\pi^2}\frac{A_f+1/6A_w}{I_f}} \tag{7-51}$$

图 7-25 的曲线表示式(横向屈曲)实际按新《道路桥示方书》规定得出,即

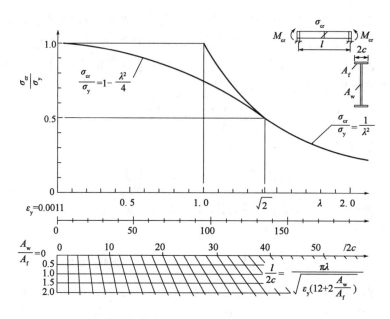

图 7-25 旧《道路桥示方书》横向屈曲曲线

$$\begin{cases} \dfrac{\sigma_{cr}}{\sigma_y} = 1 - \dfrac{\lambda^2}{4} & 0 < \lambda \leq \sqrt{2} \\ \dfrac{\sigma_{cr}}{\sigma_y} = \dfrac{1}{\lambda^2} & \sqrt{2} < \lambda \end{cases} \qquad (7\text{-}52)$$

公式同样是表示着弹塑性领域的下限值,这里横轴 A_w/A_f 表示长宽比的比例关系概念,新《道路桥示方书》里是采用了东海钢构造研究组的试验结果,考虑了焊接钢板梁的残余变形而推定的基准承载力,使用式(7-40)作受压截面的水平屈曲验算。

在抗震或者架设过程的验算中要计算钢板梁的横向屈曲,首先遇到的是特征值分析和基准承载力曲线中屈曲参量的计算问题,通过特征值直接算出弯矩发生值,不必再求有效屈曲长,其验算流程见图 7-26。《道路桥示方书》构件整体屈曲的承载力按式(7-40)进行直接验算。

7.3.3 翼缘的扭转屈曲

式(7-35)考虑了圣维南纯扭应力 $\sigma_{cr(v)}$,其中,考虑弯扭比例的扭转常数比 $k = l\sqrt{\dfrac{GJ}{EI_w}}$。对于钢板梁的截面(图 7-27),其扭转常数比 k 非常大,《道路桥示方书》里 $k > 10$ 时,其对应的应力可以忽略不计。所以,钢板梁的横向屈曲检验时没有考虑翼缘柱的扭转问题而是验算加载面内弯矩而发生的面外弱轴方向的翼缘局部屈曲。

实际上,如果不考虑薄腹板的约束,翼缘的扭转则为较长单边支承下受压板的局部屈曲问题。图 7-28 是腹板支持下一端简支、另一端自由的板在纯压状态下的翼缘局部面外屈曲示意图。翼缘的伸出宽度 b 与板厚 t 的关系由式(5-43)可得

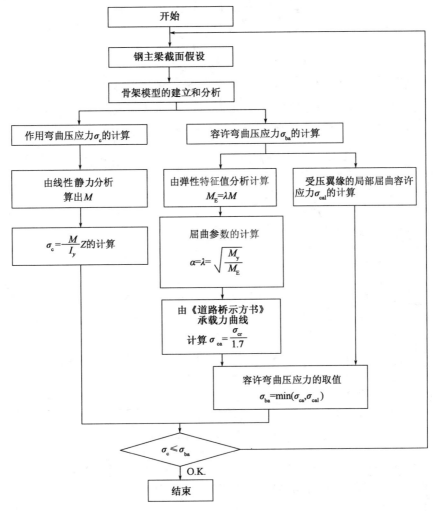

图 7-26 抗震及架设过程中钢板梁横向屈曲计算流程

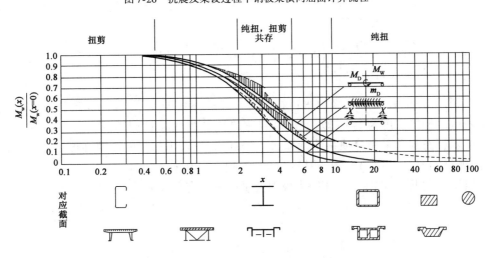

图 7-27 扭转常数比(Kollbrunner/Basler: "Torsion", Springer, 1966)

$$\sigma_{\text{cr}} = \frac{k\pi^2 E}{12(1-\nu^2)} \left(\frac{t}{b}\right)^2, \sigma_y = \varepsilon_y \cdot E$$

$$\frac{\sigma_{\text{cr}}}{\sigma_y} = \frac{\pi^2 k}{12(1-\nu^2)\varepsilon_y} \left(\frac{t}{b}\right)^2 = \frac{1}{R^2} \tag{7-53}$$

由表 6-1 可知，$k = 0.425 + 1/\alpha^2$ 与 $\alpha = l/c$ 有关系，一般的是按长板考虑 $k = 0.425$。曲线是在 $R = 0.45$ 附近开始考虑非弹性领域翼缘的应变硬化，而残余应力存在于 $R = \sqrt{2}(\sigma_{\text{cr}}/\sigma_y) = 1/2$ 处的范围，通过这两个点土木学会定下了基准承载力曲线，如图 7-29 所示。

$$\begin{cases} \dfrac{\sigma_{\text{cr}}}{\sigma_y} = 1 - 0.53(R - 0.45)^{1.36} & 0.45 < R \leqslant \sqrt{2} \\ \dfrac{\sigma_{\text{cr}}}{\sigma_y} = \dfrac{1}{R^2} & \sqrt{2} < R \end{cases} \tag{7-54}$$

式中：$R = \dfrac{b}{t}\sqrt{\dfrac{12(1-\nu^2)\varepsilon_y}{\pi^2 k}}$。

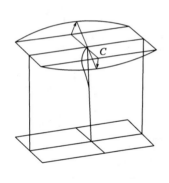

图 7-28 扭转与翼缘的屈曲

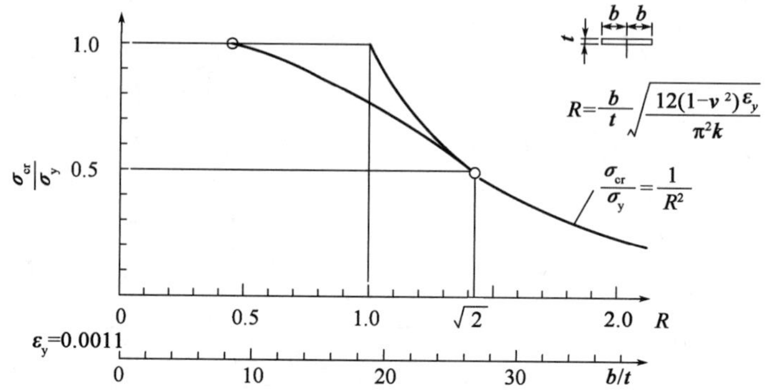

图 7-29 翼缘的扭转屈曲

为防止翼缘出现扭转屈曲，板的局部屈曲的临界长宽比是：

$$\begin{cases} \dfrac{l}{b} > \dfrac{2.9}{\sqrt{1 + \dfrac{1}{6}\dfrac{A_w}{A_f}}} \cdot \dfrac{b}{t} & \text{弹性范围} \dfrac{b}{t} > 26 \\ \dfrac{l}{b} > \dfrac{80}{\sqrt{1 + \dfrac{1}{2}\dfrac{A_w}{A_f}}} \left(0.053 \dfrac{b}{t} - 0.45\right)^{0.68} & \text{非弹性范围} \dfrac{b}{t} < 26 \end{cases} \tag{7-55}$$

《道路桥示方书》H29 对翼缘的扭转看成为非线性不可逆变形，当作极限状态 3 的验算对象，规定了自由伸出宽度为 1/16 以内，其临界宽厚比 R 为 0.7，同时，对高性能 SBHS 钢材也作了规定，极限状态验算采用分项系数计算法。$R \leqslant 0.7$ 时采用材料的屈服强度 σ_y，而高强度钢材以外的钢材的安全（富余）系数的基准是 1.0，如图 7-30 所示。

《道路桥示方书》局部屈曲的压应力极限值是按三边支承板考虑的：

$$\sigma_{\text{crld}} = \xi_1 \xi_2 \phi P_{\text{crl}} \sigma_y \tag{7-56}$$

$$\begin{cases} \rho_{\text{crl}} = 1.0 & R \leqslant 0.7 \\ \rho_{\text{crl}} = (0.7/R)^{1.19} & R > 0.7 \end{cases}$$

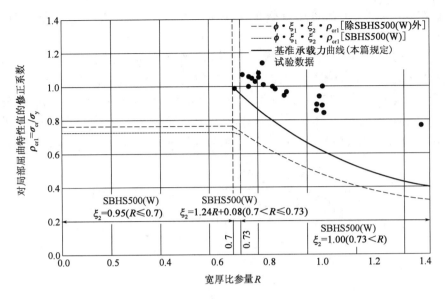

图 7-30　自由伸出板的基准承载力曲线

式中：ξ_1、ξ_2——解析和构造系数；
　　　　ϕ——抵抗系数。

实际设计中，受压翼缘首先是通过翼缘的宽厚比构造规定来防止局部屈曲，如图 7-31 所示。现行的钢板设计实际达不到全塑性弯矩水平，一般都是以翼缘屈服的 M_y 作为极限强度来设计的。所以，受压翼缘应力达到屈服点时，采用腹板全截面进行有效计算是比较普遍的设计方法。

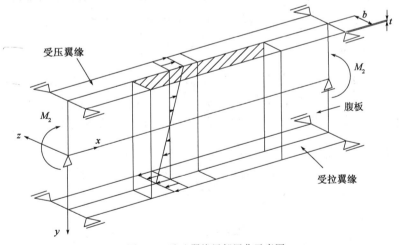

图 7-31　防止翼缘局部屈曲示意图

7.3.4　纵向加劲肋与梁的抗弯强度

钢板梁的抗弯强度主要是由翼缘的屈曲或者屈服所控制，而保持翼缘能达到足够的应力离不开腹板的支持。对于大面积腹板，采用加厚的办法来防止板的局部屈曲显然是不经济的，通常采用设置加劲肋来增大强度；但对梁的纯弯曲，横向加劲肋和纵向加劲肋哪一个更有提升抗弯强度效果,下面将通过腹板使用常用 Q235 软钢的例子来说明纵向加劲肋对抗弯强度的影响。

图 7-32 为一块长方形的四边简支板,在竖向边上作用弯曲水平应力 σ。上半部的纵向压应力能使矩形板发生屈曲,这类细长板前面已介绍,以发生 3 个半波为代表,也就形成了中间的 2 个波节线,自然把纵向分为 3 块。在 5.7 节分析过受弯板的长宽比 (a/h_0) 在 2/3 时,有最小的屈曲系数 $k=23.9$;而 (a/h_0) 超过 1.5 后,k 收敛在 24.1 左右,见表 7-1。图 7-33 的 3 个半波模态是具有普遍性的。因此,四边简支条件下的矩形板弯曲屈曲系数一般是在 $\alpha=2/3$ 时最小。

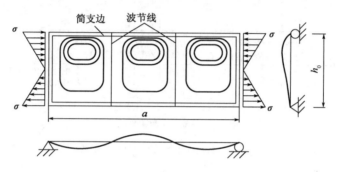

图 7-32 弯曲应力作用下板的屈曲

受压板的屈曲系数 k 值 表 7-1

a/h_0	0.4	0.5	0.6	0.667	0.75	0.8	1.0	1.33	1.5
k	29.1	25.6	24.1	23.9	24.1	24.4	25.6	23.9	24.1

由式(7-35)计算板的临界应力,其中 $\nu=0.3$,$E=206\times10^3\,\text{N/mm}^2$,则可得 $\sigma_{cr}=18.6k\left(\dfrac{t_w}{h_0}\right)^2\times10^4\,\text{N/mm}^2$。

k 值还与四边的支承条件有关,如图 7-33 所示。当非加载边简支时,$k_{min}=23.9$;非加载边固定时,$k_{min}=3.6$。在图 7-32 的波节线上可以认为波节线相当于腹板加劲肋的效果,这样 a 就是加劲肋的间距,h_0 是加载边的高度,在波节线上可以认为腹板处于简支状态。

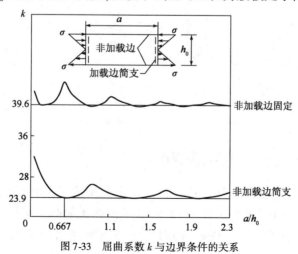

图 7-33 屈曲系数 k 与边界条件的关系

这里应用建筑吊车梁的试验结果考虑腹板与翼缘焊接属于弹性嵌固（K形对接焊缝），取弹性嵌固系数为 1.66，这样 $k=23.9\times1.66=39.67$，把 k 值代入式（7-45）可得 $\sigma_{cr}=18.6\times39.67$ $(100t_w/h_0)^2=737.8(100t_w/h_0)^2$，取 $\sigma_{cr}=735(100t_w/h_0)^2$。

$\sqrt{235/\sigma_y}$ 是不同钢材等级的修正，σ_y 为屈服点。根据腹板的受弯屈曲不先于屈服破坏的原则，即 $\sigma_{cy}\geq\sigma_y$，可得出：$h_0/t_w\leq 177\sqrt{(235/\sigma_y)}$，取 $h_0/t_w\leq 170\sqrt{235/\sigma_y}$。

当 $h_0/t_w\leq 170\sqrt{(235/\sigma_y)}$ 时，腹板发生抗弯强度的破坏模式而不是几何的屈曲破坏，当然也不可能出现屈曲后强度利用问题。如果要使腹板达到 $h_0/t_w>170\sqrt{(235/\sigma_y)}$，那么，设置加劲肋是最好的方法，针对水平正应力的弯曲，当然是要设置纵向加劲肋，而对竖向分布的压应力，只有把加劲肋设置在受压区才会真正提高腹板的临界应力 σ_{cr}。上述理论和多数的试验表明，设置纵向加劲肋对梁的抗弯强度有较大的提高，后面再作解释。对于钢板梁，纵向加劲肋可以提高梁体的抗弯曲能力，而横向加劲肋则对梁体的抗剪性能有贡献，也就是说纵向加劲肋要配置在简支梁的跨中上端，或者连续梁的支点下端，也就是受压区域，而横向加劲肋则配在支点处，即抗剪区域。

对于 I 形截面非组合钢板梁，通过理论计算，推导出采用一段纵向加劲肋设置在 $0.2h$ 处效果最佳，如图 7-34 所示，纯弯曲时的纵向加劲肋是使板的竖向作为波节线来起作用的。《道路桥示方书》规定当设置 2 段纵向加劲肋时，分别设在 $0.14h$ 和 $0.36h$ 位置。对组合钢板梁，其连续梁的跨中支点下侧受压区设置 1 段纵向加劲肋时，需要配在 0.33 倍梁高处。而且加劲肋的刚度也要求在规范值的 20 倍左右，这一点将在 7.3.6 节中作专项解释。

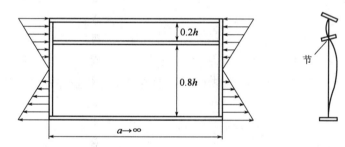

图 7-34　纯弯曲纵向加劲肋的位置

7.3.5　钢板梁的抗弯极限强度

Basler 的理论认为，钢板梁的抗弯曲极限强度并不受腹板的抗弯受压屈曲控制，而是由翼缘的屈曲或者屈服控制的。受压翼缘如果横向屈曲和扭转都通过固定点做好充分的加固，其极限弯矩 M_u 可以作为高厚比 $\beta=h/t$ 的函数表示出来，见前述的屈服弯矩公式[式（4-4）]。

如图 7-35 所示腹板高厚比 $\beta=h/t$ 比较大时，翼缘发生应力集中，图中 A 点附近表示其应力集中的分布状态，即达到屈服弯矩之前就发生了崩塌破坏现象。相反高厚比 β 比较小时，B 点附近的应力分布情况下，极限弯矩已超过屈服弯矩，并达到全塑性的极限状态。图 7-35 中的 B 点是钢材的应变硬化开始点。

$$M_P = A_f\sigma_y h\left(1+\frac{1}{4}\frac{A_w}{A_f}\right) \tag{7-57}$$

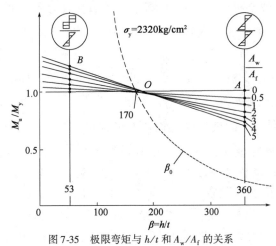

图 7-35 极限弯矩与 h/t 和 A_w/A_f 的关系

令 $\rho = A_w/A_f$,那么在 B 点处有

$$\frac{M_u}{M_y} = \frac{M_P}{M_y} = \frac{1 + \frac{1}{4}\rho}{1 + \frac{1}{6}\rho} \tag{7-58}$$

点 O 是腹板的屈服点,$M_u/M_y = 1.0$。翼缘垂直屈曲(腹板方向)的起点是 A 点,在假定横向屈曲和扭转不发生的条件下,不承担压应力的腹板不再考虑,图 7-20 的截面系数(抗弯)S_a 关系式为

$$\frac{M_u}{M_y} = \frac{S_a}{A_f h (1 + \rho/6)} \tag{7-59}$$

$$S_a = \frac{A_f h}{1 - \eta_t} \left[\eta_t^2 + \frac{\rho}{3} \eta_t^3 + (1 - \eta_t)^2 + \frac{\rho}{12} \left(\frac{23}{24} - \eta_t \right)^2 \right] \tag{7-60}$$

这里 $\eta_t = t/b$,$\rho = A_w/A_f$,t 为腹板厚,任意腹板高厚比 $\beta = h/t$ 的钢板梁,其极限弯矩是可求的。图 7-35 的 B 点对应的 β 值为 53;A 点是腹板垂直屈曲的起点,其 β 值为 360。曲线 AOB 的形状几乎就是 AB 两点的连接线,重要的是想推定式(7-59)的 M_u/M_y 与式(7-60)的截面系数 S_a,建立极限弯矩与腹板翼缘面积比 $\rho = A_w/A_f$ 的函数关系,这样假定 AB 间为直线,

$$\frac{M_u}{M_y} = 1 - \frac{1}{300 + 1200 A_f/A_w} (\beta - \beta_0) \tag{7-61}$$

式中:$\beta_0 = 170$,是 $M_u/M_y = 1.0$ 时点 O 的 β 值。

钢板梁的 ρ 值绝大多数在 $0.5 < \rho < 2.0$ 的范围内,在 $\rho < 2$ 条件下的简单式为:

$$\frac{M_u}{M_y} = 1 - 0.0005 \frac{A_w}{A_f} (\beta - \beta_0) \tag{7-62}$$

若令 $M_u/M_y = \sigma_u/\sigma_y$,则式(7-62)可变为

$$\sigma_u = \sigma_y \left[1 - 0.0005 \frac{A_w}{A_f} (\beta - \beta_0) \right] \tag{7-63}$$

式(7-63)是在假定受压翼缘的不稳定性不影响承载力得出的。如果受压翼缘有横向不稳定发生,式(7-63)中可以把 σ_y 换成横向屈曲或者扭转屈曲的屈曲应力 σ_{cr},同样极限弯矩也可能表示,如日本土木学会规定,在受压翼缘横向不稳定情况下,M_u/M_y 的计算式为

$$\frac{M_u}{M_y} = 1 - 0.0005 \frac{A_w}{A_f} \left(\frac{h}{t} - 5.7 \sqrt{\frac{E}{\sigma_y}} \right) \tag{7-64}$$

在抗弯设计上受压翼缘扭转屈曲时,现行《道路桥示方书》的方法是按 $\sigma_{cr} = \sigma_y$ 控制,而纯弯时按屈服弯矩 M_y 控制。实际设计中除非是单体梁,一般不会发生横向屈曲。

截面以屈服应力保证下的宽厚比,纯压板是 $R_{cr}=0.7$,但只保证翼缘在屈服前不会发生弹性屈曲,一般是以美国标准非紧凑截面的设计来考虑。《道路桥示方书》是在表 7-2 所示的非紧凑截面和薄壁截面范围内做的钢板梁设计,也就是最外缘压应力达到屈曲点时的弯矩作为截面的极限抵抗值。

极限状态的计算法　　　　　　　　表 7-2

截　面	截面的极限性能	分析模型
Class 1 塑性	塑性	塑性铰理论
Class 2 紧凑	塑性	弹性理论
Class 3 非紧凑	塑性 $\sigma_{边缘}=\sigma_y$	弹性理论
Class 4 薄壁	考虑局部屈曲减小,$\sigma_{边缘} \leq \sigma_u \leq \sigma_y$	
	有效宽度的使用,$\sigma_{边缘} \leq \sigma_y$	

美国桥梁规范对最大假想荷载下组合钢板梁的中间支点作为塑性构件设计时允许出现塑性铰,称为有效塑性铰,规定设计时保证其转角不超过 0.063rad。实际钢板梁制作时,要求在预拱度上作抬升调整处理。在中国的钢板组合梁中,对中间支点的钢板验算没有其他规定,还是限制在弹性屈曲的宽厚比之内。表 7-2 中的 Class 4 截面可以使用弹性有限变形分析法计算,有关内容在第 8 章讲述。

塑性全强设计的截面实际是会有材料硬化现象的发生,当然对反复荷载也会出现软化的包辛格现象,而各国并未提高硬化强度,也没有将其考虑到设计规范中。对于 H 形截面能实现塑性设计的必要宽厚比也是一个问题,这时一般是受压翼缘达到应变硬化领域来控制截面不能发生局部屈曲。

日本的组合梁计算有一个工况的荷载组合是 1.3D+2.0L,验算钢梁的屈服强度,需要考虑混凝土的干燥收缩、徐变以及温度变化所产生的 3 种内力,且规定腹板不能屈曲。

7.4 钢板梁的抗剪屈曲强度

7.4.1 剪力和剪力流

剪力一般都是与梁的弯矩同时作用的,也常说成弯曲状态的剪力,两者的关系是:

$$Q=\frac{dM}{dz} \tag{7-65}$$

如图 7-36 所示,梁体两端受弯矩与剪力共同作用,而跨中为纯弯现象,M 不变而 $Q=0$。古典剪切理论的剪应力计算式为按图 7-37 的关系从一段微小梁的应力状态推导的。y 平截面上的剪力与垂直面下段的正应力合力平衡式为 $\tau \cdot b \cdot dx = \int_A \sigma dA$,应力 σ 是弯矩增量 dM 所

产生的,而且 dM 在垂直面上并不变,将 $\sigma = \dfrac{dM}{I}y$ 代入平衡式有

$$\tau \cdot b \cdot dx = \frac{dM}{I}\int_A y dA \tag{7-66}$$

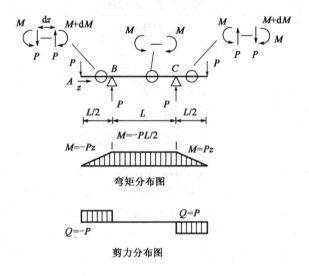

图 7-36　弯矩与剪力的关系

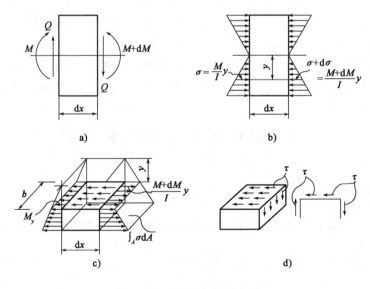

图 7-37　剪切应力与弯曲应力的关系

由图 7-38 可知,有 $\tau = \dfrac{1}{bI}\dfrac{dM}{dx}\int_A y dA, \dfrac{dM}{dx} = Q$;则有 $\tau = \dfrac{Q}{bI}\int_A y dA$,定义 $\int_A y dA$ 为截面一次弯矩,对于一般的矩形截面(图 7-38),有部分的静矩 S_1

$$\begin{cases} S_1 = \int_{y_1}^{\frac{h}{2}} yb\mathrm{d}y = \frac{bh^2}{8}\left[1 - \left(\frac{2y_1}{h}\right)^2\right] \\ \tau = \frac{QS_1}{bI_x} = \frac{3}{2} \cdot \frac{1}{bh}\left[1 - \left(\frac{2y_1}{h}\right)^2\right]Q \end{cases} \quad (7\text{-}67)$$

弯曲剪切应力 τ 呈抛物线分布,自由表面为0,中央($y_1 = 0$)达到最大值:

$$\tau_{\max} = \frac{3}{2}\frac{Q}{bh} \quad (7\text{-}68)$$

也就是平均剪切应力 Q/bh 的1.5倍,经常用式(7-68)验算剪切应力最大值 $\tau_{\max}$。

在薄板截面中,古典理论里有剪切流的概念,定义剪切流量 $q = QS_y/I_y$,I_y、S_y 为截面的抗弯惯性矩和静矩,而剪切流是剪应力 τ 的方向,如图7-39所示。剪力是在连续体内部多向分布,钢板梁的隅角部分布见图7-40,板内的剪切流就像河川的流水一样。图7-40a)、b)为开口断面的Ⅰ形梁受压侧(上流侧)的隅角部剪切流分布是合流分布,而拉伸侧(下流侧)的隅角部是分流分布。图中的式子表示剪切流的大小。

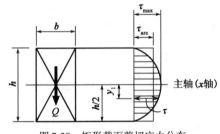

图7-38 矩形截面剪切应力分布

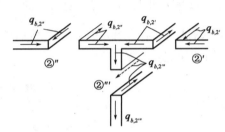

图7-39 Ⅰ形梁上隅角部的剪切流

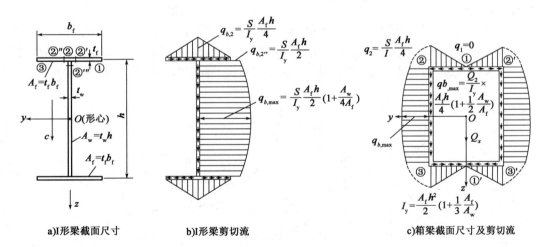

a)Ⅰ形梁截面尺寸　　　b)Ⅰ形梁剪切流　　　c)箱梁截面尺寸及剪切流

图7-40 薄板截面的剪切流

对于闭口截面的箱梁,如图7-40d)所示,竖直剪力作用下,剪切流的无剪力点出现在对称轴上。对于薄板构造,板厚方向的应力抵抗可以忽略不计,沿板中心方向的剪切抵抗是抗剪的全部。剪切流量 q 和剪应力 τ 的计算公式分别为

$$q = \tau t = \frac{S_y}{I}\int_0^s y\mathrm{d}s$$

$$\tau = \frac{q}{t} = \frac{S_y}{tI}\int_0^s y\mathrm{d}s \tag{7-69}$$

对于钢板梁来讲，按照受压翼缘达到屈服点 σ_y 的设计，简支梁的跨中按抗弯强度来控制，但支点处如果不加任何抗剪的垂直加劲材料，腹板的抗剪必定会超过屈曲应力或者进入屈服状态，特别是连续梁的中间支点上无加劲肋的 I 形梁必定满足不了腹板屈曲稳定的要求，所以，钢板梁支点位置的抗剪设计显得更加突出。钢板梁的纵向加劲肋作为腹板的补强措施承担了截面的抗弯作用，横向加劲肋则提高腹板剪切屈曲系数，增强腹板拉力场的暗锚强度。

7.4.2 横向加劲肋对抗剪的必要性

钢板梁的腹板剪应力在垂直截面内的分布情况相同，腹板处于平面变形状态，其全抵抗能力为 $S_u = A_w\sigma_y$，剪切应力如图 7-41 所示，可以分解为板内的拉应力和压应力，压应力可使钢板发生屈曲。腹板屈曲时的平均剪应力屈曲值为 σ_{cr}，即 $\tau = \sigma_{cr} = \frac{k\pi^2 E}{12(1-\nu^2)}\left(\frac{t}{h}\right)^2$。

外力是剪切截面力除以腹板面积，然后分解在 45°上的压应力。而对于简支形式的板，由 5.8 节可知剪切屈曲系数 k 为

$$\begin{cases} k = 4.00 + \dfrac{5.34}{(a/h)^2} & \dfrac{a}{h} \leqslant 1.0 \\ k = 5.34 + \dfrac{4.00}{(a/h)^2} & \dfrac{a}{h} > 1.0 \end{cases} \tag{7-70}$$

由式 (7-60) 可以看出，在宽高比小于等于 1 时，剪切屈曲应力与宽高比的 2 次方成比例；宽高比大于 1 时剪切屈曲应力的变化不大。如图 7-42 所示，上方曲线是翼缘侧固定支承[$\omega = 0$，$\mathrm{d}^2\omega/\mathrm{d}y^2 = 0$]边界条件下纯剪板的屈曲系数，下方曲线是翼缘侧简支支承条件下的结果。通常的钢板梁从安全角度考虑可以认为是简支支承，而没有横向加劲肋的板 $a/h = \infty$，对应的剪切屈曲系数 $k = 5.34$。同样，四边简支板纯弯曲时 $k = 23.9$，可见纯剪的屈曲系数不足纯弯的 1/4。

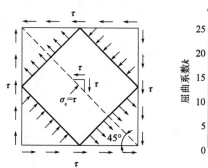
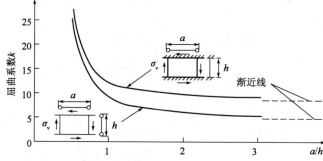

图 7-41 纯剪切的应力状态　　　图 7-42 宽高比与屈曲系数的关系曲线

同样的宽厚比下，弯曲屈曲应力是无加劲肋剪切屈曲应力的 4～5 倍，反过来说如果想得到同等程度的屈曲抗力，剪切板需要成倍地提高宽厚比 (t/h)，这显然是不可能的。因此，纯剪

状态下的腹板可以不考虑屈曲后强度问题,而保证剪切屈曲应力不小于弯曲屈曲应力,必须对腹板进行加固;而对于宽厚比一定的情况,若要提高板的剪切屈曲应力,需将腹板面的宽高比 $\alpha = a/h$ 降下来,唯一的办法就是增加屈曲系数,即用横向加劲肋把长板分成单元板来处理。

当然在腹板设计中,不同的外力情况可以取不同的安全系数。在使用容许应力法进行设计时,《道路桥示方书》规定腹板安全系数在纯压时为 1.7,纯弯时为 1.5,纯剪时为 1.25;而新《道路桥示方书》(H29)使用分项系数极限状态法进行设计时,腹板安全系数在纯压、纯弯、纯剪时分别为 1.36、1.12 和 1.00。《公路钢结构桥梁设计规范》(JTG D64—2015)里没有明确注明,从腹板的公式形式上看,与《道路桥示方书》规定相同,分别为 1.7、1.5 和 1.25。这与极限状态设计方法有点不符,中国规范的荷载组合与分项系数不相对应的腹板验算式使用结果需要核查研究。

7.4.3　腹板的剪切极限强度

本书在稳定概论里讲到了板与柱有不同的屈曲特性,且屈曲后仍然有强度存在。6.3.4 中简单介绍了板的屈曲后强度与变形能力,由图 6-15 的承载力曲线可知在宽厚比参量 R 小于 0.5 时 σ_{cr} 都超过了 σ_y。板的屈曲后强度最早用在飞机的翼板上,飞机的翼板设计是保证其强度的情况下以最小机身重量为原则。图 7-43 是 2 根板梁结构的飞机翼板,同时承担空气弯矩和空气剪力,其设计理论主要是 Wagner 提案的张力场理论,使翼板在产生剪切波纹的情况下保持其强度和稳定。

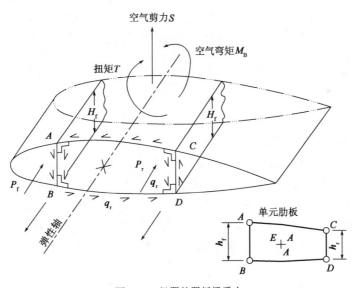

图 7-43　机翼的翼板梁受力

事实上屈曲荷载并不是板失去抵抗力时的荷载。薄板在屈曲后,随着挠度的增大,板内的应力重新分布,板的中面内会产生较大的薄膜拉力,它们可以抵抗挠度继续增大,起着支承结构的作用,这种拉力实际提高了板的支承力,叫作屈曲后性能。当屈曲荷载产生的挠度增大到与板厚有相同数量级时,以前讲的微小变形理论已不能成立。变形后中面内面力有变化,中面内会有伸长缩短和剪切变形出现,剪切腹板的极限状态如图 7-44 所示,可分为梁作用、张力场作用和骨架作用。由于图 7-44c)的框架崩塌下已经产生过大的变形,可考虑图 7-45a)、b)的极限状态,其中拉力场的固定端按 Balser 的横向加劲肋暗锚模型考虑。

这里要讨论腹板屈曲后极限强度问题。整个梁体,特别是腹板已经进入了大变形阶段,有关变形过程和方程式的建立将在第 8 章中讲述。这里将梁体内的腹板(图 7-45)当成桁架的斜杆来考虑,以弹性理论推定其极限承载能力,将翼缘和横向加劲肋都当成为弹性范围内的板支持框架来考虑。随着板挠度的增加,板中面产生薄膜张力,使整个板格内出现张力场,继续承受增加的荷载。横向加劲肋起着暗锚固定端的作用。

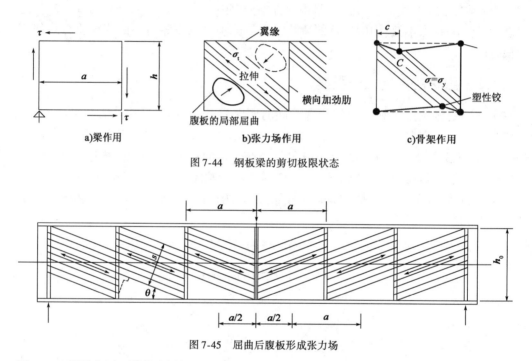

图 7-44 钢板梁的剪切极限状态

图 7-45 屈曲后腹板形成张力场

图 7-45 可视为平面桁架梁的力学行为,上下翼缘为桁架的上下弦杆,横向加劲肋为桁架的柱,而腹板是桁架的斜杆。梁腹板有充足厚度的话,达到材料屈服点以前屈曲是不会发生的,这时作用的剪切力全由梁作用承担着,没有张力场存在;梁腹板非常薄,且所受剪力小于腹板的理论屈曲(欧拉)应力时,是靠梁作用承担的,超过理论屈曲应力时,假定超过的部分剪力是靠张力场作用来承担的。上下翼缘和 2 根横向加劲肋围绕的单元板的极限剪力为 V_u,梁作用所承担的剪力为 V_τ,张力场作用所承受的剪力为 V_σ,如图 7-46 所示,则平衡式为

$$V_u = V_\tau + V_\sigma \tag{7-71}$$

V_τ 按剪力流考虑,在腹板完全进入塑性时的截面力 $V_P = \tau_y h t$。

如果腹板的 $\tau_{cr} < f_P^y$(剪切比例极限),腹板虽然屈曲,但主拉应力尚未达到屈服点,因而仍可以增加剪力,最终腹板单元只有斜向张力场在起作用,也就是平面桁架模式;随着荷载的继续增加,张力场的张力也不断增加,直到腹板屈服为止。

这时横向加劲肋起着暗锚固定端的作用,计算式如下:

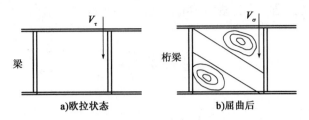

图 7-46 单元板的极限剪力

$$V_\tau = \tau_{cr} h \cdot t = V_P \frac{\tau_{cr}}{\tau_y} \tag{7-72}$$

式(7-72)中,V_P 也叫全塑性剪切力,V_τ 随着 τ_{cr}/τ_y 的比例变动,$\tau_{cr} = \tau_y$ 时是全塑性,τ_y 则按图 7-47 来解释。腹板板段为四边简支,并受均布剪应力 τ 作用,板中的主应力 σ_1 与剪应力 τ 大小相等并互成 45°角,主应力 σ_2 引起倾斜的波形凹凸,主应力 $\sigma_2 = \sigma_1 = \tau$。张力场的强度计算有 3 种模型假定,此处采用 Basler 的拉力带方向和横向加劲肋暗锚位置假定。

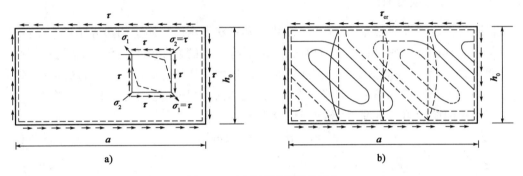

图 7-47 腹板纯剪作用时的屈曲

在 Mises 强度理论的等效应力式[式(3-56)]里,平面状态下得出:$\overline{\sigma} = \sqrt{3}\tau_y = \sigma_y$。

Basler 对腹板的非弹性屈曲做了大量的试验,推出了非弹性屈曲的剪切临界应力与材料的剪切比例极限 f_P^V 的函数关系式:

$$\begin{cases} \tau'_{cr} = \sqrt{f_P^V \tau_{cr}} \\ f_P^V = 0.8\tau_y \end{cases} \tag{7-73}$$

也就是说剪切比例极限取剪切屈服点的 80%。而非弹性屈曲的剪切临界值是剪切比例极限与剪切屈曲应力积的平方根。

图 7-47 中,在小于钢材的 f_P^V 时,腹板的剪切屈曲应力 $\tau_{cr} = \dfrac{k\pi^2 E}{12(1-\nu^2)}\left(\dfrac{t}{h}\right)^2$。

τ_{cr} 大于比例极限 f_P^V(即 $0.8\tau_y$)时,τ_{cr} 由式(7-73)求得:

$$\tau'_{cr} = \sqrt{\frac{0.8\tau_y \pi^2 Ek}{12(1-\nu^2)}}\left(\frac{t}{h}\right)^2 \tag{7-74}$$

其中,$\tau_y = \sigma_y/\sqrt{3}$,屈曲系数 k 可按式(7-70)采用。这样在梁作用和张力场作用下的屈曲

应力都可以评价。在《钢结构设计规范》(GB 50017—2017)中,吊车梁由式(7-74)规定了腹板的界限比:

$$\frac{h}{t_w} \leq 80\sqrt{\frac{235}{f_y}} \qquad (7\text{-}75)$$

式中:$\sqrt{\frac{235}{f_y}}$——钢材强度等级修正系数。

当式(7-75)成立时,腹板属于强度破坏;当 $h/t_w > 80\sqrt{\frac{235}{f_y}}$ 时,腹板将发生纯剪屈曲。为提高腹板的剪切临界应力,可设置横向加劲肋以减小板段的长度 a 值。

横向加劲肋主要是提高腹板抗剪稳定,一般设置在支点附近,所以,要求支点横向加劲肋下端焊接到翼缘上,也是加强张力场的暗锚作用。相反,跨中附近的中间横向加劲肋要考虑积水和腐蚀,一般下面留 3~5mm 的端缝。

7.4.4 张力场作用

由极限剪力发展来的张力场,它的平衡状态和形状是由腹板周边的边界条件决定的,腹板单元是与翼缘和横向加劲肋的不同边界所连接,翼缘自身的弯曲刚度很低,无法抵抗斜张力引起的竖向分力,也无法保证斜张力场存在所必需的锚固端作用,这样就要依靠加劲肋的结合来传递张力场应力。如图 7-48 所示,张力场的宽度是 s,张力场宽度内有均等分布的张力 σ_t,斜张力场与水平面的倾角为 ϕ,张力场的剪切分力为

$$V_\sigma = \sigma_t \cdot s \cdot t \cdot \sin\phi \qquad (7\text{-}76)$$

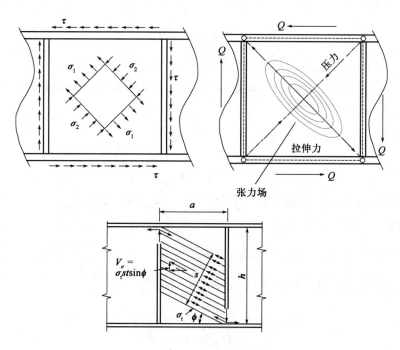

图 7-48 张力场示意图

在极限剪切荷载中,取张力场倾角为变量的函数 V_σ 的最大值的微分条件为 $dV_\sigma/d\phi=0$,则有

$$\sigma_t \cdot t \left(\frac{ds}{d\phi}\sin\phi + s\cos\phi \right) = 0 \tag{7-77}$$

张力场的宽度 s 改成横向加劲肋间隔 a 和腹板高度 h 来表示,即 $s = h \cdot \cos\phi - a \cdot \sin\phi$,代入式(7-77)整理后有

$$h\tan^2\phi + 2a\tan\phi - h = 0 \tag{7-78}$$

V_σ 最大时的倾斜角 ϕ_0 为

$$\tan\phi_0 = \frac{-a + \sqrt{a^2 + h^2}}{h} = \sqrt{1+\alpha^2} - \alpha \tag{7-79}$$

式中:α——腹板高宽比,$\alpha = a/h$。

图 7-49 为等间距的单元板在纯剪力 V 作用下的张力场平衡状态。对 A-A、B-B 和 C-C 的切下部分进行平衡分析,这里 F_s 是加劲肋的力,V_σ 是张力场的剪切分力,有平衡条件 $\sum H = 0$、$\sum V = 0$ 和 $\sum M = 0$,认为由弯矩产生的水平剪力主要由翼缘承受,腹板中的水平力 F_w 不变,导出等式如下:

$$\Delta F_f = -\sigma_t ta\sin\phi\cos\phi = -\sigma_t th \frac{\alpha}{2\sqrt{1+\alpha^2}}, \Delta F_f \left(\frac{h}{2}\right) = V_\sigma \cdot \frac{a}{2}$$

$$F_s = \sigma_t ta\sin\phi\sin\phi = \sigma_t th \left(\frac{\alpha}{2} - \frac{\alpha^2}{2\sqrt{1+\alpha^2}} \right)$$

$$V_\sigma = \frac{-h}{a}\Delta F_f = \sigma_t th \frac{1}{2\sqrt{1+\alpha^2}} \tag{7-80}$$

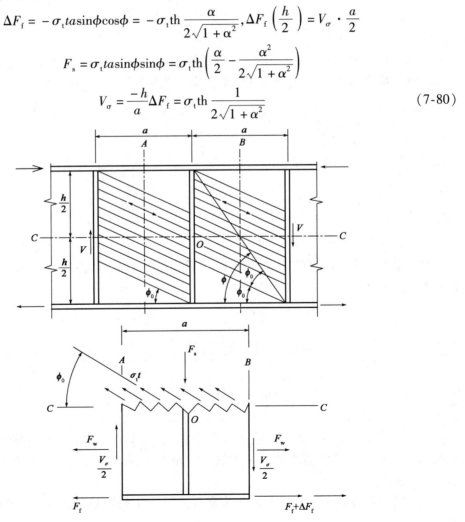

图 7-49 斜张力的平衡

7.4.5 腹板的屈曲后剪切强度

对板的屈曲后强度的利用,很多国家的桥梁规范和中国的《钢结构设计标准》(GB 50017—2017)8.4 节均有规定。在日本,对于道路桥来讲,不只是钢板梁,桥梁上都没有实际用到板的屈曲后强度,新《道路桥示方书》(H29)将纯剪腹板的安全系数改为 1.00,安全系数上有所考虑但没有放宽到屈曲后强度的具体规定上,随着极限状态设计法的应用及试验数据的充实,《道路桥示方书》在屈曲强度设计方法上也在研讨中,腹板的张力场在什么状态是可恢复的变形将是一个极限取值的焦点。

对于张力场的板单元,极限剪切力由式(7-71)、式(7-72)和式(7-80)可得

$$V_u = V_\tau + V_\sigma = \tau_{cr} ht + \sigma_t ht \frac{1}{2\sqrt{1+\alpha^2}} \tag{7-81}$$

将 V_u 与全塑性剪切力 V_P 作无量纲化处理,则有

$$\frac{V_u}{V_P} = \frac{\tau_{cr}}{\tau_y} + \frac{\sigma_t ht}{2\tau_y ht} \frac{1}{\sqrt{1+\alpha^2}} = \frac{\tau_{cr}}{\tau_y} + \frac{\sqrt{3}\sigma_t}{2\sigma_y} \frac{1}{\sqrt{1+\alpha^2}} \tag{7-82}$$

腹板屈曲后的应力状态如图 7-50 所示,屈曲后增加的拉力 σ_t 和屈曲时的 τ_{cr} 引起的主应力方向并不完全一致,为了简化假定它们方向一致并进行叠加,剪应力为

$$\tau_{cr} + \tau_t = \tau_{cr} + \sigma_t/\sqrt{3} = \tau_y \tag{7-83}$$

从而有 $\sigma_t = (\tau_y - \tau_{cr})\sqrt{3}$,$\sigma_y = \tau_y\sqrt{3}$。

将 $\dfrac{\sigma_\tau}{\sigma_y} = 1 - \dfrac{\tau_{cr}}{\tau_y}$ 代入 V_u/V_P 得

$$\frac{V_u}{V_P} = \frac{\tau_{cr}}{\tau_y} + \frac{\sqrt{3}}{2} \frac{1 - \dfrac{\tau_{cr}}{\tau_y}}{\sqrt{1+\alpha^2}} \tag{7-84}$$

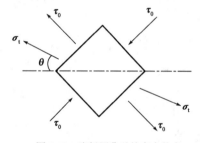

图 7-50 腹板屈曲后的应力状态

极限剪切力 V_u 除以腹板截面面积 $h \cdot t$,非弹性的安全系数一般取 1.65,$\tau_y = \sigma_y/\sqrt{3}$,则屈服后的容许剪切应力 τ_v 为

$$\begin{cases} \tau_v = \tau_u/1.65 \\ \tau_v = \dfrac{\sigma_y}{2.89}\left[c_v + \dfrac{1-c_v}{1.15\sqrt{1+(a/h)^2}}\right] & c_v < 1.0 \\ \tau_v = \dfrac{\sigma_y}{2.89}c_v & c_v > 1.0 \end{cases} \tag{7-85}$$

式中:c_v——腹板的屈曲应力水平,$c_v = \tau_{cr}/\tau_y$。

式(7-85)中括号内的第二项是张力场的部分,$c_v > 1.0$ 时为厚腹板的情况,所受剪力都是靠梁作用承担,这时容许剪应力 τ_v 只取第一项即可,也就是不发生弹性屈曲的强度值,当然也就没有屈曲后强度。

张力场的两端视为暗锚的固定端,要保证张力场所传递的有效承载力,即横向加劲肋的锚端作用。

7.5 组合应力计算和加劲肋设计

7.5.1 概述

钢板梁的设计基本是按照 Basler 的理论进行的,钢板的弯曲极限强度不是由腹板的弯曲压缩屈曲决定,而是由受压翼缘柱的屈曲或屈服控制的,剪切极限强度是由腹板的屈曲后强度来控制的。梁是在弯曲与剪切的组合荷载作用下工作的,但设计上一直是以各种荷载组合情况下的极限强度的相关性来处理的,各国都有很多研究者通过理论研究和实物模型的承载力试验最后回归出相关的理论式。至今一般性的强度计算式仍然没有出现,其原因就是钢板梁极限强度的影响因子过多,而且钢板避免不了有几何学初期缺陷和残余应力的存在,使问题更加复杂。

在日本,近年随着合理化结构的推进,少主梁、少加劲肋的钢板梁桥得到广泛应用,对单体钢板梁的抗屈曲性能要求更加提高。另外,计算机技术的发展,使全桥模型下的大变形分析成为可能。加上新《道路桥示方书》(H29)从以往的容许应力设计法改为极限状态设计,实际的极限承载力设计条件已经具备了。

在设计的实际操作中又存在什么状态呢?钢板梁看上去比较简洁明了,但对于其弯、剪设计理论,完全掌握的学者并不多,新《道路桥示方书》(H29)也只是荷载加上了分项系数,截面设计上只是改了腹板的安全系数,由纯压的 1.7、纯弯的 1.5 和纯剪的 1.25 分别改成了 1.36、1.12 和 1.00,基础设计理论没有变化,仍然是事先在各种抗力曲线上限定了宽厚比以后,通过相关性公式来验算其组合应力,横向加劲肋的格数一般都是按横联间距分 4 等分布置;纵向加劲肋以 2 段为最多,位置也规定为 $0.12h$ 和 $0.36h$ 处,腹板厚度一般在 $12 \sim 16$ mm,而控制设计大都在支点处腹板抗剪上,这样设计中没有考虑腹板屈曲后强度的发挥。而这一切的操作大都是使用自动设计程序来进行。实际设计的钢板梁根本没有达到全塑性弯矩的应力水平,而大多数的受压翼缘是在屈服点以内。如果新《道路桥示方书》(H29)的可逆变形为极限考虑的话,对腹板的弹性屈曲后强度进行有效利用,则经济合理截面的追求空间很大。随着大变形理论的理解和应用,技术人员的能力会逐渐提升,而商用程序的开发虽有一定滞后性,但也会随之跟进。

7.5.2 腹板的屈曲安全系数

日本《道路桥示方书》钢板梁的设计基本是基于 Basler 的理论和参考德国 DIN 规范制定的,1973 年小松主导的关西道路研究会对 20 个定尺钢板梁进行了承载力试验,主要是对双轴对称截面的试验梁进行的。20 世纪 70~80 年代,钢板梁的极限强度通过解析还无法评价,将边界条件理想化后,用弹性屈曲强度来计算极限承载力,就产生了使用板单元的宽厚比(h/t)和长宽比(a/h)以及作用力比(σ_1/σ_2)与板弹性屈曲的关系作为评价尺度,通过修正值来推算极限强度。这个修正值是极限强度与弹性屈曲强度的比值[式(7-86)],是通过试验来决定的。在设计理论运算式中没有体现出来。

$$\frac{P_u}{P} = \frac{P_u}{P_{cr}} \cdot \frac{P_{cr}}{P} = \frac{P_u}{P_{cr}} \cdot \nu_B = \nu_0 \tag{7-86}$$

式中：P_u——极限强度；
P_{cr}——弹性屈曲强度；
P——作用力，也就是试验的加载力；
ν_B——安全系数；
ν_0——试验所求的比。

翼缘与横向加劲肋所支持的腹板的面内应力如图7-51所示，有轴压力、弯曲正应力和剪切应力共同作用。这里腹板的屈曲安全系数，取板单元上、下缘的正应力比 ψ 和剪切应力与正应力比 η 的函数，用下式表示：

$$\nu_B = y + (\nu_0 - y - x + \psi x)e^{-C\eta} \tag{7-87}$$

式中：ψ——$\psi = \sigma_1/\sigma_2$；
η——$\eta = \tau/\sigma_1$；
ν_0——纯压缩时的安全系数，取1.70。

式(7-87)中3个常数 x, y 和 C 是通过钢板梁的试验结果和屈服强度的理论值整理后决定的。小松在纯剪、纯弯以及弯剪组合的试验结果基础上，对计算出的屈服强度理论值进行了整合以及确定，提出了 $x = 0.15, y = 1.25, C = 4.3$ 的结论，这样容许应力检验法的腹板屈曲安全系数为：

$$\nu_B = 1.25 + (0.30 + 0.15\psi)e^{-4.3\eta} \geqslant 1.25 \tag{7-88}$$

式(7-88)一直被《道路桥示方书》采用着。ν_B 在纯剪切时为1.25，纯弯曲时为1.4，纯压缩时为1.7。在6.2节推定腹板的应力斜率修正系数时使用的简式为 $\nu_B = 1.7 - 0.15\psi$。

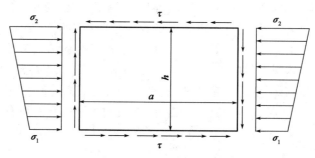

图7-51 钢梁腹板单元的应力状态

新《道路桥示方书》(H29)采用了分项系数的极限状态设计法，作用力≤抗力的一般表达式为：

$$\sum S_i[(\gamma_{pi}, \gamma_{qi})P_i] \leqslant \xi_1 \xi_2 \Phi_R R(f_c, \Delta_c) \tag{7-89}$$

对于上部结构为钢梁的梁桥来讲，实际上是把荷载 D + L 组合乘了荷载不确定性系数 γ_q，恒荷载是1.05，活荷载是1.25，即荷载作用为 1.05D + 1.25L；而抵抗力侧 $\xi_1 = 0.9, \Phi_R = 0.85$，单对腹板的屈曲作用来讲没有太大的因果变化，新《道路桥示方书》(H29)的腹板安全系数公式是：

$$\nu_B = 1.00 + 0.8(0.30 + 0.15\psi)e^{-4.3\eta} \geqslant 1.00 \tag{7-90}$$

ν_B 纯压为 1.36,纯弯为 1.12,纯剪为 1.00。

中国《公路钢结构桥梁设计规范》(JTG D64—2015)中取恒载不确定系数为 1.2,活载为 1.4,采用的公式形式与日本旧《道路桥示方书》(H24)是一致的,也就是 $\nu_B \geq 1.25$,与新《道路桥示方书》(H29)的极限状态设计($\nu_B \geq 1.00$)相比,安全系数高出了 25%,推测是考虑了荷载组合的系数平均值。

值得注意的是,上述的安全系数都是基于双轴对称截面的试验体,而对于组合梁和逆π形截面没有适用的保证。另外,腹板安全系数里没有考虑屈曲后强度的宽厚比关系。也就是说这个腹板安全系数只适用于《道路桥示方书》特定的宽厚比,并不是全宽厚比范围都能使用弹性强度来推定极限强度。有关腹板的屈曲安全系数,各国的规定有一定差别,日本铁道桥与道路桥也有差别,表 7-3 是各国腹板屈曲安全系数的比较。

安全系数的比较 表 7-3

安全系数		日本铁道桥	日本《道路桥示方书》	AASHTO	BS	DIN	
基本安全系数	压缩(σ_y/σ_{bca})	1.9	1.7	1.82	1.7	1.7	
	拉伸(σ_y/σ_{bta})	1.7				1.5	
	剪切($\sigma/\sqrt{3}\tau_a$)			1.73	1.55		
局部承压安全系数 ν_B	压缩	1.9	1.7 (1.36)	1.82	—	1.71*1	1.5*2
	弯曲	1.5	1.4 (1.12)	$1.25 + (0.3 + 0.15\psi) e^{-4.37}$	1.25		
	剪切		1.25 (1.00)	$1.00 + 0.8 (0.3 + 0.15\psi) e^{-4.37}$	1.25	1.5	1.33
	组合	1.4 (弯曲与剪切)	—	—	—	(压缩与弯曲和剪切)	

注:*1 是只考虑主荷载时;*2 是考虑主荷载和次荷载时,以新《道路桥示方书》(H29)为基准。

7.5.3 组合应力的相关式

3.3 节已介绍了概率论解法的相关式,特别在屈曲计算方面,组合应力下的稳定也使用这种方法,即将压缩、弯曲和剪切分别算,而且可以分别算强轴和弱轴,然后再合成计算。因为,复杂的问题分为单独明晰的概念分别计算后,首先需将任意方向的单独力控制在其容许值之内,自然该方向的应力水平也就知道了。

各种组合的相关式都有比较整齐的形式,并将腹板统一当成四边简支的条件进行回归,荷载方面除了剪应力以外都是指梁的水平方向的正应力,在架设应力验算时也有竖直局部荷载状态的发生。

1)剪切与纯压缩的组合

最早在 1938 年,Lguchi 提出了原始的压缩和剪切的相关式理论。剪切力与轴压力同时作用情况如图 7-52 所示,纯压缩荷载沿竖直边作用,四边简支的支承条件下近似为:

$$\frac{\sigma_{cr}^{c}}{\sigma_{0cr}^{c}} + \left(\frac{\tau_{cr}}{\tau_{0cr}}\right)^{2} = 1 \tag{7-91}$$

式中：σ_{0cr}^{c}——纯压时的屈曲应力，$\tau = 0$ 时的 σ_{cr}^{c}；

τ_{0cr}——纯剪时的屈曲应力，$\sigma = 0$ 时的 τ_{cr}。

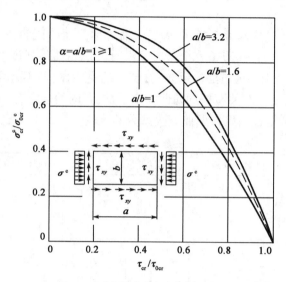

图 7-52　纯压缩与剪切力的组合曲线

这个公式在 $a > b$ 的情况下精度比较好，但在 $a \ll b$ 的区域偏于极端的安全，实际的结构中大多数是 $a > b$ 的横向加劲肋配置，所以，被认为是可靠性较好的经验公式，很多的设计规范都是这样采用的。公式从形状上是抛物线分布，工程上也称为压剪组合的抛物线公式。大家知道钢板梁的腹板纯压状态并不呈现，腹板多为承受弯矩下的斜线分布的正压力。后面将推导《道路桥示方书》的腹板稳定公式，其中纯压的状态实际是放在弯曲里一同考虑的，也就是说一般正应力呈梯形分布。

2）弯曲与剪切的组合

实际上，弯曲与剪切的组合比压剪的回归公式提出得更早，在 1936 年 Chwalla 就提出了弯剪组合的二阶相关式。后来，Stowell 和 Peters 在非弹性屈曲范围内也证实了相关式的妥当性，而且 Peters 对纯压与纯剪组合得过于安全的区域也进行了研究，通过试验证实了其可靠性，纯弯曲与纯剪切的组合按下列回归式近似计算：

$$\left(\frac{\sigma_{cr}^{M}}{\sigma_{0cr}^{M}}\right)^{2} + \left(\frac{\tau_{cr}}{\tau_{0cr}}\right)^{2} = 1 \tag{7-92}$$

其曲线如图 7-53 所示，呈椭圆形状，所以，弯剪组合常称为弯剪椭圆相关公式，公式推导中，常引用一个弯剪应力比 η，即

$$\eta = \frac{\sigma_{m}}{\tau_{xy}} \tag{7-93}$$

这个弯剪组合的验算式对钢结构起着决定性的作用，而成立的背景是试验回归，好多学者努力用理论来验证。式(7-92)相关式也可以从 Mises 屈服条件作以下相应的解释，从公式(3-54)可得到平面状态的 Mises 的屈服等效应力 σ_{Y} 即 $\sigma_{x}^{2} + \sigma_{y}^{2} - \sigma_{x}\sigma_{y} + 3\tau_{xy}^{2} = \sigma_{Y}^{2}$。其中

$\sigma_x = \sigma_{\mathrm{cr}}^{\mathrm{M}}, \sigma_y = 0, \tau_{xy} = \tau_{\mathrm{cr}}$；纯剪时的等效应力 $\sigma_{\mathrm{Y}} = 3\tau_{0\mathrm{cr}}$，有 $\sigma_{\mathrm{Y}}^2 = 3\tau_{0\mathrm{cr}}^2$；$\sigma_{0\mathrm{cr}}^{\mathrm{M}}$ 是纯弯时的等效应力 σ_{Y}，代入式(3-54)有：

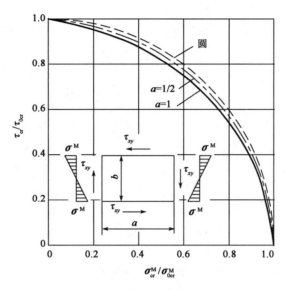

图 7-53 纯弯与纯剪的组合

$$(\sigma_{\mathrm{cr}}^{\mathrm{M}})^2 + 3\tau_{\mathrm{cr}}^2 = \sigma_{\mathrm{Y}}^2 \tag{7-94}$$

式(7-94)左右除以等效应力 σ_{Y}^2，有 $\left(\dfrac{\sigma_{\mathrm{cr}}^{\mathrm{M}}}{\sigma_{\mathrm{Y}}}\right)^2 + \left(\dfrac{\tau_{\mathrm{cr}}}{\tau_{0\mathrm{cr}}}\right)^2 = 1$；纯弯时的等效应力 σ_{Y} 也就是 $\tau_{xy} = 0$ 时的 $\sigma_{0\mathrm{cr}}^{\mathrm{M}}$，最后有：

$$\left(\dfrac{\sigma_{\mathrm{cr}}^{\mathrm{M}}}{\sigma_{0\mathrm{cr}}^{\mathrm{M}}}\right)^2 + \left(\dfrac{\tau_{\mathrm{cr}}}{\tau_{0\mathrm{cr}}}\right)^2 = 1 \tag{7-95}$$

也就是说弯剪组合的式(7-92)与经典公式在数学上没有差异，实际等效应力是屈曲状态下的解，试验发现腹板的非弹性屈曲临界剪力是 $\sqrt{0.8\tau_y\tau_{\mathrm{cr}}}$。

3）纯压、纯弯和纯剪的组合

在以上的背景下，比较自然地就有压弯剪三者组合相关的计算式。1951 年 Johnson 首先通过试验回归证实了板的压弯组合下的相关式，与式(7-96)具有很好的近似性，即

$$\left(\dfrac{\sigma_{\mathrm{cr}}^{\mathrm{c}}}{\sigma_{0\mathrm{cr}}^{\mathrm{c}}}\right)^2 + \left(\dfrac{\sigma_{\mathrm{cr}}^{\mathrm{M}}}{\sigma_{0\mathrm{cr}}^{\mathrm{M}}}\right)^2 = 1 \tag{7-96}$$

关系曲线如图 7-54 所示，也称为压弯组合的抛物线公式。

这样剪切、压缩和弯曲组合的共通式与式(7-91)、式(7-92)和式(7-96)并不发生任何矛盾，相互影响的近似相关式为式(7-97)，包括纯压的内容，以整齐的形式表示出来：

$$\dfrac{\sigma_{\mathrm{cr}}^{\mathrm{c}}}{\sigma_{0\mathrm{cr}}^{\mathrm{c}}} + \left(\dfrac{\sigma_{\mathrm{cr}}^{\mathrm{M}}}{\sigma_{0\mathrm{cr}}^{\mathrm{M}}}\right)^2 + \left(\dfrac{\tau_{\mathrm{cr}}}{\tau_{0\mathrm{cr}}}\right)^2 = 1 \tag{7-97}$$

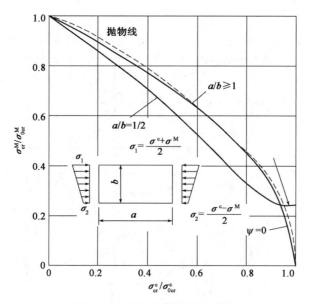

图 7-54 纯压与纯弯的组合相关性

这里像 6.2 节里说明的一样,把组合的弯压分开考虑,板上端为应力 σ_1,下端为 σ_2,取 $\psi = \sigma_1/\sigma_2$,则有受压侧 $\sigma^c = \dfrac{\sigma_1 + \sigma_2}{2} = \sigma_1 \dfrac{1+\psi}{2}$,受拉侧 $\sigma^M = \dfrac{\sigma_1 - \sigma_2}{2} = \sigma_1 \dfrac{1-\psi}{2}$。图 7-55 是组合以后的应力分布状态。

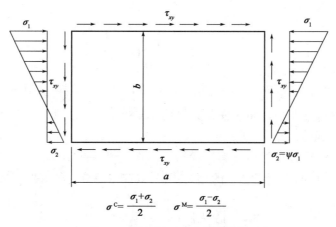

图 7-55 受纯压、纯弯与纯剪的板

一般在长方形板设计时并不是把作用应力的压缩部分和弯曲部分分开,而是使用两者的和 σ_1 进行验算,而且压缩和弯曲同时作用时,给定屈曲系数近似值的情况较多。如果没有剪切的话,屈曲应力 σ^* 很容易计算,这时的屈曲界限表示式为

$$\frac{\sigma}{\sigma^*} = 1 \tag{7-98}$$

若式(7-98)左边加上$(\tau/\tau^*)^2$的话,这样$\sigma_c=0$的情况下$\sigma=\sigma_c$与式(7-92)并不同形,也就是说式(7-98),$\sigma_b=0[\psi=1]$的情况(σ/σ^*)只有一次项,$\sigma_c=0[\psi=-1]$的情况下想办法让式子中只出现(σ/σ^*)的二次项,需要这样的数学操作来考虑反映纯压和纯弯。

7.5.4 腹板组合应力表现式

Chwalla 在建立相关式的基础上,通过数学手法推导了板的组合应力表现式,假定方程为

$$\Phi_1\left(\frac{\sigma}{\sigma^*}\right) + \Phi_2\left(\frac{\sigma}{\sigma^*}\right)^2 = 1 \tag{7-99}$$

式中:Φ_1,Φ_2——ψ的函数,$\psi=\sigma_c/\sigma_b$,为腹板上缘与下缘的应力比。

有关系数为:$\sigma_c=0(\psi=-1)$时,$\Phi_1=0,\Phi_2=1$;$\sigma_b=0(\psi=1)$时,$\Phi_1=1,\Phi_2=0$。

如果上面的条件满足的话,问题就解决了,首先对式(7-85)求解(σ/σ^*),解得$-1\leq\psi\leq1$范围内的任意状态下,(σ/σ^*)的结果必须为1,即

$$\left(\frac{\sigma}{\sigma^*}\right) = \frac{\Phi_1}{2\Phi_2} = (\sqrt{1+4\Phi_2/\Phi_1^2}-1) = 1 \tag{7-100}$$

有解 $\Phi_1+\Phi_2\equiv1$ 成立。

恒等式满足的话,若$\psi=1$,且$\Phi_1=1$,可得$\Phi_2=0$。若$\psi=-1$,且$\Phi_1=0$,可得$\Phi_2=1$。问题就是对应于$\psi=\pm1$时的函数Φ_1能否找出来。这样性质的函数有无数个,但其中最简单的而且比较有意义的函数式为

$$\begin{cases} \Phi_1 = (1+\psi)/2 \\ \Phi_2 = (1-\psi)/2 \end{cases} \tag{7-101}$$

从而可以解释为图 7-56 的压缩与弯曲的分解,而当下缘不出现受拉时呈图 7-57 的构成。可见表达式的构建具有很好的科学性。这样把式(7-101)代入式(7-100),有

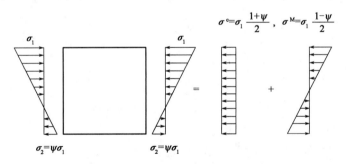

图 7-56 压缩与弯曲的分离

$$\frac{1+\psi}{2}\left(\frac{\sigma}{\sigma^*}\right) + \frac{1-\psi}{2}\left(\frac{\sigma}{\sigma^*}\right)^2 = 1 \tag{7-102}$$

形成的剪切、压缩和弯曲组合的屈曲式为

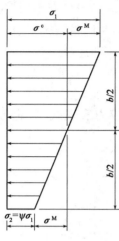

图 7-57 压缩成分与弯曲成分的分离

$$\frac{1+\psi}{2}\left(\frac{\sigma}{\sigma^*}\right) + \frac{1-\psi}{2}\left(\frac{\sigma}{\sigma^*}\right)^2 + \left(\frac{\tau}{\tau^*}\right)^2 = 1 \quad (7\text{-}103)$$

此式是《道路桥示方书》腹板弯剪组合屈曲式的基本式,式(7-103)在 $\psi = 1$ 时为压剪组合,$\psi = -1$ 时为弯剪组合,可同时反映压弯剪三者的组合。

若不导入板的宽厚比参量,使用该公式验算腹板屈曲极限不太方便,因此,引入板宽厚比参量,一般表达式为 $R^2 = \sigma_y / \sigma_{cr}$。

式(7-103)里的左边含有 (σ/σ^*) 的一次项和二次项,将式子的次数再统一一下,令 $\phi = (1-\psi)/2$,$x = \sigma/\sigma^*$,$y = \tau/\tau^*$,代入式(7-103)可得 $(1-\phi)x + \phi x^2 + y^2 = 1$。

变化一下,$\phi x^2 + y^2 = 1 - (1-\phi)x$。

两侧都加上 x^2,$x^2 + \phi x^2 + y^2 = x^2 + 1 - (1-\phi)x$。

最后把式子右边变成 $[1-(1-\phi)x/2]^2$,经过变换运算,有

$$[(1+\phi)x/2]^2 + y^2 = [1-(1-\phi)x/2]^2 \quad (7\text{-}104)$$

整体开方后,有

$$(1-\phi)x/2 + \sqrt{\left[\frac{(1+\phi)x}{2}\right]^2 + y^2} = 1 \quad (7\text{-}105)$$

将 ϕ 和 x,y 代入后,有

$$\left(\frac{1+\psi}{4}\right)\frac{\sigma}{\sigma^*} + \sqrt{\left[\left(\frac{3-\psi}{4}\right)\frac{\sigma}{\sigma^*}\right]^2 + \left(\frac{\tau}{\tau^*}\right)^2} = 1 \quad (7\text{-}106)$$

式(7-105)就是《道路桥示方书》的弯曲和剪切组合作用下板的屈曲检验式原形,是在纯压和纯弯[式(7-96)]的基础上,考虑与压弯剪组合[式(7-97)]的同化,加入 $3\tau/\tau^{*2}$ 项而形成的。

屈服相当的 Mises 式,平面应力的合成应力 $S = \sqrt{\sigma^2 + 3\tau^2}$,式(7-106)的左边与 (S/S_{cr}) 相当,板的宽厚比参量 R 要满足

$$R^2 = \frac{S_y}{S_{cr}} \quad (7\text{-}107)$$

定义 $S_y = (\sqrt{\sigma^2 + 3\tau^2})_{yield} = \sigma_y$,则有 $R^2 = \sigma_y / \sigma_{cr}$,从而有

$$\left(\frac{1+\psi}{4}\right)\frac{\sigma}{\sigma^*} + \sqrt{\left[\left(\frac{3-\psi}{4}\right)\frac{\sigma}{\sigma^*}\right]^2 + \left(\frac{\tau}{\tau^*}\right)^2} = R^2 \quad (7\text{-}108)$$

一般情况下 S 是屈服点一致时的 R 为 R_0 表示

$$\frac{S_y}{S_{cr}} = \frac{R_0^2}{R^2} \quad (7\text{-}109)$$

不考虑残余应力或者初期不平整时,$R_0 = 1$,有 $\dfrac{S_y}{S_{cr}} = \dfrac{1}{R^2}$。

式(7-109)同样是压剪与弯剪组合的表达式,同时反映了压弯剪三者。

7.5.5 组合应力下的安全系数公式

式(7-103)作为压、弯、剪组合的四边简支板的屈曲式的基本式,是压剪组合或者压弯组合相关式的同形化,通过求解方程(7-99)而推导出来的。同样的方法也可用于压剪组合相关式安全系数的计算,进而推导出《道路桥示方书》中有关安全系数验算式的原形,也是压剪组合后又考虑了弯剪诱导出来的。

在考虑腹板进入屈曲后时控制腹板应力最大不能超过屈服点,这样腹板与翼缘的结合部控制在屈服点 σ_y 以内,腹板整体还在弹性域内。弯剪组合下的临界应力 σ_{cr}^*,τ_{cr}^* 关系曲线如图 7-58 所示。

新《道路桥示方书》(H29)规定,对于钢板梁的腹板屈曲,纯压时安全系数为 1.36、纯弯时为 1.12、纯剪时为 1.00。这里把腹板上缘受压端的应力作为控制应力(图 7-59),有

$$\sigma_{cr}^* = \nu_B \cdot \sigma, \quad \tau_{cr}^* = \nu_B \cdot \tau \tag{7-110}$$

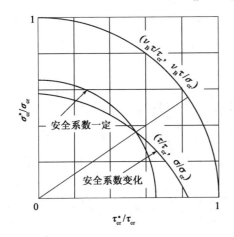
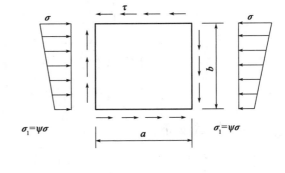

图 7-58 临界应力关系曲线　　　图 7-59 腹板单元

应力检验用相关曲线的公式实际从 Mises 的屈服条件 $\sqrt{\sigma + 3\tau} = \sigma_Y$ 也可以推得,即

$$\left(\frac{\sigma}{\sigma_a}\right)^2 + \left(\frac{\tau}{\tau_a}\right)^2 \leq 1.2 \tag{7-111}$$

这是检验平面应力弯剪组合的惯用式,而对腹板单元,弯曲与剪切的组合相关式是

$$\left(\frac{\sigma_{cr}^*}{\sigma_{cr}}\right)^2 + \left(\frac{\tau_{cr}^*}{\tau_{cr}}\right)^2 = 1 \tag{7-112}$$

式中:σ_{cr}、τ_{cr}——单独弯曲和单独剪切时的屈曲强度;

σ_{cr}^*、τ_{cr}^*——弯曲剪切关联时的极限值。

$$\begin{cases} \sigma_{cr} = k_b \dfrac{\pi^2 E}{12(1-\nu^2)} \left(\dfrac{t}{b}\right)^2 \\ \tau_{cr} = k_\tau \dfrac{\pi^2 E}{12(1-\nu^2)} \left(\dfrac{t}{b}\right)^2 \end{cases} \tag{7-113}$$

确保弯剪组合的安全系数 ν_B 的富余量,k_b 和 k_τ 分别是纯弯和纯剪的屈曲系数,代入

式(7-110)有

$$\nu_B^2\left[\left(\frac{\sigma}{\sigma_{cr}}\right)^2+\left(\frac{\tau}{\tau_{cr}}\right)^2\right]=1.0 \tag{7-114}$$

解得

$$\nu_B=\frac{1}{\sqrt{\left(\frac{\sigma_b}{\sigma_{cr}}\right)^2+\left(\frac{\tau}{\tau_{cr}}\right)^2}} \tag{7-115}$$

压缩与剪切的组合有

$$\left(\frac{\sigma_{cr}^{c*}}{\sigma_{cr}^c}\right)+\left(\frac{\tau_{cr}^*}{\tau_{cr}}\right)^2=1 \tag{7-116}$$

代入式(7-110)有
$$\nu_B^2\left(\frac{\tau}{\tau_{cr}}\right)^2+\nu_B\left(\frac{\sigma_c}{\sigma_{cr}}\right)=1.0 \tag{7-117}$$

对式(7-117)作为安全系数 ν_B 的一元二次方程求解,有

$$\nu_B=\frac{-\left(\frac{\sigma}{\sigma_{cr}}\right)+\sqrt{\left(\frac{\sigma}{\sigma_{cr}}\right)^2+4\left(\frac{\tau}{\tau_{cr}}\right)^2}}{2\left(\frac{\tau}{\tau_{cr}}\right)^2}$$

$$=\frac{\left[-\left(\frac{\sigma}{\sigma_{cr}}\right)+\sqrt{\left(\frac{\sigma}{\sigma_{cr}}\right)^2+4\left(\frac{\tau}{\tau_{cr}}\right)^2}\right]\left[\left(\frac{\sigma}{2\sigma_{cr}}\right)+\sqrt{\left(\frac{\sigma}{2\sigma_{cr}}\right)^2+\left(\frac{\tau}{\tau_{cr}}\right)^2}\right]}{2\left(\frac{\tau}{\tau_{cr}}\right)^2\left[\left(\frac{\sigma}{2\sigma_{cr}}\right)+\sqrt{\left(\frac{\sigma}{2\sigma_{cr}}\right)^2+\left(\frac{\tau}{\tau_{cr}}\right)^2}\right]}$$

分子计算推导如下:

$$-\left(\frac{\sigma}{\sigma_{cr}}\right)\left(\frac{\sigma}{2\sigma_{cr}}\right)-\left(\frac{\sigma}{\sigma_{cr}}\right)\sqrt{\left(\frac{\sigma}{2\sigma_{cr}}\right)^2+\left(\frac{\tau}{\tau_{cr}}\right)^2}+\left(\frac{\sigma}{2\sigma_{cr}}\right)\sqrt{\left(\frac{\sigma}{\sigma_{cr}}\right)^2+4\left(\frac{\tau}{\tau_{cr}}\right)^2}+$$

$$\sqrt{\left(\frac{\sigma}{\sigma_{cr}}\right)^2+4\left(\frac{\tau}{\tau_{cr}}\right)^2}\sqrt{\left(\frac{\sigma}{2\sigma_{cr}}\right)^2+\left(\frac{\tau}{\tau_{cr}}\right)^2}=-\frac{1}{2}\left(\frac{\sigma}{2\sigma_{cr}}\right)^2-\left(\frac{\sigma}{\sigma_{cr}}\right)\sqrt{\left(\frac{\sigma}{2\sigma_{cr}}\right)^2+\left(\frac{\tau}{\tau_{cr}}\right)^2}+$$

$$\left(\frac{\sigma}{\sigma_{cr}}\right)\sqrt{\left(\frac{\sigma}{2\sigma_{cr}}\right)^2+\left(\frac{\tau}{\tau_{cr}}\right)^2}+2\sqrt{\left(\frac{\sigma}{2\sigma_{cr}}\right)^2+\left(\frac{\tau}{\tau_{cr}}\right)^2}\sqrt{\left(\frac{\sigma}{2\sigma_{cr}}\right)^2+\left(\frac{\tau}{\tau_{cr}}\right)^2}$$

$$=-\frac{1}{2}\left(\frac{\sigma}{2\sigma_{cr}}\right)^2+\frac{1}{2}\left(\frac{\sigma}{2\sigma_{cr}}\right)^2+2\left(\frac{\tau}{\tau_{cr}}\right)^2=2\left(\frac{\tau}{\tau_{cr}}\right)^2$$

代入 ν_B 等式,有:

$$\nu_B=\frac{1}{\frac{\sigma_c}{2\sigma_{cr}}+\sqrt{\left(\frac{\sigma_c}{2\sigma_{cr}}\right)^2+\left(\frac{\tau}{\tau_{cr}}\right)^2}} \tag{7-118}$$

推导过程是在压剪组合式(7-117)基础上展开的,将 ν_B 式转换一下有

$$\frac{1}{\nu_B}=\frac{\sigma_c}{2\sigma_{cr}}+\sqrt{\left(\frac{\sigma_c}{2\sigma_{cr}}\right)^2+\left(\frac{\tau}{\tau_{cr}}\right)^2} \tag{7-119}$$

再将弯曲情况考虑进来,加入弯剪组合式(7-114)则有

$$\frac{1}{\nu_B} = \frac{\sigma_c}{2\sigma_{cr}} + \sqrt{\left(\frac{\sigma_c}{2\sigma_{cr}}\right)^2 + \left(\frac{\tau}{\tau_{cr}}\right)^2} + \sqrt{\left(\frac{\sigma_b}{\sigma_{cr}}\right)^2 + \left(\frac{\tau}{\tau_{cr}}\right)^2} \tag{7-120}$$

将 $\sigma_c = \sigma(1+\psi)/2$，$\sigma_b = \sigma(1-\psi)/2$（$\sigma$ 为组合后的正应力）代入式（7-120），可得

$$\frac{1}{\nu_B} = \left(\frac{\frac{1+\psi}{2}\sigma}{2\sigma_{cr}}\right) + \sqrt{\left(\frac{\frac{1+\psi}{2}\sigma}{2\sigma_{cr}}\right)^2 + \left(\frac{\tau}{\tau_{cr}}\right)^2} + \sqrt{\left(\frac{\frac{1-\psi}{2}\sigma}{\sigma_{cr}}\right)^2 + \left(\frac{\tau}{\tau_{cr}}\right)^2}$$

$$= \left(\frac{1+\psi}{4}\right)\frac{\sigma}{\sigma_{cr}} + \sqrt{\left(\frac{3-\psi}{4}\frac{\sigma}{\sigma_{cr}}\right)^2 + \left(\frac{\tau}{\tau_{cr}}\right)^2} \tag{7-121}$$

式（7-121）是 Chwalla 推导的初形，腹板的屈曲计算广泛应用在造船和航空工业上。最早是国际造船的权威机构，挪威船级社采用了这个公式。日本的《道路桥示方书》也是采用了德国 DIN 4114 的结果。

这样组合后的正应力 σ 与剪切应力 τ_{xy} 共存时，其合成应力按 Mises 等效应力计算，即 $\sigma_v = \sqrt{\sigma^2 + 3\tau_{xy}^2}$，将安全系数考虑进去有 $\sigma_{vcr} = \nu_B \sqrt{\sigma^2 + 3\tau_{xy}^2}$。

代入 ν_B 式可得到理想的合成屈曲应力：

$$\sigma_{vcr} = \frac{\sqrt{\sigma^2 + 3\tau_{xy}^2}}{\frac{1+\psi}{4}\frac{\sigma}{\sigma_{cr}} + \sqrt{\left(\frac{3-\psi}{4}\cdot\frac{\sigma}{\sigma_{cr}}\right)^2 + \left(\frac{\tau}{\tau_{cr}}\right)^2}} \tag{7-122}$$

式（7-122）中，当 $\tau_{xy} = 0$ 时，有 $\sigma_{vcr} = \sigma_{cr}$；当 $\sigma = 0$ 时，有 $\sigma_{vcr} = \sqrt{3}\tau_{cr}$。

在板梁腹板计算中，应力倾斜率 ψ 要根据组合后的应力分布来计算，即 $\psi = \sigma_c/\sigma_b$。

7.5.6 纵、横向加劲肋的设计

前面叙述了纵向加劲肋对梁抗弯强度的贡献，而横向加劲肋则对梁的抗剪起决定性作用，实际在图 7-60 中 4 种代表性的破坏形式中，加劲肋对薄腹板的补强作用很大。但实际工程中这些加劲肋的设置增加了钢板梁的加工难度，各种加劲肋大多是手工焊接，对成本有较大影响，另外造成的残余应力和加工变形也不可忽略。

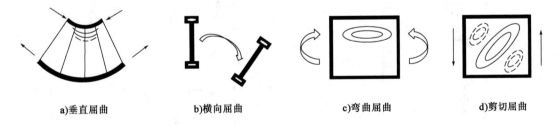

a) 垂直屈曲　　b) 横向屈曲　　c) 弯曲屈曲　　d) 剪切屈曲

图 7-60　钢板梁的屈曲形式

钢板梁的加劲肋分为支承加劲肋和中间横向加劲肋、纵向加劲肋两种。《道路桥示方书》中对中间加劲肋的有效截面和必要刚度以及荷载效果的应力检验都作了规定，即使在新《道路桥示方书》（H29）里，对钢板梁腹板部分还是以容许应力检验为原则。涉及这部分的计算要参照《道路桥示方书》下列章节：

(1)横向加劲肋

13.4.3 横向加劲肋的配置与间距；

13.4.4 横向加劲肋的刚度、钢种及板厚；

13.4.5 横向加劲肋的设置方法。

(2)纵向加劲肋

13.4.6 纵向加劲肋的位置,原则上是2段以内；

13.4.7 纵向加劲肋的刚度、钢种和板厚；

5.4.2 轴压状态下的自由伸出板,其中有针对局部屈曲的容许压应力做出规定。

在荷载效应的计算上,《道路桥示方书》里横向加劲肋受到腹板剪切屈曲后的张力场传来的压力,需对这个压力进行验算,现行的规范中横向加劲肋的应力检验是省略的,实际也没有用到腹板拉力场的水平应力。而纵向加劲肋是与焊接位置的腹板一起承担弯曲压缩的,所以,纵向加劲肋要用与腹板同等的弯曲压应力进行验算。

对于荷载集中点的横向加劲肋,《道路桥示方书》里是规定全由加劲肋本身来承担集中荷载,而不考虑腹板的有效宽度等分担的问题,并且限制了腹板截面的大小。

1)纵向加劲肋

(1)1 段纵向加劲肋

防止腹板因为梁弯曲发生屈曲,设置水平的纵向加劲肋非常有效,这一点在 7.3.4 中已经详细叙述。这里要讨论一下加劲肋的设置位置和必要刚度,对于上下对称的 I 形截面的纯弯曲状态,如图 7-61 所示,研究设置一段纵向加劲肋时的最佳有效位置 λb。

安全系数

$$\nu_B = 1.25 + (0.30 + 0.15\psi)\,\mathrm{e}^{-4.3\eta} \leqslant 1.25 \tag{7-123}$$

纯弯曲的屈曲参量：

$$R = 0.90 - 0.10\psi \tag{7-124}$$

式中：ψ——应力斜率,$\psi = \sigma_1/\sigma$；

η——剪应力比,$\eta = \tau/\sigma$。

这些关系代入针对弯剪组合受力(图 7-62)的参量式(7-93),有

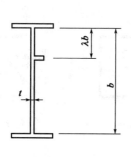
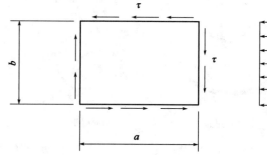

图 7-61 纵向加劲肋的位置(λ)与宽厚比 (b/t)的关系(1 段纵向加劲肋)

图 7-62 弯剪组合受力图式

$$\frac{1+\psi}{4}\frac{\nu_B \sigma_c}{\sigma_{cr}} + \sqrt{\left(\frac{3-\psi}{4}\frac{\nu_B \sigma_c}{\sigma_{cr}}\right)^2 + \left(\frac{\nu_B \tau}{\tau_{cr}}\right)^2} = R^2 \tag{7-125}$$

式中：$\sigma_{\mathrm{cr}} = k_\sigma \dfrac{\pi^2 E}{12(1-\nu^2)} \left(\dfrac{t}{b}\right)^2$，$\tau_{\mathrm{cr}} = k_\tau \dfrac{\pi^2 E}{12(1-\nu^2)} \left(\dfrac{t}{b}\right)^2$。

代入式(7-125)整理后，有腹板的宽厚比解：

$$\left(\frac{t}{b}\right)^2 \geqslant \frac{\nu_{\mathrm{B}}\,\sigma_{\mathrm{c}}}{(425R)^2}\left[\frac{1+\psi}{4\,k_\sigma} + \sqrt{\left(\frac{3-\psi}{4\,k_\sigma}\right)^2 + \left(\frac{\eta}{k_\tau}\right)^2}\right] \tag{7-126}$$

式(7-126)是腹板单元的宽厚比检验式，条件是纵向加劲肋要成为屈曲的水平节线，单元板的最大强度就是腹板的屈曲强度。钢板梁的腹板与一般的受压加劲板一样，纵向加劲肋同腹板共同承受水平压应力。

这里列出了SS41、SM50Y和SM58这3种常用材质设置1段纵向加劲肋的情况，见表7-4。表7-4中分别以纯弯($\psi=-1$)、纯压($\psi=1$)和($\psi=0$)3种水平应力状态，计算了其宽厚比和加劲肋位置的影响，并以λ、b/t为横、纵轴画出各种ψ的曲线，也就是说用正应力斜度不同的3种材质的λ-b/t的曲线进行比较分析，λ为上翼缘距纵向加劲肋的距离，b/t为腹板宽厚比。

纵向加劲肋的位置(λ)与宽厚比(b/t)的关系(1段纵向加劲肋)　　　表7-4

参数	SS41			SM50Y			SM58		
ψ	-1.0	0.0	1.0	-1.0	0.0	1.0	-1.0	0.0	1.0
b/t	260	145	90	220	120	75	190	105	65
λ	0.2	0.36	0.5	0.2	0.36	0.5	0.2	0.36	0.5

注：ψ—腹板上下缘应力比。

如图7-63是SS41钢材的纵向加劲肋位置关系图，右升曲线是受压翼缘与纵向加劲肋之间单元板的λ与b/t关系，右降曲线是梁下段单元板的λ与b/t关系。交叉点的位置正好是同时满足上下单元的条件点，也就是说在这个位置设置横向加劲肋，钢板的厚度能有最小最经济的结果，看得出来应力斜率$\psi=-1.0$的纯弯状态正好是$\lambda=0.2$的位置，也是《道路桥示方书》一直推荐的纵向加劲肋配置位置。其他两种材质也得出了相同的结论。

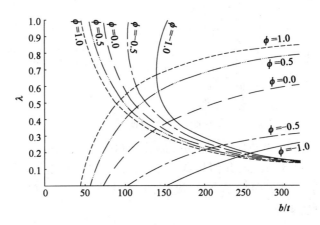

图7-63　SS41钢材的λ-b/t关系

纵向加劲肋的刚度较小(柔性肋)时，腹板与纵向加劲肋一起变形而发生屈曲，刚度在一定程度以上才能形成水平节线，如图7-64b)所示。当纵向加劲肋设在受压翼缘下腹板高的1/5位置时，纯弯的四边简支板在这个位置能够形成节线的必要截面抗弯惯性矩I_s，美标

AASHTO 的规定是 $I_s \geq t^2 h[2.4(a/h)^2 - 0.13]$,《道路桥示方书》是 $11t^3 h(a/h)/30$。图 7-65 是各国所采用的纵向加劲肋刚度的比较,《道路桥示方书》基本与 AASHO 1971 年的相同,即

$$\begin{cases} I_s = \dfrac{bt^3}{11}\gamma \\ \gamma = 30\left(\dfrac{a}{b}\right) \end{cases} \tag{7-127}$$

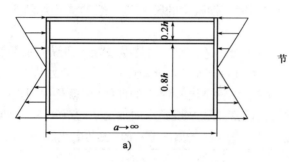

图 7-64 纵向加劲纯弯板

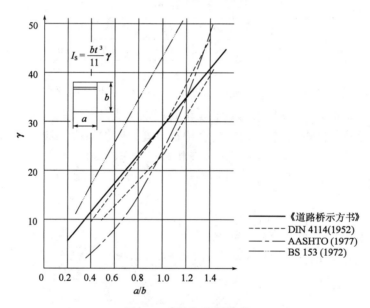

图 7-65 纵向加劲肋的刚度

6.5.3 节里推导了受压加劲板的屈曲应力式[式(6-75)],有 $\sigma_{cr} = k(\delta、\gamma、\alpha) \cdot \sigma_E$,其中,刚度比 $\gamma = EI/Dt$,面积比 $\delta = A/bt$,几何长宽比 $\alpha = a/b$。屈曲系数的关系曲线如图 7-66 所示。

纵向加劲肋取的是梁弯曲状态下的板屈曲,《道路桥示方书》参考了下面 DIN 4114 [式(7-128)],则必要的刚度比为

$$\begin{cases} \gamma^* = (21.3 + 112.6\delta)(\alpha - 0.1) & 1.0 \leq \alpha \leq 1.5 \\ \gamma^* = (32.0 + 168.9\delta)(\alpha - 0.4) & \alpha < 1.0 \end{cases} \tag{7-128}$$

式中:$\gamma^* \leq 50 + 200\delta$。

模型为图 7-67 所示的状态,取 $\nu = 0.3$,则对应的加劲肋截面必要的二次惯性矩为

$$I_{\mathrm{s}} = \frac{bD}{E}\gamma^{*} = \frac{b}{E}\frac{Et^{3}}{12(1-\nu^{2})} \approx \frac{bt^{3}}{11} \cdot \gamma^{*} \tag{7-129}$$

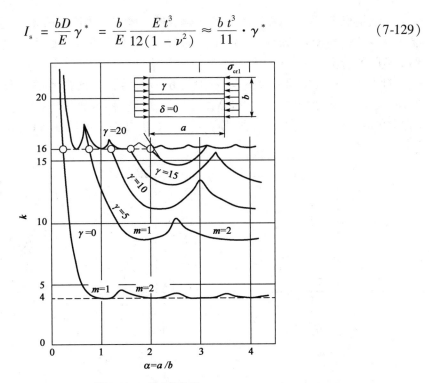

图 7-66 γ 与 k 的关系

考虑梁横向屈曲对截面的贡献,同时兼顾加工初期不平整的影响,《道路桥示方书》里参考了式(7-128)上段的 $\delta = 0.1$ 的公式,通过大量的试算采用了比较简单的钢板梁腹板用纵向加劲肋(图 7-68)的必要刚度比公式(7-128),可见该式并不是经典的理论值。

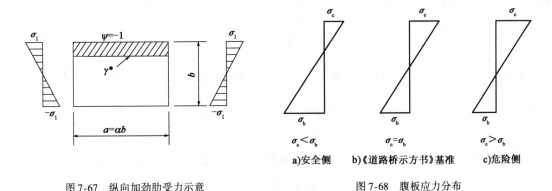

图 7-67 纵向加劲肋受力示意

图 7-68 腹板应力分布

$$\gamma^{*} = 30.0(a/b) \tag{7-130}$$

(2) 2 段纵向加劲肋

同样的方法讨论 2 段纵向加劲肋。在纯弯状态下得出了第一段的最佳位置在 $0.14b$,第二段在 $0.36b$。梁中间的纵向加劲肋原则是单侧设置,刚度在 $30(a/b)$ 以上并且板厚要保证在伸出板长度的 $1/16$ 以上,大于等于 $1/16$ 与自由伸出板的规定相同,这里 $30(a/b)$ 的刚度主要来自经验和试验,没有严密的理论依据。

一般情况下，设计时需要考虑受压侧翼缘的容许应力降低等情况，受拉侧翼缘的应力大于受压翼缘的情况较多，如图7-68a)属于安全侧，但当上下非对称或者组合梁的情况下，c)则为偏于危险的情况。

对于组合钢板梁的中间支点，一般为 $\alpha = a/b \leq 1.0$，通过考虑残余应力，并进行塑性分析发现，纵向加劲肋配置在0.33梁高位置为最佳，同时，对加劲肋的要求刚度是规范值的20倍。图7-69是研究的3种应力状态，模型是 $\alpha=1.0$，残余应力按 $\sigma_r = 0.5\sigma_y$ 考虑的。

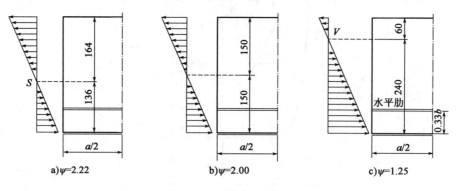

图7-69 不同应力斜率

2) 横向加劲肋

对一定的腹板高和厚度，要增加其剪切屈曲应力的唯一办法就是提高板的屈曲系数，因此，在钢板梁的翼缘垂直方向焊上加劲肋，将腹板分成几个单元板，这种加劲肋就叫作横向加劲肋。横向加劲肋的间距是板的长度 a，通常钢板梁设计时，腹板的高度 h 和板厚 t 以及作用剪切力 V 是已知的，平均剪切应力 $\tau = V/(h \cdot t)$，这样

$$\tau_{cr} = \nu_B \times \tau_a = \frac{k\pi^2 E}{12(1-\nu^2)} \cdot \left(\frac{t}{h}\right)^2 = \frac{k\pi^2 E}{12(1-\nu^2)} \left(\frac{a}{h}\right)^2 \left(\frac{t}{a}\right)^2 \tag{7-131}$$

将必要的加劲肋间距 a 视为板几何形状与物理参数的加劲肋间隔系数 C'，则有

$$\alpha = \frac{a}{h} = \sqrt{\frac{12(1-\nu^2)\nu_B}{k\pi^2 E a^2}} \frac{t}{\sqrt{\tau_a}} = C'\left(\frac{t}{\sqrt{\tau_a}}\right) \tag{7-132}$$

这里 τ_a 是容许剪切应力，如果考虑安全系数 $\nu_B = 1.2$ 的话，根据剪切系数

$$\begin{cases} k = 4.00 + 5.34/(a/h)^2 & a/h \leq 1.0 \\ k = 5.34 + 4.00/(a/h)^2 & a/h \geq 1.0 \end{cases} \tag{7-133}$$

可以粗略算出系数 C' 值(表7-5)，根据式(7-132)计算出的 C' 发现，加劲肋的间距 a 的系数 C' 与长宽比 α 的关系变化不大，这样很多设计基准都采用比较单纯的设计式来表达。也就是即取 C' 为定值，则就成为长宽比 α 的变化取什么样的安全系数问题。有关 α 的计算见第8章。《道路桥示方书》的纯剪安全系数为1.00，纯弯是1.12，而弯剪组合要用式(7-122)计算。

加劲肋间隔的系数　　　　　　　　　表 7-5

a/h	k	加劲肋间隔系数 C'
0.5	25.36	98718
0.6	18.83	102073
0.7	14.90	106932
0.8	12.34	110177
0.9	10.59	114824
1.0	9.34	119816

屈曲后强度问题里已经叙述了，剪切作用时，横向加劲肋在钢板梁的极限强度上起重要的作用，使腹板的局部屈曲在横向加劲肋的位置成为节线，从而控制整体屈曲的发生。这样要求横向加劲肋有足够的刚度，如图 7-70 所示，在剪切应力 τ 作用下，两个单元板中间的横向加劲肋，DIN 4114 规范中横向加劲肋材的最小刚度比 γ^* 按下式计算：

$$\gamma^* = \frac{5.4}{\alpha}\left(\frac{2}{\alpha} + \frac{2.5}{\alpha} - \frac{1}{\alpha^3} - 1\right) \quad 0.5 \leqslant \alpha \leqslant 2 \quad (7\text{-}134)$$

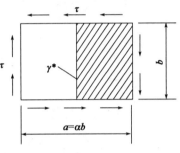

图 7-70　中间有 1 根横向加劲肋时

式(7-134)里考虑的安全系数为 1.25，并参考 Rockey 的研究成果，《道路桥示方书》用以式(7-135)为基础的设计公式计算横向加劲肋的必要刚度比，所以，式(7-135)也不是经典的理论解，与 AASHO 1971 年基本相同，是 DIN 4114 中 γ^* 的 2 倍。

$$\gamma^* = 8.0 \left(\frac{b}{a}\right) \quad (7\text{-}135)$$

$$\gamma = \frac{EI}{bD} \quad (7\text{-}136)$$

$$I^* = \frac{bt^3}{11}\gamma^* = \frac{bt^3}{11} 8.0 \left(\frac{b}{a}\right)^2 \quad (7\text{-}137)$$

这个刚度值基本上与美国的 LRFD 相近，如图 7-71 所示。另外考虑剪切屈曲后张力场的应力承担，加劲肋的板厚 t_s 取伸出长度的 1/13 以上，而且防止 2 次应力的截面不足，要求伸出长度在梁高的 1/30 再加上 50mm。横向加劲肋的构造规定如下式所示：

$$b_s = \min \begin{cases} b/30 + 50\text{mm} \\ 13t_s \end{cases} \quad (7\text{-}138)$$

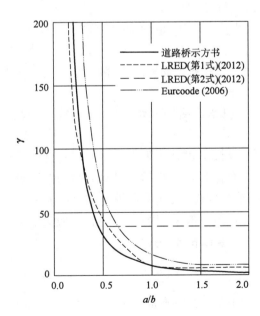

图 7-71　横向加劲肋的刚度

由以上的结果可知，与横向加劲肋差不多相同，纵向加劲肋的刚度比公式 $\gamma^* = 8.0 \left(\frac{b}{a}\right)^2$ 也是经验和试验的结果，没有严密的理论解释。

作为钢板梁的中间加劲肋实际并不像支承加劲肋那样,属于外力不传播的垂直方向构造要素,这样的中间加劲肋有下述两个基本机能:

①保持梁的横截面形状(最小刚度要求);
②保证屈曲后强度(最小强度的必要)。

钢板梁的承载力有两部分,$\tau<\tau_{cr}$ 的单纯梁的作用,另外还有 $\tau>\tau_{cr}$ 时腹板达到屈服前的张力场作用,必要的加劲肋刚度和截面分别可以决定。$\tau<\tau_{cr}$ 的单纯梁作用时,加劲肋不产生轴力,腹板抗屈曲能力满足刚度要求,这一点已经在前面叙述了。

张力场中加劲肋承受斜拉伸力的竖直分力如图7-49所示,需要具备充分的刚度和截面积。加劲肋力 F_s 按式(7-80)求解,达到最大剪力时 σ_t 的值按式(7-84)求解,极限荷载下加劲肋的力 F_s 是

$$F_s = ht\,\sigma_y\left(1-\frac{\tau_{cr}}{\tau_y}\right)\frac{\alpha}{2}\left(1-\frac{\alpha}{\sqrt{1+\alpha^2}}\right) \tag{7-139}$$

$\alpha\geq 1.0$ 时,τ_{cr} 在比例极限范围外,用式(7-70),

$$\frac{F_s}{h^2\sigma_y}=\left[\frac{1}{2\beta}-\left(4.2+\frac{3.1}{\alpha^2}\right)\frac{1}{\varepsilon_y\beta^3}\right]\left(\alpha-\frac{\alpha}{\sqrt{1+\alpha^2}}\right) \tag{7-140}$$

其中 $\varepsilon_y\beta^2\geq 10.5+(7.8/\alpha^2)$,宽厚比 $\beta=h/t$。

对 α 和 β 的关系式(7-140)取偏微分,则有 $\alpha=1.18$,$\beta=6.22/\sqrt{\varepsilon_y}$,$\varepsilon_y=0.0011$,可得 $\beta=187$,$F_s=0.015\sqrt{\varepsilon_y}\cdot\sigma_y h^2$。$\alpha$ 和 β 的值如果与式(7-140)的结果偏离的话,加劲肋的补强力 F_s 会变小,同样腹板高变化也有这个倾向,其理由是:

①随着 α 的增大,也就是加劲肋间距的增大,张力场作用的效果逐渐减小,直至消失。

②随着 α 的减小,也就是加劲肋间距的减小,加劲肋密度增加,单根加劲肋的补强力也减小了。

③腹板的宽厚比 $\beta=h/t$ 增加的话,腹板厚减少,也就是腹板截面积减少,随之极限剪切力也减少了,所以,补强力变小。

④β 减小后腹板厚 t 增加,但是腹板厚增加的话,来自梁作用的剪切力增加,相应张力场作用效果减弱。

根据以上的分析,则中间加劲肋的必要截面面积可以按下述方法确定。张力场形成后腹板实际已经处于屈服状态,也就是说加劲肋补强力 F_s 是由加劲肋的受力面积部分抵抗着,此时必要面积 A_s 可以写成 F_s/σ_u,σ_u 是加劲肋的极限轴方向应力,如果不发生加劲肋自身的局部屈曲,σ_u 等于加劲肋作为柱考虑时的弯曲屈曲应力,但一般采用加劲肋的屈服应力。如果加劲肋的屈服应力等于腹板的屈服应力时,加劲肋的必要面积 A_s 为

$$A_s\geq 0.015\sqrt{\varepsilon_y}h^2 \tag{7-141}$$

若两者屈服应力不等,就使用腹板屈曲应力与加劲肋屈服应力的比乘一下就可以。如图7-72所示,单侧配置时,发生偏心荷载,应力最大值为屈服点应力,则对应的轴方向力 $F_{sy}=$

$0.25\sigma_y A_s'$;加劲肋全截面屈服时的轴方向力 $F_{sp}=0.414\sigma_y A_s'$, A_s' 是单侧面积。$F_s=0.015\sqrt{\varepsilon_y}\cdot\sigma_y h^2$ 时,图 7-72b)、c)对应的必要截面面积计算式分别为

$$\begin{cases} 状态\ b & A_s'=0.060\sqrt{\varepsilon_y}\cdot h^2 \\ 状态\ c & A_s'=0.036\sqrt{\varepsilon_y}\cdot h^2 \end{cases} \tag{7-142}$$

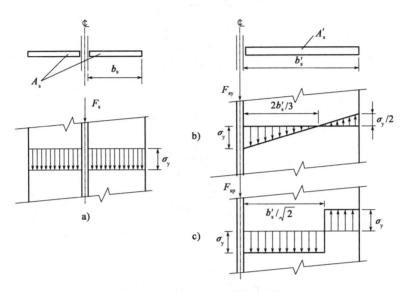

图 7-72 两侧和单侧加劲的应力分布

7.5.7 支承加劲肋的设计

支承加劲肋是指横向加劲肋,计算上是按受压柱考虑的。钢板梁的支承加劲肋有:①支点上的横向加劲肋;②分配横梁或者横联;③牛腿等连接位置上的加劲肋。

计算时如何确定有效截面是一个问题,屈曲检验中加劲肋截面和腹板两侧的有效长度按照《道路桥示方书》的规定是 12 倍的腹板厚(图 7-73),其中包括腹板有效部分,但在支承附近认为不存在支承有效宽度,巨大的支承压力基本由加劲肋的截面来承担,所以,规定了梁体全有效截面积应在加劲肋断面积的 1.7 倍以下,并假定屈曲验算中的轴力由两端铰接加劲肋屈曲长 h 的 $1/2$ 来承担。下面介绍其验算的理论根据。

1)梁端的加劲理论

钢板梁端板单元的边界条件与中间板单元的不太一样,中间横向加劲肋是有暗锚作用的,而端板单元腹板屈曲后,作为张力场的暗锚固定端的单元板不存在,所以,端板单元需要考虑张力场作用减少的构造,或者暗锚能够承担的端部加劲构造。

端支点上加劲肋,作为梁-柱模型,使用换算的有效屈曲长度来研究。图 7-74 所示轴方向压力为 P_z,极限状态时上端为 0 下端最大的直线分布,$P_z=p(b-z)$,柱的边界条件是两端回转约束,表达式为

$$(u)_{z=0}=0,\ \left(\frac{\mathrm{d}u}{\mathrm{d}z}\right)_{z=0}=0,\ \left(\frac{\mathrm{d}u}{\mathrm{d}z}\right)_{z=b}=0,\ \left(\frac{\mathrm{d}^3u}{\mathrm{d}z^3}\right)_{z=b}=0 \tag{7-143}$$

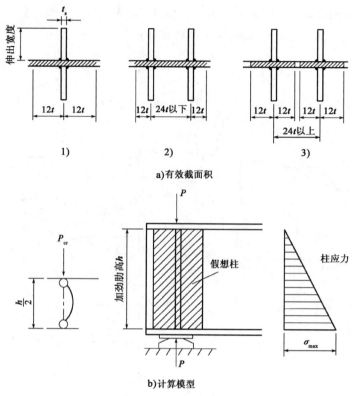

a) 有效截面积

b) 计算模型

图 7-73 支承加劲肋计算

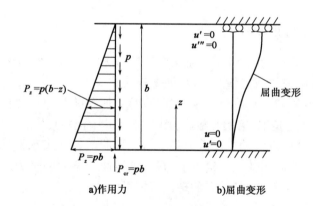

a) 作用力　　　b) 屈曲变形

图 7-74 端支点上加劲肋的作用力和屈曲变形

作为受压柱的有效屈曲长度方程的表达式为

$$u = u_0 \left[\cos\left(\frac{n\pi z}{b}\right) - 1 \right] \tag{7-144}$$

使用能量原理的最小势能法：

$$\begin{aligned}\Pi &= U + V \\ &= \frac{1}{2}\int_0^b EI\left(\frac{d^2 u}{dz^2}\right)^2 dz - \frac{1}{2}\int_0^b p(b-z)\left(\frac{du}{dz}\right)^2 dz\end{aligned} \tag{7-145}$$

从 $\partial \Pi / \partial u_0 = 0$ 可求解出屈曲荷载的应力形式为

$$p_{cr} = \frac{\int_0^b EI\left(\frac{d^2 u^2}{dz^2}\right)dz}{\int_0^b (b-z)\left(\frac{du^2}{dz}\right)^2 dz} = \frac{2\pi^2 EI}{b^3} \tag{7-146}$$

两端的屈曲荷载 P_{cr} 为

$$P_{cr} = p_{cr} \cdot b = \frac{\pi^2 EI}{(0.707b)^2} \tag{7-147}$$

P_{cr} 承受柱的有效屈曲长度 l 为

$$l = \beta \cdot b = 0.707b \tag{7-148}$$

考虑到计算方便和取值安全的因素,《道路桥示方书》规定使用 $l = b/2$ 作为换算加劲肋柱的屈曲长度进行计算,其理论依据是考虑了初期变形和残余应力而取的安全值。而梁柱模型中(图 7-75)截面的有效宽度系数采用 $\eta = 12, \xi = 24$。

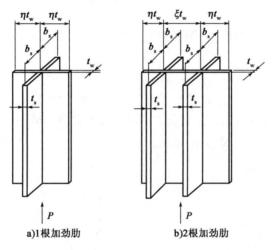

a)1根加劲肋　　　　b)2根加劲肋

图 7-75　支承加劲肋的设置方法

腹板屈曲以后如图 7-76 所示,张力场拉伸应力为 σ_t,按式(7-149)由 σ_t 计算出截面力 T、H 和 V,这些力作用在梁-柱模型上。

$$\begin{cases} T = \sigma_t \cdot b \cdot t_w \cos\theta \\ H = \sigma_t \cdot b \cdot t_w \cos 2\theta \\ V = \sigma_t \cdot b \cdot t_w \sin\theta\cos\theta \end{cases} \tag{7-149}$$

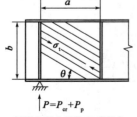 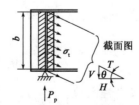

a)斜张力场上发生竖向应力　　　b)作用在梁-柱模型上的截面力

图 7-76　由斜张力场发生的竖向应力与作用在梁-柱模型上的截面力

θ 是张力场的角度,Basler 的研究结果中 θ 的表达式为

$$\theta = \tan^{-1}\left(\sqrt{1 + \left(\frac{a}{b}\right)^2} - \frac{a}{b}\right) \tag{7-150}$$

竖向力 V 的屈曲后强度:

$$\tau = \frac{P}{A_w}, \quad P_P = (\tau - \tau_{cr})t_w \cdot b = V \tag{7-151}$$

梁-柱模型的分布横荷载为 q,有

$$q = (\tau - \tau_{cr})t_w \cos\theta \tag{7-152}$$

分布横向荷载下的梁-柱模型发生弯曲变形,梁-柱模型的两端固定支承,弯矩图按图 7-77a)考虑,极限状态端支点上加劲肋上端的变形为 0,所以,按边界条件,悬臂梁上端变形为 0 时的集中荷载 Q 来等价考虑,有

$$Q = \frac{q \cdot b}{8} \tag{7-153}$$

这样就有图 7-77b)的弯矩产生,图 7-77a)、b)合成的弯矩如图 7-77c)所示。

$$M = kqb^2 \tag{7-154}$$

其中 $\begin{cases}(a) Q = 0 \text{ 时}, k = -1/12(\text{上端和下端}), k = 1/24(\text{中央})\\ (b) Q = q \cdot b/8 \text{ 时}, k = -1/12(\text{上端}), k = 5/48(\text{中央}), k = 1/24(\text{下端})\end{cases}$ (7-155)

也就是说固定梁是常态荷载,而悬臂梁有两种荷载形式需要考虑(极限状态时 $Q = q \cdot b/8$),设计时使用式(7-155)的最大弯矩来计算。

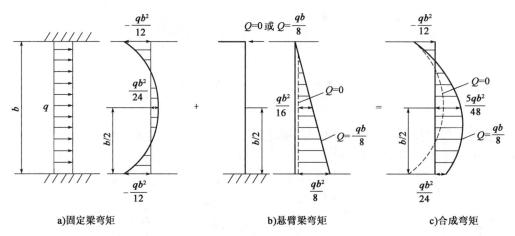

图 7-77 梁-柱模型的作用弯矩

2)梁-柱模型的极限状态安全性验算

$$\frac{\nu P}{P_u} + \frac{\nu M}{M_y\left(1 - \frac{\nu P}{P_{cr}}\right)} \leq 1 \tag{7-156}$$

式中:ν——极限状态安全性系数;

P_u——$P_u = \sigma_u A_{eff}$;

M_y——$M_y = \sigma_y W_{eff}$。

极限强度 σ_u 采用《道路桥示方书》的焊接箱梁以外,柱抗力曲线式(6-41)如下所示:

$$\sigma_u/\sigma_y = \begin{cases} 1.0 & (\lambda \leq 0.2) \\ 1.109 - 0.545\lambda & (0.2 < \lambda \leq 1.0) \\ 1/(0.733 + \lambda^2) & (\lambda > 1.0) \end{cases} \quad (7\text{-}157)$$

式中:λ——无量纲化长细比,$\lambda = \dfrac{1}{\pi}\sqrt{\dfrac{\sigma_y}{E}}\dfrac{l}{r}$;

r——有效截面弱轴回转半径,$r = \sqrt{\dfrac{I_y}{A_{\text{eff}}}}$;

σ_y——钢材屈服点;

l——有效屈曲长;

I_y——有效截面的弱轴二次惯性矩;

A_{eff}——有效截面的截面积。

7.5.8 加劲肋的焊接与构造要求

纵横加劲肋的理论问题都介绍完了,看得出加劲肋对腹板乃至钢板梁本体的强度起到很大的补强作用。设置加劲肋会在实际制作加工中增加了工作量,而且这些肋板大多数是采用手工焊接,加之在结构使用中会有疲劳作用,需要特别注意。加劲肋的加工和焊接施工,在保证质量的同时,还有很多细部的结构要求需要技术人员掌握。

①与腹板对接焊缝平行的加劲肋,其距离对接焊缝的距离应不小于 10tw,或者不小于 100mm;

②与腹板对接焊缝相交的加劲肋,加劲肋及其焊缝应连续通过腹板焊缝;

③纵向加劲肋与横向加劲肋相交时,横向加劲肋宜连续通过;

④横向加劲肋与梁的翼缘板焊接时,应将加劲肋切出不大于 5 倍腹板厚度的斜角;

⑤纵向加劲肋与横向加劲肋的相交处,宜焊接或栓连。

横向加劲肋除设置在主梁支承处及外力集中处外,还有一类是中间横向加劲肋,一般设在单侧,其下端与翼缘的连接要考虑翼缘的应力情况,其主要作用是防止腹板剪切失稳,如图 7-78 所示。

为了防止腹板在弯曲压应力作用下的弯压失稳,可在设置横向加劲肋的同时设置纵向加劲肋,纵向加劲肋可与横向加劲肋设置在腹板的同一侧,也可设置在不同侧,如图 7-79a)、b)所示。纵向加劲肋与横向加劲肋不在腹板的同一侧时,加劲肋可以做得较长,便于进行自动焊接;如果与横向加劲肋设置在同一侧时,应该在其前后各空出 70mm 左右的间隙,如图 7-79c)所示;纵向加劲肋需与横向加劲肋连接时,可选择角焊缝连接,且横向加劲肋应较纵向加劲肋宽出 10mm 以上,如图 7-79d)所示。

纵向加劲肋与腹板宜用角焊缝连接,在与横向加劲肋交叉处宜留不小于 30mm 的间隙,但是当考虑纵向加劲肋与腹板共同承担轴向力时,纵向加劲肋应连续通过,承受压力时也可焊接于横向加劲肋。

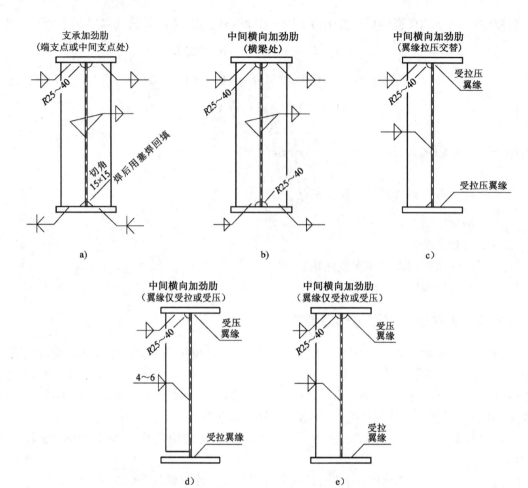

图 7-78 典型横向加劲肋的结构形式与连接(尺寸单位:mm)

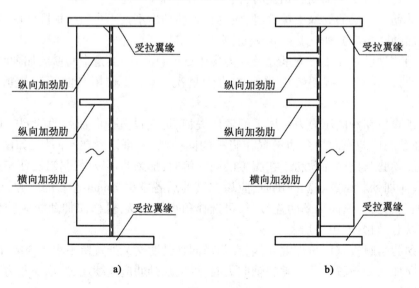

图 7-79

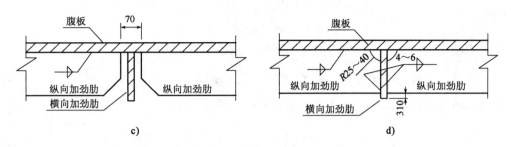

图 7-79 纵向加劲肋的设置(尺寸单位:mm)

7.5.9 腹板的计算

前面已经把腹板弯剪组合应力的屈曲式[式(7-103)]推导出来了,同时在 7.5.4 节和 7.5.5 节里演示了《道路桥示方书》的基本验算式。新《道路桥示方书》H29 里将腹板的安全系数修改为:纯压时 1.36、纯弯时 1.12、纯剪时 1.00,并规定最小板厚是 8mm。

在弯矩和剪力作用下,腹板同时存在弯曲正应力 σ 和剪应力 τ。腹板不仅要满足强度要求,而且必须满足稳定的要求。如图 7-80 所示,腹板在弯曲正应力 σ 和剪应力 τ 共同作用下的屈曲式同式(7-108),腹板稳定计算公式为:

$$\frac{1+\psi}{4} \cdot \frac{\sigma_0}{\sigma_{cr}} + \sqrt{\left(\frac{3-\psi}{4}\frac{\sigma_0}{\sigma_{cr}}\right)^2 + \frac{\tau}{\tau_{cr}}} \leqslant R^2 \tag{7-158}$$

式中:ψ——腹板板件上下缘应力(以压应力为正)比;

其他符号意义见图 7-80。

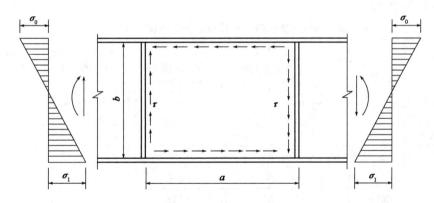

图 7-80 应力控制设计时腹板单元

$$\psi = \sigma_1/\sigma_0 ; \eta = \tau/\sigma_0 ; R = 0.9 - 0.1\varphi \tag{7-159}$$

$$\sigma_{cr} = k_\sigma \frac{\pi^2 E}{12(1-\mu^2)} \left(\frac{t}{b}\right)^2 , \tau_{cr} = k_\tau \frac{\pi^2 E}{12(1-\mu^2)} \left(\frac{t}{b}\right)^2 \tag{7-160}$$

纯弯: $k_\sigma = 23.9$

纯剪：
$$\begin{cases} k_\tau = 5.34 + 4.00/(a/b)^2 & (a/b) > 1 \\ k_\tau = 4.00 + 5.34/(a/b)^2 & (a/b) < 1 \end{cases} \quad (7\text{-}161)$$

代入式(7-158)，并引入复合应力作用下的腹板稳定安全系数 ν_B：

$$\nu_B = 1.00 + 0.8(0.30 + 0.15\varphi) e^{(-4.3\eta)} \geq 1.00 \quad (7\text{-}162)$$

可以求得腹板板件满足稳定要求时宽厚比应该满足的条件为：

$$\left(\frac{t}{b}\right)^2 \geq \frac{\nu_B \sigma_0}{(425R)^2}\left[\frac{1+\psi}{4k_\sigma} + \sqrt{\left(\frac{3-\psi}{4k_\sigma}\right)^2 + \left(\frac{\eta}{k_\tau}\right)^2}\right\} \quad (7\text{-}163)$$

如果假设腹板在弯矩和剪力共同作用下，$\sigma = 0.7[\sigma]$，$\psi = -1$，$\eta = 0.35$，$(a/b) = 1$，由式(7-163)可以求得 Q345 和 Q235 钢材时，腹板满足稳定要求的最小板厚 t 分别为 $t \geq 130b$ 和 $t \geq 160b$。

同理，假设腹板在纯弯状态下，$\sigma = 0.85[\sigma]$，$\psi = -1$，$\eta = 0$，由式(7-163)可以求得 Q345 和 Q235 钢材时，腹板满足稳定要求的最小板厚 t 分别为 $t \geq b/131$ 和 $t \geq b/161$。

腹板在纯剪状态下，将 $\sigma_0 = 0$，$\psi = -1$ 以及式(7-160)代入式(7-163)，并且引入腹板剪切稳定系数($\nu_B = 1.00$)可以求得：

$$\left(\frac{t}{b}\right)^2 \geq \frac{\nu_B \tau}{186000 k_\tau} \quad (7\text{-}164)$$

假设 $\tau = [\tau]$，$k_\tau = 5.34$，由式(7-164)可以求得 Q345 和 Q235 钢材时，腹板满足稳定要求的最小板厚 t 分别为 $t \geq b/91$ 和 $t \geq b/108$。

当钢板梁腹板宽厚比不满足式(7-162)和式(7-163)的要求时，腹板由稳定控制设计。根据腹板的剪切稳定要求可以得到不设加劲肋时腹板的最小厚度，表7-6列出了部分桥梁设计规范的腹板厚度要求。

横向和纵向加劲肋的设置与最大腹板高厚比 h_w/t_w 表7-6

规 范	钢材种类	不设竖向和纵向加劲肋	仅设横向加劲肋	横向加劲肋和一段纵向加劲肋	横向加劲肋和两段纵向加劲肋
中国公路钢桥	Q235	70	160	280	310
	Q345	60	140	240	310
中国铁路钢桥	—	50	140	250	—
日本公路钢桥	SS400,SM400	70	152	256	310
	SM490	60	130	220	310
	SM520,SM490Y	57	123	209	294
	SM570	50	110	118	262

提高腹板稳定临界应力的方法主要有增加板厚和设置加劲肋两种方法。其中设置加劲肋方法效果更加显著，是减小腹板厚度、减少钢材用量的最有效途径，钢桥设计中最为常见。

如图7-81a)所示，设置横向加劲肋和纵向加劲肋的腹板，在正应力和剪应力作用下，有可能出现两种失稳模态。当加劲肋的刚度相对腹板厚度较小时，失稳状态下随同腹板的面外变形加劲肋产生弯曲，加劲肋起到增加腹板面外刚度的作用。当加劲肋的刚度相对腹板厚度足够大时,加劲肋可以约束腹板的面外变形,失稳状态下,腹板在加劲肋处不出现面外变形,加劲肋对腹板起到支承作用,失稳模态在加劲肋处形成节线。对于后者,可以将腹板近似简化为如图7-81b)所示的由加劲肋或翼缘围成的单个四边简支板计算,对于每一个分离出来的局部板件均应满足式(7-160)~式(7-163)的要求。

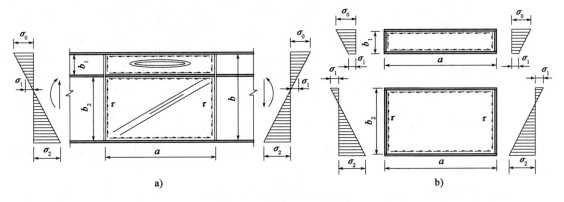

图 7-81　应力控制设计时翼缘最小面积

当腹板上有 n 根纵向加劲肋时,在高度方向可以将腹板划分为 $n+1$ 个四边简支区域,对于每一个分离出来的局部板件均应满足式(7-160)~式(7-163)的要求。设计必须同时满足如下的联立方程。

1) 腹板厚度验算 (图 7-82)

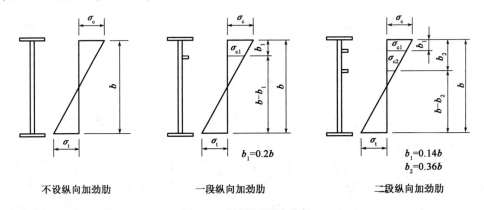

图 7-82　钢主梁的应力分布

（1）不设纵向加劲肋时

$$\left(\frac{t}{b}\right)^2 \geq \frac{\nu_B \sigma_c}{(425R)^2}\left\{\frac{1+\psi}{4k_\sigma} + \sqrt{\left(\frac{3-\psi}{4k_\sigma}\right)^2 + \left(\frac{\eta}{k_\tau}\right)^2}\right\} \tag{7-165}$$

（2）1 段纵向加劲肋时,需同时满足

$$\begin{cases} \left(\dfrac{t}{b}\right)^2 \geq \left(\dfrac{b_1}{b}\right)^2 \dfrac{\nu_{B1}\sigma_c}{(425R_1)^2}\left\{\dfrac{1+\psi_1}{4k_{\sigma1}} + \sqrt{\left(\dfrac{3-\psi_1}{4k_{\sigma1}}\right)^2 + \left(\dfrac{\eta_1}{k_{\tau1}}\right)^2}\right\} \\ \left(\dfrac{t}{b}\right)^2 \geq \left(1-\dfrac{b_1}{b}\right)^2 \dfrac{\nu_{B2}\sigma_c}{(425R_2)^2}\left\{\dfrac{1+\psi_2}{4k_{\sigma2}} + \sqrt{\left(\dfrac{3-\psi_2}{4k_{\sigma2}}\right)^2 + \left(\dfrac{\eta_2}{k_{\tau2}}\right)^2}\right\} \end{cases} \tag{7-166}$$

(3) 2 段纵向加劲肋时,需同时满足

$$\begin{cases} \left(\dfrac{t}{b}\right)^2 \geq \left(\dfrac{b_1}{b}\right)^2 \dfrac{\nu_{B1}\sigma_c}{(425R_1)^2}\left\{\dfrac{1+\psi_1}{4k_{\sigma 1}} + \sqrt{\left(\dfrac{3-\psi_1}{4k_{\sigma 1}}\right)^2 + \left(\dfrac{\eta_1}{k_{\tau 1}}\right)^2}\right\} \\ \left(\dfrac{t}{b}\right)^2 \geq \left(\dfrac{b_2-b_1}{b}\right)^2 \dfrac{\nu_{B2}\sigma_{c1}}{(425R_2)^2}\left\{\dfrac{1+\psi_2}{4k_{\sigma 2}} + \sqrt{\left(\dfrac{3-\psi_2}{4k_{\sigma 2}}\right)^2 + \left(\dfrac{\eta_2}{k_{\tau 2}}\right)^2}\right\} \\ \left(\dfrac{t}{b}\right)^2 \geq \left(1-\dfrac{b_2}{b}\right)^2 \dfrac{\nu_{B3}\sigma_{c3}}{(425R_3)^2}\left\{\dfrac{1+\psi_3}{4k_{\sigma 3}} + \sqrt{\left(\dfrac{3-\psi_3}{4k_{\sigma 3}}\right)^2 + \left(\dfrac{\eta_3}{k_{\tau 3}}\right)^2}\right\} \end{cases} \quad (7\text{-}167)$$

这里,安全系数 ν_B 按式(7-162)计算 $\psi = \sigma_1/\sigma_0, \eta = \dfrac{\tau}{\sigma_0}; R = 0.9 - 0.1\varphi$。

屈曲系数 k_σ 和 k_τ 按式(7-161)计算。《道路桥示方书》里用这种关系把各种材质下的腹板最小厚度列表进行了总结。

为了防止局部丧失稳定,各国规范对不同钢材和不同横向和纵向加劲肋设置的腹板高厚比 h_w/t_w 作了相应的规定。中国的公路钢桥规范、铁路钢桥规范和日本的公路钢桥规范的规定列于表7-6。中国公路钢桥和铁路钢桥的规范适用于腹板高厚比 $h_w/t_w \leq 240$(Q345 钢)的情况,日本的公路钢桥规范可以适用于 $h_w/t_w \leq 310$(SM490 钢)的钢板梁桥。当腹板高厚比超过表7-6 中规定的最大值时,必须设置更多段的纵向加劲肋。

2) 横向加劲肋的间距验算

日本《道路桥示方书》规定:同时承受压应力 σ 和剪应力 τ 的四边简支板的稳定验算公式为:

$$\left(\dfrac{\sigma}{\sigma_{cr}}\right)^2 + \left(\dfrac{\sigma}{\tau_{cr}}\right)^2 \leq \left(\dfrac{1}{\nu_B}\right)^2 \quad (7\text{-}168)$$

式中:σ_{cr}、τ_{cr}——分别为单独受压和单独受剪时的临界应力,按式(7-160)计算;
ν_B——稳定安全系数。

横向加劲肋主要是为了防止腹板剪切失稳,设计时取 $\nu_B = 1.00$,同时忽略压应力不均匀的影响,由加劲肋或翼缘围成的局部板件的稳定,偏于安全按各自板件的最大压应力计算。

将式(7-160)和式(7-161)代入式(7-168)可以得到不设纵向加劲肋时,横向加劲肋的间距 a 应该满足下式要求($a/b \leq 1.5$):

$$\begin{cases} \left(\dfrac{b}{100t}\right)^4 \left\{\left(\dfrac{\sigma}{431}\right)^2 + \left[\dfrac{\tau}{97+72(b/a)^2}\right]^2\right\} \leq 1 & \dfrac{a}{b} > 1 \\ \left(\dfrac{b}{100t}\right)^4 \left\{\left(\dfrac{\sigma}{431}\right)^2 + \left[\dfrac{\tau}{72+97(b/a)^2}\right]^2\right\} \leq 1 & \dfrac{a}{b} \leq 1 \end{cases} \quad (7\text{-}169)$$

当设置纵向加劲肋时,一般情况下靠近受拉侧的腹板局部板件高度最大,较容易出现剪切失稳。仅设置 1 段纵向加劲肋时,加劲肋的位置距受拉翼缘 $0.8b$ [图 7-83a)],假设纵向加劲肋处的压应力为 0.6σ,可得横向加劲肋的间距 a 应该满足下式要求($a/b \leq 1.5$):

$$\begin{cases} \left(\dfrac{b}{100t}\right)^4 \left\{\left(\dfrac{\sigma}{1121}\right)^2 + \left[\dfrac{\tau}{151+72(b/a)^2}\right]^2\right\} \leqslant 1 & \dfrac{a}{b} > 0.8 \\ \left(\dfrac{b}{100t}\right)^4 \left\{\left(\dfrac{\sigma}{1121}\right)^2 + \left[\dfrac{\tau}{113+97(b/a)^2}\right]^2\right\} \leqslant 1 & \dfrac{a}{b} \leqslant 0.8 \end{cases} \quad (7\text{-}170)$$

当设置 2 段纵向加劲肋时,加劲肋的位置距受拉翼缘分别为 $0.86b$ 和 $0.64b$[图 7-83b)],假设纵向加劲肋处的压应力为 0.28σ,根据靠近受拉侧的腹板局部板件的稳定,可得横向加劲肋的间距 a 应该满足下式要求($a/b \leqslant 1.5$):

$$\begin{cases} \left(\dfrac{b}{100t}\right)^4 \left\{\left(\dfrac{\sigma}{3741}\right)^2 + \left[\dfrac{\tau}{235+72(b/a)^2}\right]^2\right\} \leqslant 1 & \left(\dfrac{a}{b} > 0.64\right) \\ \left(\dfrac{b}{100t}\right)^4 \left\{\left(\dfrac{\sigma}{3741}\right)^2 + \left[\dfrac{\tau}{176+97(b/a)^2}\right]^2\right\} \leqslant 1 & \left(\dfrac{a}{b} \leqslant 0.64\right) \end{cases} \quad (7\text{-}171)$$

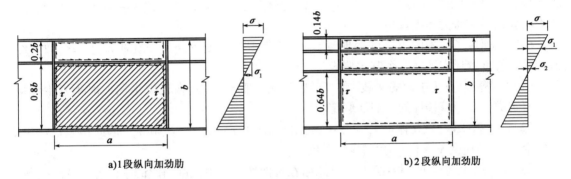

图 7-83　纵向加劲肋

可见《道路桥示方书》内一连串的公式实际是来自弯剪组合的公式(7-168)和表 7-6 的宽厚比要求。日本《道路桥示方书》规定:横向加劲肋截面对腹板中线的惯性矩(两侧对称设置),或横向加劲肋截面对腹板与加劲肋的焊接线的惯性矩(单侧对称设置),不应小于

$$I_t = \dfrac{h_0 t_w^3}{11}\gamma_{v,req} \quad (7\text{-}172)$$

式中:t_w——腹板的厚度;

h_0——腹板净高度;

$\gamma_{v,req}$——横向加劲肋的必要刚度比,$\gamma_{v,req} = 8.0(h_0/a)^2$;

a——横向加劲肋间距。

同时,加劲肋的伸出肢肢宽不宜小于 $50 + h_0/30$ (mm),肢厚不宜小于肢宽的 1/13。

看得出来式(7-165)~式(7-171)的一系列变换都是为单元腹板在弯剪组合应力下的稳定而考虑的。

第8章 板的有限变形理论与弹塑性屈曲

8.1 概 述

工程结构中的板有两种类型:大型建筑结构的平板与薄壁杆件中的腹板和翼缘,后一种板属于梁柱杆件的一部分,若发生屈曲,会直接影响杆件的刚度。板可根据其厚度与宽度的比分成厚板、薄板:当 $t/b > (1/8 \sim 1/5)$ 时,称为厚板,厚板的横向剪切变形与弯曲挠度有相同的数量级,计算中必须考虑,会使问题变得十分复杂;当 $(1/80 \sim 1/100) < t/b < (1/5 \sim 1/8)$ 时,称为薄板,大型建筑工程中的板大部分属于这一类;当 $t/b \leq 1/100$ 时,这类板就好似薄膜,它在变形时膜内只有张力而无弯矩。

前面只研究了薄板的小挠度变形,所谓小挠度变形即变形挠度要比板厚小一个数量级。薄板的小挠度变形有下面几个基本假定:

(1)变形前垂直于中面的法线,在变形后仍然垂直于中面,在板发生屈曲时不发生伸缩,这一假定类似于薄壁杆件的平截面假定;

(2)由于板很薄,微元体上的应力 σ_z,τ_{zx} 和 τ_{zy} 远小于应力 σ_x,σ_y 和 τ_{xy},因此由它们产生的正应变 ε_z 和剪应变 γ_{zx} 和 γ_{zy} 均可忽略不计;

(3)由于挠度与厚度 t 相比较小,可忽略在弯曲变形中由挠度引起的中面伸长、缩短、剪切变形;

(4)板为各向同性的弹性体,应力和应变关系服从胡克定律。

以上是小变形的基本假定。为了说明大变形计算的必要性,下面分析钢板梁腹板的变形,特别是要注意到其屈曲后的行为。现行中国规范规定钢板梁腹板最小厚度为8mm,从市场板材规格上日本一般规定9mm为最小厚度。

简支梁最大跨径梁高3m情况下,一般在受压侧设2段纵向加劲肋,横联间距取6m;横联之间用横向加劲肋隔开4个间隔,间距是1.5m;腹板单元大约是 $a = 1.5\text{m}, b = 2.0\text{m}$;端支点腹板厚度若用到12mm,那么宽厚比是 $2.0/0.012 = 166$。这样的情况下考虑规范规定假定:

(1)腹板是四边简支;
(2)活荷载采用现行日本 B 活荷载;
(3)板单元的初挠度为梁高的 $1/250$;
(4)残留应力为构件的 $0.25\sigma_y$。

按照有限元的微小变形理论分析,结果发现腹板没有发生弹性屈曲现象,弯剪应力也在局部屈曲应力以内,但其抗剪强度的余裕并不大。

那么这种条件下钢板梁的极限承载力是多大呢?

利用有限变形理论,并将腹板四周的结合状态视为板固结状态,还在数值计算上采用足够多的级数项进行有限元分析。这里考虑构件进入复合非线性的可能,B 活荷载作为初荷载加

载后再逐步加载,并在本构模型上采用切线刚度修正换算刚度方式,直至腹板完全失去稳定时作二阶分析。结果发现:

(1)支点位置腹板单元发生剪切屈曲,形成张力场,且发现了屈曲后强度;板单元边缘发生材料屈服塑性域;加劲肋局部进入塑性。

(2)最大弯曲截面附近,受拉侧翼缘发生变形进入塑性,腹板连接区间的应力也超过了屈服点;受压侧翼缘由于桥面板的约束没有发生屈曲,应力也在弹性范围内;腹板单元变形较明显但还没有发生弹性屈曲。

在以上推测的基础上,仍需研究当腹板产生可恢复的弹性变形波纹的一种极限状态,即进入了张力场,并利用上了屈曲后强度时,而且在上下4个边缘中的腹板拉压分界点的等效应力最先达到材料屈曲 σ_y,我们定义这个状况为最终的极限状态。我们针对以下几个条件来进行研究:①腹板厚12mm,材质为490和530;②纵向加劲肋2段和3段两种情况。最终目标是找出合适的横向加劲肋的形式并确定间隔。

在小变形理论范围内准确的结果是实现不了的。而在新《道路桥示方书》H29 分项系数法的极限状态里,把构件能够恢复的"可逆性"作为主构件的基本设计目标,薄腹板可逆的变形,理论上应该是弹性屈曲可以设挠度的极限,而这种弹性屈曲需要在大变形理论基础上来计算。实际在现有《道路桥示方书》的钢板梁设计中,结合极限状态理论中极限强度的性能规定上还存在下列几点实际问题:

(1)现行的腹板安全系数公式都是基于两轴对称截面试验体的试验结果,并不能保证适用于特殊的逆π形截面组合梁的上下非对称截面。

(2)腹板作为重要构造体,它的弹性屈曲强度与构造的极限强度之间有很大余裕,屈曲后强度的利用空间较大,这就必须使用有限变形的大挠度理论;初期变形和残余应力等目前是以试验承载力作为基础,相应的许多技术问题还待深入研究。

(3)钢板梁的承载力计算非常杂乱,包括加劲肋设计这一部分,整合性不强,根本无法直接计算承载力,感觉在勉强套用着分项系数法的性能设计。

(4)非组合梁的桥面板对腹板的约束效果和组合梁的强度评价缺乏完整性,钢板梁直接的承载性能计算,包括加劲肋设计的新方法需要开发。

这样以 Basler 基础理论和 DIN 4114 规定为基础,日本独特的钢板梁屈曲设计法正处于研究开发过程中,期待早日能发布并应用于实际设计业务中。

钢结构超过线性极限,问题就变得非常复杂,主要体现在几何非线性和材料非线性这两大特点,而薄壁钢截面在几何非线性中又增加了一个屈曲的特殊性。我们讨论的钢板梁正是这样的结构物,各国都在积极应用屈曲后强度。新《道路桥示方书》也确定了这种可逆的弹性变形,并降低了腹板的安全系数。工程实际设计中考虑大变形的计算势在必行。几何非线性里有应力函数和协调方程这两个数学问题,而材料非线性里用构造规则和流动规则来模拟钢材的硬化和软化。本章内容只在弹性有限变形的范围内进行讨论,也就是不考虑材料本构关系问题。

8.2 板的有限变形理论

薄板的屈曲荷载是在小挠度理论前提下求得的,事实上屈曲荷载并不是板失去抵抗力的荷载。薄板在屈曲后,随着挠度的增大,板内的应力重新分布,板的中面内会产生较大的薄膜拉力，它们可以抵抗挠度继续增大，实际上起着支撑作用，可以提高板的支撑力。这种支撑力叫屈曲后性能，它发生在挠度增大到与板厚有相同数量级时。这样，8.1 节小挠度理论中的第（3）条假设要进行修正；变形后中面内面力有变化，中面内会有伸长、缩短与剪切变形。小挠度理论中的其他 3 条假设在研究板的大挠度变形时仍然成立且只考虑变形问题，而假定不存在材料硬化的本构关系问题。

8.2.1 平衡方程的建立

图 8-1 为板中面上的微元 $dxdy$ 变形 ω 后内力 N 的变化，对于大挠度理论，虽然挠度 ω 与板厚 t 有相同数量级，但与板的宽度相比仍是微小量，所以仍有关系式 $\cos\alpha \approx 1$，$\sin\alpha \approx \alpha$。$\alpha$ 为中面力与水平线的夹角。这里同样不考虑物体力的存在，则中面力 N_x，N_{xy} 在 x 方向的平衡条件有：

$$\frac{\partial N_x}{\partial x} + \frac{\partial N_{xy}}{\partial y} = 0 \tag{8-1}$$

同理，在 y 方向的平衡条件为：

$$\frac{\partial N_y}{\partial y} + \frac{\partial N_{yx}}{\partial x} = 0 \tag{8-2}$$

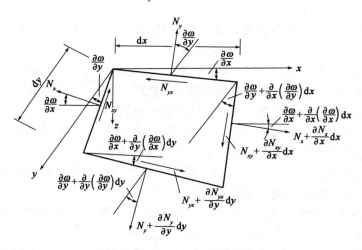

图 8-1 板的变形及变形后的内力

在 5.5.1 节主要讨论了板的弯曲变形，建立的是考虑剪力的板在弯剪组合下的平衡方程[式(5-22)]，模型里认为微元的轴力不变，而主要是考虑轴力的微小变形并建立轴力间的关联关系。平衡是通过计算微元的各力在 z 方向的分力来考虑的。

从图 8-1 可知 N_x 在 z 方向的分力为：

$$\left(N_x + \frac{\partial N_x}{\partial x}dx\right)\left(\frac{\partial \omega}{\partial x} + \frac{\partial^2 \omega}{\partial x^2}dx\right)dy - N_x\frac{\partial \omega}{\partial x}dx \approx \left(N_x\frac{\partial^2 \omega}{\partial x^2} + \frac{\partial N_x}{\partial x}\frac{\partial \omega}{\partial x}\right)dxdy \tag{8-3}$$

N_y 在 z 方向的分力为：

$$\left(N_y\frac{\partial^2 \omega}{\partial y^2} + \frac{\partial N_y}{\partial y} \cdot \frac{\partial \omega}{\partial y}\right)dxdy \tag{8-4}$$

N_{xy} 在 z 方向的分力为：

$$\left(N_{xy}\frac{\partial^2 \omega}{\partial x \partial y} + \frac{\partial N_{xy}}{\partial x} \cdot \frac{\partial \omega}{\partial y}\right)\mathrm{d}x\mathrm{d}y \tag{8-5}$$

N_{yx} 在 z 方向的分力为

$$\left(N_{yx}\frac{\partial^2 \omega}{\partial x \partial y} + \frac{\partial N_{yx}}{\partial y} \cdot \frac{\partial \omega}{\partial x}\right)\mathrm{d}x\mathrm{d}y \tag{8-6}$$

注意到式(8-1)、式(8-2)的平衡条件,将式(8-3)~式(8-6)相加,可得在 z 方向上力的总和为

$$\left(N_x\frac{\partial^2 \omega}{\partial x^2} + 2N_{xy}\frac{\partial^2 \omega}{\partial x \partial y} + N_y \cdot \frac{\partial^2 \omega}{\partial y^2}\right)\mathrm{d}x\mathrm{d}y \tag{8-7}$$

微元 $\mathrm{d}x\mathrm{d}y$ 中的剪力 Q_x,Q_y 在 z 方向的分力与小变形理论一样,即与式(5-8)~式(5-21)一样,最后可求得与小挠度理论一样的平衡方程,即

$$D\left(\frac{\partial^4 \omega}{\partial x^4} + 2\frac{\partial^4 \omega}{\partial x^2 \partial y^2} + \frac{\partial^4 \omega}{\partial y^4}\right) = N_x\frac{\partial^4 \omega}{\partial x^4} + 2N_{xy}\frac{\partial^2 \omega}{\partial x \partial y} + N_y\frac{\partial^2 \omega}{\partial y^2} \tag{8-8}$$

方程式(8-8)与微小变形时在形式上是完全相同,但其物理意义是不一样的。式(8-8)中的面力 N_x,N_{xy},N_y 是变化的,它们包括了外荷载与屈曲变形产生的薄膜力,而微小变形理论里的面力 N_x,N_{xy},N_y 是不变的。这样对 N_x,N_{xy},N_y 与 ω 这 4 个变量有 3 个方程:式(8-1)、式(8-2)与式(8-8)。下面通过变形协调关系推导出补充条件,在此之前需要学习一下应力函数的内容。

8.2.2 Airy(艾里)应力函数的概念

式(8-8)是平板挠度的偏微分方程,数学上有一个经典的 Airy 函数与此方程是同型,利用满足平衡条件和协调条件时的解,导入 Airy 应力函数,来求解大挠度方程非常方便。下面先介绍一下变形协调问题下的应力函数概念。

板承受物体力 $X=0,Y=\rho g$(ρ 为质量,g 为重力加速度),则平衡条件式为

$$\begin{cases}\dfrac{\partial \sigma_x}{\partial x} + \dfrac{\partial \tau_{xy}}{\partial y} = 0 \\ \dfrac{\partial \sigma_y}{\partial y} + \dfrac{\partial \tau_{xy}}{\partial x} + \rho g = 0\end{cases} \tag{8-9}$$

另外,板的变形协调关系式为

$$\left(\frac{\partial^2}{\partial x^2} + \frac{\partial^2}{\partial y^2}\right)(\sigma_x + \sigma_y) = 0 \tag{8-10}$$

设满足式(8-9)和式(8-10)条件的应力函数 $F=f(x,y)$,则有

$$\sigma_x = \frac{\partial^2 F}{\partial y^2}, \sigma_y = \frac{\partial^2 F}{\partial x^2}, \tau_{xy} = -\frac{\partial^2 F}{\partial x \partial y} - \rho g x \tag{8-11}$$

若存在使式(8-11)都成立的 ω,则有

$$\frac{\partial \sigma_x}{\partial x} = \frac{\partial^3 F}{\partial x \partial y^2}, \frac{\partial \tau_{xy}}{\partial y} = -\frac{\partial^2 F}{\partial x \partial y^2} \tag{8-12}$$

且
$$\frac{\partial \sigma_x}{\partial x} + \frac{\partial \tau_{xy}}{\partial y} = 0 \tag{8-13}$$

同样
$$\frac{\partial \sigma_y}{\partial y} = \frac{\partial^3 F}{\partial x^2 \partial y}, \frac{\partial \tau_{xy}}{\partial x} = -\frac{\partial^3 F}{\partial x^2 \partial y} - \rho g \tag{8-14}$$

且
$$\frac{\partial \sigma_y}{\partial y} + \frac{\partial \tau_{xy}}{\partial x} + \rho g = 0 \tag{8-15}$$

可以发现式(8-9)的平衡条件是满足的,再把式(8-11)代入式(8-10),则板的变形协调条件式可以改写成:

$$\left(\frac{\partial^2}{\partial x^2} + \frac{\partial^2}{\partial y^2}\right)\left(\frac{\partial^2 F}{\partial y^2} + \frac{\partial^2 F}{\partial x^2}\right) = 0 \tag{8-16}$$

计算后变为

$$\frac{\partial^4 F}{\partial x^4} + 2\frac{\partial^4 F}{\partial x^2 \partial y^2} + \frac{\partial^4 F}{\partial y^4} = 0 \tag{8-17}$$

那么,换句话说,若能找出满足式(8-17)的应力函数 F,而 F 又满足边界条件,则板内部应力 $\sigma_x, \sigma_y, \tau_{xy}$ 就可以求解了,式(8-17)与板挠度的偏微分方程式(8-8)是同次同型的。

下面分析长方形板的应力函数 $F = f(x,y)$ 表达式的形式。

数学上求解函数原型的过程叫求泛函,也就是说实际是求应力泛函的问题。首先我们设应力函数是二次多项式,表达式为

$$F_2 = \frac{a_2}{2}x^2 + b_2 xy + \frac{c_2}{2}y^2 \tag{8-18}$$

使 F_2 满足式(8-18),当然要满足协调方程条件[式(8-17)],如果不考虑自重($\rho = 0$),解得

$$\begin{cases} \sigma_x = \frac{\partial^2 F_2}{\partial y^2} = \frac{\partial}{\partial y}\left(\frac{\partial F_2}{\partial y}\right) = \frac{\partial}{\partial y}(b_2 x + c_2 y) = c_2 \\ \sigma_y = \frac{\partial^2 F_2}{\partial x^2} = \frac{\partial}{\partial x}\left(\frac{\partial F_2}{\partial x}\right) = \frac{\partial}{\partial x}(a_2 x + b_2 y) = a_2 \\ \tau_{xy} = \frac{\partial^2 F_2}{\partial x \partial y} = -\frac{\partial}{\partial x}\left(\frac{\partial F_2}{\partial y}\right) = -\frac{\partial}{\partial x}(b_2 x + c_2 y) = -b_2 \end{cases} \tag{8-19}$$

式(8-19)是3个应力成分 $\sigma_x, \sigma_y, \tau_{xy}$ 在板内各处均等的应力,应力函数 F_2 是各边都存在的正应力和剪应力,而且有 $\sigma_y = a_2, \sigma_x = c_2, \tau_{xy} = -b_2$ 为定值。图8-2为二次多项式应力函数 F 的应力结果。同样如果假定 F_2 为如下三次多项式时

$$F_3 = \frac{a_3}{6}x^3 + \frac{b_3}{2}x^2 y + \frac{c_3}{2}xy^2 + \frac{d_3}{6}y^3 \tag{8-20}$$

满足式(8-20)和式(8-17)的解为

$$\begin{cases} \sigma_x = \dfrac{\partial^2 F_3}{\partial y^2} = \dfrac{\partial}{\partial y}\left(\dfrac{\partial F_3}{\partial y}\right) = -\dfrac{\partial}{\partial y}\left(\dfrac{b_3}{2}x^2 + c_3 xy + \dfrac{d_3}{2}y^2\right) = c_3 x + d_3 y \\ \sigma_y = \dfrac{\partial^2 F_3}{\partial x^2} = \dfrac{\partial}{\partial x}\left(\dfrac{\partial F_3}{\partial x}\right) = \dfrac{\partial}{\partial x}\left(\dfrac{a_3}{2}x^2 + b_3 xy + \dfrac{c_3}{2}y^2\right) = a_3 x + b_3 y \\ \tau_{xy} = -\dfrac{\partial^2 F_3}{\partial x \partial y} = -\dfrac{\partial}{\partial x}\left(\dfrac{\partial F_3}{\partial y}\right) = -\dfrac{\partial}{\partial x}\left(\dfrac{b_3}{2}x^2 + c_3 xy + \dfrac{d_3}{2}y^2\right) = -b_3 x - c_3 y \end{cases} \quad (8\text{-}21)$$

如图 8-3 所示,在 $F_3 = (d_3/6)y^3$, $x = 0, l$ 时,存在应力 $\sigma_x = d_3 y$,即纯弯曲状态;当 $F_3 = (a_3/6)x^3$ 时,对应 $y = \pm c$ 有 $\sigma_y = a_3 x$ 的纯弯曲状态表示。

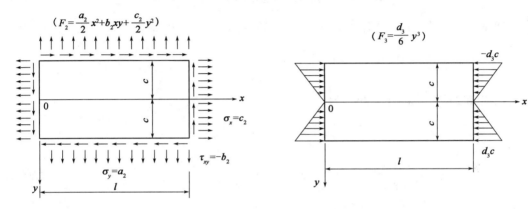

图 8-2 应力函数为二次多项式　　　　图 8-3 应力函数为三次多项式

4 次多项式的情况下,应力函数为

$$F_4 = \dfrac{a_4}{12}x^4 + \dfrac{b_4}{6}x^3 y + \dfrac{c_4}{2}x^2 y^2 + \dfrac{d_4}{6}xy^3 + \dfrac{e_4}{12}y^4 \quad (8\text{-}22)$$

满足式(8-22)和式(8-17)的解为

$$\begin{cases} \sigma_x = \dfrac{\partial^2 F_4}{\partial y^2} = \dfrac{\partial}{\partial y}\left(\dfrac{\partial F_4}{\partial y}\right) = \dfrac{\partial}{\partial y}\left(\dfrac{b_4}{6}x^3 + c_4 x^2 y + \dfrac{d_4}{2}xy^2 + \dfrac{e_4}{3}y^3\right) \\ \qquad = c_3 x^2 + d_4 xy + e_4 y^2 \\ \sigma_y = \dfrac{\partial^2 F_4}{\partial x^2} = \dfrac{\partial}{\partial x}\left(\dfrac{\partial F_4}{\partial x}\right) = \dfrac{\partial}{\partial x}\left(\dfrac{a_4}{3}x^3 + \dfrac{b_4}{2}x^2 y + c_4 xy^2 + \dfrac{d_4}{6}y^3\right) \\ \qquad = a_4 x^2 + b_4 xy + c_4 y^2 \\ \tau_{xy} = -\dfrac{\partial^2 F_4}{\partial x \partial y} = -\dfrac{\partial}{\partial x}\left(\dfrac{\partial F_4}{\partial y}\right) = -\dfrac{\partial}{\partial x}\left(\dfrac{b_4}{6}x^3 + c_4 x^2 y + \dfrac{d_4}{2}xy^2 + \dfrac{e_4}{3}y^3\right) \\ \qquad = -\dfrac{b_4}{2}x^2 - 2c_4 xy - \dfrac{d_4}{2}y^2 \end{cases} \quad (8\text{-}23)$$

但多项式在 4 次以上时,应力函数的系数间还需要附加条件。

F_4 要满足式(8-17),需要有 $e_4 = -(2c_4 + a_4)$ 成立。

图 8-4 为板的弯剪组合状态。

最后,5 次多项式的应力函数为

$$F_5 = \frac{a_5}{20}x^5 + \frac{b_5}{12}x^4y + \frac{c_5}{6}x^3y^2 + \frac{d_5}{6}x^2y^3 + \frac{e_5}{12}xy^4 + \frac{f_5}{20}y^5 \tag{8-24}$$

这时要满足式(8-17),还需 e_5 和 f_5 满足的选择条件为 $\frac{\partial^4 F_5}{\partial x^4} = 6a_5x + 2b_5y$,$\frac{\partial^4 F_5}{\partial y^4} = 2e_5x + 6f_5y$,$2\frac{\partial^4 F_5}{\partial x^2 \partial y^2} = 4c_5x + 4d_5y$,分别代入式(8-17)后,可得

$$(6a_5 + 2e_5 + 4c_5)x + (2b_5 + 4d_5 + 6f_5)y = 0 \tag{8-25}$$

式(8-25)成立的条件为 $6a_5 + 2e_5 + 4c_5 = 0$,$2b_5 + 4d_5 + 6f_5 = 0$,根据所有附加条件式可得:

$$e_5 = -(3a_5 + 2c_5), f_5 = -\frac{1}{3}(b_5 + 2d_5) \tag{8-26}$$

满足式(8-24)和式(8-17)的解为

$$\begin{cases} \sigma_x = \frac{\partial^2 F_5}{\partial y^2} = \frac{c_5}{3}x^3 + d_5x^2y - (2c_5 + 3d_5)xy^2 - \frac{1}{3}(b_5 + 2d_5)y^3 \\ \sigma_y = \frac{\partial^2 F_5}{\partial x^2} = a_5x^3 + b_5x^2y + c_5xy^2 + \frac{d_5}{3}y^3 \\ \tau_{xy} = \frac{\partial^2 F_5}{\partial x \partial y} = \frac{1}{3}b_5x^3 - c_5x^2y - d_5xy^2 + \frac{1}{3}(2c_5 + 3a_5)y^3 \end{cases} \tag{8-27}$$

$F_5 = \frac{d_5}{6}x^2y^2$ 时的外力分布如图 8-5 所示。通过 $F_2 \sim F_5$ 的应力函数式的组合,对应长方形板的边界荷载,可计算其内部应力。

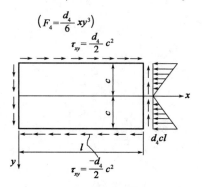

图 8-4 应力函数为 4 次多项式

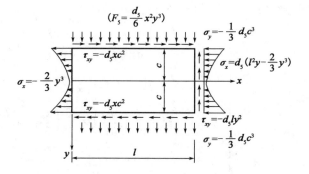

图 8-5 应力函数为 5 次多项式

8.2.3 变形协调方程

假设对一个未知函数 $u(x,y)$ 给出两个偏微分方程为 $\partial u/\partial x = x + 3y$,$\partial u/\partial y = x^2$,因为互不相容性,它们是不能求解的。如果由这两个偏微分方程来计算 $\partial u/\partial x \partial y$ 就可以清楚地看到它们的不相容性,即 $\partial^2 u/\partial x \partial y = 3$,$\partial^2 u/\partial x \partial y = 2x$,它们并不相等。因此,不相容性导致了偏微分方

程组 $\partial u/\partial x = f(x,y)$，$\partial u/\partial y = g(x,y)$ 不能积分，除非满足充分必要条件：$\partial f/\partial y = \partial g/\partial x$，该条件为可积条件，也称协调方程。

在板的有限挠度理论中，板内任一点的位移包括中面位移与弯曲位移。中面位移是指 $z=0$ 的点 $(x,y,0)$ 在 x、y 方向的位移 u_0，v_0，它们沿板厚为常量，是 (x,y) 的函数。弯曲位移是相对于点 $(x,y,0)$ 的位移，主要由距离中面为 z 的面层绕中面转动引起，它们只是 z 的函数。下面通过图 8-6 来分析中面位移与中面应变的关系。

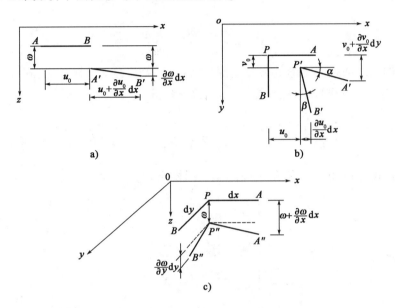

图 8-6　板中面位移与中面应变

图 8-6a) 表示纤维 AB 在变形后变位到 $A'B'$，在 z 方向的位移为 ω，A 点在 x 方向的位移为 u_0，B 点在 z 方向的增量为 $\frac{\partial \omega}{\partial x} dx$，因此 dx 在 x 方向的伸长为

$$\left[dx^2 + \left(\frac{\partial \omega}{\partial x} dx\right)^2 \right]^{1/2} - dx = dx\left[1 + \frac{1}{2}\left(\frac{\partial \omega}{\partial x}\right)^2\right] - dx = \frac{1}{2}\left(\frac{\partial \omega}{\partial x}\right)^2 dx \tag{8-28}$$

在 x 方向的轴向应变为

$$\varepsilon_{x0} = \frac{\partial u_0}{\partial x} + \frac{1}{2}\left(\frac{\partial \omega}{\partial x}\right)^2 \tag{8-29}$$

同理，在 y 方向的轴向应变为

$$\varepsilon_{y0} = \frac{\partial v_0}{\partial y} + \frac{1}{2}\left(\frac{\partial \omega}{\partial y}\right)^2 \tag{8-30}$$

式 (8-30) 的二次项是大变形的正应变部分，由图 8-6b) 位移 u_0，v_0 产生的剪切角为 $\frac{\partial u_0}{\partial y} + \frac{\partial v_0}{\partial x}$，由图 8-6c) ω 产生的剪切角为：

$$\gamma = \angle BPA - \angle B''P''A'' \tag{8-31}$$

由于 $\angle BPA = \pi/2$,所以 $\angle B''P''A'' = \dfrac{\pi}{2} - \gamma$, $\cos(\angle B''P''A'') = \cos\left(\dfrac{\pi}{2} - \gamma\right) = \sin\gamma = \gamma$,又 $\cos(\angle B''P''A'') = l_1 l_2 + m_1 m_2 + n_1 n_2 = \gamma$,这里 l_1、m_1、n_1 为 $P''A''$ 的方向余弦,l_2、m_2、n_2 为 $P''B''$ 的方向余弦。

由图 8-6 可知,$l_1 = 1, m_1 = 0, n_1 = \dfrac{\partial \omega}{\partial x}, l_2 = 0, m_2 = 1, n_2 = \dfrac{\partial \omega}{\partial y}$,所以 $\gamma = \dfrac{\partial \omega}{\partial x}\dfrac{\partial \omega}{\partial y} = \dfrac{\partial^2 \omega}{\partial x \partial y}$,总的剪应变为

$$\gamma_{xy0} = \dfrac{\partial u_0}{\partial y} + \dfrac{\partial v_0}{\partial x} + \dfrac{\partial^2 \omega}{\partial x \partial y} \tag{8-32}$$

式(8-32)的二次项是大变形的剪应变部分,将式(8-29)对 y 求导 2 次,式(8-30)对 x 求导 2 次,式(8-32)对 x,y 各求导 1 次,消除 u_0, v_0 后可得变形协调方程,即

$$\dfrac{\partial^2 \varepsilon_{x0}}{\partial y^2} + \dfrac{\partial^2 \varepsilon_{y0}}{\partial x^2} - \dfrac{\partial^2 \gamma_{xy0}}{\partial x \partial y} = \left(\dfrac{\partial^2 \omega}{\partial x \partial y}\right)^2 - \dfrac{\partial^2 \omega}{\partial x^2} \cdot \dfrac{\partial^2 \omega}{\partial y^2} \tag{8-33}$$

由胡克定律可得应变与轴力的关系式(ν 为泊松比)为

$$\begin{cases} \varepsilon_{x0} = \dfrac{1}{E}(N_x - \nu N_y) \\ \varepsilon_{y0} = \dfrac{1}{E}(N_y - \nu N_x) \\ \gamma_{xy0} = \dfrac{2(1+\nu)}{E} N_{xy} \end{cases} \tag{8-34}$$

对 $N_x, N_y, N_{xy}, u_0, v_0, \omega, \varepsilon_{x0}, \varepsilon_{y0}, \gamma_{xy0}$ 这 9 个未知数,共有式(8-1)、式(8-2)、式(8-8)、式(8-29)、式(8-30)、式(8-33)及式(8-34)共 9 个方程,因此,可求出唯一解。但如此求解十分繁琐,现引进一个满足平衡方程式(8-1)、式(8-2)的应力函数 $F = f(x,y)$,t 为板厚,$N = t \cdot \sigma$,则应力函数的轴力为

$$N_x = t\dfrac{\partial^2 F}{\partial y^2}, N_y = t\dfrac{\partial^2 F}{\partial x^2}, N_{xy} = t\dfrac{\partial^2 F}{\partial x \partial y} \tag{8-35}$$

在 8.2.2 节已经介绍了由板的应力函数 $F = f(x,y)$ 求解板内部应力的方法。

将式(8-35)代入式(8-34)有

$$\begin{cases} \varepsilon_{x0} = \dfrac{1}{E}\left(\dfrac{\partial^2 F}{\partial y^2} - \nu \dfrac{\partial^2 F}{\partial x^2}\right) \\ \varepsilon_{y0} = \dfrac{1}{E}\left(\dfrac{\partial^2 F}{\partial x^2} - \nu \dfrac{\partial^2 F}{\partial y^2}\right) \\ \gamma_{xy0} = -\dfrac{2(1+\nu)}{E}\dfrac{\partial^2 F}{\partial x \partial y} \end{cases} \tag{8-36}$$

将式(8-37)代入式(8-33)有

$$\dfrac{\partial^4 F}{\partial x^4} + 2\dfrac{\partial^4 F}{\partial x^2 \partial y^2} + \dfrac{\partial^4 F}{\partial y^4} = E\left[\left(\dfrac{\partial^2 \omega}{\partial x \partial y}\right)^2 - \dfrac{\partial^2 \omega}{\partial x^2}\dfrac{\partial^2 \omega}{\partial y^2}\right] \tag{8-37}$$

再将式(8-35)代入式(8-8)有

$$\frac{\partial^4 \omega}{\partial x^4} + 2\frac{\partial^4 \omega}{\partial x^2 \partial y^2} + \frac{\partial^4 \omega}{\partial y^4} = \frac{t}{D}\left(\frac{\partial^2 F}{\partial y^2}\frac{\partial^2 \omega}{\partial x^2} + \frac{\partial^2 F}{\partial x^2}\frac{\partial^2 \omega}{\partial y^2} - 2\frac{\partial^2 F}{\partial x \partial y}\frac{\partial^2 \omega}{\partial x \partial y}\right) \quad (8\text{-}38)$$

联立式(8-37)与(8-38)可得薄板大挠度方程组,只有未知量 ω 和 F,求出 ω 和 F 后可由式(8-35)求出内力,由式(8-36)求出应变,由式(8-29)、式(8-30)求出位移 u_0, v_0。此方程组由冯·卡门(Von Kármán)在 1910 年首先导出,又称板的 Kármán 大挠度方程。

这样,原来由微元体的 3 个平衡方程、3 个几何关系式以及 3 个物理方程(共 9 个方程)求解 9 个未知数,一般都无法得到闭合的解。采用引入应力函数的变形协调方程,根据势能驻值原理,采用伽辽金法可求得近似解。日本上田幸雄开发的增分能量法也是利用应力函数来解板的大挠度问题(不用求解特征值),精度较高,且计算时间短。

8.2.4 简支受压板的大挠度解

板在大挠度变形时,除了弯曲变形,还会发生中面内的变形,因此,挠度除了满足平面外的边界条件,还应满足平面内的边界条件。板在平面外变形的边界条件(图 8-7)如下:

$$\begin{cases} x = 0, x = a \text{ 时}: \omega = 0, \dfrac{\partial^2 \omega}{\partial x^2} = 0 \\ y = 0, y = b \text{ 时}: \omega = 0, \dfrac{\partial^2 \omega}{\partial y^2} = 0 \end{cases} \quad (8\text{-}39)$$

在考虑平面内的边界条件时,有如下的基本假定:

(1)板在弯曲变形后,板的边缘仍保持直线状态,矩形板的外形不变。

(2)板的四周剪应力为零,$N_{xy} = 0$。

(3)平行于 x 轴的 $y = 0, y = b$ 两条边,在 y 方向的移动是自由的,即是说 $y = 0, y = b$ 的两条边处于固定与自由之间的状态。若完全固定,则在 y 方向 $v = 0$,板就不能移动,若没有约束,则 $N_y = 0$。因此这个假定的实质是 $N_y \neq 0$,但它的合力为零(图 8-7)。对于受载边($x = 0, x = a$)在 x 方向的位移 u 沿板边为常数。

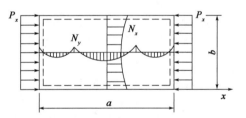

图 8-7 单向均匀受压的四周简支板

关于大挠度问题,用 Kármán 方程组[式(8-37)、式(8-38)]无法求得精确的闭合解,通常用能量法求解。设适合边界条件式(8-39)的挠曲函数为式(8-40),其中 f 为挠度幅。

$$\omega = f\sin\left(\frac{m\pi x}{a}\right)\sin\left(\frac{\pi y}{b}\right) \quad (8\text{-}40)$$

将 ω 代入协调方程[式(8-37)]有:

$$\frac{\partial^4 F}{\partial x^4} + 2\frac{\partial^4 F}{\partial x^2 \partial y^2} + \frac{\partial^4 F}{\partial y^4} = f^2 \frac{m^2 \pi^4 E}{2a^2 b^2}\left[\cos^2\left(\frac{m\pi x}{a}\right) + \cos^2\left(\frac{\pi y}{b}\right)\right] \quad (8\text{-}41)$$

这里解方程的过程不再演示,式(8-41)的一个特解为

$$F_P = B\cos\frac{2m\pi x}{a} + C\cos\frac{2\pi y}{b} \quad (8\text{-}42)$$

将 F_P 代入式(8-41)可求得积分定数:

$$B = \frac{Ea^2f^2}{32m^2b^2}, C = \frac{Em^2b^2}{32a^2} \tag{8-43}$$

于是特解式(8-42)可写成

$$F_P = \frac{E}{32}f^2 \left[\frac{a^2}{m^2b^2}\cos\left(\frac{2m\pi x}{a}\right) + \frac{m^2b^2}{a^2}\cos\left(\frac{2\pi y}{b}\right) \right] \tag{8-44}$$

当然可以利用8.2.2节导出的应力函数的多项式,为了把 F,ω 方程的系统解法连贯起来,求泛函的过程演示如下。

设齐次解 F_C 为方程[式(8-17)]的解。与式(8-37)比较后可知,在板屈曲之前 $\omega = 0$,即保持为平面状态,此时中面力 $N_x = -P_x, N_y = N_{xy} = 0$。由式(8-35)可知 $P_x = -t\frac{\partial^2 F_C}{\partial y^2}$,所以通解为

$$F_C = -\frac{P_x}{t}\iint \mathrm{d}y\mathrm{d}y = -\frac{P_x}{2t}y^2 \tag{8-45}$$

全解也就是一般解为:

$$F = F_P + F_C = \frac{E}{32}f^2 \left[\frac{a^2}{m^2b^2}\cos\left(\frac{2m\pi x}{a}\right) + \frac{m^2b^2}{a^2}\cos\left(\frac{2\pi y}{b}\right) \right] - \frac{P_x}{2t}y^2 \tag{8-46}$$

现用伽辽金(Galerkin)法求解板的挠度 f,由式(8-38)与式(8-41)可得

$$\int_0^a \int_0^b \left[\left(\frac{\partial^4 \omega}{\partial x^4} + 2\frac{\partial^4 \omega}{\partial x^2 \partial y^2} + \frac{\partial^4 \omega}{\partial y^4} \right) - \frac{t}{D}\left(\frac{\partial^2 F}{\partial y^2} \cdot \frac{\partial^2 \omega}{\partial x^2} + \frac{\partial^2 F}{\partial x^2} \cdot \frac{\partial^2 \omega}{\partial y^2} - 2\frac{\partial^2 F}{\partial x \partial y} \cdot \frac{\partial^2 \omega}{\partial x \partial y} \right) \right] \times$$

$$\sin\left(\frac{m\pi x}{a}\right)\sin\left(\frac{\pi y}{b}\right)\mathrm{d}x\mathrm{d}y = 0 \tag{8-47}$$

将式(8-40)、式(8-46)代入式(8-47),可求出轴力 P_x,即

$$P_x = \frac{\pi^2 D}{b^2}\left(\frac{mb}{a} + \frac{a}{mb} \right)^2 + \frac{\pi^2 Et}{16b^2}f^2\left(\frac{m^2b^2}{a^2} + \frac{a^2}{m^2b^2} \right) \tag{8-48}$$

式(8-48)第1项为小挠度理论求得的四边简支板在单向均匀受压时的屈曲荷载,记为:

$$P_{crx} = \frac{\pi^2 D}{b^2}\left(\frac{mb}{a} + \frac{a}{mb} \right)^2 \tag{8-49}$$

$$P_x = P_{crx} + \frac{\pi^2 Et}{16b^2}f^2\left(\frac{m^2b^2}{a^2} + \frac{a^2}{m^2b^2} \right) \tag{8-50}$$

式(8-48)第2项为大挠度变形引起的轴向荷载 P_x 的增量,记为 ΔP_x,则挠度值 f 按下式计算:

$$f^2 = \frac{16b^2(P_x - P_{crx})}{\pi^2 Et\left(\frac{a^2}{m^2b^2} + \frac{m^2b^2}{a^2} \right)} \quad \text{或} \quad \frac{f}{t} = \frac{4b}{t}\sqrt{\frac{P_x - P_{crx}}{\pi^2 Et\left(\frac{a^2}{m^2b^2} + \frac{m^2b^2}{a^2} \right)}} \tag{8-51}$$

将 f 的表达式(8-51)代入式(8-46),可由式(8-47)求出面力 N_x, N_y,即

$$\begin{cases} N_x = -t\dfrac{\partial^2 F}{\partial y^2} = P_x + \dfrac{2(P_x - P_{crx})}{\dfrac{a^4}{m^4 b^4}+1}\cos\left(\dfrac{2\pi y}{b}\right) \\ N_y = -t\dfrac{\partial^2 F}{\partial x^2} = \dfrac{2(P_x - P_{crx})}{\dfrac{a^2}{m^2 b^2}+\dfrac{m^2 b^2}{a^2}}\cos\left(\dfrac{2m\pi x}{b}\right) \end{cases} \tag{8-52}$$

当 $y=0, y=b$ 时，由式(8-52)可得最大纵向压力 N_{max}，即

$$N_{max} = P_x + \dfrac{2(P_x - P_{crx})}{\dfrac{a^4}{m^4 b^4}+1} \tag{8-53}$$

图 8-8 为受压板屈曲荷载 P_x 与挠度 f 的无量纲关系图。曲线 a 为式(8-50)曲线，当 $P_x = P_{cr}$ 时，板开始屈曲变形，由于屈曲后应力重分配，板的刚度增加，随着挠度 f 增大，荷载 P_x 可以继续增大，直至 A 点时，板的边缘应力开始屈服。此时板开始发生塑性变形，曲线变得平缓，很快达到极限荷载。曲线 b 为有初始缺陷的板，它在 A' 点屈服。由此可见，屈服荷载远大于屈曲荷载，这就是板屈曲后的特性。这就是钢板梁腹板的变形行为，初始缺陷可视为加工和焊接引起的变形。由于 A 点与 A' 点相当接近，可以用 A 点代替 A' 点作为带有缺陷板的极限荷载。

对于两侧施加 P_x 轴力的纯压板，假定挠度是式(8-40)的正弦级数，通过特解 F_P 和通解 F_C 来求解泛函 F，也就是应力函数。当然这里的轴力 P_x 是面力 N_x 在板端的外力，应力函数式(8-18)导出的板端应力 $\sigma_x = c_2$，是均布的水平应力，使用 F_2 可以直接推出 P_x 结果[式(8-49)、式(8-50)]，其中 P_{crx} 是常用的微小变形受压板的屈曲极限值，比较容易计算。但发现式(8-49)中有挠度 f 存在，实际是未知的，这样，式(8-49)只能用于研究 P_x, P_{crx} 与 f 的关系来使用，而板的挠度是设计中要给予限制的。因此，腹板的屈曲后问题，包括屈曲强度都要在式(8-49)的解方面做文章。

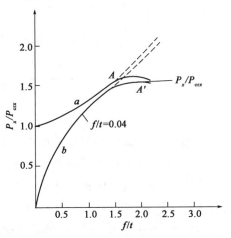

图 8-8 受压板屈曲荷载与挠度的无量纲关系曲线

本节虽然没有展示伽辽金公式的数学推导过程，但从导入应力函数的微小变形下的挠度分析，到大挠度下的变形分析，特别是通过受压板的解，掌握了板屈曲后强度推定的理论过程。注意这里假定材料还没有进入塑性，更没有达到钢材硬化的应变水平，弹性模量一直当成不变的常数。

即使这样，所使用的数学知识已经超过了本科的教学内容，板的大挠度问题涉及几何学非线性理论，需要稍有深度的高等数学知识。能量法是比较易懂的力学内容，不涉及材料非线性的大变形(也称有限变形)是一般的商用程序都能处理的问题，日本常用的 ES 程序就有这个功能。而为了解决板屈曲后大变形的问题，接着要引出与屈服强度有关系的有效宽度问题，以及腹板的弹塑性屈曲问题。

8.3 板的屈曲后有效宽度

8.3.1 屈曲后概述

两端非加载边简支、荷载边刚接的受压板,在均等的外力作用下,荷载和变形行为如图 8-9 所示。板在到达屈曲应力 σ_{cr} 之前,板内应力分布均匀。到达屈曲应力后再加载时,离板支承边最远的中央部位发生面外变形。

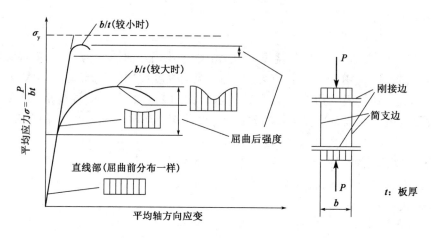

图 8-9 简支板上下压缩

这个面外方向的变形是垂直于板面从中央扩展,而端部加载虽然均一,但板的应力也随着变形发生了变化。这时板的强度由弹性或者弹塑性屈曲强度和屈曲后强度两部分构成,而且发现屈曲后强度规律是板的宽厚比 b/t 越大,强度越大;b/t 很小的情况下就不存在屈曲后强度,这也就是板与柱的区别。但与柱类似,板也会发生屈服后的应变硬化现象,即 $\sigma_{cr}/\sigma_y > 1$ 的情况。图 8-10 表示板与柱的屈曲曲线对比,λ_c 是柱的屈曲参量,R 是板的屈曲参量。由图 8-10 可见板与柱相比,板在比较高的参量下就有应变硬化的效果,而板在 $R>1.5$ 时屈曲后强度发挥明显(高于欧拉强度)。

对于单向均匀受压的简支板,只要具有足够强的侧边支承,那么宽厚比大于 1.5 的板的屈曲后强度就会提高,最大可以达到 50%;但 b/t 比较小的板不会发生屈曲,因为有可能超过屈服而产生硬化作用。

因宽厚比不同,板可能在弹性状态下屈曲,也可能在弹塑性状态下屈曲。屈曲以后在达到板的极限状态之前,有一部分或者全部进入了弹塑性状态,而板的侧边将出现屈服。我们钢板梁的腹板在翼缘与加劲肋的支承下的相关屈曲关系曲线如图 8-11 所示。

图 8-11a)屈曲应力 σ_{crx} 和极限应力 σ_u 与板件宽厚比 b/t 的关系曲线,图 8-11b)为板的平均应力 σ 与压缩应变 ε 的关系曲线,图 8-11c)中的 A、B、C 线分别对应于图 8-11b)中曲线上 A、B 和 C 点的板截面应力分布。关于薄板的屈曲后强度的利用,1932 年冯·卡门提出了有效宽度的概念,将图 8-12 得到的极限荷载等效于板的宽度 c 的应力分布来求得。

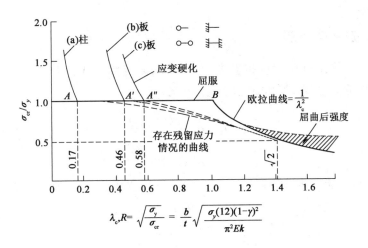

图 8-10 板的屈曲曲线与柱的屈曲曲线

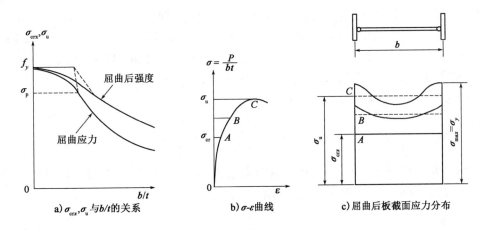

图 8-11 腹板的屈曲应力和屈曲后强度及其宽厚比曲线

在 T 形梁、箱形梁弯曲变形时也存在有效宽度的情形,也叫剪力滞效应。在工程上有效宽度是处理剪力滞效应最简便的方法,纯弯梁的有效宽度概念就起源于剪力滞,也就是如图 8-12 所示,由于剪切变形沿翼缘不均匀分布,弯曲时远离肋板的翼缘的纵向位移滞后于肋板附近的纵向位移,从而导致翼缘上弯曲应力分布不均匀的现象。从力学机理角度讲,剪力滞效应是由翼缘自身平面内的剪切变形引起的,这比翼缘屈曲位移函数具有更强的理论性。抗弯的有效宽度问题无论是钢还是混凝土都会出现。

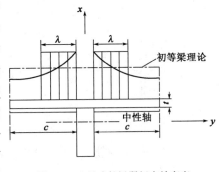

图 8-12 T 梁或箱梁翼板有效宽度

纯压板的屈曲后有效宽度问题是屈曲几何刚性,而屈服是材料模量的原因,那么就存在压缩与弯曲组合时用什么样的有效宽度验算的问题。宇佐美教授提出了考虑初期变形的压弯组合下的有效宽度公式。

8.3.2 有效宽度计算

在图 8-8 中，一般 A 点与 A' 点相当接近，可以用 A 点代替 A' 点作为带有缺陷板的极限荷载，这时板的平均应力为 σ_u，那么 σ_{max} 的计算式为

$$\sigma_{max} = f_y = \sigma_u + \frac{2(\sigma_u - \sigma_{crx})}{\frac{a^4}{m^4 b^4} + 1} \tag{8-54}$$

一般半波数可以用方板的块数假定，令 $m = a/b$ 代入式(8-54)，则 σ_u 的计算简式为

$$\sigma_u = \frac{f_y + \sigma_{crx}}{2} \tag{8-55}$$

式中：f_y——屈服应力。

图 8-13 为受压板屈曲后 σ_x，σ_y 的分布图，图中正号表示压应力，负号为拉应力。在板屈曲前 σ_x 沿板宽均匀分布，屈曲后板边缘部分的应力大于中央的应力。屈曲前 $\sigma_y = 0$，屈曲后在板的中央产生了拉应力，实际拉应力有阻止板变形的倾向，因此，增加了屈曲后的承载力。

从式(8-55)可知，当屈服应力 f_y 与屈曲应力 σ_{crx} 相差较大时，σ_u 与 σ_{crx} 的比值较大，板屈曲后强度有较大的增加。若 f_y 与 σ_{crx} 相差不大，则 σ_u 与 σ_{crx} 也相差不大。

若在式(8-55)等式两边除以 σ_{cr}，则有

$$\frac{\sigma_u}{\sigma_{cr}} = \frac{1}{2}\left(\frac{1}{\sigma_{cr}/f_y} + 1\right) \tag{8-56}$$

若以 σ_u/σ_{cr} 为纵坐标，σ_{cr}/f_y 为横坐标，则式(8-56)为一双曲线(图 8-14)，称为屈曲后强度曲线。该曲线表明 σ_u/σ_{cr} 随着 σ_{cr}/f_y 的增大而减小。

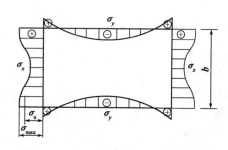

图 8-13 受压板屈曲的应力分布

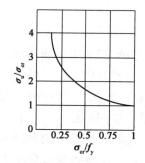

图 8-14 板屈曲后强度曲线

下面对屈曲后强度做近似分析。由式(8-52)与式(8-55)可得应力 σ_x 为

$$\sigma_x = \sigma_u + (\sigma_u - \sigma_{crx})\cos\left(\frac{2\pi y}{b}\right) \tag{8-57}$$

这里用图 8-15a)表示 σ_x 分布图形，取宽度为 b_e 的两条板带，使 b_e 上的力为 f_y，总的力为 $\int_0^b \sigma_x \mathrm{d}y$，也就是

$$2f_y \cdot \frac{b_e}{2} = \int_0^b \sigma_x \mathrm{d}y \qquad (8\text{-}58)$$

此时,板的极限荷载为

$$P_u = b_e \cdot t f_y \qquad (8\text{-}59)$$

这样就将原先在板上连续分布的应力 σ_x 等效为在板条宽 b_e 上均匀分布的应力 f_y,b_e 称为等效宽度[图 8-15b)]。设作用在板条 b_e 上轴向力的屈曲值为 $\sigma_{cr} = k\dfrac{\pi^2 D}{b_e^2 t}$。

令 $\sigma_{cr} = f_y = k\dfrac{\pi^2 D}{b_e^2 t} = \dfrac{b^2}{b_e^2} k \dfrac{\pi^2 D}{b^2 t} = \dfrac{b^2}{b_e^2} \sigma_{cr}$,所以有

$$b_e = b\sqrt{\frac{\sigma_{cr}}{f_y}} \qquad (8\text{-}60)$$

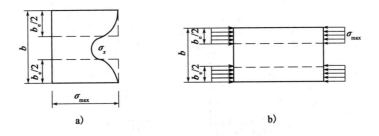

图 8-15 屈曲后应力的等效分布宽度

式(8-60)为有效宽度 b_e 的近似公式,它为 Kármán 所推荐,后来 G. Winter 根据试验结果提出了一个修正公式:

$$b_e = b\sqrt{\frac{\sigma_{cr}}{f_y}}\left(1 - 0.25\sqrt{\frac{\sigma_{cr}}{f_y}}\right) \qquad (8\text{-}61)$$

式(8-60)增加的附加项与初始缺陷有关,将式(8-61)代入式(8-59),则极限荷载 P_u 可表示为:

$$P_u = btf_y\sqrt{\frac{\sigma_{cr}}{f_y}}\left(1 - 0.25\sqrt{\frac{\sigma_{cr}}{f_y}}\right) \qquad (8\text{-}62)$$

若取 σ_{cr} 的 k 值为 4,则 $\sigma_{cr} = \dfrac{4\pi^2 D}{tb^2}$,代入式(8-62)得

$$P_u = 1.9 f_y t^2 \sqrt{\frac{E}{f_y}}\left(1 - \frac{0.475}{\frac{b}{t}}\sqrt{\frac{E}{f_y}}\right) \qquad (8\text{-}63)$$

显然,P_u 不仅与 f_y 有关,还与 b/t 有关。

而 Lind 参考了 Kármán 和 Winter 的结果,从试验数据分析的统计学理论给了下列公式:

$$b = 1.64t\sqrt{\frac{E}{\sigma_{cr}}} \tag{8-64}$$

8.3.3 有效宽度式的比较

随着钢结构非线性、非弹性分析的进步,板元屈曲后行为讨论的加深,有效宽度理论的工学重要性被广泛认识,特别是在冷加工的薄板板材方面,Kármán、Winter、Lind 的三个公式经常被使用。有效宽度概念起源于薄板的屈曲后大变形,与弹性屈曲和塑性屈服这两个状态有关,而且公式是在试验基础上或者使用统计方法建立的,这样对三个公式的建立背景和条件的认识变得非常重要,宇佐美教授关于这个方面给出了解释。

纯压缩板有效宽度的概念如图 8-16 所示,板的屈曲应力 σ_{cr} 为

$$\sigma_{cr} = k\frac{\pi D}{w^2 t}, D = \frac{Et^3}{12(1-\nu^2)} \tag{8-65}$$

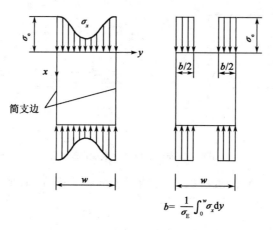

图 8-16 有效宽度的概念

变形后得

$$\begin{cases} \dfrac{w}{t}\sqrt{\dfrac{\sigma_{cr}}{E}} = m \\ m = \dfrac{\pi\sqrt{k}}{12(1-\nu^2)} = 0.951\sqrt{k} \end{cases} \tag{8-66}$$

式中:w——板宽;

t——板厚;

k——屈曲系数。

对于两侧简支板,$m = 1.9(k = 4.0)$。

1) Kármán 式

屈曲后到极限状态之前的有效宽度取 $b = 1.9t\sqrt{E/\sigma_E}$,若 $\sigma_E < \sigma_y$,需要反复进行计算。

极限状态时的有效宽度为 $b = 1.9t\sqrt{E/\sigma_y}$。

则屈强比为

$$\frac{P_\mathrm{u}}{P_\mathrm{y}} = \frac{bt\sigma_\mathrm{E}}{wt\sigma_\mathrm{y}} = \frac{b}{w} \cdot \frac{\sigma_\mathrm{E}}{\sigma_\mathrm{y}} = \sqrt{\frac{\sigma_\mathrm{cr}}{\sigma_\mathrm{E}}} \cdot \frac{\sigma_\mathrm{E}}{\sigma_\mathrm{y}} = \sqrt{\frac{\sigma_\mathrm{E}}{\sigma_\mathrm{y}}}\sqrt{\frac{\sigma_\mathrm{cr}}{\sigma_\mathrm{y}}} = \sqrt{\alpha} \cdot \frac{1}{\lambda} \tag{8-67}$$

式中：λ——屈曲参量，$\lambda = \frac{w}{t}\sqrt{\frac{12(1-\nu^2)}{\pi^2 k} \cdot \frac{\sigma_\mathrm{y}}{E}}$；

w——板宽；

ν——泊松比；

α——$\alpha = \frac{\sigma_\mathrm{E}}{\sigma_\mathrm{y}}$。

2) Winter 式

Winter 式是在 Kárman 式的基础上做了大量试验，所证明的关系式为

$$b = 1.9t\sqrt{\frac{E}{\sigma_\mathrm{E}}}\left(1 - 0.415\frac{t}{w}\sqrt{\frac{E}{\sigma_\mathrm{E}}}\right) \tag{8-68}$$

$$\frac{b}{w} = \sqrt{\frac{\sigma_\mathrm{cr}}{\sigma_\mathrm{E}}}\left(1 - 0.22\sqrt{\frac{\sigma_\mathrm{cr}}{\sigma_\mathrm{E}}}\right) \tag{8-69}$$

此式被美国 AISI 规范所采用。

屈强比为

$$\frac{P_\mathrm{u}}{P_\mathrm{y}} = \frac{b}{w} \cdot \frac{\sigma_\mathrm{E}}{\sigma_\mathrm{y}} = \sqrt{\frac{\sigma_\mathrm{cr}}{\sigma_\mathrm{E}}}\left(1 - 0.22\sqrt{\frac{\sigma_\mathrm{cr}}{\sigma_\mathrm{y}}}\right) \cdot \frac{\sigma_\mathrm{E}}{\sigma_\mathrm{y}}$$

$$= \sqrt{\frac{\sigma_\mathrm{E}}{\sigma_\mathrm{y}}} \cdot \sqrt{\frac{\sigma_\mathrm{cr}}{\sigma_\mathrm{y}}}\left(1 - 0.22\sqrt{\frac{\sigma_\mathrm{y}}{\sigma_\mathrm{E}}}\sqrt{\frac{\sigma_\mathrm{cr}}{\sigma_\mathrm{y}}}\right) = \sqrt{\alpha} \cdot \frac{1}{\lambda}\left(1 - \frac{0.22}{\sqrt{\alpha}}\frac{1}{\lambda}\right) \tag{8-70}$$

3) Lind 式

Lind 式是以 Kárman 式、Winter 式作参考，通过试验分析回归的统计学方法提出的，即

$$b = 1.64t\sqrt{\frac{E}{\sigma_\mathrm{E}}} \tag{8-71}$$

$$\frac{b}{w} = 0.86\sqrt{\frac{\sigma_\mathrm{cr}}{\sigma_\mathrm{E}}} \tag{8-72}$$

屈强比为

$$\frac{P_\mathrm{u}}{P_\mathrm{y}} = 0.86\sqrt{\alpha} \cdot \frac{1}{\lambda} \tag{8-73}$$

这样，如果用有效宽度的参量 B_e 来定义的话，可以比较以下有效宽度参量，即

$$B_\mathrm{e} = \frac{b}{t}\sqrt{\frac{\sigma_\mathrm{E}}{E}} \quad \text{或者} \quad B_\mathrm{y} = \frac{b}{t}\sqrt{\frac{\sigma_\mathrm{y}}{E}} \tag{8-74}$$

全宽参量

$$w_\mathrm{e} = \frac{w}{t}\sqrt{\frac{\sigma_\mathrm{E}}{E}} \quad \text{或者} \quad w_\mathrm{y} = \frac{w}{t}\sqrt{\frac{\sigma_\mathrm{y}}{E}} \tag{8-75}$$

统一表现为

$$B_e = \overline{m}, b/w = \overline{m}/w_e \tag{8-76}$$

$$\overline{m} = \begin{cases} 1.9 & （\text{Kármán 式}） \\ 1.9(1 - 0.415/w_e) & （\text{Winter 式}） \\ 1.64 & （\text{Lind 式}） \end{cases} \tag{8-77}$$

图 8-17 是屈强比与屈曲参量的关系曲线,可见 Kármán 式的值偏大,也就是说有效宽度有偏大的倾向。

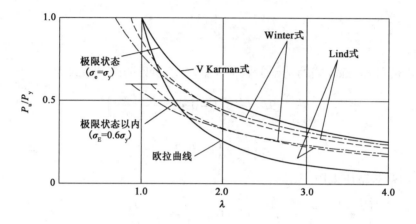

图 8-17　有效宽度及各种公式的屈强比与屈曲参量

在工程中,薄板的支承边大都可以考虑为简支状态,特别是在非弹性时,固定条件下的支承边,即使支承约束条件较强,也都可以这样考虑。

从图 8-17 中也可以看出,对于冷加工薄板材料,其屈强比要比欧拉曲线偏上,这也是薄板屈曲后强度的表现。

8.4　板的弹塑性屈曲

8.4.1　概述

板的大挠度屈曲应力 Kármán 方程的解如下所示,式(8-78)第 2 项可以表示板屈曲后荷载的提高值 ΔP_x 的和,m 仍是板屈曲时的半波数,与一般的小变形屈曲荷载是对应的。

$$P_x = P_{crx} + \frac{\pi^2}{16b^2} f^2 \left(\frac{m^2 b^2}{a^2} + \frac{a^2}{m^2 b^2} \right) = P_{crx} + \Delta P_x \tag{8-78}$$

计算出来的板挠度 f[式(8-51)]是薄板厚度的几倍以上,而板的平均应力 σ_u 与屈曲应力之间有 $\sigma_u = \dfrac{\sigma_y + \sigma_{crx}}{2}$ 的关系存在,我们再讨论一下受压板受力分布的情况。

将 N_x 式和 N_y 式代入 σ_u 式内,可以得到板屈曲后中面的应力分布:

$$\begin{cases} \sigma_x = \sigma_u + (\sigma_u - \sigma_{crx})\cos\left(\dfrac{2\pi y}{b}\right) \\ \sigma_y = (\sigma_u - \sigma_{crx})\cos\left(\dfrac{2m\pi x}{a}\right) \end{cases} \tag{8-79}$$

图 8-18a)表示沿板的纵向取出一个半波板段时中面的应力分布。这时板的中面类似薄膜，因薄膜应变不同，因此，纵向应力 σ_x 随 y 不同而变化。在 $y=0$ 和 $y=b$ 处，当板有较强的侧边支承时，板边缘始终保持一直线且能自由移动，横向应力 σ_y 将只随 x 变化而与 y 无关。

如果在 $y=0$ 和 $y=b$ 处不存在侧边支承，板边缘在板屈曲后可自由收缩，中面力 N_x 和 N_y 的计算公式[式(8-52)和式(8-53)]不再适用，此时 $\sigma_y=0$，而 σ_x 将是 x 和 y 的函数，如图 8-18b)所示。虽然如此，板件仍具有一定屈曲后强度，不过不如有较强的侧边支承时那么明显。对于很窄的厚板，虽然有较强的侧边支承，但是因为板的屈曲应力很高，故屈曲强度变化很小，工程上无法利用。所以，薄板的周边支承条件对板的屈曲后强度影响很大，换句话说只有坚固的支承肋才能使 σ_{max} 局部提高，也就产生了有效宽度的概念。

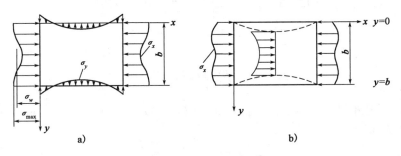

图 8-18 板屈曲后的应力分布

接下来分析刚度大、不变形的四边支承条件下板的弹塑性屈曲，另外，还可对构件中的腹板研究一下弯剪组合作用下的屈曲后强度，这方面美国标准实际应用的很多，日本桥梁方面在公式上几乎没有涉及。

8.4.2 板的弹塑性屈曲的理论解

对于不太薄的板，当按照弹性屈曲计算公式得到的屈曲应力超过了材料的比例极限后，板将在弹塑性状态屈曲。从理论上讲，屈曲应力不仅与材料的切线模量 E_t 有关，而且还与割线模量 E_s 有关，当然对于有残余应力的板，屈曲应力还与残余应力分布有关。1948 年，Stowell 在《柱和板塑性屈曲的统一理论》一文中，针对不计残余应力的板，根据 Shanley 的切线模量理论建立了弹塑性屈曲理论，也就是塑性变形理论。

回顾一下单向受拉下的应力-应变关系，见图 8-19，试件截面的 i 加载段的平均应力 $\sigma_i > \sigma_p$（塑性应力）时，其切线模量为 $E_t = d\sigma_i/d\varepsilon_i$，割线模量为 $E_s = \sigma_i/\varepsilon_i$，弹性模量为 E；当 $\sigma_i < \sigma_p$ 时，则有 $E_t = E_s = E$。

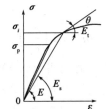

图 8-19 材料的应力-应变关系曲线

图 8-20a)为四周承受均匀分布荷载 P_x、P_y 和剪力 P_{xy} 的板，图 8-20b)为微小单元的中面力示意图。板在挠曲之前，中面的应力为 $\sigma_x = N_x/t$，$\sigma_y = N_y/t$ 和 $\tau_{xy} = N_{xy}/t$。这样发生弹塑性挠曲时沿板的厚度方向各层的应力是不同的，应力-应变关系按胡克定律计算，而且材料在塑

性状态的体积是不变的,取塑性泊松比 $\nu_p = 0.5$,这样应力和应变关系式为:

$$\begin{cases} \sigma_x = \dfrac{E_s}{1-\nu_p^2}(\varepsilon_x + \nu_p \varepsilon_y) \to \sigma_x = \dfrac{4}{3}E_s(\varepsilon_x + \varepsilon_y/2) \\ \sigma_y = \dfrac{E_s}{1-\nu_p^2}(\varepsilon_y + \nu_p \varepsilon_x) \to \sigma_y = \dfrac{4}{3}E_s(\varepsilon_y + \varepsilon_x/2) \\ \tau_{xy} = \dfrac{E_s}{2(1+\nu_p)}\gamma_{xy} \to \tau_{xy} = \tau_{yx} = \dfrac{1}{3}E_s \gamma_{xy} \end{cases} \qquad (8\text{-}80)$$

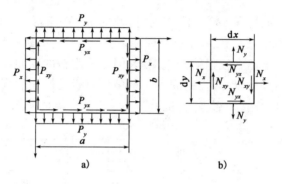

图 8-20　板的荷载和微元体的中面力

根据 Mises 屈服准则,对于复杂受力状态的材料,等效应力为 $\sigma_i = \sqrt{\sigma_x^2 + \sigma_y^2 - \sigma_x \sigma_y + 3\tau_{xy}^2}$,将式(8-80)代入后,有

$$\sigma_i = \frac{2}{\sqrt{3}} E_s \sqrt{\varepsilon_x^2 + \varepsilon_y^2 + \varepsilon_x \varepsilon_y + \gamma_{xy}^2/4} \qquad (8\text{-}81)$$

又 $E_s = \dfrac{\sigma_i}{\varepsilon_i}$,故等效应变为

$$\varepsilon_i = \frac{2}{\sqrt{3}} \sqrt{\varepsilon_x^2 + \varepsilon_y^2 + \varepsilon_x \varepsilon_y + \gamma_{xy}^2/4} \qquad (8\text{-}82)$$

板有微小挠曲以后,沿板厚各层的应力将发生变化,根据式(8-80)有

$$\delta\sigma_x = \frac{4}{3}\left(\varepsilon_x + \frac{1}{2}\varepsilon_y\right)\delta E_s + \frac{4}{3}E_s\left(\delta\varepsilon_x + \frac{1}{2}\delta\varepsilon_y\right)$$

其中,$\delta E_s = \delta\left(\dfrac{\sigma_i}{\varepsilon_i}\right) = -\dfrac{1}{\varepsilon_i}\left(\dfrac{\sigma_i}{\varepsilon_i} - \dfrac{d\sigma_i}{d\varepsilon_i}\right)\delta\varepsilon_i = -\dfrac{1}{\varepsilon_i}(E_s - E_t)\delta\varepsilon_i$。

由此说明板的平衡方程式将与等效应力 σ_i 对应的割线模量 E_s 和切线模量 E_t 有关。

设比值 $a_x = \sigma_x/\sigma_i, a_y = \sigma_y/\sigma_i, a_{xy} = \tau_{xy}/\sigma_i$,也就是对应等效应力的应力水平。并令系数 $\eta_s = (3/4)(1 - E_t/E_s)$,单位宽度板的塑性抗弯刚度 $D_s = E_s t^3/9$。求出轴力关系式后,根据板有微小挠曲后大变形的平衡条件式(8-8),可以得到板的平衡偏微分方程式为

$$(1 - \eta_s a_x^2)\frac{\partial^4 w}{\partial x^4} + 2[1 - \eta_s(a_x a_y + 2a_{xy}^2)]\frac{\partial^4 w}{\partial x^2 \partial y^2} + (1 - \eta_s a_y^2)\frac{\partial^4 w}{\partial y^4} - \\ 4\eta_s a_{xy}\left(a_x \frac{\partial^4 w}{\partial x^3 \partial y} + a_y \frac{\partial^4 w}{\partial x \partial y^3}\right) - \frac{t\sigma_i}{D_s}\left(a_x \frac{\partial^2 w}{\partial x^2} + 2a_{xy}\frac{\partial^2 w}{\partial x \partial y} + a_y \frac{\partial^2 w}{\partial y^2}\right) = 0 \qquad (8\text{-}83)$$

用伽辽金法可以解得等效应力 σ_i，而后即可得到荷载 P_x、P_y 和 P_{xy} 之间的关系式。

对于单向均匀受压的四边简支板，$\sigma_i = \sigma_x = -P_x/t, P_y = 0, P_{xy} = 0, \sigma_y = 0, \tau_{xy} = 0$，这样 $a_x = 1, a_y = 0, a_{xy} = 0$，代入式(8-83)后可得

$$D_s\left[(1-\eta_s)\frac{\partial^4 w}{\partial x^4} + 2\frac{\partial^4 w}{\partial x^2 \partial y^2} + \frac{\partial^4 w}{\partial y^4}\right] + P_x\frac{\partial^2 w}{\partial x^2} = 0 \tag{8-84}$$

式(8-64)与弹性板的平衡方程式(5-22)比较有两处不同：一是用割线模量抗弯刚度 D_s 代替弹性模量抗弯刚度 D，二是在式(8-84)中的第一项乘了一个折减系数 $(1-\eta_s)$。求解的方法是相同的，板的挠曲面函数仍用二重三角函数。

$$w = \sum_{m=1}^{\infty}\sum_{n=1}^{\infty} A_{mn} \sin\left(\frac{m\pi x}{a}\right)\sin\left(\frac{n\pi y}{b}\right) \tag{8-85}$$

将 w 代入式(8-84)可以求解得到当 $n=1$ 时板的最小屈曲荷载，即

$$P_{crx} = k\frac{\pi^2 D_s}{b^2} \tag{8-86}$$

其中，

$$k = \left(\frac{mb}{a} + \frac{a}{mb}\right)^2 - \eta_s\left(\frac{mb}{a}\right)^2 \tag{8-87}$$

屈曲荷载由条件 $\frac{\partial k}{\partial m} = 0$ 得到，此时，板的弹塑性屈曲系数的最小值为：

$$k_{\min} = 2(1 + \sqrt{1-\eta_s}) \tag{8-88}$$

由于系数 η_s 取决于与板的屈曲应力 σ_{crx} 相对应的切线模量 E_t 和割线模量 E_s，因此，需通过反复试算才能取得 $k_{\min}$ 和 P_{crx}。对于一边简支一边自由另外两边加载的矩形板，用伽辽金法可以由式(8-84)解得弹塑性屈曲系数的最小值 $k_{\min} = 0.425$。当 $\sigma_{crx} \leq \sigma_p$，$E_t = E_s = E$ 时，$\eta_s = 0$，而且 $D_s = D$，则式(8-86)为弹性板的屈曲荷载。

8.4.3 Bleich 的近似解

按照上述方法求解弹塑性板屈曲荷载的理论值很麻烦，当板的受力和边界条件不同于单向均布受压的四边简支板时，求解尤其复杂。为此，1924 年 Bleich 首先建议把弹塑性板看作是双向正交异性板来处理，在弹性板的平衡方程式中引进比值 $\eta = \overline{\sigma}_{cr}/\sigma_{cr}$ 来修正弹塑性屈曲应力 $\overline{\sigma}_{cr}$。

$$\overline{\sigma}_{cr} = \eta\sigma_{cr} = \eta k\frac{\pi^2 D}{b^2 t} = \eta k\frac{\pi^2 E}{12(1-\nu^2)}\left(\frac{t}{b}\right)^2 \tag{8-89}$$

修正系数 η 不仅与材料的切线模量 E_t 有关，也与边界条件和荷载作用等因素有关，因此，也是一个相当复杂的非线性问题。

单向均匀受压板如图 8-21 所示，对于塑性区可考虑用双模量的办法处理，弹性区里 $E = E_t$，而塑性区取 $E_t = \tan\theta_t$，也就是切线模量，θ_t 是图 8-19 中的切线角，并令

$$\rho = \frac{E_t}{E} \tag{8-90}$$

对于单向受压板，在加载的 x 方向可认为变形与

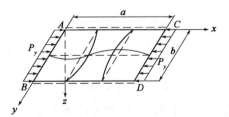

图 8-21 单向均匀受压板的屈曲变形

应力的关系与 E_t 有关,而在 y 方向只与 E 有关。由于 x、y 方向的变形模量不同,当两个方向的变形互相影响或在剪切情况下,则引入介于两者之间的系数 $\sqrt{\rho}$,变形模量采用 $\sqrt{\rho}E$。根据广义胡克定律,这样应力-应变的关系变成:

$$\begin{cases} \varepsilon_x = \dfrac{\varepsilon_x}{\rho E} - \nu \dfrac{\sigma_y}{\sqrt{\rho}E}, & \sigma_x = \dfrac{1}{1-\nu^2}(\rho E\varepsilon_x + \sqrt{\rho}E\nu\varepsilon_y) \\ \varepsilon_y = \dfrac{\varepsilon_y}{E} - \nu \dfrac{\sigma_x}{\sqrt{\rho}E}, & \sigma_y = \dfrac{1}{1-\nu^2}(E\varepsilon_y + \sqrt{\rho}E\nu\varepsilon_x) \\ \gamma_{xy} = \dfrac{2(1+\nu)}{\sqrt{\rho}E}\tau_{xy}, & \tau_{xy} = \dfrac{\sqrt{\rho}E}{2(1+\nu)}\gamma_{xy} \end{cases} \tag{8-91}$$

根据式(5-16)和式(5-20),令 $\bar{x} = x/(\sqrt[4]{\rho})$,有

$$\begin{cases} M_x = -D\left(\rho\dfrac{\partial^2\omega}{\partial x^2} + \nu\sqrt{\rho}\dfrac{\partial^2\omega}{\partial y^2}\right), & \dfrac{\partial\omega}{\partial x} = \dfrac{\partial\omega}{\partial \bar{x}}\cdot\dfrac{\partial\bar{x}}{\partial x} = \dfrac{1}{\sqrt[4]{\rho}}\dfrac{\partial\omega}{\partial \bar{x}} \\ M_y = -D\left(\rho\dfrac{\partial^2\omega}{\partial y^2} + \nu\sqrt{\rho}\dfrac{\partial^2\omega}{\partial x^2}\right), & \dfrac{\partial^2\omega}{\partial x^2} = \dfrac{1}{\sqrt{\rho}}\dfrac{\partial^2\omega}{\partial \bar{x}^2} \\ M_{xy} = M_{yx} = -D(1-\nu)\sqrt{\rho}\dfrac{\partial^2\omega}{\partial x\partial y}, & \dfrac{\partial^4\omega}{\partial x^4} = \dfrac{1}{\rho}\dfrac{\partial^4\omega}{\partial \bar{x}^4} \end{cases} \tag{8-92}$$

这样有平衡方程式如下

$$\dfrac{\partial^2\omega}{\partial \bar{x}^4} + 2\dfrac{\partial^4\omega}{\partial \bar{x}^2\partial y^2} + \dfrac{\partial^4\omega}{\partial y^4} = \dfrac{1}{\sqrt{\rho}D}N_x\dfrac{\partial^2\omega}{\partial \bar{x}^2} \tag{8-93}$$

方程式(8-93)与式(5-22)仅在右方差一因子 $1/\sqrt{\rho}$。其边界条件分别为:
对简支边

$$\begin{aligned} & x = 0, x = a \text{ 时}, y = 0, \omega = 0, \dfrac{\partial^2\omega}{\partial \bar{x}^2} = 0 \\ & y = 0, y = b \text{ 时}, \omega = 0, \dfrac{\partial^2\omega}{\partial y} = 0 \end{aligned} \tag{8-94}$$

对固定边

$$\begin{aligned} & x = 0, x = a \text{ 时}, \omega = 0, \dfrac{\partial\omega}{\partial \bar{x}} = 0 \\ & y = 0, y = b \text{ 时}, \omega = 0, \dfrac{\partial\omega}{\partial y} = 0 \end{aligned} \tag{8-95}$$

对自由边

$$x = 0 \text{ 和 } x = a \text{ 时}, \left(\dfrac{\partial^2\omega}{\partial^2\bar{x}} + \nu\dfrac{\partial^2\omega}{\partial y^2}\right) = 0, \quad \dfrac{\partial^3\omega}{\partial \bar{x}^3} + 2(1-\nu)\dfrac{\partial^3\omega}{\partial \bar{x}\partial y^2} = 0 \tag{8-96}$$

式(8-93)~式(8-96)与弹性范围内的屈曲方程与边界条件有完全相同的形式,不同之处是以 $\sqrt{\rho}D$ 代替了 D,以 $\bar{x}$ 代替了 x,因此,用方程式(8-93)求的解也应与式(5-28)的解形式相似,即

$$\sigma_{\text{cr}} = k\frac{\pi^2\sqrt{\rho}D}{b^2 t} = \sqrt{\rho}\,k\frac{\pi^2 D}{b^2 t} \tag{8-97}$$

与式(8-68)相比 $\eta = \sqrt{\rho}$,$\rho = E_s/E$。

通过上述分析可以得出以下结论:在弹塑性状态屈曲时,其应力与弹性状态屈曲相比为 $\sqrt{\rho}$ 倍。1948 年 Stowell 用试验证实了上面的结果。对于非均匀受压板,η 应大于 $\sqrt{\rho}$,因此,将式(8-97)作为单向受压板的弹塑性状态计算公式是偏安全的。

如前所述,对单向受压的简支板,最小屈曲荷载按式(8-49)计算。现令 $\bar{a} = \dfrac{a}{\sqrt[4]{\rho}}$,对弹塑性状态可用 $\bar{a}$ 代替 a,代入式(8-49),有

$$k = \sqrt{\rho}\left(\frac{m^2 b^2}{\sqrt{\rho}\,a^2} + \frac{\sqrt{\rho}\,a^2}{m^2 b^2} + 2\right) \tag{8-98}$$

或

$$k = C_1\sqrt{\rho} + C_2\frac{a^2}{m^2 b^2} + \frac{m^2 b^2}{a^2}\rho \tag{8-99}$$

式中:$C_1 = 2$,$C_2 = 1$。若设 k 为 m 的连续数,k 的极小值可由 $\dfrac{\partial k}{\partial m} = 0$ 求出。所以有 $\dfrac{m^2 b^2}{a^2}\rho = C_2\dfrac{a^2}{m^2 b^2}$,解得 $m^2 = \sqrt{\dfrac{c_2}{\rho}}\dfrac{a^2}{b^2}$。再将它们代入式(8-99)可得

$$k = \sqrt{\rho}\,(C_1 + 2\sqrt{C_2}) \tag{8-100}$$

表 8-1 为加载边简支而非加载边为不同形式时的均匀受压矩形板的系数 C_1 与 C_2。比较表 5-3 和表 8-1 可知,弹塑性状态的屈曲应力与弹性状态的屈曲应力差一因子 $\sqrt{\rho}$。

各类边界状态受压矩形板的系数 C_1、C_2 表 8-1

序号	1	2	3	4	5
非加载边支承条件	一边简支 一边自由	一边固定 一边自由	两边简支	一边简支 一边固定	两边固定
C_1	0.425	0.57	2.00	2.27	2.50
C_2	0	0.125	1.00	2.45	5.00
$C_1 + 2\sqrt{C_2}$	0.425	1.28	4.00	5.42	6.97

由式(8-100)确定的屈曲系数虽然比式(8-88)的理论值偏小,但差别很小。两种方法得到的计算结果与试验值都较吻合,而近似计算法只与切线模量有关,应用起来显然比较方便。以上是通过对板的大变形理论分析,到弹塑性屈曲计算,把板的屈曲后强度特性所作的详细介绍。

在实际工程中,各国也在积极地利用板的屈曲后强度,图 8-22 是美国规范在板的弯曲和剪切屈曲后强度(阴影部分)方面的规定。而日本在钢板梁桥设计上还没有认真在公式中考虑腹板屈曲后强度的利用问题,只是在腹板安全系数上作了考虑。

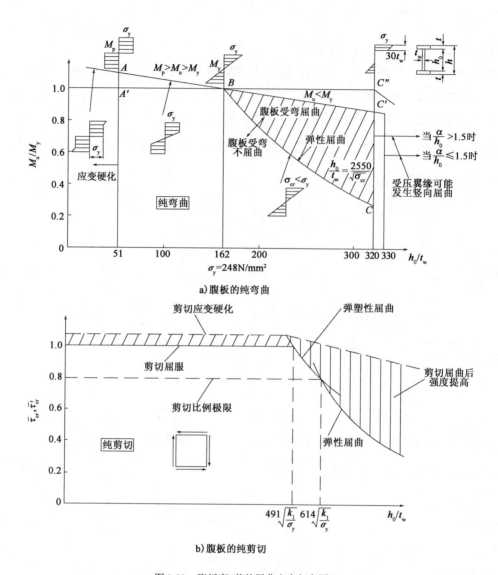

图 8-22 腹板弯、剪的屈曲应力与高厚比

8.5 板构件的有限变位分析法

8.5.1 《道路桥示方书》中的桥梁承载性能

《道路桥示方书》自 1972 年制定以来,一直沿用着容许应力设计法。2017 年新《道路桥示方书》以增加安全可靠性、增强国际竞争力、促进新技术、缩减建设的全过程成本和切实延长桥的寿命这 5 点作为改编的基本方针,在内容上是以分项系数设计法(图 8-23)来改编的。

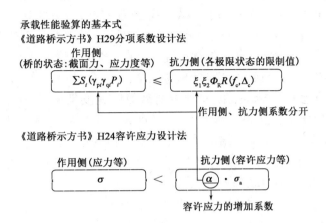

图 8-23 分项系数设计法

桥梁要求的承载能力性能:以荷载支承能力和构造的安全性为着眼点,把桥梁区分成 3 个设计操作可能的目标状态,须满足这 3 种设计状态所需的承载能力性能。

承载能力的确认方法:在各种作用组合下的构件承载能力,验算其是否超过所定的极限状态,验算式为

$$\sum S_i(\gamma_{pi}\gamma_{qi}P_i) \leqslant \xi_1\xi_2\Phi_R R(f_c,\Delta_c) \tag{8-101}$$

式中：S_i——作用效果；

γ_{pi}——荷载组合系数；

γ_{qi}——荷载系数；

P_i——作用的特征值；

ξ_1——调查分析系数；

ξ_2——杆件结构系数；

Φ_R——抗力系数；

R——杆件抵抗特征值；

f_c——材料特征值；

Δ_c——尺寸特征值。

式(8-101)的左侧表示构件作用侧荷载组合的状态,右侧为抗力侧的极限状态(限制值)。承载能力指的是桥梁在设定区分后的性能,这种区分记为极限状态 1~3。

极限状态 1:不减损桥梁荷载支承能力的极限状态。比如发生不可逆的行为,引起承载能力降低的变位或者影响承载能力的振动都可视为极限状态 1,限制为弹性状态。

极限状态 2:部分构件的荷载支承能力降低,但对桥梁的整体荷载支承能力的影响只允许在限定情况下,而且这种影响是在设计可控的范围之内。比如发生在承载力假定范围内部分构件的损伤,为塑性容许,短期可修复或者替换。

极限状态 3:构造的最终状态,超过这个状态构造就失去安全性,比如落梁、倒塌、有害的残余变形。

新《道路桥示方书》的修改从根本上说还没有进入完全的极限状态设计,仅将常用的经验性安全系数改为分项系数乘在等式两边。从形式上还是容许应力的概念。作为设计操作法的转变,以统计数据和可靠性理论为基础的分项系数,对应着要求性能的对比容许值。在各种材料和作用的特征值以及所要状态的可靠性研究的初期,多数系数还是使用1.0,但促使了工程师的设计思维从容许应力比较到性能设计理念上来,这无疑是一个重大进步。另外,H29将高强度钢材也纳入了规范。极限状态里,把所有荷载效应说成是作用,常用的分类见表8-2,新《道路桥示方书》规定承载能力性能验算考虑的冲击荷载是车辆、船舶和漂流木。温度作用(TH)是放在全组合里,在钢桥上部结构设计中计算的荷载作用控制状况有3个,永续(永久)作用(①)、变动(可变)作用(②~⑩)、偶发(偶然)作用(⑪或⑫)。旧《道路桥示方书》对应的则是恒载乘1.05系数,活荷载乘1.25系数。

《道路桥示方书》作用的分类与组合　　　　　　　　　表8-2

	永续作用	变动作用	偶发作用		设计状况区分	D		L		PS、CR、SH	
						γ_p	γ_q	γ_p	γ_q	γ_p	γ_q
1) 恒荷载(D)	○			①	D　永续作用支配状况	1.00	1.05	—	—	1.00	1.05
2) 活荷载(L)		○		②	D+L	1.00	1.05	1.00	1.25	1.00	1.05
3) 振动影响(I)		○		③	D+TH	1.00	1.05			1.00	1.05
4) 预应力(PS)	○			④	D+TH+WS	1.00	1.05			1.00	1.05
5) 混凝土的徐变影响(CR)	○										
6) 混凝土的干燥收缩影响(SH)	○			⑤	D+L+TH　变动作用支配状况	1.00	1.05	0.95	1.25	1.00	1.05
7) 土压(E)	○	○		⑥	D+L+WS+WL	1.00	1.05	0.95	1.25	1.00	1.05
8) 水压(HP)	○	○		⑦	D+L+TH+WS+WL	1.00	1.05	0.95	1.25	1.00	1.05
9) 浮力或扬压力(U)	○										
10) 温度变化的影响(TH)		○		⑧	D+WS	1.00	1.05	—	—	1.00	1.05
11) 温度差的影响(TF)		○									
12) 雪荷载(SW)		○		⑨	D+TH+EQ	1.00	1.05			1.00	1.05
13) 地壳变动的影响(GD)	○			⑩	D+EQ	1.00	1.05			1.00	1.05
14) 支点移动的影响(SD)	○										
15) 偏心荷载(CF)		○		⑪	D+EQ　偶发作用支配状况	1.00	1.05	—	—	1.00	1.05
16) 制动荷载(BK)		○									
17) 风荷载(WS, WL)		○									
18) 波压(WP)		○									
19) 地震的影响(EQ)		○	○	⑫	D+CO	1.00	1.05	—	—	1.00	1.05
20) 冲击荷载(CO)			○								

←永续作用支配状况　←变动作用支配状况　←偶发作用支配状况

在极限状态方面由于刚刚导入分项系数概念,对性能1的极限状态1也就是对应于我们现在的地震时的状态。而性能3的极限状态是极限状态设计,而对性能2的钢桥要求现在还缺少具体规定,可以理解为非限定多数车辆的通行性能。

极限状态设计法(图8-24)有决定论和概率论两种方法。传统的容许应力法就是决定论的设计法,也就是说理论都是来自经典公式的求解,不考虑任何概率论现象。大家知道所谓力和强度都有其标准,都是通过人为规定、测量等操作获得数值的,这一切都离不开公差和概率。而概率论的设计法不但要考虑材料强度的分布性,还要控制作用荷载在要求的一定概率范围内,任何不确定性都需要用可靠性指标来操作。极限状态设计法是概率论设计法的起点,一般基本的要求是超过概率控制在5%以内或者不超过概率确保在95%以上。

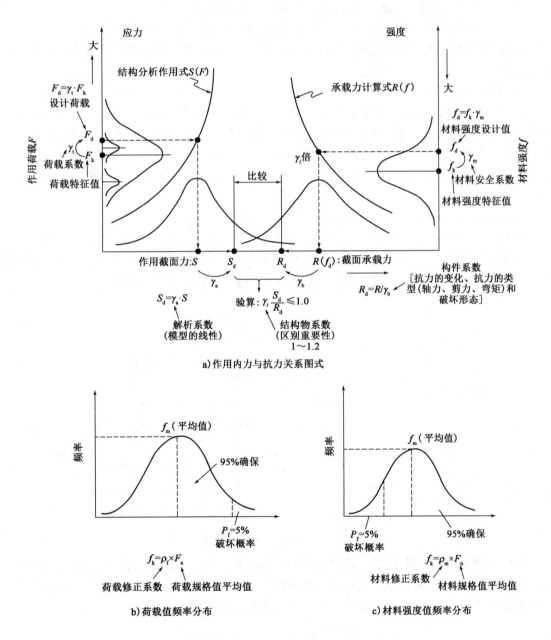

图8-24 极限状态设计法的安全性验算(承载能力极限状态时)

极限状态法的基本是以可靠性设计为目标,操作过程可以按图8-24的关系图,加深理解一下。

$$\gamma_i \frac{S_d}{R_d} \leq 1.0 \tag{8-102}$$

式中:S_d——设计截面内力,$S_d = \sum_{case1}^{casen}$ 解析系数 $\gamma_a \times$ 截面内力 S;

R_d——设计截面抗力,$R_d =$ 截面抗力特征值 R/构件系数 γ_b;

S——截面内力,即荷载系数 $\gamma_f \times$ 特性值 F_k,指初期状态下的轴力 N_0,弯矩 M_0。

这样《道路桥示方书》里的分项系数也分为作用侧和抗力侧(图8-25),其具体意义和关联操作如下:

(1)作用侧的系数

作用侧的系数是 γ_p、γ_q,应用于设计使用年限内假想的最大作用 P,是考虑分散概率的增加系数。γ_p 为荷载组合系数(考虑荷载同时加载状态时的系数;0.5~1.0);γ_q 为荷载系数[考虑荷载自身分散概率(不确定性)时的系数;1.0~1.25];P 为各作用的特征值(荷载、截面力、应力等);作用效果"S"的算例(可变控制状况②$D + L$):$S = 1.00 \times 1.05 \times D + 1.00 \times 1.25 \times L$。

(2)抗力侧的系数

所有抗力侧的系数 ξ、Φ 都小于1.0,应用于截面具有的抗力特征值 R,是考虑截面安全性的折减系数。ξ_1 为调查分析系数(考虑作用效果的分布概率);ξ_2 为杆件结构系数(在计算非弹性行为分布概率时,不考虑弹性领域极限状态1的限制值);Φ_R 为抗力系数。

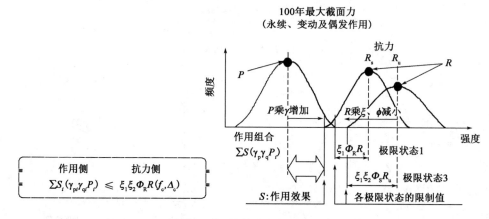

图8-25 作用与抗力概率分布形态

钢桥及钢构件的极限状态,分拉伸构件和压弯构件,其基本规定见图8-26。除高强度螺栓和高性能钢材以外,极限状态3满足就等于极限状态1也满足,也就是说这两个状态的承载性能的限制值部分是一样的;但对屈曲支配的承载力缺少具体的规定。

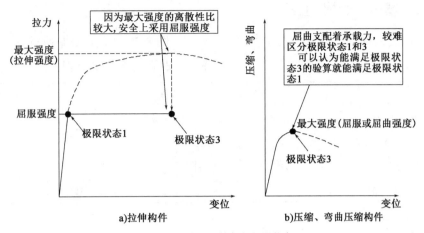

图 8-26　拉伸及压缩构件的极限状态

对钢板梁的腹板部分,《道路桥示方书》里区别于其他受压板,仍然应用既往的设计验算式,只是将荷载组合系数进行了提高,从而推算出新的安全系数(纯压 1.7→1.36、纯弯 1.5→1.12、纯剪切 1.25→1.00)。对于单体钢板梁的性能状态,虽然规定了压缩翼缘等同为自由伸出板,但腹板的问题仍然存在。板的屈曲后强度利用并不能只停留在安全系数的微调整(算术参考)水平上,梁体的几何学非线性大挠度计算(图 8-27)仍存在以下问题:腹板屈曲张力场的形成;怎么样定义其极限状态;腹板的可逆变形界限是什么状况;板屈曲后边缘塑性是不是有害,进而会导致裂纹的出现或发展;可维修和替换的性能要求是否能给钢板梁桥带来颠覆性的技术革新等。这些问题对绝大多数的钢板梁来说,进一步的研究势在必行。

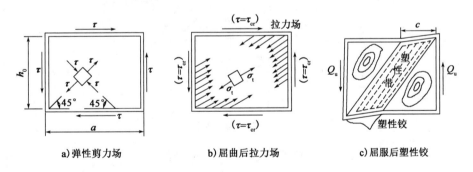

图 8-27　腹板的不同设计状态

《道路桥示方书》在截面力和应力的控制上,极限状态 1 和极限状态 3 的作用效果是一样的。所谓限制值,现阶段只采用极限状态 1 和极限状态 3 的最小值验算。

极限状态 1 的验算式为

$$\sum S_i(\gamma_{pi}\gamma_{qi}P_i) \leq \xi_1 \Phi_{Rs} R_s \tag{8-103}$$

极限状态 3 的验算式为

$$\sum S_i(\gamma_{pi}\gamma_{qi}P_i) \leq \xi_1 \xi_2 \Phi_{Ru} R_u \tag{8-104}$$

8.5.2 薄板构造物的设计

弯曲变形的钢构件可以分类成 3 种截面来分析(图 8-28),R 是无加劲板或者加劲板的宽厚比参量,$R = \sqrt{\sigma_y / \sigma_{cr}}$,是钢材的屈服强度与弹性屈曲强度比的平方根。

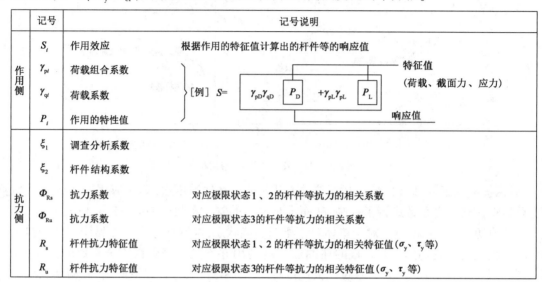

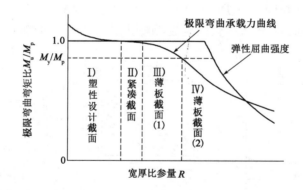

图 8-28 宽厚比参量与截面区分

其中,σ_{cr} 是无加劲板或者加劲板的弹性屈曲应力,M_u、M_p 和 M_y 分别是极限弯矩、全塑性弯矩和屈服弯矩。图 8-28 表示各种截面的极限弯矩与构成板的宽厚比参量的关系。对于加劲板是使用 n 块加劲单元的换算板宽厚比参量来计算,薄板截面具有强度急剧降低的特性,强度变化可分为材料屈服和局部的弹性屈曲两种形式。下面介绍这几种截面的特性。

(1)塑性设计截面

结构中即使有截面已经达到全塑性状态,后续变形过程直到达到结构整体极限状态,该截面也不发生局部屈曲,也就是变形过程中一直维持全塑性状态的截面。这种截面参量 R 比较小,也就是厚板结构;而且 R 与最终应力无关,屈曲强度大。设计上需要作弹塑性有限变形分析,并需要使用安全系数来验算板的承载力,关西研究会提案用了相关关系式来计算。

(2)紧凑(Compact)截面

截面进入全塑性状态或者截面内大部分发生屈服,接近全塑性状态下局部屈曲发生,截面强度开始发生急剧降低。这种截面参量 R 为理论上的最佳值,极限承载力达到屈曲强度的全塑性。设计上也使用安全系数倍数的设计荷载去作弹塑性有限变位分析,从而用最大压应力验算加劲板。

(3)薄板截面

结构某截面达到了屈服,或者变形过程中发生了局部屈曲,出现了急剧的强度降低现象。这种截面参量 R 比较大,属于薄壁构造,局部屈曲控制设计。理论上计算可以用弹性有限变位分析,并使用最大压应力或者安全系数验算受压板,显然这样的截面设计可以利用到屈曲后强度。

那么这些截面控制设计的构造物是什么样呢?

将这3类截面设计的钢构件构成的钢构造物,按图8-29对应分为3类构造物来讨论。图8-29的横轴表示构造物代表点的变位;而纵轴是表示设计荷载水平的荷载参量,可以理解为安全系数的概念,α_u 是构造物破坏荷载参量。

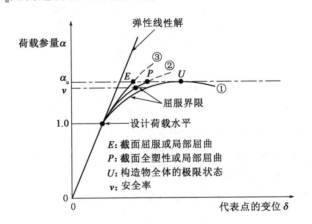

图 8-29　3 类构造物及破坏极限状态

①-有塑性设计截面杆件的构造物(构造物①);②-有紧凑截面杆件的构造物(构造物②);③-有薄板截面杆件的构造物(构造物③)

(1)有塑性设计截面杆件的构造物(构造物①)

该构造物即使有截面进入了全塑性,也就是形成了塑性铰,构造物整体变形在达到破坏状态的过程中,任何杆件并不发生局部屈曲现象,将这种塑性设计的构造物称为构造物①。构造物①处于破坏状态时,构件其他区域到了弹塑性状态,主塔和拱圈结构就是这样的。

(2)有紧凑(Compact)截面杆件的构造物(构造物②)

构造物②的最弱截面进入全塑性,或者在接近全塑状态时发生了局部屈曲,由局部屈曲的破坏状态来决定钢构造物的设计。构造物②处于破坏状态时,其个别区域进入了弹塑性领域。

(3)有薄板截面杆件的构造物(构造物③)

构造物的最弱截面发生了屈服,或者由局部屈服决定破坏状态的钢构造物为构造物③。现在的钢桥上部都是在这种状态假定下设计的,也就是说即使是现行新《道路桥示方书》的破坏状态,其操作上也一直延续着一种假设:设计时构造物的任何部位不存在有塑性领域。精确的设计需要进行弹塑性有限变位分析,理论上要求考虑挠度的二次效应而且要加入初期挠度的影响。由于加劲板的破坏应力是参量 R 的线性$(1.5-R)$或非线性$(1.5/R^2)$的函数,反复计算比较繁杂。所以,加劲板的承载力采用式(6-104)计算,其结构可以用弹性有限变化进行分析。

8.5.3 弹性有限变位分析屈曲验算法

关西道路研究会的调查和提案表明,日本大多数的钢桥拉伸构件的荷载参量 α_u 的值,与现行《道路桥示方书》的安全系数 1.7 是一致的。而且以弹塑性有限变位分析为基础的设计方法实用可行,这时的目标屈服荷载参量是:

$$\alpha_{y2} > 1.7 \tag{8-105}$$

把破坏与屈服的极限状态作为目标的极限荷载参量的提案值见图 8-30。

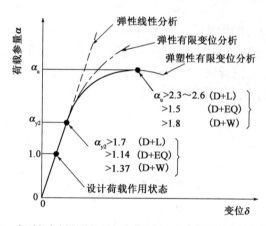

图 8-30 把破坏与屈服的极限状态作为目标的极限荷载参量的提案值

在现行设计中经常使用到式(8-105)。但这里要注意的是结构整体屈曲或者构件的屈曲问题另当别论,对于受压构件一般取 $\alpha_u > 2.3 \sim 3.6$。

一般钢桥的弹性有限变位分析与弹性微小变位分析的比较,理论处理方法上有以下几点差别。

①与屈曲的二阶分析相似,变形后的构造满足梁的平衡关系式。

②受挠度 ω 的二次效应影响的构件轴向应变 ε_x 是按照大变形考虑的。

$$\varepsilon_x = \frac{1}{2}\left(\frac{d\omega}{dx}\right)^2 \tag{8-106}$$

③绕构件轴的扭转角,可认为是微小的,没有考虑剪切应变的高次项,考虑了剪切变形。

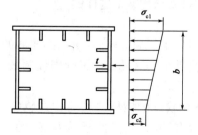

图 8-31 加劲板单元的应力分布

④考虑初期挠度 ω_0 的影响,这一点往往很重要。

针对构造物③的破坏极限状态的安全性,上述的弹性有限变位分析验算公式为

$$\sigma_{c1} < \sigma_{pu1} \tag{8-107}$$

式中:σ_{c1}——在乘以安全系数的设计荷载加载下,用弹性有限变位分析求得的加劲板单元的最大压应力(图 8-31);

σ_{pu1}——考虑压弯组合下产生的梯形面内压应力的

斜率的无加劲板或者加劲板的极限应力,对于加劲板按下式计算:

$$\sigma_{\mathrm{pu1}} = \begin{cases} 1.0 & R \leqslant 0.5 \\ 1.5 - R & 0.5 < R \leqslant 1.0 \\ 0.5/R^2 & 1.0 < R \end{cases} \quad (8\text{-}108)$$

式中:R——加劲板的宽厚比,$R = \dfrac{b}{tnf}\sqrt{\dfrac{12(1-\nu^2)}{k\pi^2}}\sqrt{\dfrac{\sigma_y}{E}}$;

n——纵向加劲单元区分数($n \geqslant 2$);

t——板厚;

ν——泊松比;

f——应力梯度修正系数,$f = 0.65\left(\dfrac{\varphi}{n}\right)^2 + 0.13\left(\dfrac{\varphi}{n}\right)^2 + 1.0$;

φ——应力斜率,$\varphi = \dfrac{\sigma_{c1} - \sigma_{c2}}{\sigma_{c1}}$;

σ_{c1}、σ_{c2}——分别是加劲板两缘的应力,$\sigma_{c1} \geqslant \sigma_{c2}$,压应力为正,可参照6.5节和6.6节的内容。

式(8-107)的变换式可以写成 $\sigma_{c1} = \sigma_{\mathrm{pu1}}$,从而求得荷载参量 α_u,然后用以下的安全系数对比来验算承载力,即

$$\alpha_u > \nu \quad (8\text{-}109)$$

这里 ν 为安全系数。而现阶段,弹性有限变位分析方法中,加载项一般为:

$$\gamma_{\mathrm{fd}}D + \alpha L, \gamma_{\mathrm{fd}} = 1.0 \sim 1.3 \quad (8\text{-}110)$$

实际操作中为了方便只在活荷载前乘以 α,并保证新《道路桥示方书》的安全系数,建议用比例加载方式[式(8-110)],对《道路桥示方书》H29 中荷载组合 1.05D + 1.25L 的形式进行了修改。

现行规范内钢构造物的屈曲验算方法是比较有效的,特别对既设钢构造物的承载力判定更显得实用。而对于我们整体静定的简支钢板梁或者超静定的连续钢板梁腹板屈曲后的大课题,需考虑下列两点疑问:

(1)钢板梁的极限状态基本都是在腹板剪切屈曲时发生。

(2)还没有考虑钢板梁薄腹板的大挠度屈曲后可靠的抗力公式。

所以,屈曲发生值分析方面需要考虑剪切大变形,作为吊车梁抗力公式的理论公式有实用报告,而对桥梁抗力公式的可靠性还需要进一步研究。

设计荷载乘以荷载水平参量 α_u,加载后结构的几何学非线性理论要正确地在钢板梁腹板上反映出来,也只有通过大挠度的分析计算,才能再现腹板屈曲后的各种工况,那么只做弹性有限变形分析能否演示板的弹性屈曲全过程?屈曲后强度性能评价的简单方法也需要深入探讨。

8.5.4 屈曲设计法的提案

对复杂的钢构造物,传统上,屈曲设计有用有效屈曲长度进行截面计算的方法,也有用弹性有限变位分析的成果进行截面验算的方法,如图 8-32 所示。对构件的计算,一般问题发生在轴向压应力大小上,如果压应力小,则不会出现屈曲问题,这样有效屈曲长用 0 来处理即可。严格地讲,复杂的构造体,特别是缆索悬吊结构,原则上是使用弹塑性有限变位分析方法,分为压缩构件和拉伸构件,按常时荷载(D+L)以及水平外力的组合形式,用式(8-111)进行安全验算。这里不只指静定的钢板梁,对一般的非缆索系超静定结构都可以这样验算。

$$\frac{\alpha_u}{\alpha_{req}} > 1.0 \tag{8-111}$$

必要的荷载参量 α_{req} 按关西研究会的调查,可采用下列数值,即

$$\text{常时荷载 } \alpha_{req} = 2.3 \sim 2.6 \quad (D+L,压缩构件) \tag{8-112}$$

$$\text{水平荷载 } \alpha_{req} = \begin{cases} 1.7 & (D+L,拉伸构件) \\ 1.8 & (D+W,压缩构件) \\ 1.37 & (D+W,拉伸构件) \\ 1.5 & (D+EQ,压缩构件) \\ 1.14 & (D+EQ,拉伸构件) \end{cases} \tag{8-113}$$

但对主梁的设计,发生主梁截面的局部屈曲和受压构件之间整体屈曲的可能性是存在的,在相关屈曲情况下,传统的荷载参量下限定的工况验算法,实际并不能完全保证结构的安全性。

在 8.5.2 节中讲过的薄板截面杆件组成的现行钢桥构造物的极限状态,使用弹性微小变位分析,或者弹性有限变位分析出的应力,与屈服点和构成板的局部屈曲引起的极限应力 σ_u 进行比较,用这种方法是可以进行极限状态推算的。但是实际上的钢桥构造物不一定非要薄板截面,有时由紧凑截面或者是塑性设计截面所组成的。另外,阪神地震以后,也有采用地震荷载决定的钢桥墩等截面的构造物,和塑性设计决定的构造杆件,或者板宽厚比参量 R 更小的,能期待钢材的应变硬化现象的杆件。根据这些现状,在实物中对以下两种包括截面杆件和构造物整体的极限强度设计法以及相应实用分析法的开发是具有现实意义的。

(1)截面的一部分塑性化之后,构成截面的 1 个或者 2 个以上的加劲板单元发生相关屈曲时的极限强度。

(2)在以上情况的构造极限状态下,截面的屈服、局部屈曲,杆件的弯曲屈曲和构造物整体屈曲之间相互关联状态下的极限强度。

现有《道路桥示方书》的方法不是来自屈曲理论分析本身,而是应用无量纲的应力水平的相关曲线回归式,就是用安全系数考虑了腹板的屈曲后强度,包括初期挠度(1/250)以及焊接残留应力($0.25\sigma_y$)。极限状态法的新《道路桥示方书》H29 也只是修改了安全系数,检验公式没有任何变化。而设计时也都是使用惯用的弹性梁模型分析出来的截面力。

关西道路研究会在上述的(1)关联方面,对于使用宽厚比较大的腹板的加劲箱梁在弯曲和扭转同时作用下的破坏截面力,开发出了通过相关曲线进行推定的方法。同时,对于宽厚比较小的加劲板构成的钢箱截面、斜拉桥的塔、悬索桥的主塔以及拱桥的主拱圈截面在压弯组合包括两轴弯曲以及扭转组合的作用下,也给出了相关曲线的极限推定法,此方法非常有实用价

值。下面就介绍一下这个方法的内容。

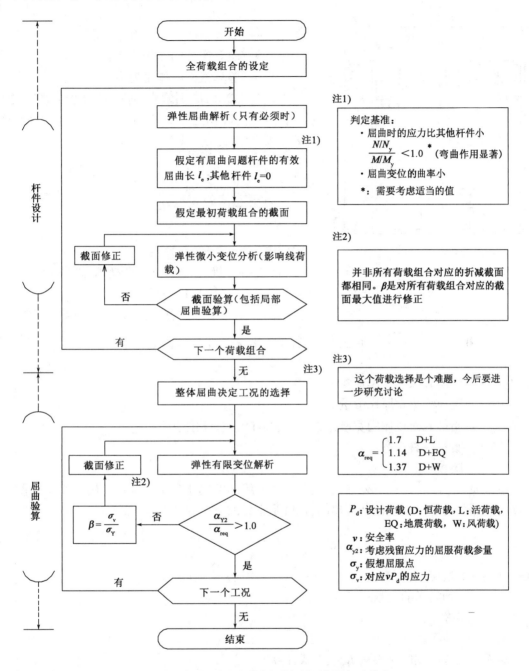

图 8-32　进行弹性有限变位分析的钢桥屈曲设计、验算法

通过图 8-33 加劲箱梁的例子,对极限推定法及其计算表达式进行简单的介绍,方便理解屈曲计算方法。

首先针对弯扭组合作用给出以下极限截面力的相关表达式:

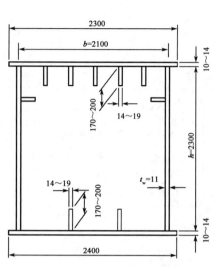

图 8-33 加劲箱形截面梁的截面例子
$h/t_w = 209$（尺寸单位:mm）

$$\sqrt{\left(\frac{M}{M_u^{(1)}}\right)^2 + \left(\frac{T+S\cdot b}{T_u^{(1)}}\right)^2} = 1.0 \quad (8\text{-}114)$$

式中：M——验算截面的作用弯矩；
T——验算截面的作用扭矩；
S——验算截面的作用剪力；
$M_u^{(1)}$——式(8-115)计算出的验算截面的纯弯极限弯矩；
$T_u^{(1)}$——式(8-122)计算出的验算截面的纯扭极限扭矩。

极限弯矩式：

$$M_u^{(1)} = \begin{cases} M_p^{(1)} & R_b < 0.44 \\ \dfrac{0.944}{[1+0.5(R_b+0.5)]^2} M_p^{(1)} & 0.44 \leqslant R_b \leqslant 1.0 \end{cases} \quad (8\text{-}115)$$

式中：$M_p^{(1)}$——全塑性弯矩；
R_b——极限弯矩时的换算宽厚比参量，按式(8-116)计算，

$$R_b = \begin{cases} R_b^e & R_b^e < 0.5 \\ \dfrac{0.8}{(R_f/R_w)^{\frac{h}{b}}}(R_b^e - 0.5) + 0.5 & R_b^e \geqslant 0.5 \end{cases} \quad (8\text{-}116)$$

式中：R_f——受压翼缘的宽厚比参量；
R_w——腹板纯弯宽厚比参量；
R_b^e——箱形截面整体的宽厚比参量，式(8-119)有详细说明；
b——腹板内翼缘宽；
h——腹板高。

参量 R_f、R_w 和 R_b^e 是按下列诸式计算,受压翼缘的宽厚比参量 R_f 是按《道路桥示方书》规定的纵向加劲肋的最小刚度比计算出的,也就是常说的整体屈曲参量,按下式计算：

$$R_f = \frac{b}{nt_f}\sqrt{\frac{12(1-\nu^2)}{k_f\pi^2}}\sqrt{\frac{\sigma_y}{E}} \quad (8\text{-}117)$$

式中：ν——泊松比(=0.3)；
n——加劲翼缘的个数；
t_f——翼缘厚；
k_f——屈曲系数(=4.0)。

腹板的纯弯曲宽厚比参量 R_w 按下式计算：

$$R_w = \frac{h}{t_w}\sqrt{\frac{12(1-\nu^2)}{k_w\pi^2}}\sqrt{\frac{\sigma_y}{E}} \quad (8\text{-}118)$$

式中：t_w——腹板厚；
k_w——纯弯曲腹板的屈曲系数,不设置纵向加劲肋时：k_w =23.9;设置刚性纵向加劲肋时：k_w =110.8。

箱形截面的整体屈曲宽厚比参量 R_b^e 按下式计算：

$$R_b^e = \frac{b}{nt_f}\sqrt{\frac{12(1-\nu^2)}{k_b\pi^2}}\sqrt{\frac{\sigma_y}{E}} \tag{8-119}$$

这里，k_b 是箱梁腹板的屈曲系数，按式(8-97)计算。

$$k_b = \begin{cases} 0.036(3.5-\eta)^4 + 4.0 & \eta \leq 3.5 \\ 4.0 & \eta > 3.5 \end{cases} \tag{8-120}$$

无纵向加劲肋时 $\quad\quad\quad\quad \eta = \dfrac{n\,t_f}{t_w}$

有纵向加劲肋时 $\quad\quad\quad\quad \eta = \dfrac{n\,t_f}{2.15\,t_w}$ $\quad\quad\quad\quad$ (8-121)

极限扭矩计算式为

$$T_u^{(1)} = \begin{cases} T_p^{(1)} & R_\tau \leq 0.4 \\ [1-0.37(R_\tau-0.4)]T_p^{(1)} & 0.4 < R_\tau \leq 1.587 \\ 0.74[(1/R_\tau)^2+0.36]T_p^{(1)} & 1.587 < R_\tau \end{cases} \tag{8-122}$$

式中：$T_p^{(1)}$——全塑性扭矩；

R_τ——纯剪的单元宽厚比参量，也就是局部屈曲参量，

$$R_\tau = \frac{h}{t_w}\sqrt{\frac{12(1-\nu^2)}{k_\tau\pi^2}}\sqrt{\frac{\tau_y}{E}} \tag{8-123}$$

这里纯剪屈曲系数 k_τ 的计算式为

$$k_\tau = \begin{cases} 4.00 + \dfrac{5.34}{\left(\dfrac{a}{h}\right)^2} & \dfrac{a}{h} < 1 \\ 5.34 + \dfrac{4.00}{\left(\dfrac{a}{h}\right)^2} & \dfrac{a}{h} \geq 1 \end{cases} \tag{8-124}$$

截面的全塑性弯矩 $M_p^{(1)}$ 可以按4.1节的过程计算，式(4-5)是不考虑腹板加劲肋的计算公式。

截面极限相关式(8-91)是局部屈曲控制时该截面的弯矩、扭矩和剪力的相关关系表达式，第5章讲过还有可能发生构件整体屈曲，这样构件整体屈曲与其截面局部屈曲耦合，同时考虑时的薄壁箱形梁的极限强度，分下列两种情况进行对应：

(1)截面的局部屈曲决定构件极限状态。使用不考虑局部屈曲柱的弹性有限变位分析结果，使其截面力满足局部屈曲发生的极限强度相关式[式(8-114)]，这时的荷载为极限荷载。组合应力验算是式(8-112)和式(8-113)≤1.0，对其单项应力可使用式(8-112)和式(8-113)的安全系数来验算。

(2)截面的局部屈曲发生前，发生柱的整体屈曲的构件极限状态，需要采用整体和局部屈曲同时验算法，这时需要用整体模型下的弹塑性有限变位分析。日本的 EPASS 软件是专门分析薄壁构件的相关屈曲程序，而 ABAQUS 和 ANSYS 处理这些问题需要二次开发。这里验算截面时需要在式(8-112)和式(8-113)上折减一下，一般对压缩构件 $\alpha_{req} = 0.85 \times (2.3 \sim 2.6) = 2.0 \sim 2.3$ (D+L 组合)。

以上讲的都是对闭口截面箱梁而言的,如果考虑开口截面的钢板梁,工程上翼缘进入屈服而腹板处于弹性屈曲应该是连续梁中间支点领域的极限状态,形式上是主梁局部屈曲的问题。由于这个域的塑性形成实际在截面的受压侧处于非常复杂的应力应变状态,分析上可以采用这部分板单元的有限元模型,并导入 8.4 节中 Bleich 的双模量大变形理论,使用正应力方向的切线模量 $\rho = E_t/E$ 来模拟材料的非线性特性,即使这样切线模量 E_t 也是一个变化的非线性值,需要对材料的应力-应变曲线进行事先处理。总之,要对钢板梁进行深入的研究,这种复合非线性的考虑是必不可少的。

第9章 钢板梁桥的设计

9.1 设 计 概 论

9.1.1 日本的钢桥设计概述

第1章至第8章,从屈曲理论经加劲肋设计到承载力计算,对单体钢板梁进行了全面讲述。建筑上的吊车梁是单体结构,而桥梁上必须设置桥面板和联结系才能承担巨大的竖向车辆动荷载以及地震荷载和风荷载等。

由前面章节所知,由于钢板梁横向抗弯惯性矩和抗扭惯性矩都比较小,因此主梁之间必须通过联结系联结在一起共同受力。在5.2节里已经介绍了钢板梁桥的结构,接下来开始讨论钢板梁桥的整体设计。要展开整桥的讨论,就要从荷载、力的横纵分配,截面力计算,桥面板的计算以及联结系的设计等逐项阐述,也就是桥梁设计的传统技术部分。

钢桥的桥面板是分布桥面荷载的,而联结系是传递荷载的,在日本是把钢桥的主梁和分配横梁当作桥梁主结构进行定义的。主结构是指在整体分析系中参加模型化的构件部分,而其他的二次构件比如桥面板及不参加模型化的纵横联结件都被视为桥梁附属构件,桥面板只有在组合梁中才被视为主结构。横向联结系有参加整体受力模型计算的横联,视为附属构造叫分配横梁。在中国,钢桥的桥面板都被划分到正交异性钢桥面板系统,也就是都作为主梁的组合部分来参加整体模型分析,这样桥面板不会被视为桥梁的可替换附属构件来处理。

在日本,桥梁建设作为公共事业,建设者需要对纳税人进行事业说明,设计咨询公司需要作桥梁选型基本设计。在这个阶段先作一次设计,一般为10种以上的方案比较;然后作二次设计,是3个方案的比较,这个阶段基本就决定了桥型,包括主梁的形式;下一步是桥梁详细设计的开始,图9-1是从钢桥设计到构造物竣工的整体流程。这中间的设计由咨询公司实施,加工制造包括现场架设由专业公司承担,日本干线高速公路上的桥梁以及城市快速路桥梁都采取从详细设计到施工总体承包的形式实施。国道和地方道路上的桥梁都是由设计咨询公司承担详细设计,而钢桥属于非常专业的技术领域,无论是施工公司还是咨询公司,大多依靠专业的民间技术公司作详细设计。笔者所有公司就是主要经营承揽这部分技术设计的专业公司。在钢桥方面除了作基本设计、详细设计外,还会为钢桥工厂提供生产技术方面的协作,日本称作钢桥原寸。另外,还对施工公司提供现场架设的技术支持。在日本钢桥定义为工业产品,都是按国家标准(JIS)实施的,而中国的钢桥属于建设产品的一部分,所以,中日之间在钢桥方面的衡量标准和整体体系不一样。另外在日本是不允许现场焊接的,包括建筑钢结构,几乎全部采用高强度螺栓连接。

工程师在设计过程中难免会出现一些问题,甚至错误。作为学习,将工程设计中常出现的

▶ 板的屈曲与钢板梁桥的设计

错误反馈总结如下：

①计划上与相关机构的协商不足；②设计条件的交底不彻底；③设计计算的错误，④计算理论的误用，⑤技术的研讨不充分，⑥不符合示方书、各种基准的规定，⑦图面的错误，⑧材料数量的错误，⑨制作架设方面难点过多。

图 9-1 的钢桥全流程是以设计观点罗列的，其中ⓐ和ⓑ阶段是技术设计的主要内容。在日本，报告书作为设计者的计算成果，是极其重要的一部分，包括设计条件的讨论、计算理论的解释、计算过程的演示、结果的分析考察等，这些都是必不可少的。但日本不存在标准设计，这一点与中国大不相同，这就要求每一个桥梁项目都需要有明确的设计思路。近年日本钢桥设计都在使用自动设计软件，通用的有两款：APOLLO 和 HYBRIDGE，对于钢板梁都可以达到100% 的出图率。但遗憾的是真正精通钢桥屈曲设计理论的专家并不多，日积月累的设计经验当然很重要，但在此基础上的深入学习才是专家的必由之路。本书也是因此目的而编写，希望在钢桥屈曲设计理论的深入学习上能助专业技术人员一臂之力。

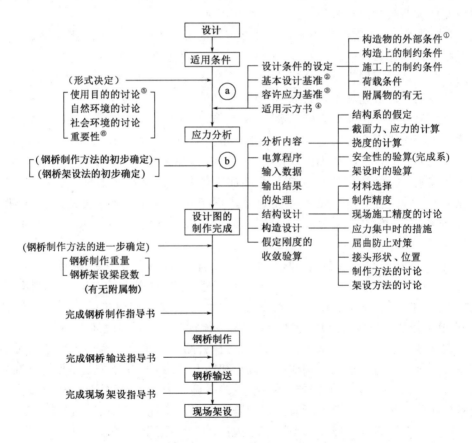

图 9-1　钢桥设计到构造物竣工的整体流程

注：①跨间分割、梁下空间等；②建者有无特别基准等；③弹性设计还是塑性设计，容许应力设计还是荷载系数设计；④道路桥、铁道、混凝土示方书；⑤在维护管理中可能会影响使用性的地方，应特别注意耐久性；⑥损坏时带给全社会的影响等

278

9.1.2 钢板梁的设计流程

日本钢板梁起源于英国的 Plate girder，泛指用钢板构成的梁，其中也包括钢箱梁和 π 形梁。而中国是把钢箱梁另外定义的，从受力和变形特性上，中国的分类更好一些。前几章所叙述的钢板梁建立在 H 形截面最原始的力学合理性之上，设计方法集屈曲理论之大成，突出表现在其承载性能的复杂性、板宽厚比的依存性、腹板钢材屈曲后强度的可利用性上，这类主梁构成的桥梁无疑更具有科学性和经济性。

桥梁设计一般都是从构造设计开始。①钢板梁的薄板钢材一般是卷材进厂，原则上应减少钢板连接作业，梁段按照最大可搬运安装尺寸进行分割。在日本陆上运送的极限一般是梁高在 3m 以内，梁段长度在 13.5m 以内，质量 20t 以内，而规范又规定了钢板梁的横向联结系最大为 6m，这样桥梁的基本梁段，包括联结系在运输安装层面上就确定下来了。②在考虑现场连接位置和横联配置后，整桥的基本计划就出来了，而且横向加劲肋一般是按横联间距的四等分分割，纵向加劲肋现规范也规定为 2 段以下。③接下来就是作钢板梁的经济性比较，也就是腹板翼缘尺寸和纵向加劲肋段数的计算，并以整桥的板件数量和钢材用量最小确定主梁截面。这一过程的操作一般都使用概略计算程序来完成，而且要与建设方保持密切交流和协商。当然在此之前荷载条件和桥面板的计算都已经完成。

梁高是设计业务中的重要讨论项目。在日本的桥梁设计中，有 50% 的项目梁高都是被甲方作为交货条件指定的，详细设计中可有较小范围的调整。图 9-2 是旧《道路桥示方书》规定下的简支钢板梁的腹板高统计，包含组合梁和非组合钢板梁，且多数是主梁的间距在 3.5m 以内悬臂长不大于 1.5m 的混凝土桥面板，看得出主梁高度一般为跨径的 1/20 以上。

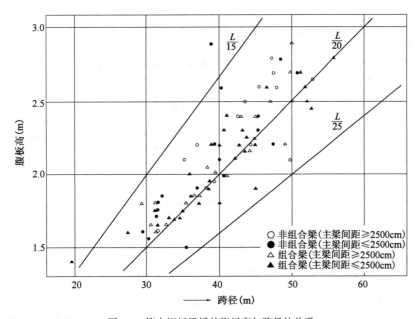

图 9-2　简支钢板梁桥的腹板高与跨径的关系

钢板梁桥标准的详细设计流程如图 9-3 所示。在详细设计开始时，桥梁线形计算也是比较重要的部分，内容包括平面线形、横截面线形和纵截面线形，是把整个桥梁的结构要素中心，

▶ 板的屈曲与钢板梁桥的设计

包括主梁中心与横纵联结系交点,通过大、小立体坐标准确地确定下来,并编辑成线形计算报告书,绘制线形图,然后再进行钢板梁桥的设计。

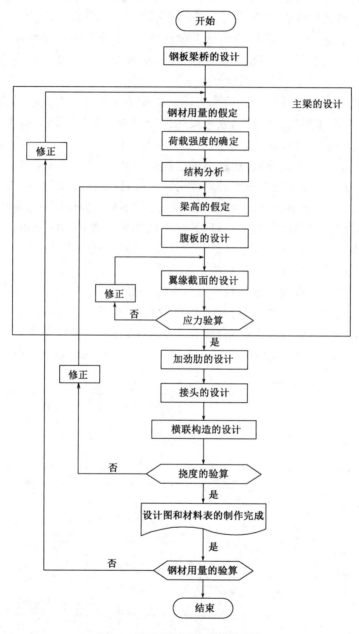

图 9-3　钢板梁桥的详细设计流程图

在日本把桥梁主结构与桥梁附属构件区分得很明确,把桥面板、伸缩装置、检修通道、支座、栏杆、排水、标示柱、防落梁装置都分类为桥梁附属构件,执行附属构件设计标准。本书只对主梁与联结系的设计进行阐述。前 8 章重点讨论了主梁的设计理论问题,本章将对主梁和联结系的设计进行讲述。

主梁设计中开始要假定钢材用量和刚度,通过格子梁计算,提取其截面力进行验算点的应力验算。计算结果的钢材用量如果收敛在5%以内,一般就认为刚度最终收敛,这样就确定下了其主梁的截面构成,然后以截面构成图与控制点的弯矩图为依据进行后续设计。

9.2 构 造 分 析

9.2.1 格子梁理论

桥梁构造分析主要是指截面力(包括内力和反力)的计算。截面力计算时针对主梁格子的刚度有3种传统的方法:Leonhardt的弯曲刚度法、Homberg的弯扭组合法以及弯扭变位法。

(1)弯曲刚度法

弯曲刚度法的格子刚度 Z 的含义如图9-4所示,是主梁(刚度 I)与横梁(刚度 I_Q)的挠度比。

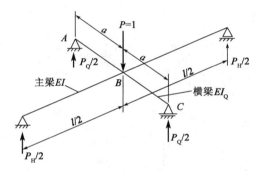

图9-4 格子梁的原理

主梁与横梁在 B 点刚结,B 点集中荷载 $P=1$ 作用下的平衡式为

$$P_H + P_Q = P = 1 \tag{9-1}$$

而简支梁跨中在集中荷载下的挠度为

$$\delta = \frac{Pl^3}{48EI} \tag{9-2}$$

那么主梁 B 点同步挠度为

$$\frac{P_H l^3}{48EI} = \frac{P_Q(2a)^3}{48EI_Q} \tag{9-3}$$

令反力比 $P_Q/P_H = Z$,由式(9-3)可得

$$Z = \left(\frac{l}{2a}\right)^3 \frac{I_Q}{I} \tag{9-4}$$

式(9-4)为桥梁(只考虑弯曲变形)的格子刚度公式,实际是主梁与横梁的弯曲挠度比。图9-4的分组荷载(也称0-1分布)为

$$P_H = \frac{1}{1+Z},\ P_Q = \frac{Z}{1+Z} \tag{9-5}$$

可见横梁分担的荷载 P_Q 是与格子刚度 Z 成比例的。

格子梁计算无疑是桥面荷载的横向分配问题,原则上是以影响线为基础,早期常用的是 0-1 分配法。Homberg 提出了格子分配理论并建立了主梁 10 根、横梁 4 根的格子影响线图表;而且考虑了主梁扭转刚度 GJ_T 的格子刚度公式 $Z_T = (l^3/8a^3)(EI_Q/GJ_T)$,并建立了主梁 4 根、横梁 4 根的影响线图表。考虑主横梁刚度比影响的荷载横向分布,目的是合理地利用横梁,减小横梁规模。图 9-5 是格子刚度与分配效果的展示。Z 在 25 以上时,增大格子刚度反倒没有什么效果,也就是说过度的横梁构造只是浪费。相反 Z 在 10 以下时失去了荷载分配效果,实际工程中分配横梁刚度过小会产生主梁之间的相对变位,导致桥面板破坏的例子很多,所以,在设计中以 $Z=10\sim25$ 的范围控制格子刚度,从而实现较合理的分配横梁构造,钢板梁的分配横梁以空腹桁架式为最多,其弯曲刚度计算将在联结系里讲述。

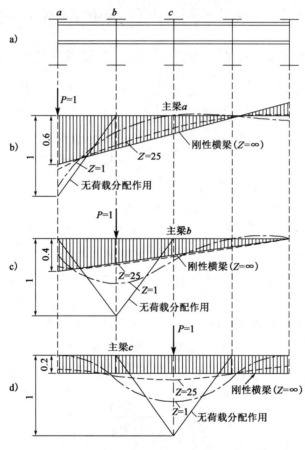

图 9-5 格子刚度与分配效果

(2)弯扭组合法

大家知道 I 形梁的抗扭惯性矩很小,一般 I 形钢板梁不适用于曲线桥。曲线桥随时都会产生偏心的荷载状态,这样对桥梁横截面而言实际是施加了扭矩作用。如图 9-6 所示,并列 I 形梁主梁可以按承受荷载和扭转荷载共同作用进行应力分析,跨长为 l 的上下对称非组合双 I 形梁并且使用桁架式作横联的简支梁桥,集中荷载 P 作用在距离梁跨中 e 处,产生的偏心扭矩 $M_T = P \cdot e$。跨中截面的二次惯性矩为 $2I$,弯矩为 $M_y = Pl/4$,弯曲产生的正应力是

$$\sigma_b = \frac{M_y}{I_y}H = \frac{\frac{Pl}{4}}{2I} \cdot \frac{h}{2} = \frac{M_y}{I} \cdot \frac{h}{2} \times \frac{1}{2} \tag{9-6}$$

下面分析作用在整个横截面上的偏心扭矩。如图 9-7 所示，I 形梁的纯扭刚度非常低，没有办法抵抗纯扭矩 M_T。I 形梁的纯扭矩主要依靠各主梁(抗弯刚度)来承担，考虑用单梁的剪切力 Q_H 来抵抗截面的纯扭变形，则扭矩 M_T 与 Q_H 的平衡关系是

$$Q_H = \frac{M_T}{2a} = \frac{Pe}{2a} \tag{9-7}$$

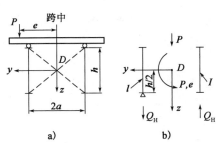
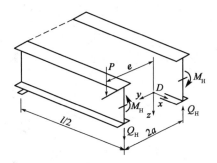

图 9-6 偏心荷载下的 2 根并列 I 形梁　　图 9-7 双主梁的并列 I 形梁发生的截面力

Q_H 在各自桁架的面内弯矩 M_H 为

$$M_H = \frac{Q_H l}{4} = \frac{Ple}{8a} \tag{9-8}$$

这两个弯矩就构成了截面的弯扭矩 M_ω，即

$$M_\omega = -M_H \cdot 2a = \frac{Ple}{4} = -M_y e \tag{9-9}$$

I 形梁的弯扭常数 $I_\omega = 2Ia^2$，弯扭参量 $\omega = -(a \times h/2) = -ah/2$，则弯扭产生的正应力 σ_ω 为

$$\sigma_\omega = -\frac{M_\omega}{I_\omega} \cdot \omega = -\frac{M_y e}{2Ia^2}\left(-\frac{ah}{2}\right) = \frac{M_y}{I} \frac{h}{2} \times \frac{e}{2a} \tag{9-10}$$

正应力的合力为式(9-6)和式(9-10)的和，有

$$\sigma = \sigma_b + \sigma_\omega = \frac{M_y}{I} \frac{h}{2} \times \frac{1}{2}\left(1 + \frac{e}{a}\right) \tag{9-11}$$

当 $e = a$ 时，$\sigma = \frac{M_y}{I} \times \frac{h}{2} \times 1.0$；当 $e = 0$ 时，$\sigma = \frac{M_y}{I} \times \frac{h}{2} \times 0.5$；当 $e = -a$ 时，$\sigma = \frac{M_y}{I} \times \frac{h}{2} \times 0 = 0$。

后面的系数与单位荷载 $P = 1$ 作用下 G_a 主梁上的影响线结果一样，这个方法也称为 0–1 惯用分配法(图 9-8)。

根据 Leonhardt 的格子刚度理论，图 9-9 所示的 3 主梁格子在集中荷载 $P = 1$ 作用在 a 结合点的情况下，以格点力 k_{aa}、k_{ba} 和 k_{ca} 建立面外力的平衡方程：

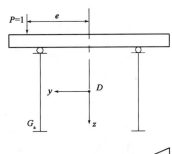
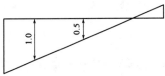

图 9-8 双主梁的主梁分配系数

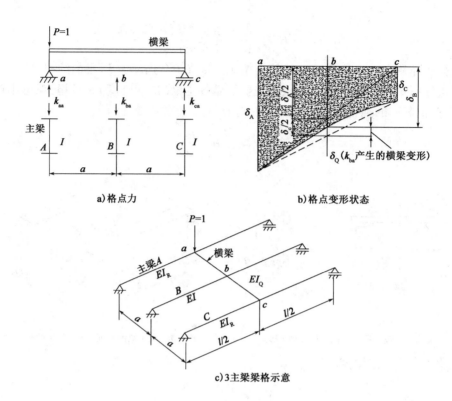

图 9-9　3 主梁格子梁理论

$$\begin{cases} \sum V = 1 & k_{aa} + k_{ba} + k_{ca} = 1 \\ \sum M_a = 0 & k_{ba}a + 2k_{ca}a = 0 \end{cases} \quad (9\text{-}12)$$

由图 9-9b)的变位协调条件可知

$$\delta_B = \frac{1}{2}\delta_A + \frac{1}{2}\delta_C - \delta_Q \quad (9\text{-}13)$$

也就是

$$\frac{k_{ba}l^3}{48EI} = \frac{1}{2}\frac{k_{aa}l^3}{48EI} + \frac{1}{2}\frac{k_{ca}l^3}{48EI} - \frac{k_{ba}(2a)^3}{48EI_Q} \quad (9\text{-}14)$$

联立式(9-12)、式(9-14)可解出

边梁 G_a

$$k_{aa} = \frac{4+5Z}{4+6Z}, \quad k_{ba} = \frac{Z}{2+3Z}, \quad k_{ca} = \frac{-Z}{4+6Z} \quad (9\text{-}15)$$

中梁 G_b

$$k_{ab} = k_{ba} = k_{bc} = \frac{Z}{2+3Z}, \quad k_{bb} = \frac{2+Z}{2+3Z} \quad (9\text{-}16)$$

实际上不考虑横梁与主梁之间的刚度比,也就是 $Z = 0$ 时,称为 0－1 惯用法,或者影响线的分布法。这样通过单梁的剪力来抵抗全桥扭矩 M_T 的处理方法,只要计算出荷载分配曲线即

可,如图 9-10 所示,外梁 A 的反力影响线也就可求,复杂的桥面活荷载下的构造分析就比较容易求了。当然这时全桥的扭矩 M_T 所产生的正应力也包括在验算截面的弯曲应力之中。

(3)弯扭变位法

需要注意的是,格子梁理论对少主梁的简支梁非常实用,与精确解的误差也很小,但是在多主梁的简支梁以及连续梁的构造分析中都需要对格子刚度 Z 进行修正。对于多主梁的简支梁,根据主梁数,取 $Z' = (1 \sim 2)Z$;而对于多主梁的连续梁,根据跨数,取 $Z' = Z/(1 \sim 2.8)$。这也是现在流行使用变位法框架分析的重要原因,该方法主要应用于箱形梁,对 I 形梁也适用。如图 9-11a)所示,并列的两根箱形主梁中,a 梁处有竖向荷载 P 和扭矩 M_T 作用,图 9-11b)表示反力 k_{aa} 和 k_{ab}。这里是考虑主梁有比较大的抗扭刚度,也就是说用抗扭反力 d_{aa} 和 d_{ab} 能够抵抗 M_T。Homberg 认为抗扭的格子梁在横梁跨中切断后,结构的超静定反力 k_{aa}、k_{ab} 和超静定扭矩 d_{aa}、d_{ab} 作为超静定框架可以建立其弹性平衡方程式。

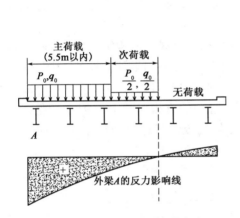

图 9-10 多主梁 L 荷载的载荷方法

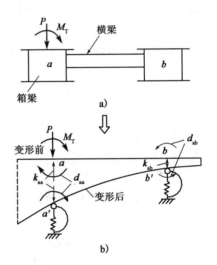

图 9-11 并列箱梁的荷载分配

这时的弯曲刚度仍然使用格子刚度[式(9-4)],同理抗扭格子刚度为

$$Z_T = \frac{l^3}{8a^3} \frac{EI_Q}{GK} \tag{9-17}$$

式中:a——横梁间距;

l——主梁跨径;

GK——主梁的纯扭刚度;

K——纯扭常数,开口截面 $K = (\sum bt^3)/3$,闭口截面 $K = 4F^2/[\oint(\mathrm{d}c/t)]$。

用荷载分配系数可以获得各个主梁的竖向荷载 P_j 和扭矩 M_{Tj},从而分别对单独的主梁进行应力分析,也就是增加了扭矩分配项。对曲线箱梁,一般是采用弯扭组合理论对全桥的 P 和 M_T 进行分析。

以上是对3种方法的概略介绍,对于钢板来讲,格子刚度 $Z \geqslant 10$ 时,弯扭组合理论与格子梁理论结果是一致的。I形钢板梁由于抗扭刚度较小,所以,不适用于曲线桥或者过大的偏心荷载。在结构分析上如果都采用变位法的框架模型,把截面都准确地输入进去,当然会得出精确的结果。现行的商用计算分析程序大多数都是基于弯扭变位理论。而自动设计出图的钢桥程序方面,日本的两款软件 APOLLO 和 HYBRIDGE 在钢桥 I 形主梁计算上,都是使用格子梁理论进行截面力计算的;而箱形梁则是采用小松定夫的弯扭组合理论来设计,截面力是输出对应的 6 成分断面力,这样更便于对应立体结构的分析。

9.2.2 正交异性板解法

以上是对日本非组合钢板梁设计中截面力计算的分析,非组合指混凝土桥面板不参与抵抗桥面荷载。而桥面板的计算按非主构件(附属构件)单独进行设计。对于恒载按照只考虑单位宽的横桥向梁模型计算,而对于车轮荷载按双向板模型来计算,对跨中、支点、端点进行抗弯设计。在日本,绝大多数的钢板梁桥采用的是非组合形式,所以,不考虑桥面板剪力滞的有效宽度问题,直接以格子梁的截面力进行钢主梁设计的流程是主流,无论是组合还是非组合桥面板的设计,使用有限元方法的都很少见。

钢桥的钢筋混凝土桥面板是支承于主梁或纵梁以及横梁上的板结构,由于主梁、纵梁和横梁存在变形,桥面板的受力特性为弹性支承的连续板,这方面的设计计算各国做法不一。近年来,随着计算机的发展,很流行直接采用弹性支承连续板作有限元分析,结合钢桥面正交异性板理论的理想受力机理,组合钢板梁中也多应用这种分析方法。对于图 9-12 的整体系统可分解为表 9-1 中的 4 个子系统进行逐层计算,根据不同的极限状态,它们之间可以进行线性叠加组合,这种系统划分方式概念较为清晰。

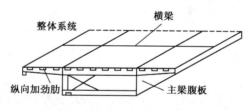

图 9-12 采用钢板面板梁的整体系统

桥面板的内力分析一般按子系统 S2 的模型进行。为了加强对组合钢板梁分析法的(子系统 S4)了解,这里介绍一下正交异性板的理论方法,这不同于板的屈曲,是弹性板的面外受力问题。

根据弹性力学,ν_x,ν_y 为 x,y 方向的泊松比,正交异性板的广义胡克定律为:

$$\begin{cases} \varepsilon_x = \dfrac{\sigma_x}{E_x} - \nu_y \dfrac{\sigma_y}{E_y} & \text{或者 } \varepsilon_x = \dfrac{1}{E_x}(\sigma_x - \nu_x \sigma_y) \\ \varepsilon_y = -\nu_x \dfrac{\sigma_x}{E_x} + \dfrac{\sigma_y}{E_y} & \text{或者 } \varepsilon_y = \dfrac{1}{E_y}(\sigma_y - \nu_y \sigma_x) \\ \gamma_{xy} = \dfrac{\tau_{xy}}{G} & \dfrac{E_x}{E_y} = \dfrac{\nu_x}{\nu_y} \end{cases} \tag{9-18}$$

正交异性钢桥面板受力机理和系统划分   表9-1

系　统	计算模型说明(刚性和支承)	体系说明
盖板子系统S1	子系统S1由可变形的盖板与可变形的纵向加劲肋腹板和横梁腹板一起组成,其中纵向加劲肋和横梁挠度被约束。在荷载作用下,板变形且承受面内应力,故通常不必考虑承载能力极限状态。只通过要求最小尺寸和限制板厚来控制,因为它直接承受了交通荷载	第三体系,盖板体系,控制宽厚比,车轮荷载作用
加劲盖板子系统S2	子系统S2由盖板和纵向加劲肋组成,刚性支承在横梁、主梁或纵梁上。它是连续的正交异性板,纵桥向为纵向加劲肋刚度,横桥向为盖板刚度。荷载通过子系统S2横向分配给纵向加劲肋,然后传给横梁	第二体系,桥面体系,主要验算部分
内弯曲子系统S3	子系统S3是由纵向加劲肋(实际可能还包含小纵梁)和横梁组成,但在主梁腹板处刚性支承	桥面板体系的面外变形、断面力
主梁子系统S4	子系统S4是最终的主梁系统,其中部分正交异性板的纵向单元包含在主梁翼缘有效宽度之中	第一体系,主梁体系,主梁的上翼缘最终主梁系

整理后

$$\begin{cases} \dfrac{\varepsilon_x}{E_y} + \dfrac{\nu_x}{E_x}\varepsilon_y = \dfrac{1}{E_x E_y}(1-\nu_x\nu_y)\sigma_x \\ \dfrac{\nu_y}{E_y}\varepsilon_x + \dfrac{\varepsilon_y}{E_x} = \dfrac{1}{E_x E_y}(1-\nu_x\nu_y)\sigma_y \end{cases} \quad (9\text{-}19)$$

下面介绍单位宽度板截面上弯矩和扭矩的计算。图9-13表示一块承受竖向荷载 $q(x,y)$ 的正交异性板,从中取出尺寸为 $dxdy$ 的矩形小块。和各向同性板一样,分析各向异性板时也引用如下3个假定:①平板内各水平层间的压力为零;②平板内与中面相垂直的直线,在平板挠曲后仍保持为直线,且与挠曲后的中面相垂直;③中面内各点仅有竖向位移,水平方向的位移可忽略不计。据此,可导出:

$$\begin{cases} \varepsilon_x = \dfrac{\partial u}{\partial x} = \dfrac{\partial}{\partial x}\left(-z\dfrac{\partial \omega}{\partial x}\right) = -z\dfrac{\partial^2 \omega}{\partial x^2} \\ \varepsilon_y = \dfrac{\partial v}{\partial y} = \dfrac{\partial}{\partial y}\left(-z\dfrac{\partial \omega}{\partial y}\right) = -z\dfrac{\partial^2 \omega}{\partial y^2} \\ \gamma_{xy} = \dfrac{\partial u}{\partial y} + \dfrac{\partial u}{\partial x} = \dfrac{\partial}{\partial y}\left(-z\dfrac{\partial \omega}{\partial x}\right) + \dfrac{\partial u}{\partial x}\left(-z\dfrac{\partial \omega}{\partial y}\right) = -2z\dfrac{\partial^2 \omega}{\partial x \partial y} \end{cases} \quad (9\text{-}20)$$

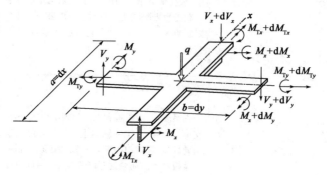

图 9-13 正交异性板微元受力

用式(9-18)和式(9-19)计算单位板宽上的弯矩及扭矩,计算式如下:

$$\begin{aligned} M_x &= \int_{-h/2}^{h/2} \sigma_x \cdot 1 \cdot z \mathrm{d}z = \dfrac{1}{1-\nu_x \nu_y} \int_{-h/2}^{h/2} (E_x \varepsilon_x + E_y \nu_x \varepsilon_y) z \mathrm{d}z \\ &= \dfrac{1}{1-\nu_x \nu_y} \int_{-h/2}^{h/2} \left(-E_x z \dfrac{\partial^2 \omega}{\partial x^2} - E_y \nu_x z \dfrac{\partial^2 \omega}{\partial y^2}\right) z \mathrm{d}z \\ &= \dfrac{-E_x}{1-\nu_x \nu_y}\left(\dfrac{\partial^2 \omega}{\partial x^2}\right)\left(\dfrac{z^3}{3}\right)\bigg|_{-h/2}^{h/2} - \dfrac{E_y \nu_x}{1-\nu_x \nu_y}\left(\dfrac{\partial^2 \omega}{\partial y^2}\right)\left(\dfrac{z^3}{3}\right)\bigg|_{-h/2}^{h/2} \\ &= -D_x \dfrac{\partial^2 \omega}{\partial x^2} - D_y \nu_x \dfrac{\partial^2 \omega}{\partial y^2} \end{aligned} \quad (9\text{-}21)$$

因为 $E_x \nu_y = E_y \nu_x$,所以 M_x 为

$$M_x = -D_x\left(\dfrac{\partial^2 \omega}{\partial x^2} + \nu_y \dfrac{\partial^2 \omega}{\partial y^2}\right) \quad (9\text{-}22)$$

式中:D_x,D_y——板的刚度,$D_x = \dfrac{E_x h^3}{12(1-\nu_x\nu_y)}$,$D_y = \dfrac{E_y h^3}{12(1-\nu_x\nu_y)}$;

h——板厚。

同理得:

$$M_y = -D_y\left(\dfrac{\partial^2 \omega}{\partial y^2} + \nu_x \dfrac{\partial^2 \omega}{\partial x^2}\right) \quad (9\text{-}23)$$

$$\begin{aligned} M_{xy} &= \int_{-h/2}^{h/2} \tau_{xy} \cdot 1 \cdot z \mathrm{d}z = \int_{-h/2}^{h/2} G \cdot \gamma_{xy} \cdot z \mathrm{d}z \\ &= \int_{-h/2}^{h/2} G\left(-2z\dfrac{\partial^2 \omega}{\partial x \partial y}\right) z \mathrm{d}z = -2GJ_K \dfrac{\partial^2 \omega}{\partial x \partial y} = -2D_K \dfrac{\partial^2 \omega}{\partial x \partial y} \end{aligned} \quad (9\text{-}24)$$

其中，$J_K = h^3/12$，$D_K = GJ_K$。

平衡微分方程的推导与第 5 章相似。

如图 9-14 所示，M'_x 是右侧截面上的单宽力矩，M_x 是左侧截面上的单宽力矩，应有

$$\begin{cases} M'_x = M_x + \dfrac{\partial M_x}{\partial x}\mathrm{d}x \\ M'_{xy} = M_{xy} + \dfrac{\partial M_{xy}}{\partial y}\mathrm{d}y \end{cases} \tag{9-25}$$

同理，另有

$$\begin{cases} \dfrac{\partial N_x}{\partial x} + \dfrac{\partial N_y}{\partial y} + q = 0 \\ N_x = \dfrac{\partial M_x}{\partial x} + \dfrac{\partial M_{xy}}{\partial y} \\ N_y = \dfrac{\partial M_y}{\partial y} + \dfrac{\partial M_{xy}}{\partial x} \end{cases} \tag{9-26}$$

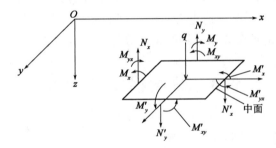

图 9-14 单宽板面上的内力组成

将式(9-26)中的后两式代入第一式中，得出

$$\dfrac{\partial^2 M_x}{\partial x^2} + 2\dfrac{\partial^2 M_{xy}}{\partial x \partial y} + \dfrac{\partial^2 M_y}{\partial y^2} = -q(x \cdot y) \tag{9-27}$$

将式(9-22)、式(9-25)、式(9-26)代入式(9-27)中，得出：

$$\dfrac{\partial^2}{\partial x^2}\left[-D_x\left(\dfrac{\partial^2 \omega}{\partial x^2} + \nu_y\dfrac{\partial^2 \omega}{\partial y^2}\right)\right] + 2\dfrac{\partial^2 \omega}{\partial x \partial y}\left(-2D_K\dfrac{\partial^2 \omega}{\partial x \partial y}\right) + $$
$$\dfrac{\partial^2}{\partial y^2}\left[-D_y\left(\dfrac{\partial^2 \omega}{\partial y^2} + \nu_x\dfrac{\partial^2 \omega}{\partial x^2}\right)\right] = -q(x \cdot y) \tag{9-28}$$

或者

$$-D_x\dfrac{\partial^4 \omega}{\partial x^4} - D_x\nu_y\dfrac{\partial^4 \omega}{\partial x^2 \partial y^2} - 4D_K\dfrac{\partial^4 \omega}{\partial x^2 \partial y^2} - D_y\dfrac{\partial^4 \omega}{\partial y^4} - D_y\nu_x\dfrac{\partial^4 \omega}{\partial x^2 \partial y^2} = -q(x \cdot y) \tag{9-29}$$

化简得：

$$D_x\dfrac{\partial^4 \omega}{\partial x^4} + (D_x\nu_y + D_y\nu_x + 4D_K)\dfrac{\partial^4 \omega}{\partial x^2 \partial y^2} + D_y\dfrac{\partial^4 \omega}{\partial y^4} = q(x \cdot y) \tag{9-30}$$

令 $H = D_x \nu_y + 2D_K$，代入式(9-30)可得出：

$$D_x \frac{\partial^4 \omega}{\partial x^4} + 2H \frac{\partial^4 \omega}{\partial x^2 \partial y^2} + D_y \frac{\partial^4 \omega}{\partial y^2} = q(x \cdot y) \qquad (9\text{-}31)$$

其中，D_x，D_y，H 的数值，可根据正交异性板的材料及构造性质求算。

式(9-31)即为正交异性板在竖向荷载作用下一次弯曲理论的平衡微分方程式，也称为 Huber 方程。它是研究板弯曲内力状况的依据，是在假设不存在板平面残留内力条件下导出的。式(9-31)微分方程可通过将 z 方向上的竖向位移 $\omega(x,y)$ 和竖向荷载 $p(x,y)$ 表达为傅立叶级数进行求解。但当纵向加劲肋在横梁处不连续或边界不确定时，求解该方程就变得非常复杂。此外，对于带闭口肋的正交异性钢桥面板，由于纵向加劲肋增加了扭转刚度使问题变得更加复杂化。

荷载通过子系统 S2 横向分配给各个纵向加劲肋后，下一传力路径就是纵向加劲肋将荷载沿纵向传递给横梁。这时纵肋可视为离散弹性支承上的连续梁。子系统 S2 只是将横梁当成刚性支承的理想状况下计算纵向加劲肋弯剪性能。

中国在桥梁设计上常采用正交异性板理论，而且桥面系也不单独计算，都是与整体截面力计算分析同时进行。实际上 9.2.1 节的格子梁计算在中国就等于正交异性板分析。计算程序大多是使用 Midas 等来进行，那么判断各边界条件是否与实际结构相符是工程师的重要课题，其准确性取决于设计者的技术水平。格子梁计算中比较容易建立格子刚度 Z 的大小和分配效果的判定标准，而正交异性板理论也有关于刚度 D 和 H 的规定，是否也起到这样的作用？工程师们掌握对 D 和 H 的理解以及了解结构的分配效果也很重要。

9.3 分配横梁的设计

9.3.1 横梁配置

在竖向恒荷载和活荷载作用下，为防止主梁间发生挠度差，考虑主梁之间荷载分配，需要设置横梁。由此恒荷载和活荷载所产生的主梁截面力和挠度，是将主梁与分配横梁模拟成平面框架结构，通过对平面格子进行弹性分析求得。而对于非竖向荷载，横联则起承担水平力的作用，在计算上定义为二次构件，不参加整体应力分析。横梁要比横联的刚度高一些，其标准结构如图 9-15 所示。横梁也有桁架式的，而横联只采用空腹式的。荷载分配横梁并不是越多越好，图 9-16 是 3 根和 4 根主梁时，中梁跨中集中荷载 P 作用下的横梁根数与主梁弯矩的关系。可以看出，横梁数过多是没有效果的，因此，从荷载横向分配的角度，通常可以设置 2 根端横梁并在跨中附近设置 1~3 根中横梁，当桥梁的跨径和宽度特别大时，才设置 5 根中横梁。格子刚度 Z=10 以上的横梁比较容易保证。4 根以上横梁时，Z=25 基本上与 Z=∞ 效果相同，这样 Z=25/1.6≈15 时设置 1~3 根横梁（2 根端横梁、1 根中横梁）是比较经济的。《道路桥示方书》则规定分配横梁间距在 20m 以内。

一般情况下，跨径 35~40m 以下，设置 1 根中横梁；跨径 35~40m 以上，设置 1 根中横梁，2 根端横梁。

Leonhardt 的格子梁理论是把横梁换算成 1 根设置在跨中。实际全桥计算中，近似采用的

格子刚度 Z' 公式为

$$Z' = i\frac{I_Q}{I}\left(\frac{l}{2a}\right)^3 = iZ \tag{9-32}$$

式中：l——主梁跨长；
a——主梁间距；
I_Q, I——分别为横梁及主梁的惯性矩；
i——横梁根数修正系数，横梁根数为 1、2 根时 $i=1.0$，横梁根数为 3、4 根时 $i=1.6$，横梁根数为 5、6 根时 $i=2.6$。

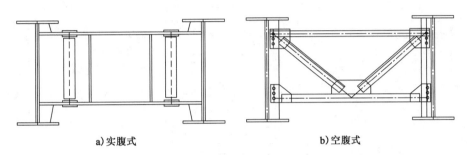

图 9-15 横向联结系

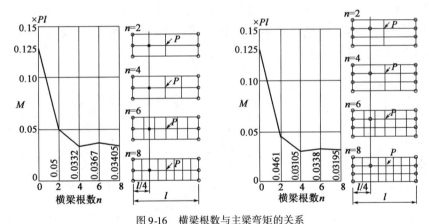

图 9-16 横梁根数与主梁弯矩的关系

9.3.2 横梁刚度计算

横梁形式上有实腹式和空腹式之分（图 9-15），由于钢板梁桥的抗扭要求不高，一般都是采用空腹桁架式结构，日本叫对倾构造。横梁设计的一般方法是：

（1）根据跨径和主梁接头布置，初步拟定横梁数量和位置；

（2）根据格子刚度 $Z=10\sim25$，设定横梁所需要的结构形式和最小截面，计算出相应的换算横梁刚度；

（3）与主梁一起用平面格子梁理论计算它们的内力；

（4）验算截面应力和主梁与横梁结合点的翼缘二轴应力。

横向联结系一般与主梁腹板相连。为了使得横梁传力均匀，横梁高度不宜过小，通常为主梁高度的 3/4 以上，不得已时不得小于主梁高度的 1/2。横梁主要是保证桥梁的整体刚度，由刚度控制设计，所以，横梁应力一般不大，多采用空腹式结构。

对于如图 9-17 所示的桁架式结构，桥梁空间分析时，其抗弯惯性矩 I_s 可以采用式(9-33)的换算公式计算：

$$I_s = \frac{4h^2 A_1}{9} \times \frac{1}{1 + \dfrac{A_1}{3A_2 \cos\theta}} \tag{9-33}$$

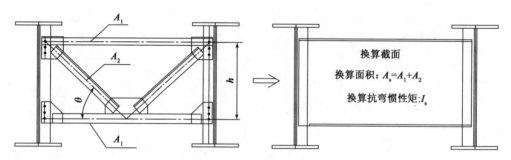

图 9-17 桁架式横梁整体计算模式

钢板梁桥的横梁，包括以传递竖向荷载为目的的分配横梁，其换算抗弯刚度一般是采用弯曲刚度计算的。式(9-33)的计算与图 9-18 一样是按图 9-19 示例①悬臂梁的桁架前端加竖向荷载时挠度相等的方法计算的。

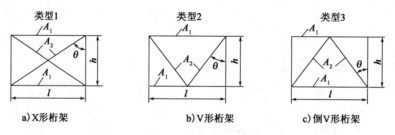

图 9-18 桁架式横梁的换算刚度

X 形桁架：
$$I = \frac{I_v}{\dfrac{3}{4} + \dfrac{1.5 h I_v \sec^3\theta}{A_2 l^3}} \tag{9-34}$$

（倒）V 形桁架：
$$I = \frac{I_v}{\dfrac{9}{8} + \dfrac{6 h I_v \sec^3\theta}{A_2 l^3}} \tag{9-35}$$

式中：$I_v = A_1 h^2 / 2$。

但是这种只考虑整体形状的剪切变形换算过来的弯曲刚度，实际上考虑得不够全面，由此会减小其截面的二次惯性矩。对应横梁传递竖向荷载以及横联支持水平荷载的具体应力状态会有差异，虽然在横联的设计中都是有很大的安全余量，但设计者需要理解其内涵。

图 9-19 是 3 种刚度计算的假定梁式、桁架式模型和变形内容,一般采用示例①的状态来计算横梁的刚度,其中弦杆截面面积 $A_1 = 17.0\text{cm}^2$,斜杆截面面积 $A_2 = 12.69\text{cm}^2$,$P = M_0/h$。

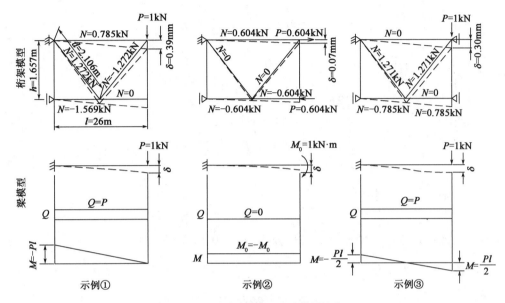

图 9-19 各种条件的空腹式横梁挠度

由图 9-19 的 3 个示例的支承条件和荷载条件下的横联行为可知,桁架与梁模型的挠度可以分成以下 3 种梁理论来比较其挠度:

梁理论 A:考虑剪切变形的抗弯刚度时,$I = A_1 h^2/2$;

梁理论 B:考虑剪切变形的换算抗弯刚度时(图 9-18 中的类型 1~类型 3);

梁理论 C:考虑剪切变形的刚度矩阵时(一般商用程序)。

可以发现现行的刚度换算方法 B,也就是表 9-2 中示例①的问题很多,示例②的剪力为 0,不考虑剪切变形;梁理论 A 方法的结果刚度很强;梁理论 C 方法为考虑剪切变形的刚性矩阵法[式(9-36)]。所有的梁理论保留了充分的精度,C 方法一般是商用程序内采用的方法,其刚度矩阵为 6×6 的矩阵,并考虑了剪切变形。

理论与换算方法的挠度比较(mm)　　　　表 9-2

横梁模型		示例①	示例②	示例③
		0.39	0.07	0.30
梁理论	A	0.12	0.07	0.03
	B	0.39	0.23	0.10
	C	0.38	0.07	0.29

$$\begin{pmatrix} N_i \\ Q_i \\ M_i \\ N_j \\ Q_j \\ M_j \end{pmatrix} = \begin{bmatrix} \dfrac{EA}{l} & & & & & \\ 0 & \dfrac{12EI}{l^3(1+\varphi)} & & \text{对称} & & \\ 0 & \dfrac{6EI}{l^2(1+\varphi)} & \dfrac{(4+\varphi)EI}{l(1+\varphi)} & & & \\ -\dfrac{EA}{l} & 0 & 0 & \dfrac{EA}{l} & & \\ 0 & \dfrac{-12EI}{l^3(1+\varphi)} & \dfrac{-6EI}{l^2(1+\varphi)} & 0 & \dfrac{12EI}{l^3(1+\varphi)} & \\ 0 & \dfrac{6EI}{l^2(1+\varphi)} & \dfrac{(2-\varphi)EI}{l(1+\varphi)} & 0 & \dfrac{-6EI}{l^2(1+\varphi)} & \dfrac{(4+\varphi)EI}{l(1+\varphi)} \end{bmatrix} \begin{pmatrix} u_i \\ v_i \\ \theta_i \\ u_j \\ v_j \\ \theta_j \end{pmatrix} \quad (9\text{-}36)$$

式中：φ——变形参量，$\varphi = \dfrac{12EI}{GA_s l^2}$；

A_s——板的剪切刚度等价换算的剪切面积，在图9-18的情况下，$A_s = \dfrac{E}{G} \dfrac{lh^2}{2d^3/A_2}$，实际的空腹式横联在示例①与示例②组合的应力状态下比较接近实际。

9.3.3 弯剪组合应力验算

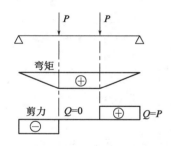

图9-20 梁的弯剪状态

在7.4节里已经详细介绍了剪力和剪力流的问题，在实际的梁中，多数截面处于弯剪组合的状态；也确有如图9-20所示的无剪力的梁段产生，而在支点附近是不存在这种状态的，相反在支点附近普遍会出现最大剪力。因此，在梁的设计中，剪应力和正应力的组合状态是必须要验算的。弯剪组合应力的验算已在7.4节里演示过，是由Mises的剪切应变能平面等效应力准则推定出来的[式(7-111)]。

σ_x/σ_a，τ/τ_a中任意一项的值如果小于0.45，另一项平方根就会小于1.0，也就可以保证单项应力在容许值以内，所以规范规定只有σ_x和τ中有一项超过其容许值时才验算其组合应力。

对于横梁与主梁的连接部位，由于其处于立体的两轴应力工作状态，如图9-21所示，不但要考虑应力种类的组合，还要考虑两轴方向的叠加合成问题，要特别注意方向和验算点位置。

Mises屈服条件的平面等效应力σ_Y由式(3-54)计算，其中，$\sigma_x = \sigma_1$，$\sigma_y = \sigma_2$，$\tau_{xy} = \sigma_3$。各自单独状态的容许值分别是$\sigma_x \to \sigma_a$，$\sigma_y \to \sigma_a$，$\tau_{xy} \to \sigma_Y/\sqrt{3}$，所以，式(7-97)的强度相关式经过回归分析验证也成立，考虑各轴方向单独的应力检验不够安全。考虑安全系数的《道路桥示方书》关于两轴应力验算式为

$$\left(\dfrac{\sigma_y}{\sigma_a}\right)^2 - \left(\dfrac{\sigma_x}{\sigma_a}\right)\left(\dfrac{\sigma_y}{\sigma_a}\right) + \left(\dfrac{\sigma_x}{\sigma_a}\right)^2 + \left(\dfrac{\tau}{\tau_a}\right)^2 \leq 1.2 \quad (9\text{-}37)$$

从 $\left(\dfrac{\sigma_x}{\sigma_a}\right)\left(\dfrac{\sigma_y}{\sigma_a}\right)$ 是负数项可知，σ_x 与 σ_y 同号时不需要重复验算（与单轴式相同），异号时需验算两轴合成的安全性。Mises 公式里，σ_x 与 σ_y 是拉应力时为正，压应力时为负，因此，由图 9-21 可知，中间支点的上缘应力是在横梁上缘受压的状态下提取横梁端部弯矩来验算，同时，横梁下缘受拉也与主梁下缘应力是异号。σ_a 在受拉时取容许抗拉强度，受压时取计算点主梁翼缘或者腹板的屈曲应力 σ_{cr}，可参照式（5-43）和表 6-3。

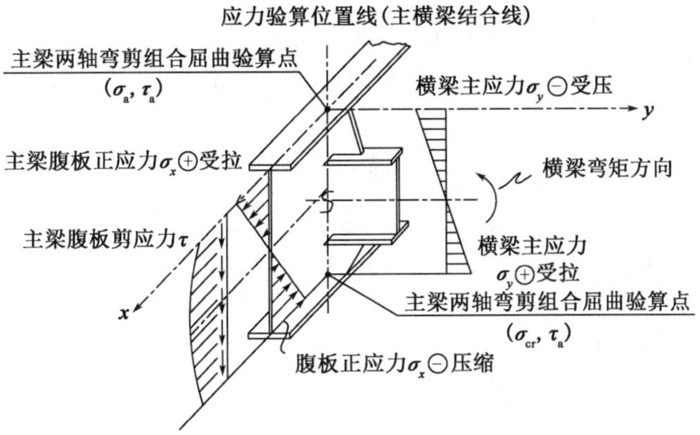

图 9-21　主、横梁结合处的应力合成

这时，要注意验算的是主梁的两轴应力，所以，要考虑主梁、横梁的结合情况，掌握要验算板的应力状态。图 9-21 所示的情况是主梁下缘受压，结合部的 $\sigma_a = \sigma_{cr}$；主梁下翼缘是自由伸出板状态，需要按一边自由三边简支来计算，$k = 0.425$。这时腹板是纯弯曲状态，取下翼缘附近的单元板验算其由长宽比决定的屈曲系数。而对于 τ_a 的计算则是考虑单元板受纯剪状态下的屈曲问题，同样，使用上面的公式（5-43），对应的纯剪屈曲系数也是由下翼缘附近的单元板长宽比决定的。

当验算简支梁跨中的主梁与横梁的两轴应力时（即图 9-21 上下颠倒时，也就是上面受压），当横梁与主梁在上翼缘处平接时，取主梁翼缘的自由伸出板模型计算，这时剪力很小，可以不计算 τ/τ_a 项。还有一个状态就是简支梁的端支点横梁处也处于两轴应力状态，这时弯曲项很小，实际等于验算对象转换为横梁。

由 5.7 节、5.8 节可知，四边简支的单元板屈曲系数 k（α 为长宽比）在不同状态时分别为

纯弯状态　　$\begin{cases} k = 23.9 & (\alpha \geqslant 2/3) \\ k = 15.87 + 1.87/\alpha^2 + 8.6\alpha^2 & (\alpha < 2/3) \end{cases}$ （9-38）

纯剪状态　　$\begin{cases} k = 5.34 + 4.00/\alpha^2 & (\alpha \geqslant 1) \\ k = 4.00 + 5.34/\alpha^2 & (\alpha < 1) \end{cases}$ （9-39）

主梁与横梁的连接一般采用连接板形式并且在工厂内焊接，在日本有两种焊接方法：全熔透焊接和半熔透（角）焊接。焊缝的组合应力计算不考虑两轴的合成，且采用不同的安全系数。

全熔透焊接
半熔透或者角焊接
$$\begin{cases} (\sigma/\sigma_a)^2 + (\tau/\tau_a)^2 \leq 1.2 \\ (\sigma/\sigma_a)^2 + (\tau/\tau_a)^2 \leq 1.0 \end{cases} \quad (9\text{-}40)$$

式(9-40)是针对横梁进行的,使用格子梁分析结果中横梁端部的 σ 和 τ,对于端横梁还要取车轮荷载下的内力进行比较。

横梁作为桥梁主构造,它与主梁的接头是疲劳强度等级较低的 T 接头,如图 9-22 所示。钢板梁桥的疲劳损伤多发生在横梁与主梁的 T 接头处,大仓教授分析其主要是由桥面板的转角和横梁端转角所致,如图 9-23 所示。而桥面板的转角来自于重车的车轮荷载,而横梁端的变形在格子刚度 $Z \leq 10$ 时,取决于横梁刚度和主梁间距(I_a/a^2);而当格子刚度 $Z > 10$ 时,主要受主梁刚度和桥梁跨径影响(I_g/l^3)。在疲劳方面,钢板梁腹板的面外变形也是一个重要课题。

分配横梁高度一般为主梁的 1/2 以上,格子刚度取 $Z = 10 \sim 15$,当连接支承桥面板时需要用车轮荷载验算,日本现行的连接板设计方式较多,中主梁与横梁的连接方法见表 9-3。开缝法要注意留余量给连接板,详情如图 9-24 所示。

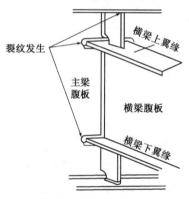

图 9-22 疲劳破坏发生点

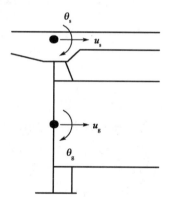

图 9-23 转角与水平变位的定义

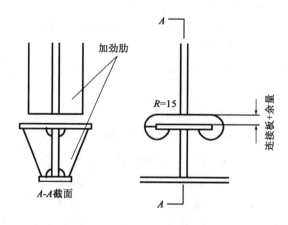

图 9-24 开缝法的构造(尺寸单位:mm)

表9-3 主梁与横梁的连接

连接构造	(a)连接板法	(b)悬臂梁法	(c)开缝法
优点	• 现场施工容易 • 主梁宽度小,运输容易	• 应力传递好 • 接头刚度大	• 现场施工容易
缺点	• 上下翼缘接头应力大 • 床板的模板施工难 • 需要注意连接板的焊接	• 螺栓太多 • 翼缘发生两轴应力 • 主梁宽度较大,运输不便	• 开缝加工费事 • 上下翼缘的接头应力大 • 主梁宽度较大,运输不便 • 床板的模板施工难

9.4 主梁的设计

9.4.1 主梁计算

本节重点讨论主梁设计理论的问题,这里只阐述主梁截面的计算和计算流程。在日本非组合钢板梁是主流,很多经验式也都是建立在竖向对称的I形梁基础之上;钢板梁的钢筋混凝土桥面板是不参加主梁抗弯计算的,像I形截面简支梁跨中的纯弯应力分布状态不会出现。在中国,目前以组合钢梁桥为主。

以图9-25的非对称应力状态来推导主梁截面。假设主梁以截面应力控制设计,截面控制设计的最大拉应力和压应力分别为σ_{tm}和σ_{cm},腹板高为h,腹板厚为t,受压翼缘面积为A_c,受拉翼缘面积为A_t,在理想设计状态下,截面中性轴距上、下缘距离为y_c,y_t,惯性矩I为

$$I = A_c y_c^2 + \frac{1}{3} y_c^3 t + \frac{1}{3} y_t^3 t + A_t y_t^2 \quad (9\text{-}41)$$

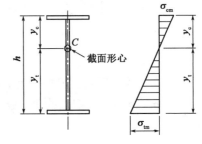

图9-25 钢板主梁截面

式中:$y_c = \dfrac{\sigma_{cm}}{\sigma_{cm} + \sigma_{tm}} h$,$y_t = \dfrac{\sigma_{tm}}{\sigma_{cm} + \sigma_{tm}} h$。

$$\delta = \frac{y_t - y_c}{2} = \frac{\sigma_{tm} - \sigma_{cm}}{\sigma_{cm} + \sigma_{tm}} \cdot \frac{h}{2} \quad (9\text{-}42)$$

$$A_t y_t + ht\delta - A_c y_c = 0 \quad (9\text{-}43)$$

如果截面设计弯矩为M,根据截面内力与外力平衡原理可以得到

$$A_c \sigma_{cm} y_c + \frac{\sigma_{cm}}{2} y_c \frac{2}{3} y_c + \frac{\sigma_{tm}}{2} y_t \frac{2}{3} y_t + A_t \sigma_{tm} y_t = M \tag{9-44}$$

因此,可近似求得翼缘板所需的面积为

$$A_c = \frac{M}{\sigma_{cm} h} - \frac{2\sigma_{cm} - \sigma_{tm}}{\sigma_{cm}} \cdot \frac{ht}{6}, A_t = \frac{M}{\sigma_{tm} h} - \frac{2\sigma_{tm} - \sigma_{cm}}{\sigma_{tm}} \cdot \frac{ht}{6} \tag{9-45}$$

主梁全截面面积计算公式为

$$A = A_c + A_t + ht \tag{9-46}$$

将式(9-45)代入式(9-46),可以得到钢梁截面面积 A 与腹板高 h 的函数关系:

$$A = \frac{M}{\sigma_{cm} h} - \frac{2\sigma_{cm} - \sigma_{tm}}{\sigma_{cm}} \cdot \frac{ht}{6} + \frac{M}{\sigma_{tm} h} - \frac{2\sigma_{tm} - \sigma_{cm}}{\sigma_{tm}} \cdot \frac{ht}{6} + ht \tag{9-47}$$

令 $dA/dh = 0$,就可求得最小截面面积对应的腹板高(称为经济腹板高度)h 值:

$$h = \sqrt[3]{\frac{3\left(\frac{h}{t}\right)}{\sigma_{tm} + \sigma_{cm}} M} \tag{9-48}$$

式中:h/t——腹板宽厚比的限制值,可以根据腹板加劲肋多少和腹板的抗剪能力确定。

翼缘板的设计也是主梁计算的重要内容,主要按自由伸出板作屈曲控制,《道路桥示方书》规定为板厚在 $b/16$ 以上,一般翼缘板宽最大取腹板高的 $1/3$,最小为 200mm 和腹板高的 $1/5$ 中的较大值。

当主梁腹板高度 h_w 和厚度 t_w 确定后,受拉和受压翼缘的最小截面面积 A_{tmin} 和 A_{cmin},可以由预设弯矩值 M 以及主梁的最大控制设计拉应力 σ_{tm} 和压应力 σ_{cm} 通过式(9-45)求得。

翼缘宽度 b_f 和厚度 t_f 的确定,必须综合考虑翼缘的局部稳定和主梁的弯扭屈曲,确保钢梁制作、运输、安装和运营等各种工作状态下不出现翼缘局部失稳和主梁的弯扭失稳。

根据板的稳定理论,受压板件欧拉应力为

$$\sigma_{xcr} = \frac{\chi k \pi^2 E}{12(1-\nu^2)} \left(\frac{t}{b}\right)^2 \tag{9-49}$$

式中:χ——约束系数,中国一般考虑板间弹性嵌固作用。

由 $\sigma_{xcr} \geq f_y$(f_y 为钢板的屈服强度)可以得到由稳定控制设计的宽厚比 b/t 为

$$\frac{b}{t} \leq \sqrt{\frac{\chi k \pi^2 E}{12(1-\nu^2) f_y}} \tag{9-50}$$

对于I形截面翼缘的局部稳定分析,可以近似假设翼缘为由腹板和横向加劲肋支承的三边简支一边自由的板件,当横向加劲肋间距远远大于翼缘宽度时,稳定系数近似为 $k = 0.425$;I形钢板梁桥约束系数 $\chi = 1.0 \sim 1.2$。假设 $f_y = 345\text{MPa}$(Q345),$\chi = 1.1$,$k = 0.425$,代入式(9-50)可以得到 $b/t \leq 16.0$;如果取稳定系数 k 为 1.7,则要求 $b/t \leq 12.3$。

以上是根据截面应力控制设计得到的最佳梁高。但是,实际上主梁还必须满足刚度的要求,即主梁的活载挠度 f 必须满足 $f \leq [f]$($[f]$ 为最大容许挠度)的要求。根据中国《公路钢结构桥梁设计规范》(JTG D64—2015),钢板梁桥要求活载挠度不得大于 $l/500$。

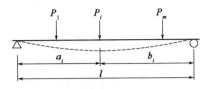

图 9-26 简支梁活载挠度

如图 9-26 所示,假设简支梁计算跨径为 l,截面抗弯惯矩为 EI,在集中荷载 P_i 作用下的截面 x 处的挠度 f_i 可以由下式求得:

$$\begin{cases} f_i = \dfrac{P_i a_i^2 b_i^2}{6EIl}\left(2\dfrac{x}{a_i} + \dfrac{x}{b_i} + \dfrac{x^3}{a_i^2 b_i}\right) & (0 \leq x \leq a) \\ f_i = \dfrac{P_i a_i^2 b_i^2}{6EIl}\left[\dfrac{l-x}{a_i} + 2\dfrac{l-x}{b_i} + \dfrac{(l-x)^3}{a_i b_i^2}\right] & (a < x \leq l) \end{cases} \quad (9\text{-}51)$$

将 $x = l/2$ 代入可得到跨中挠度。当简支梁上作用有 m 个 $P_i(i = 1, 2, \cdots, m)$ 时,跨中挠度 f 可由式(9-51)和叠加原理求得:$f = \sum_{i=1}^{m} f_i$。

由主梁(Q345 钢材)的跨径与挠度比的结果可知,汽车—超 20 荷载作用下,主梁挠度超过 $l/500$,主梁将由刚度控制设计。其他等级活载作用下,主梁间距大于 2.5m 时,主梁也由刚度控制设计。可见,采用强度较高的 Q345 钢材时,I 形截面钢板梁桥采用较大主梁间距($b \geq 3.0$m)较为经济合理。

9.4.2 主梁设计流程

在钢板梁桥的截面设计方面,日本和中国虽然所选材料的强度规格不同,但设计流程是一样的。图 9-27 是简支梁跨中截面采用 1 段纵向加劲肋时的计算流程,公式也是针对上下对称非组合梁得出的。

为了节省钢材,在梁段上改变截面是常规的设计方法,图 9-28 是变化截面位置的计算流程。由于加工难度和人工费的增加,这种截面变化一般不易多设。

对于主梁的整体计算,仍以简支梁为例,日本是按以下流程进行的:

①主梁高度的确定。$h = (0.9 \sim 1.1)\sqrt{\dfrac{M}{\sigma \cdot t_w}}$。

②纵向加劲肋数量的确定。腹板高 $h = 1 \sim 1.2$m 时,设置 0 段;$h = 1.2 \sim 2.0$m 时,设置 1 段;$h = 2.1 \sim 2.9$m 时,设置 2 段。一般设置 1 段纵向加劲肋时,腹板厚 9mm;设置 2 段纵向加劲肋时,腹板厚 9~11mm,日本市场上的腹板最小厚度为 9mm。

③腹板材质确定。SM400,SM490,SM490Y 这 3 个等级,一般由客户决定。腹板间原则上不用焊接接头。

④腹板厚度确定。根据材质用《道路桥示方书》里组合应力状态下计算出的最小腹板厚度。

⑤翼缘必要截面积计算。$A = M/(\sigma \cdot h) - t_w \cdot h/6$。

⑥翼缘宽度和厚度的计算。根据材质按《道路桥示方书》里受压自由伸出板的宽厚比规定确定 b,$t_f = A/b$,这里保证了 $R \leq 0.7$。然后再去验算受拉翼缘的应力 $\sigma = M/W \leq \sigma_{sa}$。

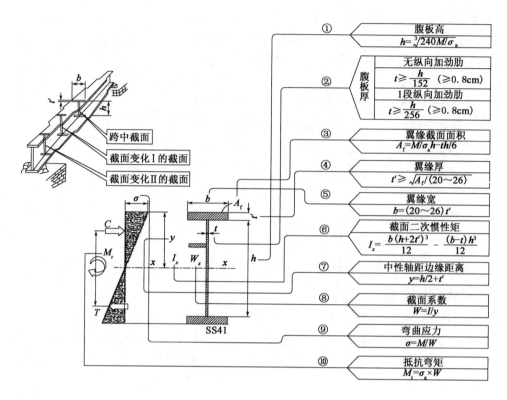

图 9-27 简支梁跨中截面位置的计算

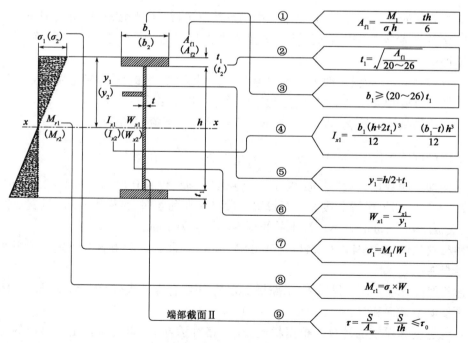

图 9-28 截面变化位置的计算

⑦全主梁的抗剪验算。这里用梁的最大剪力考虑只有腹板抵抗来验算剪应力,$\tau = Q/A_w \leq \tau_a$。

⑧跨中截面的组合应力验算。实际全梁要验算弯剪组合应力,使用弯剪二次相关式 $(\sigma/\sigma_a)^2 + (\tau/\tau_a)^2 \leq 1.2$。

⑨横向加劲肋间距的验算,一般把桁架式横梁区间4等分,而且 $a/b \leq 1.5$,用《道路桥示方书》里的对应式验算 τ 和 σ,取区间同截面的最大值,加劲肋的刚度按最佳刚度比:$\gamma = 8a/b^2$ 计算,则 $I = b t^3 \gamma/11$。

⑩纵向加劲肋的验算必要刚度也是 $I = b t^3 \gamma/11$,最佳刚度比按 $\gamma = 30a/b$ 计算。

作为经验总结,表9-4示出了等截面简支梁情况下的结果,是按跨中截面的计算结果统一的。换算为中国的钢种材料后,可以为非组合钢板梁的设计提供参考使用。

腹板高和纵向加劲肋对应的最小腹板厚的关系 表9-4

腹板高 (mm)	不同纵向加劲肋设置段数对应的最小腹板厚(mm)								
	SM400 SMA400W			SM490Y SM520 SMA490W			SM570 SMA570W		
	无	1段	2段	无	1段	2段	无	1段	2段
1000	9	—	—	9	—	—	10	9	—
1100	9	—	—	9	—	—	10	9	—
1200	9	—	—	10	9	—	11	—	—
1300	9	—	—	11	9	—	—	9	—
1400	10	9	—	—	9	—	—	9	—
1500	10	9	—	—	9	—	—	9	—
1600	11	9	—	—	9	—	—	9	—
1700	—	9	—	—	9	—	—	10	—
1800	—	9	—	—	9	—	—	10	—
1900	—	9	—	—	10	—	—	11	—
2000	—	9	—	—	10	—	—	11	—
2100	—	9	—	—	11	—	—	12	11
2200	—	9	—	—	11	—	—	12	11
2300	—	9	—	—	12	11	—	13	11
2400	—	10	—	—	12	11	—	13	11
2500	—	10	—	—	12	11	—	—	11
2600	—	11	—	—	13	11	—	—	11
2700	—	11	—	—	13	11	—	—	11
2800	—	11	—	—	—	11	—	—	11
2900	—	12	11	—	—	11	—	—	11
3000	—	12	11	—	—	11	—	—	11
3100	—	13	11	—	—	11	—	—	11

9.4.3 加劲肋的计算

钢板梁加劲肋的计算,也就是纵、横向加劲肋和支承加劲肋的计算。《道路桥示方书》规定的设计流程如图9-29所示,纵、横向加劲肋的计算公式这里不再重复,可参照7.5.9节腹板的计算。

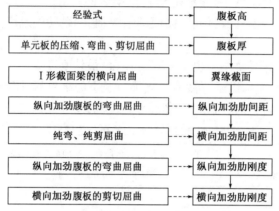

图 9-29 加劲肋设计流程

关于支承加劲肋的计算,按照7.5.7节的理论方法,可以把支点构造当成受压柱来作屈曲计算,其有效屈曲长取梁高的1/2。图9-30是支承加劲肋计算的流程和内容。

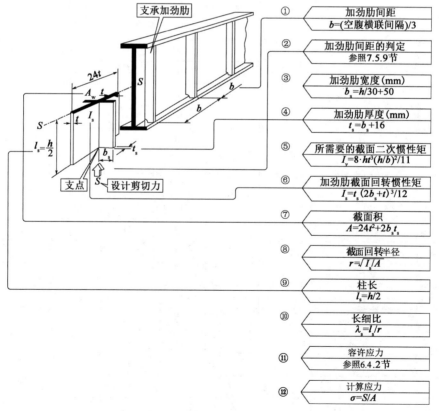

图 9-30 支承加劲肋计算流程

钢板梁的支承加劲肋在支座反力的作用下,腹板和加劲肋中竖向应力的实际大小和分布非常复杂。理论内容在 7.5.7 节里已经讲述了。严格地讲,用空间有限元方法才能求得较为满意的结果。为了简化计算,对于跨径不大的钢板梁桥,支承加劲肋可以近似简化为等效压杆。中国常规的压杆有效面积如图 9-31 所示,对由 2 块板或角钢组成的加劲肋,承压截面为加劲肋、支垫板的截面和由加劲肋中轴算起每侧不大于 15 倍板厚的腹板截面;对由 4 块板或角钢组成的加劲肋,承压截面为 4 块加劲肋、填板截面所包围的腹板面积(铆接梁仅为加劲角钢和填板)和不大于 30 倍板厚的腹板截面。压杆的压应力沿高度的分布近似为三角形分布(图 9-32),腹板最下缘处的最大有效截面平均压应力近似按下式计算:

$$\sigma_\mathrm{c} = \frac{2R_\mathrm{v}}{A_\mathrm{s} + B_\mathrm{ev} t_\mathrm{w}} \leqslant [\sigma_\mathrm{c}] \tag{9-52}$$

式中:$[\sigma_\mathrm{c}]$——轴心受压容许应力;

B_ev——腹板竖直方向应力有效计算宽度,如图 9-31 所示,按下式计算:

$$\begin{cases} B_\mathrm{ev} = b_\mathrm{s} + 30 t_\mathrm{w} & b_\mathrm{s} < 30 t_\mathrm{w} \\ B_\mathrm{ev} = 60 t_\mathrm{w} & b_\mathrm{s} \geqslant 30 t_\mathrm{w} \end{cases} \tag{9-53}$$

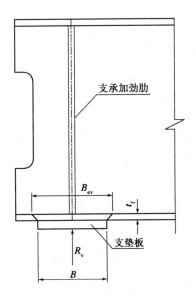

图 9-31 支承加劲肋局部承压面积

图 9-33 为典型的支承处及外力集中处加劲肋连接方法。通常,直接承受集中力的翼缘与加劲肋的连接应该采用全熔透焊,腹板以及间接承受集中力的翼缘与加劲肋的连接采用角焊缝。受拉翼缘与加劲肋的连接也可以采用磨光顶紧,但空气和水分不得进入接触面,以防止锈蚀。支承加劲肋由于集中荷载的作用,加劲肋与腹板角焊缝的焊脚高度可根据计算确定,一般为 6~9mm。

横向加劲肋和腹板焊接时,由于在腹板受拉区的贴角焊缝端部往往会引起疲劳破坏,所以,焊缝应该在加劲肋切口处绕转一圈,不得间断。

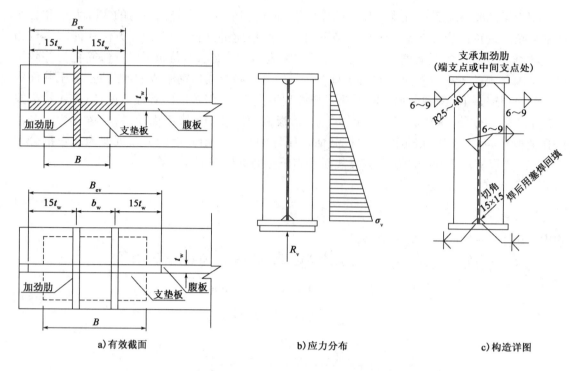

图 9-32 支承加劲肋有效计算面积、压应力分布和构造详细

考虑施工和桥梁疲劳裂纹的发生和发展,加劲肋的焊接与构造要求如下:

①与腹板对接焊缝平行的加劲肋,其与对接焊缝的距离应不小于 $10t_w$,或者不小于 100mm。

②与腹板对接焊缝相交的加劲肋,加劲肋及其焊缝应连续通过腹板焊缝。

③纵向加劲肋与横向加劲肋相交时,横向加劲肋宜连续通过。

④横向加劲肋与梁的翼缘焊接时,应将加劲肋切出不大于 5 倍腹板厚度的斜切角。

横向加劲肋除设置在主梁支承处及外力集中处外,还有一类是中间横向加劲肋,其主要作用是防止腹板剪切失稳,如图 9-33 所示。

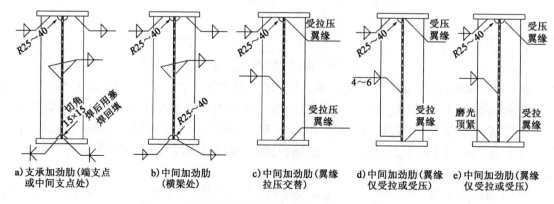

图 9-33 典型横向加劲肋的结构形式与连接(尺寸单位:mm)

为了防止腹板在弯曲压应力作用下的弯压失稳,可在设置横向加劲肋的同时设置纵向加劲肋。纵向加劲肋可与横向加劲肋设置在腹板的同一侧,也可设置在不同侧,如图9-34a)和图9-34b)所示。纵向加劲肋与横向加劲肋不在腹板的同一侧时,加劲肋可以做得较长,便于进行自动焊接;如果与横向加劲肋设置在同一侧时,应该在其前后各空出70mm左右的间隙,如图9-34c)所示。纵向加劲肋需与横向加劲肋连接时,可选择用角焊缝连接,且横向加劲肋应较纵向加劲肋宽出10mm以上,如图9-34d)所示。

纵向加劲肋与腹板宜用角焊缝连接,在与横向加劲肋交叉处宜留不小于30mm的间隙。但是当考虑纵向加劲肋与腹板共同承担轴向力时,纵向加劲肋应连续通过,承受压力时也可焊接于横向加劲肋。

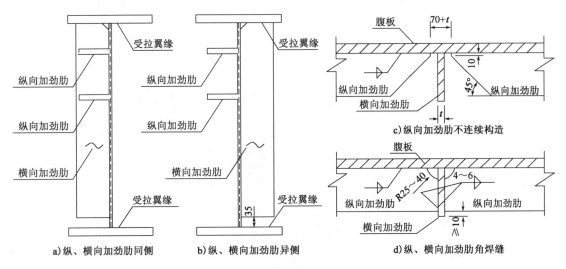

图9-34 纵向加劲肋的设置(尺寸单位:mm)

9.5 联结系的设计

主梁之间传递竖向荷载的联结系,叫横梁,在日本被定义为桥梁主体结构,也称分配横梁。主梁之间承担水平力且约束整桥横向变形的联结系有横联和纵平联,日本叫对倾构和横构,被定义为桥梁非主体结构的二次构件,计算上不参加桥梁整体受力分析,采用部分模型法设计。本节重点讲述水平力作用下联结系的设计,也介绍一下横梁的细部构造。

支承处实腹式横向联结系结构,称为端横梁,有加斜撑和不加斜撑两种结构形式。加斜撑结构形式检修较方便,截面尺寸也较小,但构造较为复杂,梁高较大时采用较多。不加斜撑结构形式构造较为简单,比较适合于梁高较小的情况。

图9-35所示为支承处桁架式横向联结系结构,称为端横联。由于端横联要与桥面板用结合键连接而承担轮载,所以作成逆V形式。

图9-36、图9-37为跨间横向联结系常用的结构形式。图9-36为跨间实腹式横向联结系结构,称为中横梁。横梁结构形式的刚度大,荷载分配效果好。图9-37为跨间桁架式横向联结系结构,称为中横联。桁架式横联结构形式可以减轻自重,但是荷载分配效果相对差一些。

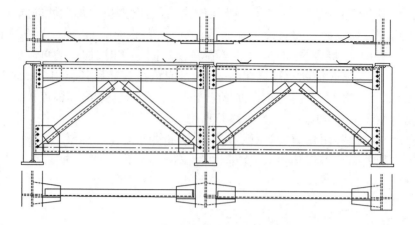

图 9-35　支承处桁架式横向联结系结构示例

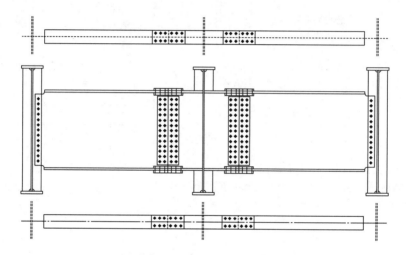

图 9-36　跨间实腹式横向联结系结构示例

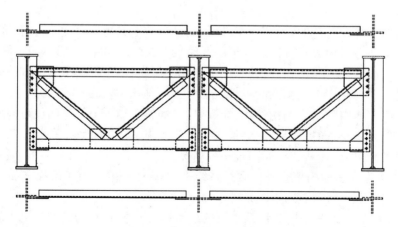

图 9-37　跨间桁架式横向联结系结构示例

当跨径较大、横向联结系数量较多时,一般仅用桁架式结构的横联也能满足荷载横向分配的要求。当横向联结系数量较少时,为了提高横向联结系的刚度,可以采用横梁结构,或者采用横梁与横联混合布置的结构形式。为了便于施工和养护,跨间横向联结系顶面一般比主梁低 100mm 以上。

9.5.1 横联的设计

端横联要与桥面板联结,计算上要用车轮荷载验算,所以,采用逆 V 形斜撑配置;而中间横联考虑施工方便,用 V 形配置,设计计算的顺序是:

①计算水平力;②计算构件内力;③假定截面;④计算长细比;⑤计算容许压应力;⑥验算应力。

横向联结系除了验算结构整体受力外,还应该验算水平荷载作用下的应力和稳定。对于支承处横联,杆件内力可以近似采用如图 9-38 所示的计算模型,杆件内力由表 9-5 求得。

横向联结系杆件内力表　　　　表 9-5

结构形式	V 形桁架	倒 V 形桁架	X 形桁架
上弦杆	$N_u = -P/2$	$N_u = -P$	$N_u = -P/2$
斜杆	$N_D = \pm(P/2)\sec\theta$	$N_D = \pm(P/2)\sec\theta$	$N_D = \pm(P/4)\sec\theta$
下弦杆	$N_u = \pm P$	$N_u = \pm P/2$	$N_u = \pm P/4$
竖向力	$V = (P/2)\cdot(h/b)$	$V = (P/2)\cdot(h/b)$	$V = (P/2)\cdot(h/b)$

注:P 为地震荷载、风荷载等水平荷载作用下,分摊到一根横联的力。

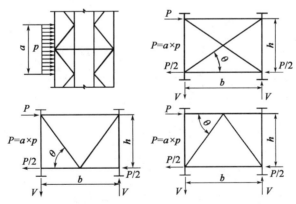

图 9-38　水平荷载作用下横联计算模式

横梁与主梁顶面同高时腹板的连接形式如图 9-39 所示。横梁有搭接于主梁横向加劲肋[图 9-39a)~e)]、对接于主梁横向加劲肋[图 9-39f)]、焊接于主梁横向加劲肋[图 9-39g)]和连续通过主梁[图 9-39h)]等多种结构形式。图 9-39a)和 b)结构仅传递剪力,其余结构形式可以传递弯矩。图 9-40 为横梁上翼缘与主梁的连接形式,a)为连接板焊接于主梁上翼缘;b)为连接板螺栓搭接于主梁上翼缘。

图 9-41 为主梁间有高差或上翼缘倾斜时横梁与主梁的连接形式。图 9-41 中,a)为采用楔形填板的连接形式;b)在连接处将横梁翼缘弯折;c)将主梁翼缘做成倾斜形式。图 9-42 为横梁与主梁顶面不同高时(如中间横梁)腹板的连接形式。图 9-42 中,a)只传递剪力;b)、c)

可以传递弯矩。图9-43为横联上弦与主梁的连接。a)为纵向加劲肋在节点板内的情况；b)为纵向加劲肋离开节点板60mm以上的情况；c)左侧为没有纵向加劲肋的情况；d)为主梁有高差的情况。

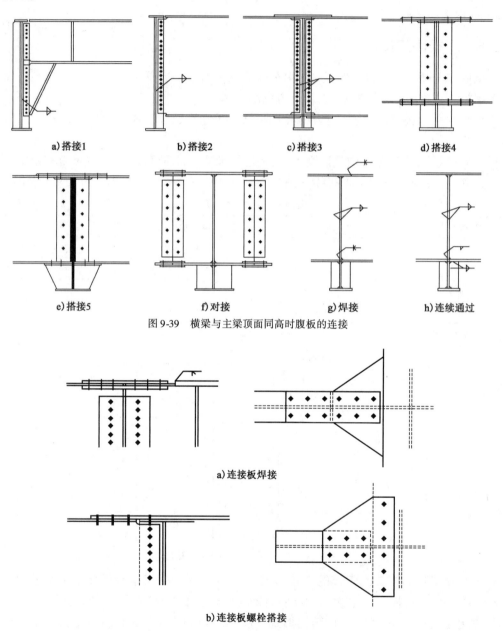

图9-39 横梁与主梁顶面同高时腹板的连接

图9-40 横梁与主梁上翼缘板的连接

图9-44为横联下弦与主梁的连接。图9-44中，a)为角钢有偏心的情况；b)为T型钢有偏心的情况；c)为T型钢无偏心的情况；d)为角钢无偏心的情况；e)为主梁有高差的情况。

图9-45为桁架式横联示意图，桁架式横联的连接板设计比较麻烦，其形状决定方法可参考下述规定。

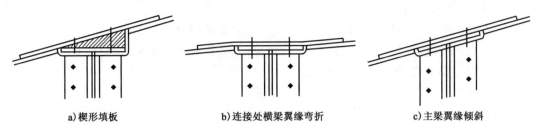

图 9-41 主梁间有高差或上翼倾斜横梁缘与主梁的连接

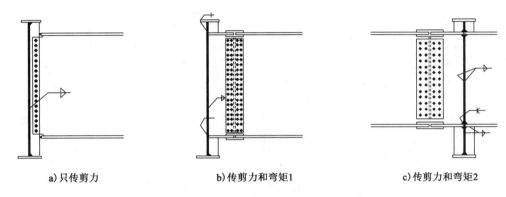

图 9-42 横梁与主梁顶面不同高时腹板的连接

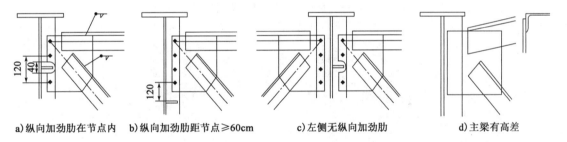

图 9-43 横联上弦与主梁的连接

(1) 下弦杆件端部

① 下弦杆件终点至少要延伸到距主梁横向加劲肋 20mm 的位置；
② 根据下弦杆件的必要焊接长度 l_1 确定连接板的横向宽度；
③ 考虑螺柱必要个数和纵向加劲肋位置确定连接板高度；
④ 连接板的高度最小也要高于下弦杆件的高度。

(2) 下弦杆件与斜杆的相交部位

① 斜杆至少要延伸到距下弦杆件的上端 25mm 的位置；
② 根据斜杆必要焊接长度 l_2 在轴线上 A 点确定连接板的板宽；
③ 在下弦杆件的宽度方向考虑焊接脚长的余量，在 A 点竖直向下确定连接板的高度；
④ 连接板以矩形为原则。

(3) 上弦杆件与斜杆的相交部位

① 上弦杆件终点至少要延伸到距主梁横向加劲肋 20mm 的位置；

②斜杆要延伸到距上弦杆件下端25mm的位置；
③根据斜杆的必要焊接长度 l_2 在轴线上的 B 点确定连接板宽度；
④这时上弦杆件连接板的焊接长度比上弦杆件必要焊接长度 l_3 短时，根据 l_3 再定 B 点；
⑤螺栓用必要个数、最小间距配置，确定连接板高 h_1；
⑥从点 B 向主梁腹板画水平线，确定连接板高 h_2；
⑦如果 $h_1 < h_2$，增加螺柱间距使 $h_1 \geq h_2$，连到 B 点。

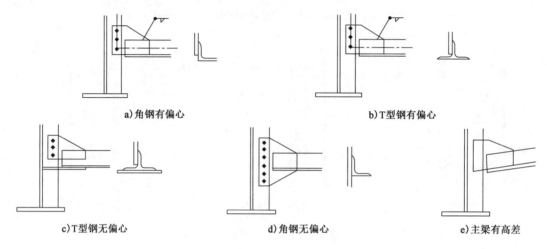

图 9-44 横联下弦杆件与主梁的连接

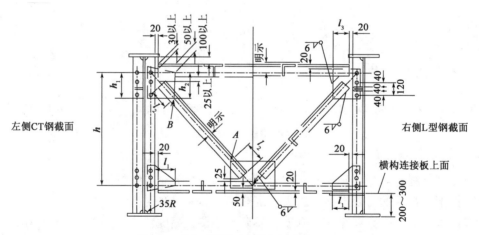

图 9-45 桁架式横梁示意图(尺寸单位:mm)

9.5.2 纵平联的设计

纵向联结系的作用主要是：
(1)将地震荷载、风荷载等水平力传递到支座；
(2)防止主梁下翼缘的侧向变形和横向振动；
(3)与主梁及横向联结系构成空间桁架抵抗水平荷载和扭矩；
(4)桥梁安装架设时主梁的定位。

纵向联结系为与桥面平行的主梁间的连接结构,当桥面板为平坡时,纵向联结系为水平面内的结构,故又将纵向联结系结构称为水平联系。纵向联结系有上平联和下平联,上平联设置于上翼缘附近的腹板上,下平联设置于下翼缘附近的腹板上。

在使用阶段,平联对桥面板可以提供很大的侧向刚度,除曲线梁桥和组合梁桥施工时的侧向稳定需要之外,上平联通常可以省略。当跨径小于25m,并且有强大的横向联系时,下平联也可以省略。

纵向联结系承受的荷载较小,通常采用角钢和T型钢等型钢制作,通过节点板与主梁连接。

纵向联结系的精确计算较为困难,工程设计中,通常可以近似地简化为由主梁翼缘和纵向联结系构成的桁架计算。对于图9-46所示的结构,桁架杆 ab 的内力为:

三角形纵联

$$N_{ab} = \pm \frac{\omega(l-a)\eta}{2}\sec\alpha \qquad (9\text{-}54)$$

X形纵联

$$N_{ab} = \pm \frac{\omega(l-a)\eta}{4}\sec\alpha \qquad (9\text{-}55)$$

式中:ω——单位长度的水平荷载;

η 和 α 如图9-46所示;

其他变量见图9-45。

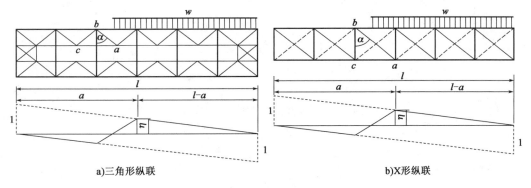

图9-46 纵向联结系的计算简图

1)纵向联结系与主梁的连接

纵向联结系与主梁间的连接,通常采用节点板的结构形式。节点板位于纵向联系平面,焊接于腹板。平联杆件通常是在工地拼装时与主梁连接,采用高强度螺栓连接于节点板。

图9-47为纵向联结系的连接构造示意图。图9-47中,a)显示出平联杆件与节点板在竖直平面内的相对关系,为便于安装,通常将平联设置于节点板的上侧。纵向联结系、横向联结系和腹板形心尽可能交于一点,不出现偏心。但是无偏心时有可能导致节点板尺寸过大,为了减小节点板的尺寸,有时不得不做成偏心的结构形式[图9-47c)]。

图9-48为纵向联结系(节点板)连接与主梁纵向加劲肋的关系。当节点板与纵向加劲肋在同一平面或很接近(100mm以下)时,通常将纵向加劲肋断开。节点板距纵向加劲肋较远(100mm以上)时,可以平行设置。图9-49为纵向联结系连接与主梁横向加劲肋的关系,通常主梁腹板横向加劲肋连续通过。

板的屈曲与钢板梁桥的设计

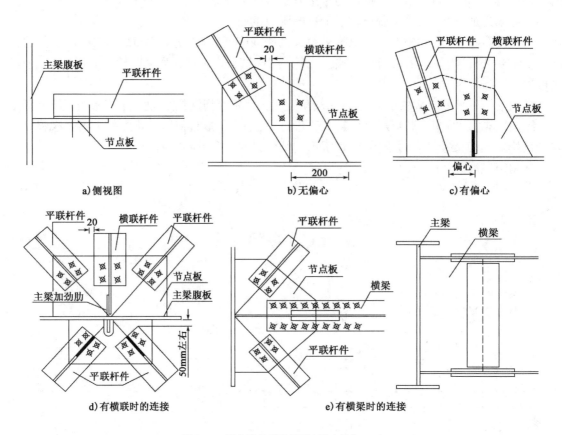

图 9-47 纵向联结系的连接(尺寸单位:mm)

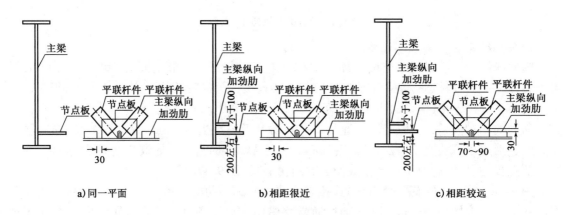

图 9-48 纵向联结系(节点板)连接与主梁纵向加劲肋的关系(尺寸单位:mm)

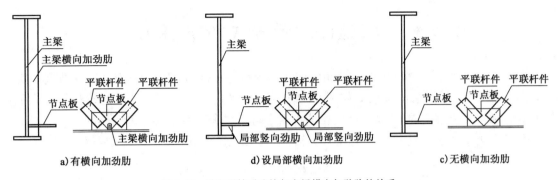

图 9-49 纵向联结系连接与主梁横向加劲肋的关系

2) 纵向联结系交叉处的连接

纵向联结系杆件相互交叉时,交叉处一般做成相互连接的结构形式。图 9-50a) 为角钢或 T 型钢的伸出肢位于同一侧,将其中一根杆件在连接处截断,借助拼接板将相互交叉的杆件连接在一起。图 9-50b) 为角钢或 T 型钢的伸出肢位于不同侧时,在杆件相互交叉处设置填板,使用螺栓连接在一起。

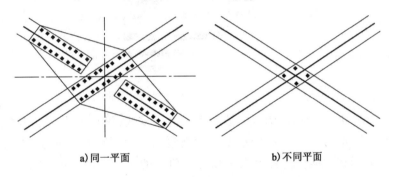

图 9-50 纵向联结系连接与主梁横向加劲肋的关系

与腹板焊接的节点板,其另一边焊接于加劲肋上,节点板切去一块,这样使节点板边缘的焊缝至加劲肋与腹板相连的焊缝保持一定的距离,如图 9-51 所示。斜杆端头的连接焊缝至节点板边缘的焊缝,也应保持一定的距离。为了减小应力集中,节点板还应做成圆弧形,并在焊接结束后用砂轮或风铲对焊缝表面进行加工,使表面平顺。

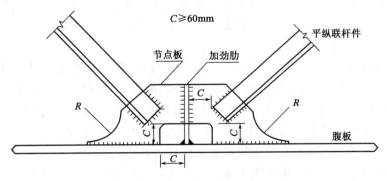

图 9-51 纵向联结系与主梁的连接

9.6 新《道路桥示方书》的应用心得

新《道路桥示方书》修改的重点是由容许应力设计法改为极限状态设计法,实际是分项系数法的极限状态设计,总的概念图如图 9-52 所示,是建立在概率论条件下的设计法。在屈曲验算中对强度限制值考虑了构件整体屈曲参量(γ)下的修正系数 ρ_{crg} 和板局部屈曲参量(R)下的修正系数 ρ_{crl},对发生耦合屈曲模式的构件,这两个修正系数要同时考虑。

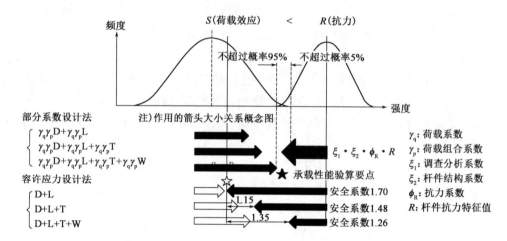

图 9-52 分项系数设计法与容许应力设计法的概念图

新《道路桥示方书》下的钢桥承载性能和耐久性很重要,设计上重点是承载性能方面的操作。下面针对新《道路桥示方书》应用在钢板梁极限状态设计上技术问题的总结。

承载性能 1 和承载性能 2 是针对永久和可变荷载的两个使用机能,而承载性能 3 是针对偶然荷载的极限安全机能。其中承载性能 2 实际是针对特定少数车辆下,也就是限定承载的主梁在非弹性容许的极限状态 2,限制什么、怎么限定比较模糊,所以,这次规范修编中没有具体规定。笔者认为高尔夫球场内的桥就可以假定极限状态 2 为极限状态来设计。

在材料强度上因为拉伸强度 σ_B 的离散性太大,如图 9-53 所示,所以,极限状态 1 和极限状态 3 都用钢材屈服点为基准值。对于压缩和受弯构件,包括焊接结合,因为大多数设计者还没太弄明白屈曲对承载性能的影响,这些深入的试验和研究还欠缺,所以,极限状态 1 和极限状态 3 的计算没有什么区分。由此可见,作为钢板构造的钢板梁桥屈曲设计的实用应用式急需开发和整备。

结合部的计算在焊接时没有什么变化,栓接的情况下要考虑设计极限状态的变化,如图 9-54 所示,随着力的增大,结合部的承重模式由摩擦转向受压的极限状态。新规范需要注意的是高强度螺栓连接时的计算,这时的极限状态 1 仍然是按以前的摩擦结合计算,新规范规定了受拉的母材可以把净面积提高 10%;而极限状态 3 是考虑摩擦失效后连接的极限状态,不计算摩擦而需要按承压螺栓验算螺栓抗剪和连接板孔边应力,这时母材不能提高净面积,结合部一般是极限状态 3 的开孔情况来控制设计。所以,新《道路桥示方书》的两个极限状态的计算只有抵抗方面的计算在栓接的结合部是明确地分出来了,验算项目见表 9-6。

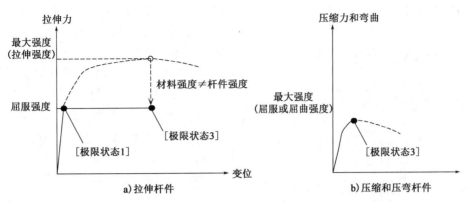

图 9-53 拉伸杆件与压缩和压弯杆件的极限状态

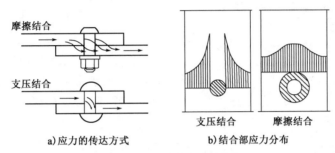

图 9-54 支压结合与摩擦结合

高强度螺栓摩擦结合的验算项目　　　　　　　　表 9-6

状　态	部　件	《道路桥示方书 II》	备　注
极限状态 1	高强度螺栓	9.6.2	摩擦容许应力
	母板、连接板	9.6.3	屈服容许应力
极限状态 3	高强度螺栓	9.9.2	剪切容许应力
	母板、连接板	9.9.3	屈服容许应力、剪切容许应力

另外，主梁连接中时受拉翼缘栓接时，现有自动设计程序可以对应实现腹板抗弯连接的验算；翼缘焊接情况下的钢板梁的计算公式还没出来，因此，现有自动设计程序不能对应实现相关计算。

因为钢板梁比较特殊，新《道路桥示方书》没有把钢板梁的腹板列为一般受压板，所以，在加劲计算上定义不出来是极限状态 1 还是极限状态 3。为此，横向加劲肋的间距、刚度和板厚、纵向加劲肋的应力和钢种的验算都是取用极限状态 1 和极限状态 3 的最大荷载组合系数、最大荷载系数下的反力和截面力来验算，设计中两种极限状态都要计算，方可评判哪种方法更为合理。

这里再强调一下支点加劲肋的计算，其设计流程见图 9-55。最近的设计增加了大地震时的水平力验算，在支点加劲柱的计算中，先要计算出有效柱的整体屈曲（λ）的限制值修正系数 ρ_{crg}，然后还要通过单侧加劲板的局部屈曲（R）来计算限制值修正系数 ρ_{crl}，最后算出压缩应力限制值。

支点加劲柱的模型如图 9-56 所示，验算时采用极限状态 3，计算时有效屈曲长取一半的梁高，而考虑剪应力的逆三角形分布，在计算加劲肋与腹板的焊接时取 $2Q$ 的反力验算焊缝。

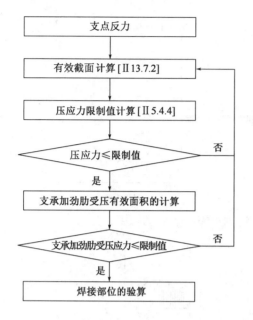

图 9-55 支承加劲肋设计流程

计算地震水平力下的抗弯时,按图 9-57 的模型验算加劲肋的压弯组合和剪切应力,剪力验算时只考虑 2 块加劲肋的水平抵抗,地震水平力取 L_2 时的支承水平反力。加劲肋的压应力验算是针对由支承反力对下翼缘上面与加劲肋下端产生的支压局部应力的验算,应该取下翼缘的强度限制值。

在对钢板梁腹板弯剪组合的验算中,只是将安全系数对应恒载和活载的变化($1.05D + 1.25L$)修正了公式,将原来的 $\nu_B = 1.25 + (0.30 + 0.15\psi) \times e^{-4.3\eta} \geq 1.25$,改为 $\nu_B = 1.00 + 0.8(0.30 + 0.15\psi) \times e^{-4.3\eta} \geq 1.00$。其原则是纯压时安全系数由 1.7 改为 1.36,纯弯时 1.5 改为 1.12,纯剪时 1.25 改为 1.00。

新《道路桥示方书》中重点提出的相反应力构件,指恒载与活载下发生反符号的应力情况,考虑超载时的安全性,规定荷载 $1.0D + 1.3L$ 对应着容许应力 $0.75\sigma_y$ 来验算母材,连接部不这样计算。

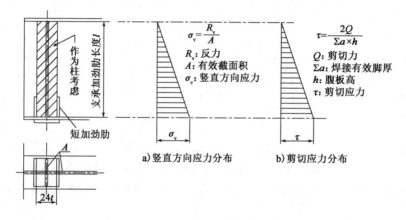

图 9-56 支承加劲肋的应力分布图

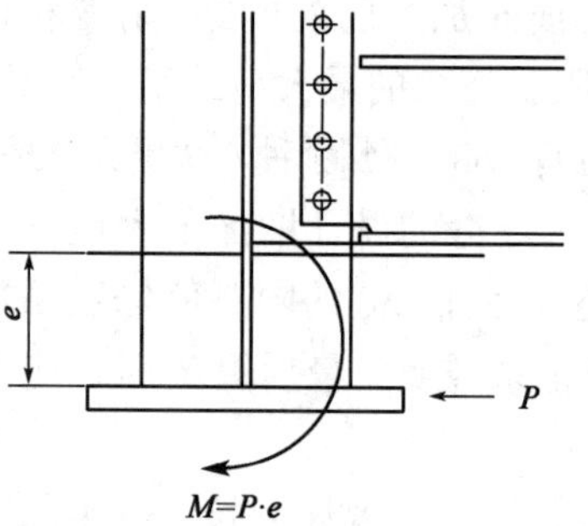

横向计算的水平力靠桥面板和横联承担,需要验算 L_2 地震力;而对横向力的分配比例,桥建协的组合梁计算示例还存有疑义。

这次改定全面导入了高材质钢材,针对 SM570 和 SBHS 材新增了 S14T 高强度螺栓,屈服强度为 1260MPa。

通过几例非组合和组合梁的试算,相对以往的容许应力法主梁翼缘母材有 10% 余量,连接部没什么变化,腹板也有一定余量,支承加劲肋有 5% 的余量。这里的余量主要是限制值的增加而产生的。

图 9-57 附加弯矩

第 10 章 钢板梁桥的疲劳分析

10.1 $\sigma\text{-}N$ 疲劳曲线

前面讲过了钢材的脆性破坏来自材料内部的裂纹,而疲劳破坏也是这样,是由裂纹的萌生,裂纹的缓慢扩展和最后迅速断裂这 3 个阶段组成。疲劳与荷载的作用次数密切相关,钢材的疲劳是指在循环荷载反复作用下发生损伤或者断裂的现象。钢材在 $N \geqslant 10^5 \sim 10^8$ 的高频率次数下发生的结晶体滑动,也就是弹性应力范围内的应力失效,叫应力疲劳;而在 $N < 10^3 \sim 10^4$ 的低频率次数下发生结晶体的滑移后转位,实际是弹塑性范围内的应变疲劳,也叫低频率塑性应变疲劳问题,比如地震作用下的弹塑性变形会在很少次数的反复作用下使材料失效。本章主要研究弹性范围内的应力疲劳。

疲劳中的循环应力和循环次数的关系用 $\sigma\text{-}N$ 曲线来表示,如图 10-1a)所示,其中应力振幅 σ_a 为 $\sigma_a = \dfrac{\sigma_{\max} - \sigma_{\min}}{2}$,平均应力 $\sigma_m = \dfrac{\sigma_{\max} + \sigma_{\min}}{2}$,最小最大应力比是 $R = \dfrac{\sigma_{\min}}{\sigma_{\max}}$。材料在非对称循环时更易出现疲劳破坏。图 10-1b)表示 $\sigma\text{-}N$ 曲线,纵轴表示应力,横轴表示循环次数,均采用对数刻度,其中的 8 个点是试验片的结果;图 10-1c)表示的是疲劳极限与材料强度的关系。疲劳多针对钢材的拉伸应力而言;图 10-1d)表示 $\sigma\text{-}N$ 曲线的 2 种表示法,σ_m 不变叫常量振幅表示法,R 不变的叫变动荷载表示法。平均应力 σ_m 也就是常幅应力,主要是表示应力幅 σ_a,用在应力集中程度比较高的焊接结构上。而应力比 R 表示最大应力 $\sigma_{\max}$,用在非焊接的机械构件上。

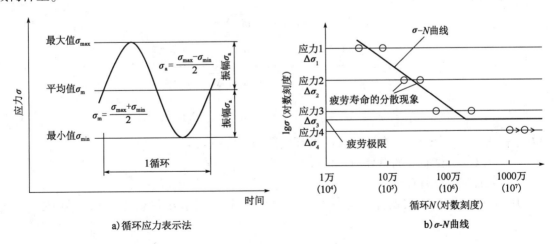

图 10-1

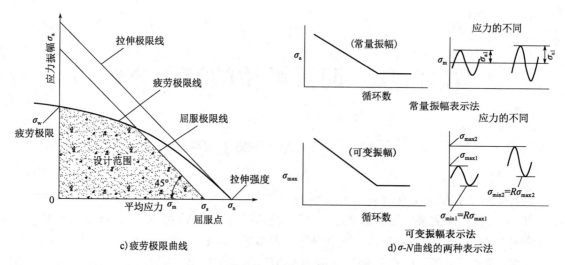

图 10-1 设计 $\sigma\text{-}N$ 曲线

钢桥设计的 $\sigma\text{-}N$ 曲线是反映外加应力水平和钢梁疲劳寿命的关系。疲劳寿命即构件疲劳裂缝的扩展和传播导致梁体挠度过大,或丧失承载机能时的应力循环次数。本章的疲劳分析主要针对构件的焊接部位进行讨论。

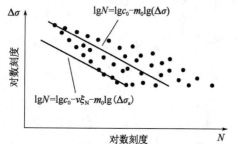

图 10-2 疲劳试验的结果与设计 $\sigma\text{-}N$ 曲线

疲劳试验的结果如图 10-2 所示,一个黑点表示一根主梁的疲劳寿命 N 与对应应力幅 $\Delta\sigma$,纵横轴都采用对数刻度,ξ_N 为统计偏差 N 与 $\Delta\sigma$ 的负斜率关系(总体数据形式)。回归的关系式结合 Miner 规则可表示为

$$\lg N = \lg c - m\lg(\Delta\sigma) \tag{10-1}$$

$\lg(\Delta\sigma)$ 作为独立变量,$\lg N$ 是从属变量,图 10-2 的结果应用于最小二乘法的回归方式,c 与 m 的值分别用下式计算:

$$\lg c_0 = \overline{\lg N} + m_0\overline{\lg(\Delta\sigma)} \tag{10-2}$$

$$m_0 = \frac{\sum_{i=1}^{k}[\lg(\Delta\sigma_i) - \overline{\lg(\Delta\sigma)}](\lg N_i - \overline{\lg N})}{\sum_{i=1}^{k}[\lg(\Delta\sigma_i) - \overline{\lg(\Delta\sigma)}]^2} \tag{10-3}$$

$$\overline{\lg(\Delta\sigma)} = \frac{1}{k}\sum_{i=1}^{k}\lg(\Delta\sigma),\ \overline{\lg N} = \frac{1}{k}\sum_{i=1}^{k}\lg N_i \tag{10-4}$$

式中:$N_i,\Delta\sigma_i$——分别是一个试验梁的循环次数和应力;

k——试验梁的总片数;

c,m——材料常数。

从图 10-2 中可知,根据含 c_0 与 m_0 的 $\sigma\text{-}N$ 曲线公式,可计算出任意 $\Delta\sigma$ 下的平均疲劳寿命 N,即:

$$\lg N = \lg c_0 - m_0\lg(\Delta\sigma) \tag{10-5}$$

任意 $\lg(\Delta\sigma)$ 下的 $\lg N$ 的标准偏差 σ_N 用下式推算:

$$\sigma_N = \left\{ \frac{1}{k-2} \sum_{i=1}^{k} [\lg N_i - \lg c_0 + m_0 \lg(\Delta \sigma_1)]^2 \right\}^{\frac{1}{2}} \tag{10-6}$$

一般将式(10-6)的标准偏差 σ_N 移动 ν 倍(图10-2)作为设计 σ-N 曲线使用,即

$$\lg N = \lg c_0 - \nu \cdot \sigma_N - m_0 \lg(\Delta \sigma_a) \tag{10-7}$$

一般 $\nu = 2$,ξ 为标准偏差,式(10-7)除去对数符号后可得:

$$(\Delta \sigma_a)^{m_0} N = C_a; 容许疲劳抵抗 C_a = \frac{c_0}{10^{\nu \xi N}} \tag{10-8}$$

若严格按上述方法来确定 σ-N 曲线,则不同的构造 σ-N 曲线不同。从设计实务的角度来说,种类繁杂的 σ-N 设计曲线使用起来不是很方便,最后决定采用几种典型 σ-N 设计曲线代表构造细节,形成了疲劳强度等级的概念。

从疲劳角度上看,钢桥结构的弱点不是在于母材,而是在于引起应力集中的结构连接部位的刚度变化。焊接部的疲劳强度受以下几方面影响:接头或者焊接熔池部分的形状导致的应力集中,焊接残余应力和焊接缺陷以及厚板效应。图10-3是钢板梁焊接接头的例子。

焊接接头根据构件的焊口处应力情况以及焊接方法等基本分为板接头焊缝、纵方向焊缝、横方向焊缝和加劲肋焊缝4种。焊接接头通过细分应力作用方向与焊缝方向、坡口焊或角焊、侧焊的加劲肋、肋板的端部处理等不同构造细节,来决定其疲劳等级。

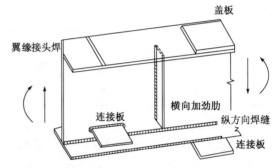

图10-3 钢板梁焊接接头

日本的疲劳设计规范里也给出了只进行疲劳截止限的简易验算法,满足后就不用再进行详细的疲劳计算了,后面将介绍这个方法。基本上中国也是采用这个方法。

钢桥的疲劳验算已经成为详细设计内容的定型作业,原则采用车轮荷载作用为代表荷载,同时用荷载系数和冲击进行修正,用最大荷载在顺桥向顺次移动荷载,计算出焊接接头的应力幅(最大和最小)。根据规定的①接头强度等级分类;②接头的200万次疲劳强度;③接头的疲劳设计曲线来进行比较。第一步先进行截止限的简易验算,不满足的情况下再进行详细的验算;第二步是等效应力幅的疲劳验算,或者累积疲劳损伤比的检验。日本钢桥自动设计程序内有附加的疲劳计算功能,这里预先规定的杆件单元中间的截面力是用线性比例修正计算的,主材接头位置当然有轮载计算。做旧桥的疲劳验算时就需要用程序来复原结构条件,此时应着重接头疲劳验算来设置节点,从而减少比例计算的截面力误差。大型车的车轮荷载位置可认为在每个车道线的正中间,每个车道线分别疲劳验算,不考虑同时加载。疲劳是由大型车反复几万次作用造成的,因此只考虑通常的作用位置,大型车当然偶尔也会开到钢桥最外车道去,但这个对疲劳的影响可以忽略。一般的桥面板应力计算是考虑多线加载的,这就是疲劳计算和一般的桥面系计算的区别所在。疲劳验算时对不产生正负交替影响线的杆件,按基线长采用桥轴向同时加载系数,另外有活荷载修正系数在 2~3 之间。横河桥梁公司开发的商用软件 APOLLO 有单体疲劳计算功能,内含钢梁接头的疲劳等级。该软件钢桥的疲劳验算完全是自动进行的,同样对梁桥、桁架桥、拱桥的疲劳验算也可对应进行。

机械或者构造物在运转中受荷载与环境的组合作用,其发生损伤可按表10-1分类考虑,而钢板梁的损伤一般是在领域A,也就是将疲劳破坏作为最终破坏形式。疲劳强度设计的方法有4种:

(1)疲劳限度设计(耐久限度设计);
(2)疲劳寿命设计;
(3)疲劳裂纹进展寿命设计;
(4)损伤容许设计。

机械、构造物的荷载因子、环境因子与损伤的分类　　　　表10-1

分类		环境因子	
		有	无
荷载因子	有	领域C:[环境破坏] ● 应力腐蚀裂纹 ● 腐蚀疲劳	领域A:[破损] ● 静力破坏 ● 冲击破坏 ● 疲劳破坏
	无	领域B:[腐蚀] ● 全体腐蚀 ● 狭缝腐蚀 ● 点腐蚀	—

土木建筑中疲劳强度设计的一般方法是第2种疲劳寿命设计。

图10-4是小野式回转弯曲疲劳试验机的结果。由图10-4可以看出,钢铁材料在10^7次以上的循环时如果不发生疲劳破坏就停止试验,也叫荷载截止限。图10-4采用的是200万次,同时发现数据的分散性也很强。

图10-5是考虑破坏概率50%的P-σ-N曲线图,是使用最小二乘法作成的,同一应力幅下疲劳寿命是存在一定规律的分布性。图10-5中,$P=1\%$是指100个试验片的疲劳试验有1个试验片发生了疲劳破坏;$P=50\%$是指疲劳寿命平均值也就成为σ-N曲线的中心。P超过50%时达到疲劳寿命概率在减小而发生疲劳破坏的总件数在增加。

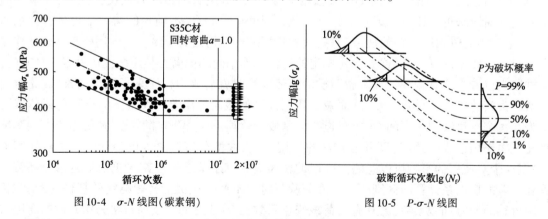

图10-4　σ-N线图(碳素钢)　　　　图10-5　P-σ-N线图

裂纹有发生、进展和破坏3个阶段,σ-N曲线图的表示法是"应力每循环1次发生σ_a相当的疲劳损伤,而这种循环次数的线性累积达到K时即为疲劳寿命N",公式是$\sigma_a N = K$,其中K

是应力扩大系数,ΔK 是应力每 1 次循环的疲劳裂纹进展长,$\Delta K = F(\xi)\Delta\sigma\sqrt{\pi a}$,有限板 ξ = 裂纹长/板宽。

图 10-6 是疲劳裂纹开展先端的应力扩大系数范围 ΔK 和进展速度 da/dn 的关系。根据 Paris 的研究可知 $da/dn = C(\Delta K)^m$,C 和 m 常数,一般事先在金属材料性能数据库里查找采用。

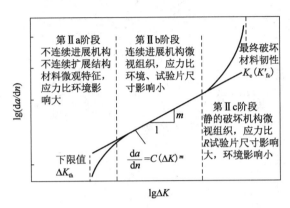

图 10-6 疲劳裂纹扩展行为的说明

10.2 焊接接头的疲劳强度

10.2.1 日本的设计 σ-N 曲线

设计 σ-N 曲线是疲劳强度等级,也就是提供容许应力幅的基准图。日本的设计 σ-N 曲线是疲劳设计指针规定的,如图 10-7 所示,在给定应力范围内,正应力的设计 σ-N 曲线是 $A \sim H$ 曲线[图 10-7a)中的 8 条],剪应力的是图 10-7b)中的 S 曲线。设计 τ-N 曲线的斜率,对正应力是 $-1/3$,剪应力是 $-1/5$,各曲线的公式是:

$$\begin{array}{l}\text{正应力} \\ \text{剪应力}\end{array}\begin{cases}(\Delta\sigma_a)^3 N = C_a \\ (\Delta\tau_a)^5 N = C_a\end{cases} \tag{10-9}$$

式中:$\Delta\sigma_a$——正应力的容许应力幅;
$\Delta\tau_a$——剪应力的容许应力幅;
C_a——容许疲劳抵抗(时间强度)。

图 10-7 的设计 τ-N 曲线有 2 根水平线,上方的水平实线是常幅疲劳极限;下方的水平虚线是变动荷载的疲劳极限。

200 万次循环荷载的容许应力幅 $\Delta\sigma_{a200}$ 和 $\Delta\tau_{a200}$,荷载常幅疲劳极限 $\Delta\sigma_{caf}$ 和 $\Delta\tau_{caf}$,变动荷载状态时的疲劳极限是 $\Delta\sigma_{vaf}$ 和 $\Delta\tau_{vaf}$。容许疲劳抵抗(时间强度)C_a 的计算公式为

$$\begin{array}{l}\text{正应力} \\ \text{剪应力}\end{array}\begin{cases}C_a = 2\times 10^6(\Delta\sigma_{a200})^3 \\ C_a = 2\times 10^6(\Delta\tau_{a200})^5\end{cases} \tag{10-10}$$

> 板的屈曲与钢板梁桥的设计

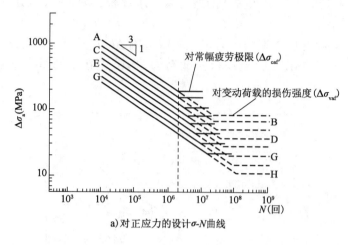

a) 对正应力的设计 σ-N 曲线

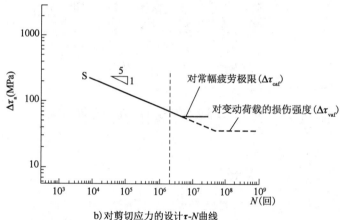

b) 对剪切应力的设计 τ-N 曲线

图 10-7 《疲劳设计指南》规定的设计 σ/τ-N 曲线

图 10-7 各设计 σ-N 曲线的计算值如表 10-2 所示,称为设计 σ-N 曲线的特性值。正应力发生的接头以坡口焊为主[表 10-2a)],而剪应力接头以角焊接为主[表 10-2b)],分别是在 2×10^6 次应力循环试验下统计的回归基本疲劳强度($\Delta\sigma_f$,$\Delta\tau_f$)。常振幅应力的应力幅的截止限,在变动振幅应力幅全成分以下的情况下,不需要疲劳验算,变幅应力的应力幅成分有一个超过常幅应力的应力幅截止限时,作为不影响疲劳损伤的界限值,当作变动振幅应力的应力幅的截止限使用。

设计 σ-N 曲线的特性值　　　　　　表 10-2

(a) 对正应力的设计 σ-N 曲线的特性值

记号	$\Delta\sigma_{a200}$(MPa)	C_a[(MPa)^3]	$\Delta\sigma_{caf}$(MPa)	$\Delta\sigma_{vaf}$(MPa)
A	190	1.37×10^{13}	190	88
B	155	7.45×10^{12}	155	72
C	125	3.91×10^{12}	115	53
D	100	2.0×10^{12}	84	39

322

续上表

(a) 对正应力的设计 σ-N 曲线的特性值

记号	$\Delta\sigma_{a200}$(MPa)	C_a[(MPa)^3]	$\Delta\sigma_{caf}$(MPa)	$\Delta\sigma_{vaf}$(MPa)
E	80	1.02×10^{12}	62	29
F	65	5.49×10^{11}	46	21
G	50	2.5×10^{11}	32	15
H	40	1.28×10^{11}	23	11

(b) 对剪应力的设计 τ-N 曲线的特性值

记号	$\Delta\tau_{a200}$(MPa)	C_a[(MPa)^5]	$\Delta\tau_{caf}$(MPa)	$\Delta\tau_{vaf}$(MPa)
S	80	6.55×10^{15}	67	42

10.2.2 焊接接头的疲劳强度

常幅应力的应力幅截止限是通过常幅应力试验所求得的疲劳极限,根据试验发现,疲劳强度等级低的接头反而疲劳极限的发生寿命长,疲劳设计曲线反映了这一点;变幅应力下,随着疲劳裂纹的进展,在疲劳极限以下很小的应力幅也对疲劳损伤有影响,也就是很敏感,所以在变幅应力下设定了这个应力幅的截止限。

对平板和型钢等机械紧固接头采用表面粗糙度和接头形式分为 A、B、C,而高强度螺栓摩擦结合($n\geqslant16$ 根)为最低的 D 级接头,这里重点学习焊接接头的等级划分。

焊接接头的疲劳主要是来自焊接缺陷的几何学不连续性引起的应力集中,如图 10-8 中圈内圈出的是疲劳裂纹易发生的应力集中区域,而应力集中和初期裂纹的疲劳强度等级不受材料屈服应力的影响,也就是与材料强度无关。对于应力方向的直角板对接焊,打磨平齐后为 B 级;焊终端打磨平齐为 C 级;非处理为 D 级。对接板焊都是开坡口,而使用垫板的单面坡口焊为 F 级。中国的板对接焊疲劳等级分类考虑了厚板效应;非焊接连接的板和型钢没有考虑表面粗糙度。

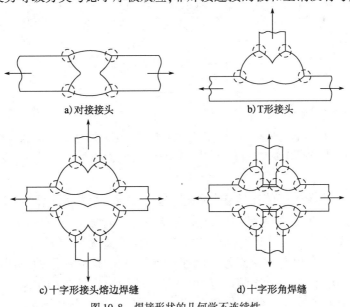

图 10-8 焊接形状的几何学不连续性

图10-9为腹板与翼缘的纵向侧对焊接,与应力作用方向平行的对接构造疲劳强度等级定为C级。

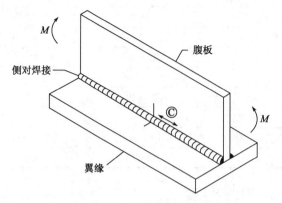

图10-9 腹板与翼缘坡口焊的疲劳等级

图10-10是腹板与翼缘的角焊接,焊缝与应力方向平行的定义为D级。而横向加劲肋或腹板与翼缘的连接是角焊接,也就是应力方向与焊缝垂直的属于疲劳等级较低的E级。角焊缝的剪应力传递方式的疲劳等级有降低。

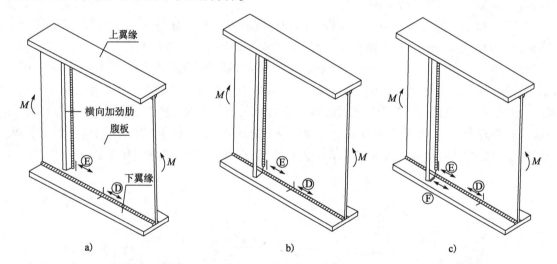

图10-10 腹板横向加劲肋腹板与下翼缘焊缝的疲劳强度等级和横向加劲肋端部的疲劳示意图

纵向加劲肋与腹板的连接是以角焊接为主,如图10-11所示,纵向加劲肋的端部,焊缝与应力作用方向垂直,这里采用疲劳等级G级;而端部以内的焊缝与应力作用方向平行,采用疲劳等级D级。

图10-12表示的是角焊接的连接板,对于连接板情况,其端部的焊缝,也就是与应力垂直的焊缝,根据板长度、疲劳强度等级不同而变化,$l \leq 100$mm是F级,$l > 100$mm为G级。端部之间部分,应力与焊缝平行的情况下,与长度无关,取D级的疲劳强度等级。

图10-13是横梁的翼缘与主梁腹板的侧面对焊的情况,这时横梁的翼缘应力与焊缝垂直,取的是疲劳等级D级;而横梁翼缘的端部,也就是小段的垂直部分的包角焊,主梁腹板的应力与焊缝垂直,这里取的是低等级的G级疲劳等级。这是因为当与荷载的作用方向平行的附加

板在使用角焊缝焊接时,从接头整体构造形式上看,角焊缝是传递剪力,那么在比较大的应力状态下,在附加板的板厚位置处的主板会出现 8.3 节的由于屈曲有效宽度问题引起的应力集中现象(图 10-14);如果附加板有可能作用弯矩时,又会因主板的剪力滞引起的弯曲有效宽度问题出现应力集中现象。

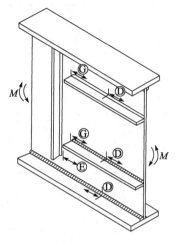

图 10-11　纵向加劲肋端部的疲劳强度等级

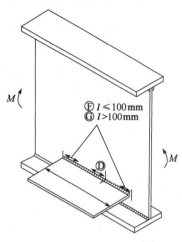

图 10-12　连接板角焊缝的疲劳强度等级

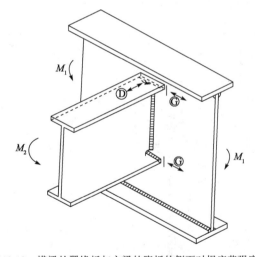

图 10-13　横梁的翼缘板与主梁的腹板的侧面对焊疲劳强度等级

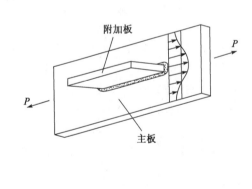

图 10-14　有附加板的主板的应力分布

以上日本的《钢道路桥疲劳强度设计指南》是使用有代表性的 9 种接头形式进行分级的,通常的设计计算求出的平均应力幅,作为基准焊接接头的正应力取 8 根、剪应力取 1 根作为设计线使用。日本的疲劳指南主要是采用了铁道桥的相关内容,另外加上本州四国联络桥公团的大型疲劳试验的成果集合而成的。而《道路桥示方书》在疲劳强度设计上主要采用了日本钢构造协会 JSSC《钢构造物的疲劳设计指南》的相关内容。重要的设计疲劳曲线分 A~I 的强度等级,接头基本疲劳强度值以 2×10^6 次为基础,强度等级范围为 190~32MPa,中间 8 等分设定各接头的强度等级,每个等级的差在 20%~25% 之间。图 10-7 中的 $\sigma\text{-}N$ 曲线为下列公式曲线构成($C_0 = 2\times10^6 \cdot \Delta\sigma_f^m$, $D_0 = 2\times10^6 \cdot \Delta\tau_f^m$),$\sigma\text{-}N$ 曲线的特性值见表 10-2。

$$\begin{cases} \Delta\sigma^m \cdot N = C_0(\Delta\sigma \geqslant \Delta\sigma_{ce}, \Delta\sigma_{ve}) & N = \infty(\Delta\sigma \leqslant \Delta\sigma_{ce}, \Delta\sigma_{ve}) \\ \Delta\tau^m \cdot N = D_0(\Delta\tau \geqslant \Delta\tau_{ce}, \Delta\tau_{ve}) & N = \infty(\Delta\tau \leqslant \Delta\tau_{ce}, \Delta\tau_{ve}) \end{cases} \quad (10\text{-}11)$$

钢板接头常用的详细等级分类见表10-3、表10-4。

纵方向焊接接头　　　　　　　　　表10-3

接头种类		强度等级 ($\Delta\sigma_f$)	备　注
1. 完全坡口接头	(1)磨光处理	D(100)	
	(2)非磨光处理	D(100)	
2. 半坡口接头		D(100)	
3. 角焊接		D(100)	
4. 带垫板的焊接头		E(80)	
5. 断续焊头		E(80)	
6. 带开口的连接板接头	(1)包角焊处理	G(50)	
	(2)包角焊非处理	H(40)	
7. 圆角连接部接头	(1) $1.5 \leqslant r/d$	D(100)	
	(2) $1.10 \leqslant r/d < 1/5$	E(80)	

侧向连接板焊接接头　　　　　　　　　表10-4

	接头种类		强度等级 ($\Delta\sigma_f$)	备　注
面外连接板	1. 坡口或角焊接头($1 \leqslant$ mm)	(1)包角焊处理	E(80)	
		(2)包角焊非处理	F(65)	
	2. 圆角加劲板焊头(包角处理)		(E80)	
	3. 连接板角焊接($1 > 100$mm)		(G50)	
	4. 坡口焊($1 > 100$mm)	(1)包角焊处理	F(65)	
		(2)包角焊非处理	G(50)	
	5. 非主板贯通的连接板接头		I(32)	

10.3　钢桥的疲劳验算法

10.3.1　简易验算法

《疲劳设计指南》里规定对预想的最大应力幅内的构件接头,如果常幅应力的应力幅在疲劳截止限 $\Delta\sigma_{ce}$ 以内的话,只通过下列的简易验算公式就可以,即

$$\begin{cases} (\gamma_b \cdot \gamma_\omega \cdot \gamma_i)\Delta\sigma_{max} \leqslant \Delta\sigma_{ce} \cdot C_R \cdot C_t \\ (\gamma_b \cdot \gamma_\omega \cdot \gamma_i)\Delta\tau_{max} \leqslant \Delta\tau_{ce} \end{cases} \quad (10\text{-}12)$$

式中：$\Delta\sigma_{max}, \Delta\tau_{max}$——设计寿命中预想的最大应力幅；

γ_b——保险系数，一般取 1.00~1.10，接头部的疲劳损伤会导致结构崩塌的情况下取 1.10，构造物机能上没有问题时取 0.80；

γ_ω——重要度系数，取 0.8~1.10；

γ_i——验算系数，定期验算时取 0.90，验算不便时取 1.10。

当预想的最大应力幅在疲劳截止限以下时，认为疲劳损伤不会出现。

常幅应力幅的截止限 $\Delta\sigma_{ce} = 1.357 \times 10^{-1} \Delta\sigma_f^{1.396}$，$\Delta\sigma_f$ 是 2×10^6 次基本疲劳强度，C_R 和 C_t 分别是针对平均应力和厚板效应的基本疲劳强度修正系数，简易验算流程参考图 10-15。

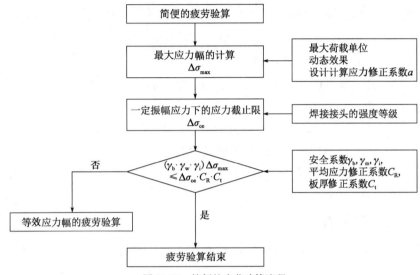

图 10-15　简便的疲劳验算流程

10.3.2　等效应力幅验算法

一般等效应力幅疲劳验算法是按设计应力幅，基本疲劳强度和安全系数来进行计算和判定。

（1）设计应力幅

$$\Delta\sigma_d = \Delta\sigma_e, \Delta\tau_d = \Delta\tau_e \quad (10\text{-}13)$$

等效应力幅 $\Delta\sigma_e$ 和 $\Delta\tau_e$ 需要考虑设计计算应力修正系数 α。

等效应力幅

$$\Delta\sigma_e = \sqrt[m]{\frac{\sum(\Delta\sigma_i^m \cdot n_i)}{\sum n_i}}, \Delta\tau_e = \sqrt[m]{\frac{\sum(\Delta\tau_i^m \cdot n_i)}{\sum n_i}} \quad (10\text{-}14)$$

式中：$\Delta\sigma_i, \Delta\tau_i$——雨流法求出的应力频度分布下的各个应力幅；

n_i——$\Delta\sigma_i$ 和 $\Delta\tau_i$ 的作用频度；

$\Delta\sigma_e, \Delta\tau_e$——设计寿命内，同等循环数下与变动振幅应力产生相同疲劳损伤度的等效应力幅；

m——曲线斜率。

（2）疲劳强度

按下列基本疲劳强度计算 $\Delta\sigma_R, \Delta\tau_R$，即

$$\begin{cases} \Delta\sigma_R = \sqrt[m]{\dfrac{C_0}{n_i}} \cdot C_R \cdot C_t, \Delta\tau_R = \sqrt[m]{\dfrac{D_0}{n_i}} \\ C_0 = 2\times10^6 \cdot \Delta\sigma_f^m; D_0 = 2\times10^6 \cdot \Delta\tau_f^m \end{cases} \quad (10\text{-}15)$$

式中：$\Delta\sigma_f, \Delta\tau_f$——$2\times10^6$循环次数基本疲劳强度；

   n_i——设计循环次数，不包括变幅应力中应力幅截止限以下成分的应力循环次数，但疲劳荷载是代表荷载单位时，包括全应力的循环次数；

   C_R——考虑平均应力影响的基本疲劳强度修正系数；

   C_t——考虑板厚影响的基本疲劳强度修正系数。

常幅应力和变幅应力的应力幅的截止限 $\Delta\sigma_{ce}, \Delta\sigma_{ve}$ 与 2×10^6 次基本疲劳强度 $\Delta\sigma_f$ 的关系为

$$\begin{cases} \Delta\sigma_{ce} = 1.357\times10^{-1}\Delta\sigma_f^{1.396} \\ \Delta\sigma_{ve} = 6.295\times10^{-2}\Delta\sigma_f^{1.396} \end{cases} \quad (10\text{-}16)$$

但是对于 2×10^6 次基本疲劳强度在 155N/mm^2 以上的接头，$\Delta\sigma_{ce}, \Delta\sigma_{ve}$ 分别是 $2\times10^6, 2\times10^7$ 次的应力循环次数的应力幅。

计算平均应力时，在存在面外弯曲应力的情况下，用膜应力范围 $\Delta\sigma_m$ 与面外弯曲应力范围式 $\Delta\sigma = \Delta\sigma_m + (4\Delta\sigma_b/5)$ 计算正应力。而正应力与剪应力组合时，以合成的主应力 $\Delta\sigma_p$ 进行疲劳验算；当主应力方向与焊缝垂直方向的角度在 30°以下时，要求对正应力也要验算，这时的正应力为 $\Delta\sigma = \Delta\sigma_p\cos\theta$。

10.3.3 疲劳验算流程

以上计算出来的设计应力幅与疲劳强度的验算按下式进行，即

$$\begin{cases} (\gamma_b \cdot \gamma_w \cdot \gamma_i)\Delta\sigma_d \leq \Delta\sigma_R \\ (\gamma_b \cdot \gamma_w \cdot \gamma_i)\Delta\tau_d \leq \Delta\tau_R \end{cases} \quad (10\text{-}17)$$

常规的等效应力幅方法的验算流程按图 10-16 执行。

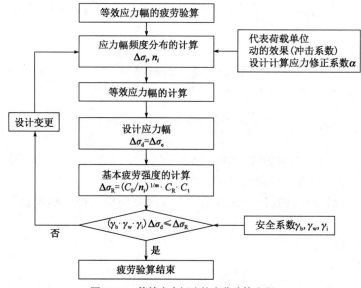

图 10-16 等效应力幅法的疲劳验算流程

其中平均应力修正系数 C_R 计算式为

$$C_R = 1.3 \times \frac{1-R}{1.6-R} \quad R \leqslant -1 \tag{10-18}$$

式中：R——应力比。

对于压缩领域，$C_R = 1.3$。

板厚的影响修正系数：

$$C_t = (25/t)^{\frac{1}{4}} \tag{10-19}$$

式中：t——板厚。

附加板在 12mm 以下取 $C_t = 1.0$。

一般钢构造物的疲劳问题主要在焊接接头部，这时平均应力的关系影响不大。另外钢构造的疲劳强度一般与钢种无关。

10.3.4 钢板梁的疲劳验算位置

疲劳验算位置与疲劳等级强度，在弯剪设计指南中有比较详细的规定，其中多主梁 I 形主梁桥的主梁焊接接头处的疲劳强度等级如图 10-17 及表 10-5 所示。

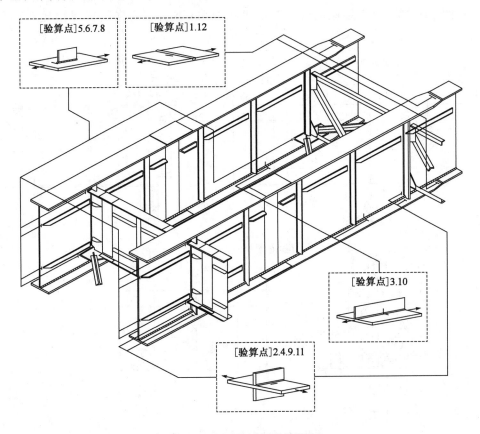

图 10-17 多主梁桥主梁的焊接接头

多主梁桥主梁的焊接接头的疲劳强度   表 10-5

验算点	验 算 位 置	强度等级	接头的种类
1	上翼缘对接焊接部位	B,C,D	横对接焊接接头
2	上翼缘和横向直加劲肋	D,E	角焊接的荷载非传达十字焊接接头
3	上翼缘和主梁腹板	D	纵方向焊接接头（角焊接接头）
4	主梁腹板（上端部）和横向加劲肋	D,E	角焊接的荷载非传达十字焊接接头
5	主梁腹板和纵向加劲肋（上侧）	E,F,G	面外连接板焊接接头
6	主梁腹板和横梁上翼缘	E,F,G	面外连接板焊接接头
7	主梁腹板和横梁下翼缘	E,F,G	面外连接板焊接接头
8	主梁腹板和纵向加劲肋（下侧）	E,F,G	面外连接板焊接接头
9	主梁腹板（下端部）和横向加劲肋	D,E	角焊接的荷载非传达十字焊接接头
10	下翼缘和主梁腹板	D	纵方向焊接接头（角焊接接头）
11	下翼缘和横向加劲肋	D,E	角焊接的荷载非传达十字焊接接头
12	下翼缘对接焊接部位	B,C,D	横对接焊接接头

详细的疲劳验算位置以钢板的一板主梁为例，按《钢构造物的疲劳设计指南》规定选择下列位置作详细验算。G2 主梁的验算位置如图 10-18 所示，验算位置焊接接头的种类见表 10-6。

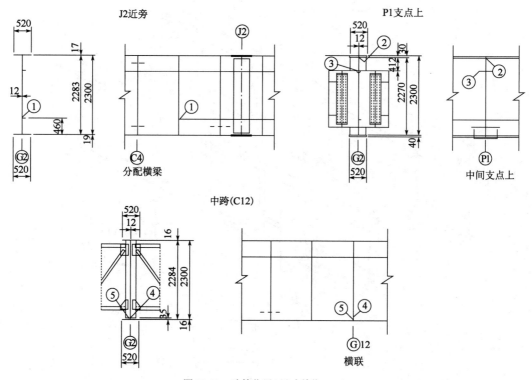

图 10-18　验算位置（尺寸单位：mm）

验算位置的疲劳强度等级与接头的种类 表10-6

验算点	验算位置	疲劳强度等级（N/mm²）	接头的种类	指针
①	纵向加劲肋端	G(50)	连接板焊接接头-面外-角焊缝接头($l>100$mm)	表3-4(e)3
②	横向加劲肋一般焊接部位	E(80)	十字焊接接头-荷载非传达型-不磨光滑的角焊接头	表3-4(d)3
③	横梁连接板端	G(50)	连接板焊接接头-面外-角焊缝接头($l>100$mm)	表3-4(e)3
④	横向加劲肋下端	E(80)	十字焊接接头-荷载非传达型-不磨光的角焊接头	表3-4(d)3
⑤	翼缘腹板焊接部位	D(100)	纵向焊接接头-角焊接头	表3-4(c)3

10.4 中国的钢桥疲劳验算法

钢桥在车辆荷载的反复作用下，有很多部位避免不了会发生应力集中现象，而这些应力集中部位会导致材料内的裂纹发展和传播，从而使该部位过早地发生疲劳强度降低。在钢桥的疲劳设计和计算中，应以构件或构造细节为对象，考虑最不利荷载条件，对构件或构造细节的疲劳强度进行验算。

依据《公路钢结构桥梁设计规范》（JTG D64—2015）的规定，凡承受汽车荷载的结构构件与连接，应按疲劳细节类别进行疲劳验算。在进行疲劳验算时，疲劳荷载取值通常有3种，即车道荷载（疲劳荷载计算模型Ⅰ）、双车模型（疲劳荷载计算模型Ⅱ）、单车模型（疲劳荷载计算模型Ⅲ）。

10.4.1 疲劳荷载计算模型Ⅰ

采用疲劳荷载计算模型Ⅰ进行疲劳验算时，取集中荷载为$0.7P_k$，均布荷载为$0.3q_k$，P_k和q_k按《公路桥涵设计通用规范》（JTG D60—2015）的相关规定选用。验算公式如下：

$$\begin{cases} \gamma_{Ff} \Delta \sigma_p \leqslant k_s \dfrac{\Delta \sigma_D}{\gamma_{Mf}} \\ \gamma_{Ff} \Delta \tau_p \leqslant \dfrac{\Delta \tau_L}{\gamma_{Mf}} \\ \Delta \sigma_p = (1 + \Delta \Phi)(\sigma_{pmax} - \sigma_{pmin}) \\ \Delta \tau_p = (1 + \Delta \Phi)(\tau_{pmax} - \tau_{pmin}) \end{cases} \quad (10\text{-}20)$$

式中：γ_{Ff}——疲劳荷载分项系数，取1.0；

γ_{Mf}——疲劳荷载分项系数，对重要构件取1.35，对次要构件取1.15；

k_s——尺寸效应折减系数，按JTG D64—2015中附录C表C.0.1~表C.0.9中给出的公式计算，未说明时，取$k_s=1.0$；

$\Delta \sigma_p, \Delta \tau_p$——按疲劳荷载计算模型Ⅰ计算得到的正应力幅与剪应力幅（MPa）；

$\Delta \Phi$——伸缩缝附近构件放大系数，取值方法见式(10-21)；

$\Delta\sigma_D$——正应力常幅疲劳极限(MPa),根据 JTG D64—2015 中附录 C 中对应的细节类别按图 5.5.8-1 取用;

$\Delta\tau_L$——剪应力幅疲劳截止限(MPa),根据 JTG D64—2015 中附录 C 按图 5.5.8-2 取用;

$\sigma_{pmax}, \sigma_{pmin}$——将疲劳荷载模型按最不利情况加载于影响线得出的最大和最小正应力(MPa);

τ_{pmax}, τ_{pmin}——将疲劳荷载模型按最不利情况加载于影响线得出的最大和最小剪应力(MPa)。

$$\begin{cases} \Delta\Phi = 0.3(1 - D/6) & D \leqslant 6 \\ \Delta\Phi = 0 & D > 6 \end{cases} \tag{10-21}$$

式中:D——验算截面到伸缩缝的距离(m)。

10.4.2 中国疲劳荷载计算模型 II

在疲劳荷载计算模型 II 采用的双车模型中(JTG D64—2015 中 5.5.2 第 2 款),两辆模型车轴距与轴重相同,其单车的轴重与轴距布置如图 10-19 所示,加载时,两模型车的中心距不得小于 40m。

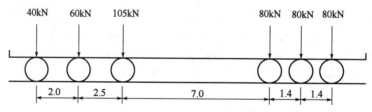

图 10-19 疲劳荷载计算模型 II (尺寸单位:m)

采用疲劳荷载计算模型 II 的验算公式如下:

$$\begin{cases} \gamma_{Ff}\sigma_{E2} \leqslant \dfrac{k_s\Delta\sigma_c}{\gamma_{Mf}} \\ \gamma_{Ff}\Delta\tau_{E2} \leqslant \dfrac{\Delta\tau_c}{\gamma_{Mf}} \\ \Delta\sigma_{E2} = (1 + \Delta\Phi)\gamma(\sigma_{pmax} - \sigma_{pmin}) \\ \Delta\tau_{E2} = (1 + \Delta\Phi)\gamma(\tau_{pmax} - \tau_{pmin}) \end{cases} \tag{10-22}$$

式中:$\Delta\sigma_c, \Delta\tau_c$——疲劳细节类别(MPa),为对应于 200 万次常幅疲劳循环的疲劳应力强度,根据 JTG D64—2015 中附录 C 按图 5.5.8-1、图 5.5.8-2 取用;

$\Delta\sigma_{E2}, \Delta\tau_{E2}$——按 200 万次常幅疲劳循环换算得到的等效常值应力幅(MPa);

γ——损伤等效系数,$\gamma = \gamma_1 \cdot \gamma_2 \cdot \gamma_3 \cdot \gamma_4$,且 $\gamma \leqslant \gamma_{max}$,其中 $\gamma_1, \gamma_2, \gamma_3, \gamma_4, \gamma_{max}$ 按 JTG D64—2015 附录 D 计算。

10.4.3 中国疲劳荷载计算模型 III

疲劳荷载计算模型 III 的车轴载及分布特征如图 10-20 所示。

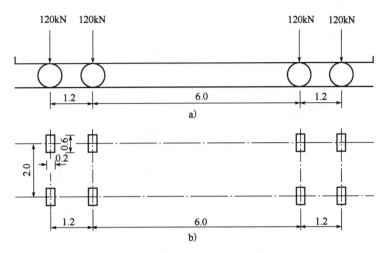

图 10-20 疲劳荷载计算模型Ⅲ（尺寸单位：m）

采用疲劳荷载计算模型Ⅲ的验算公式如下：

$$\begin{cases} \gamma_{Ff}\Delta\sigma_{E2} \leqslant \dfrac{k_s\Delta\sigma_c}{\gamma_{Mf}} \\ \gamma_{Ff}\Delta\tau_{E2} \leqslant \dfrac{\Delta\tau_c}{\gamma_{Mf}} \\ \left(\dfrac{\gamma_{Ff}\Delta\sigma_{E2}}{k_s\Delta\sigma_c/\gamma_{Mf}}\right)^3 + \left(\dfrac{\gamma_{Ff}\Delta\tau_{E2}}{\tau_c/\gamma_{Mf}}\right)^5 \leqslant 1.0 \\ \Delta\sigma_{E2} = (1+\Delta\Phi)\gamma(\sigma_{pmax}-\sigma_{pmin}) \\ \Delta\tau_{E2} = (1+\Delta\Phi)\gamma(\tau_{pmax}-\tau_{pmin}) \end{cases} \quad (10\text{-}23)$$

当构件和连接件不满足疲劳荷载计算模型Ⅰ的验算要求时，应按模型Ⅱ进行验算。桥面系构件应采用疲劳荷载计算模型Ⅲ验算。

10.4.4 桥面板验算

当对正交异性钢桥面板疲劳应力进行验算时，应考虑车轮在车道上的横向位置概率（图 10-21），考虑荷载最不利位置的影响。

10.4.5 中国的 S-N 曲线

图 10-22 和图 10-23 给出了钢结构桥梁设计中所采用的 S-N 曲线。

焊缝处由于残余应力很高，应力比对焊缝疲劳的影响不大。但对于非焊接构件以及消除残余应力的焊接接头，应力比对疲劳寿命有明显影响，应考虑修正。为简化计算按 0.6 倍压应力进行折减 $\Delta\sigma_p$ 应按 $\Delta\sigma_p = \sigma_{pmax} + 0.6/\sigma_{pmin}$ 计算。

$$\Delta\sigma_p = \Delta\sigma_{pmax} + 0.6|\Delta\sigma_{pmin}| \quad (10\text{-}24)$$

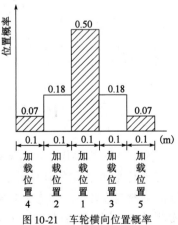

图 10-21 车轮横向位置概率

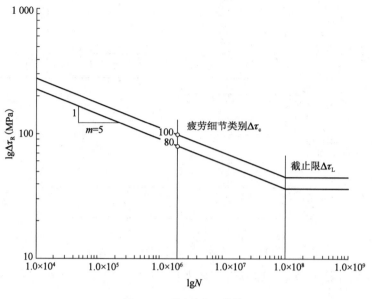

图 10-22　剪应力 τ-N 曲线

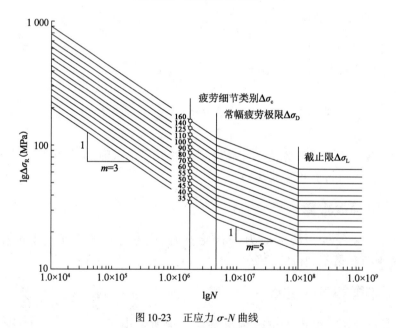

图 10-23　正应力 σ-N 曲线

10.5　钢板梁桥横截面的疲劳分析

在日本钢板梁作为最普遍的钢桥形式广泛地应用在干线和主要地方道路上,经过40年来的实测发现,钢板梁的破损最主要的原因就是疲劳,而且集中在桥梁的横截面,也就是主梁与分配横梁的连接部位。作为疲劳强度设计的实务内容,本节介绍钢板梁的主横梁连接部位的疲劳实测结果,从桥梁的局部应力分析着手,找出评价整桥的疲劳参量,最终结合有限元分析和实体试验来研究钢板梁桥的抗疲劳设计要点。钢板梁横梁与主梁的连接部位,疲劳裂纹可分为如图10-24所示的4种类型。

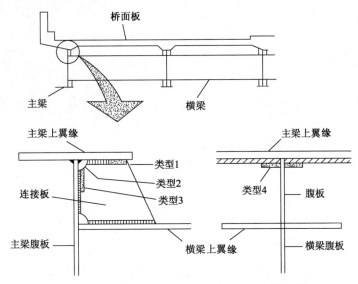

图10-24 道路钢板梁桥的横梁连接部位发生的疲劳裂纹

类型1:横梁上翼缘与主梁上翼缘之间的连接板,连接板与主梁上翼缘之间的角焊缝发生的疲劳裂纹。

类型2:连接板的上侧过焊孔边缘发生的连接板上斜向传播的疲劳裂纹。

类型3:连接板与主梁腹板连接的角焊缝的过焊孔内端围焊发生的,腹板侧沿角的围焊发生传播的疲劳裂纹。

类型4:主梁上翼缘与腹板之间的角焊缝,沿腹板侧的围焊发生传播的疲劳裂纹,属于主梁体的裂纹。

上述的类型1,2,4在采用横联的主梁部位也有出现的例子。而且这种裂纹在中间横向加劲肋上端也多有出现。

这几种裂纹与局部应力的关系通过桥的空间受力分析,建立参量,然后对桥面板以及车辆的行走位置进行相关分析。

10.5.1 应力实测

图10-25是钢板梁桥应力实测组合的示意图。桥梁是单侧两车道的高速公路桥,属于简支组合钢板梁结构,使用9年后对桥面板进行了4.5mm的钢板加劲肋加固,而且增设了4根纵梁。这也说明组合梁桥的短期使用情况并不好。

实测对象是横梁附近的主梁G_1和G_2的腹板与主梁G_1和G_2之间的横梁腹板,设置了214块双向应变片,张贴在与腹板对称的两个侧面上,同样主梁G_1和G_2各个连接板也设置了120块3向应变片,G_1和G_2的翼缘板与横梁的翼缘板各设置24块单方的应变片。车辆荷载和加载位置如图10-26所示的A,B,C,D,各荷载位置在桥轴方向11个位置停车进行了应力实测。

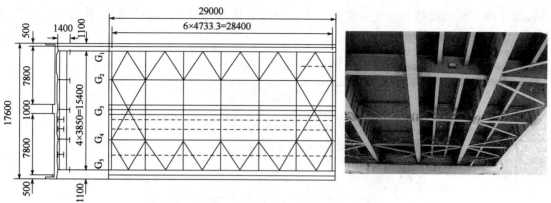

图 10-25 实测的组合钢板梁桥示意图(尺寸单位:mm)

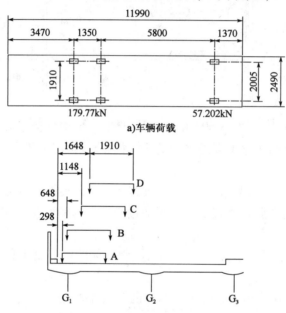

a)车辆荷载

b)荷载位置

图 10-26 车辆荷载和荷载位置(尺寸单位:mm)

图 10-27 是板在板厚方向发生的应变的直线分布情况,从表面和后侧对称张贴的双向和三向应变片测试结果可以按下式分解为膜应变和弯曲应变两项:

膜应变
弯曲应变
$$\left. \begin{array}{l} \varepsilon_{\mathrm{m}} = \dfrac{\varepsilon_1 + \varepsilon_2}{2} \\ \varepsilon_{\mathrm{b}} = \dfrac{\varepsilon_1 - \varepsilon_2}{2} \end{array} \right\}$$
(10-25)

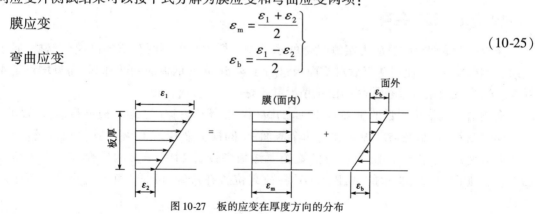

图 10-27 板的应变在厚度方向的分布

膜应变 ε_m 是板面内方向的变形所产生的应变,而弯曲应变 ε_b 是板面外方向变形所产生的。其应力应变关系式为

$$\begin{bmatrix} \sigma_{mx} & \sigma_{bx} \\ \sigma_{my} & \sigma_{by} \end{bmatrix} = \frac{E_s}{1-\nu_s^2} \begin{bmatrix} 1 & \nu_s \\ \nu_s & 1 \end{bmatrix} \begin{bmatrix} \varepsilon_{mx} & \varepsilon_{bx} \\ \varepsilon_{my} & \varepsilon_{by} \end{bmatrix} \tag{10-26}$$

$$\begin{bmatrix} \tau_{mxy} \\ \tau_{bxy} \end{bmatrix} = G_s \begin{bmatrix} \gamma_{mxy} \\ \gamma_{bxy} \end{bmatrix} \tag{10-27}$$

式中:σ_{mx},σ_{my},τ_{mxy}——膜应力;
σ_{bx},σ_{by},τ_{bxy}——板弯曲应力;
ε_{mx},ε_{my},γ_{mxy}——膜应变;
ε_{bx},ε_{by},γ_{bxy}——板弯曲应变。

三向应变片的剪切应变按下式计算,$\varepsilon(\theta)$ 是 $\theta=45°$ 和 $135°$ 的应变值。

$$\gamma_{mxy} = \frac{\varepsilon(\theta) - \varepsilon_x \cos^2\theta - \varepsilon_y \sin^2\theta}{\sin\theta\cos\theta} \tag{10-28}$$

连接板的测定结果如表 10-7 所示,这是车辆后轮轴载作用在跨中横梁上时的应变结果。板弯曲应变与膜应变相比非常小,也就是说连接板类型 1、类型 2、类型 3 的疲劳裂纹来自膜应力。

连接板产生的膜应变和板弯曲应变 表 10-7

应变片位置	应变分量	不同荷载位置的应变($\times 10^{-6}$)			
		A	B	C	D
1	ε_{mx}	21	25	46	51
	ε_{my}	−137	−136	−174	−168
	$\varepsilon_{m45°}$	−17	−16	−83	−107
	ε_{bx}	−1	−4	−6	−12
	ε_{by}	20	23	30	32
	$\varepsilon_{b45°}$	3	4	−3	4
1	ε_{mx}	15	15	12	5
	ε_{my}	−85	−80	−71	−96
	$\varepsilon_{m45°}$	−49	−59	−205	−269
	ε_{bx}	−1	−2	−18	−28
	ε_{by}	11	15	65	37
	$\varepsilon_{b45°}$	7	−6	−3	−6
2	ε_{mx}	68	69	85	81
	ε_{my}	−229	−239	−309	−325
	$\varepsilon_{m135°}$	−122	−123	−132	−125
	ε_{bx}	5	6	4	5
	ε_{by}	−6	−5	−11	−11
	$\varepsilon_{b135°}$	2	9	3	7

续上表

应变片位置	应变分量	不同荷载位置的应变($\times 10^{-6}$)			
		A	B	C	D
3	ε_{mx}	-47	-51	-45	-45
	ε_{my}	-19	-24	-47	-60
	$\varepsilon_{m135°}$	-198	-208	-206	-191
	ε_{bx}	14	10	15	10
	ε_{by}	-6	-8	-7	-3
	$\varepsilon_{b135°}$	7	8	7	8
4	ε_{mx}	-27	-27	-30	-28
	ε_{my}	70	75	95	88
	$\varepsilon_{m45°}$	93	95	100	88
	ε_{bx}	-2	-1	0	3
	ε_{by}	13	15	15	13
	$\varepsilon_{b45°}$	7	8	3	5
5	ε_{mx}	59	55	54	44
	ε_{my}	-41	-38	-33	-31
	$\varepsilon_{m45°}$	136	142	133	117
	ε_{bx}	-36	-34	-35	-29
	ε_{by}	26	23	23	24
	$\varepsilon_{b45°}$	-5	8	5	-2

连接板发生的膜应力的主应力值及其方向如图10-28的D位置所示,即G_1,G_2之间的荷载。连接板上端的膜应力大概是竖直的,与类型1的疲劳裂纹传播方向成直角,可见连接板端部发生在竖直方向的膜应力是类型1疲劳裂纹的要因。

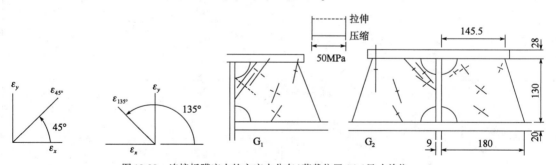

图10-28 连接板膜应力的主应力分布(荷载位置D)(尺寸单位:mm)

类型4如图10-29所示。与裂纹的发生和传播方向垂直的板弯曲应力σ_{by}和膜应力σ_{my}是主要的起因。主梁G_1上翼缘的σ_{by}和σ_{my}分布如图10-30所示,σ_{by}是车辆荷载在主梁G_1向G_2移动时而增加的,σ_{by}在连接板与横梁上翼缘端部之间数值较大,连接板的近旁又增加了,由图10-30b)可以看出σ_{my}在连接板的位置,发生由拉伸向压缩的急剧变化。G_1主梁的σ_{by}和σ_{my}的竖直方向分布见图10-31。σ_{by}发生在主梁上翼缘与横梁上翼缘之间,在横梁上翼缘上消失。

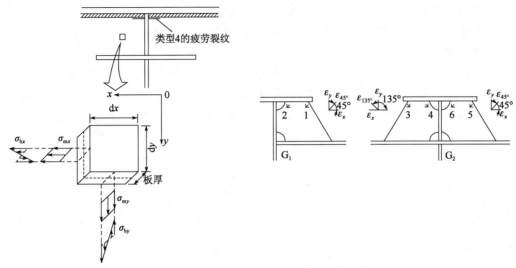

图 10-29 类型 4 的疲劳裂纹近旁的应力状态

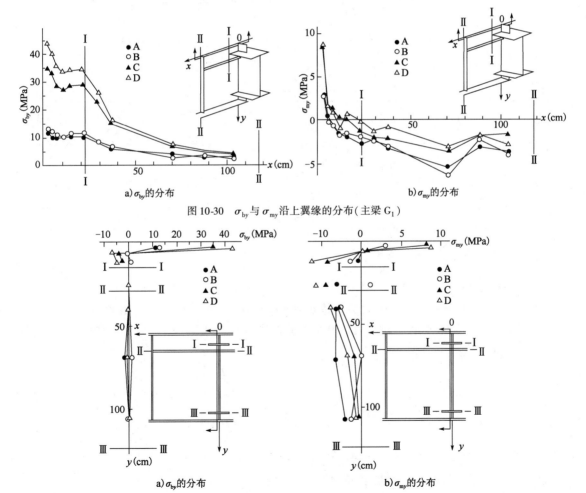

a) σ_{by} 的分布　　　　　　　　　　b) σ_{my} 的分布

图 10-30 σ_{by} 与 σ_{my} 沿上翼缘的分布（主梁 G_1）

a) σ_{by} 的分布　　　　　　　　　　b) σ_{my} 的分布

图 10-31 σ_{by} 与 σ_{my} 竖直方向的分布（主梁 G_1）

图 10-31b)中 σ_{my} 在主梁上翼缘与横梁上翼缘之间的应力符号逆转发生急剧变化,在横梁上翼缘向下逐渐减小。主梁 G_2 的 σ_{by} 和 σ_{my} 沿上翼缘分布,在图 10-31a)图里 σ_{by} 在横梁上翼缘的端部急剧增加,连接板处最大。图 10-30a)与图 10-32a)比较后发现,主梁 G_2 的 σ_{by} 最大值是 G_1 的一半。图 10-32b)中 G_1 的 σ_{my} 也是同样在连接板边由拉伸变成压缩。连接板最近处主梁腹板的应变片结果得出的 σ_{my}/σ_{by} 的比例如表 10-8 所示。σ_{my}/σ_{by} 在主梁 G_1 腹板位置是 20%~26%,G_2 对应的位置是 34%~53%,可以看出类型 4 的疲劳裂纹主要是由板弯曲应力 σ_{by} 引起的。

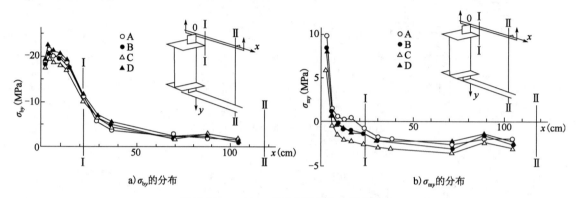

图 10-32　σ_{by} 与 σ_{my} 沿上翼缘的分布(主梁 G_2)

表 10-8　σ_{my}/σ_{by}

荷载位置	σ_{my}/σ_{by}	
	主梁 G_1	主梁 G_2
A	0.26	0.48
B	0.22	0.53
C	0.24	0.41
D	0.20	0.34

10.5.2　局部应力的模型化

图 10-33 表明造成类型 1 和类型 4 产生疲劳裂纹的要因分别是膜应力 σ_{my} 和板弯曲应力 σ_{by} 的局部应力。先测定混凝土桥面板与横梁绕桥轴方向的回转角 θ_s,θ_g;垂直桥轴方向的混凝土桥面板与横梁的水平变位差 u_s,u_g,并研究这些变位所产生的应力。假定混凝土桥面板和横梁之间的应力变形关系为

$$\begin{bmatrix} \sigma_{my} \\ \sigma_{by} \end{bmatrix} = \begin{bmatrix} k_{m1} & k_{m2} & k_{m3} \\ k_{b1} & k_{b2} & k_{b3} \end{bmatrix} \begin{bmatrix} \theta_s \\ \theta_g \\ \Delta u_{sg} \end{bmatrix} \quad (10\text{-}29)$$

式中:$\Delta u_{sg} = u_s - u_g$;

θ_s,u_s——分别是桥面板跨中位置的回转角与水平变位;

θ_g,u_g——分别是横梁中性轴的回转角与水平变位;

k_{mi},k_{bi}——桥面板、横梁的变形系数。

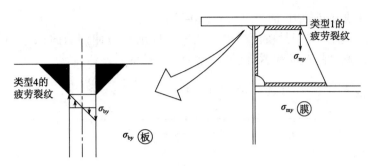

图 10-33 疲劳裂纹与局部应力

桥面板的回转角 θ_s,是车轮荷载作用下板的回转角 θ_{s0} 与主梁的竖向直变位所产生回转角 θ_{s1} 的和,即

$$\theta_s = \theta_{s0} + \theta_{s1} \tag{10-30}$$

利用式(10-31)把板转角扩张到主梁转角 θ_{s1} 和板的转角 θ_{s0}。

$$\begin{matrix}膜\\板\end{matrix}\begin{bmatrix}\sigma_{my}\\\sigma_{by}\end{bmatrix} = \begin{bmatrix}k_{m1} & k_{m2} & k_{m3} & k_{m4}\\k_{b1} & k_{b2} & k_{b3} & k_{b4}\end{bmatrix}\begin{bmatrix}\theta_{s0}\\\theta_{s1}\\\theta_{s2}\\\Delta u_{sg}\end{bmatrix} \tag{10-31}$$

式中:θ_{s0}——轮荷载作用的转角;
θ_{s1}——对应主梁竖向变位的转角;
θ_{s2}——横梁中性轴外转角。

下面针对局部应力的疲劳影响,从桥面板回转角、横梁回转角和防撞护栏 3 个方面分别进行分析,以找出支配疲劳裂纹的参量。

1)桥面板回转角的计算

θ_{s0} 是车轮荷载直接作用下,桥面板发生的回转角。图 10-34 为两边简支一方向无限的桥面板,其任意点 (x,y) 有集中荷载 P 作用时,板挠度是通过 9.2.2 节正交异性板的偏微分方程式来解的。公式为

$$D_{cx}\frac{\partial^4 \omega}{\partial x^4} + 2\sqrt{D_{cx}D_{cy}}\frac{\partial^4 \omega}{\partial x^4 \partial y^4} + D_{cy}\frac{\partial^4 \omega}{\partial y^4} = P \tag{10-32}$$

式中:ω——板的挠度;
P——单位面积的竖向荷载;
D_{cx},D_{cy}——混凝土桥面板的弯曲刚度,分别按下式计算:

$$D_{cx} = \frac{E_c I_{cx}}{1 - \nu_c^2}, D_{cy} = \frac{E_c I_{cy}}{1 - \nu_c^2} \tag{10-33}$$

ν_c——混凝土的泊松比;
E_c——杨氏模量;
I_{cx}——x 轴直角方向的单位宽度的二次惯性矩;

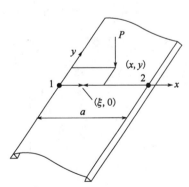

图 10-34 两边简支一方向无限板

I_{cy}——y 轴直角方向的值，而 I_c 可按式(10-35)计算。

图 10-35 中 A_{s1} 与 A_{s2} 分别是桥面板单位宽度的压缩和拉伸钢筋面积，A_{s3} 是本桥桥面板下侧加强的钢板单位宽度的截面积，杨氏模量比为 $n = E_s/E_c$。

$$I_c = \frac{x^3}{3} + nA_{s1}(x-d_1)^2 + nA_{s2}(d_2-x)^2 + nA_{s3}(d_3-x)^2 \tag{10-34}$$

图 10-35 混凝土桥面板的截面

点 (x,y) 处作用集中荷载 P，如图 10-34 所示，点 $(\xi,0)$ 的挠度计算公式为

$$\omega = \frac{Pa^2}{2\pi^3 D_{cx}\lambda_c}\sum_{m=1}^{\infty}\frac{1}{m^3}\sin\left(\frac{m\pi\xi}{a}\right)\sin\left(\frac{m\pi x}{a}\right)\left(1+\frac{m\pi|y|}{a\lambda_c}\right)\exp\left(-\frac{m\pi|y|}{a\lambda_c}\right) \tag{10-35}$$

a 为支持边的间距也就是主梁间距，m 为半波数，λ_c 按下式计算：

$$\lambda_c = \sqrt[4]{\frac{D_{cy}}{D_{cx}}} = \sqrt[4]{\frac{I_{cy}}{I_{cx}}} \tag{10-36}$$

根据挠度 ω[式(10-35)]求解出图 10-34 中的 1 点和 2 点绕 y 轴的回转角 θ_{y1}，θ_{y2}，计算式分别为：

$$\begin{cases}\theta_{y1} = \dfrac{Pa}{2\pi^3 D_{cx}\lambda_c}\sum_{m=1}^{\infty}\dfrac{1}{m^2}\sin\left(\dfrac{m\pi x}{a}\right)\left(1+\dfrac{m\pi|y|}{a\lambda_c}\right)\exp\left(-\dfrac{m\pi|y|}{a\lambda_c}\right) \\ \theta_{y2} = \dfrac{Pa}{2\pi^3 D_{cx}\lambda_c}\sum_{m=1}^{\infty}\dfrac{(-1)^m}{m^2}\sin\left(\dfrac{m\pi x}{a}\right)\left(1+\dfrac{m\pi|y|}{a\lambda_c}\right)\exp\left(-\dfrac{m\pi|y|}{a\lambda_c}\right)\end{cases} \tag{10-37}$$

图 10-36 是荷载作用点沿直线 $x = a/2$ 离横梁距离变化时，主梁绕 y 轴回转角 θ_{y1} 的变化。从图 10-36 可见，荷载在距离横梁 $2a\lambda_c$ 以上时 θ_{y1} 基本不出现，所以车轮作用点离横梁的位置是主梁间隔 $2\lambda_c$ 倍以上时，车轮荷载对板转角 θ_{s0} 的影响可以忽略。

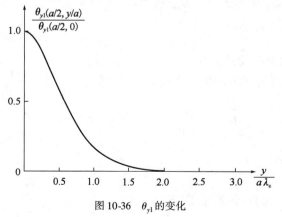

图 10-36 θ_{y1} 的变化

接下来分析 3 根主梁以上的钢板梁桥 θ_{s0} 的推导公式。首先以图 10-37 所示的连续板来考虑,以连续板支承线上的点 1、点 2、点 3 产生的回转角 θ_{s01}、θ_{s02}、θ_{s03} 作为板的级数解,其中 θ_{y1},θ_{y2} 按式(10-37)计算 P 作用在 G_1 和 G_2 之间时回转角关系推定式为

$$\begin{cases} \theta_{s01} = \Phi_{12}\theta_{y1}(x_{12}, y) \\ \theta_{s02} = \Phi_{21}\theta_{y2}(x_{12}, y) \\ \Phi_{12} = -\dfrac{0.475\ x_{12}}{a} + 1.034 \\ \Phi_{21} = -\dfrac{0.030\ x_{12}}{a} + 0.470 \end{cases} \quad (10\text{-}38)$$

$$\begin{cases} \theta_{s02} = \Phi_{23}\theta_{y1}(x_{23}, y) \\ \theta_{s03} = \Phi_{32}\theta_{y2}(x_{23}, y) \\ \Phi_{23} = -\dfrac{0.237\ x_{23}}{a} + 0.533 \\ \Phi_{32} = \dfrac{0.228\ x_{23}}{a} + 0.289 \end{cases} \quad (10\text{-}39)$$

采用有限元分析法进行了板单元分析,与式(10-38)、式(10-39)的计算值进行了比较,如图 10-38 所示。从图 10-39 可以看出,两者的近似关系很好,集中荷载 P 在支承线上沿 x 轴从 G_1 向 G_3 移动时,θ_{s01} 在支承线 G_1 与 G_2 之间的变化在图 10-39 上可以读取,式(10-38)中 θ_{s01} 的近似性也很好。集中荷载 P 在支承线 G_2 与 G_3 之间作用时,θ_{s01} 的值非常小,支承线 G_1 与 G_2 之间的桥面板对 θ_{s02} 有影响,支承线 G_3 与 G_5 之间的两个支承间桥面板对 θ_{s03} 有影响。而由图 10-40 可以看出,θ_{s02} 与 θ_{s03} 的变化在 $x_{23} = a/2$ 时大致对称,也就是说支承间作用荷载时,主要是其相邻支承间的桥面板对支承线上发生的回转角有影响。

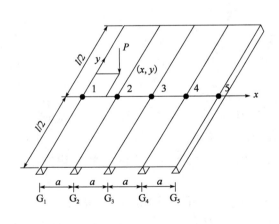

图 10-37 连接板

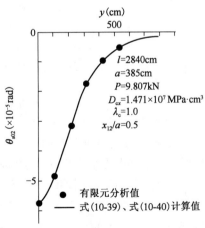

图 10-38 计算值与有限元分析值的比较

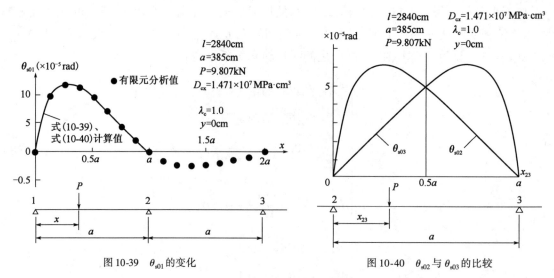

图 10-39　θ_{s01} 的变化　　　　　　　图 10-40　θ_{s02} 与 θ_{s03} 的比较

由以上的讨论得知,3 根主梁以上的钢板梁桥的 θ_{s0},端部支承间的桥面板上有车轮荷载作用时,可使用式(10-38)的 θ_{s01} 和 θ_{s02} 进行计算;而中间支承上加载时,可使用式(10-39)的 θ_{s02} 和 θ_{s03} 进行计算。

2)横梁回转角的计算

横梁与主梁连接位置发生的横梁回转角 θ_g,利用结构力学的位移法,可以根据图 10-41 中 5 根主梁的转角与竖向变位的矩阵关系来计算,即

$$\begin{bmatrix} \theta_{g1} \\ \theta_{g2} \\ \theta_{g3} \\ \theta_{g4} \\ \theta_{g5} \end{bmatrix} = \frac{1}{56a} \begin{bmatrix} -71 & 90 & -24 & 6 & -1 \\ -26 & -12 & 48 & -12 & 2 \\ 7 & -42 & 0 & 42 & -7 \\ -2 & 12 & -48 & 12 & 26 \\ 1 & -6 & 24 & -90 & 71 \end{bmatrix} \begin{bmatrix} v_1 \\ v_2 \\ v_3 \\ v_4 \\ v_5 \end{bmatrix} \quad (10\text{-}40)$$

式中:$\theta_{g1},\theta_{g2},\theta_{g3},\theta_{g4},\theta_{g5}$——横梁与主梁连接位置发生的横梁回转角;
　　　v_1,v_2,v_3,v_4,v_5——各主梁的竖向变位,向下为正。

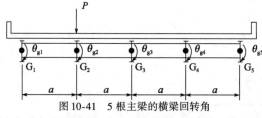

图 10-41　5 根主梁的横梁回转角

利用空间有限元分析法进行了实测钢板梁桥的模型计算,其有限元法的基本假定是:

(1)混凝土桥面板的面内和面外变位用四边形单元模拟。

(2)对主梁、端横梁以及增设纵梁都不考虑上翼缘,认为各梁的腹板与桥面板刚结,面内与面外变位也用四边形单元模拟,下翼缘用空间杆模型。

(3)横梁的面内外变位用四边形单元进行腹板分割,上下翼缘用空间杆单元,整体模型见图 10-42,钢材与混凝土的杨氏模量和波松比见表 10-9,有限元分析是在表 10-10 的 6 种状态下分别进行的,分析的结果对比见图 10-44。

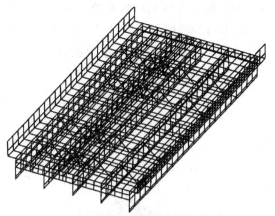

图10-42 结构模型Ⅵ的有限单元划分

钢材与混凝土的定数 表10-9

材　料	杨氏模量(MPa)	泊松比
钢材	0.206×10^6	0.3
混凝土	0.294×10^5	1/6

结　构　模　型 表10-10

结构模型	横　联	纵　梁	钢　板	防撞护栏
Ⅰ	N	N	C	N
Ⅱ	N	N	N	N
Ⅲ	C	N	N	N
Ⅳ	C	C	N	N
Ⅴ	C	C	C	N
Ⅵ	C	C	C	C

注：C-考虑；N-不考虑。

在这个分析对比中发现，防撞护栏对钢板梁桥的变形影响非常大，模型Ⅵ更接近于实际。

3）防撞护栏的影响

由实测与分析比较的结果（图10-43）可以看出，在结构模型Ⅱ~Ⅴ的情况下，车辆荷载的后轴中心在横梁正上方的值表示在图里，格子梁分析值（结构模型Ⅰ）是实测值的1.75倍。可见设置桁架式横梁、增设纵梁和桥面板下增设加劲肋的措施在边梁和中主梁之间的内力分配作用上都没有起到实际作用。

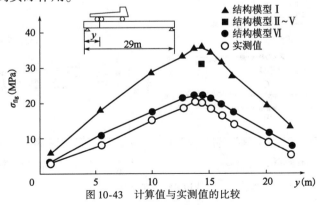

图10-43 计算值与实测值的比较

防撞护栏结构模型(Ⅵ)的有限元分析值与实测值非常接近,说明防撞护栏的刚度对钢板梁桥变形很重要。这里对混凝土桥面板的回转角 θ_{s0} 与防撞护栏的影响进行了调查,图 10-44 是实测的桥面板和护栏有限元模型,用四边形单元模拟板的面内和面外变形,支承线 G_1 和 G_2 之间加载时,在支承线上点 1 和点 2 发生的回转角 $\theta_{s01'}$ 和 $\theta_{s02'}$ 为:

$$\begin{cases} \theta_{s01'} = \Phi_{12'}\theta_{s01} \\ \theta_{s02'} = \Phi_{21'}\theta_{s02} \\ \Phi_{12'} = \dfrac{0.097\, x_{12}}{a} + 0.518 \\ \Phi_{21'} = \dfrac{0.334\, x_{12}}{a} + 0.702 \end{cases} \quad (10\text{-}41)$$

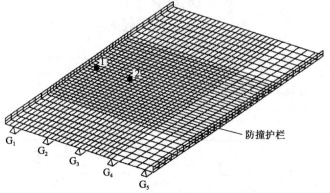

图 10-44 有防撞护栏的桥面板

由图 10-44 可知,实测值比分析值偏小,因此作为折减率乘在 θ_{s01} 和 θ_{s02} 上乘以折减率 $\Phi_{12'}$ 和 $\Phi_{21'}$,在实际防撞护栏的影响下,外主梁的主梁回转角大约减了一半左右,这里定义 γ 的变化考虑模型Ⅵ,γ 是图 10-45 中各加载位置在桥轴方向几乎是固定值。

$$\gamma = \dfrac{\Delta u_{sg}}{\theta_g} \quad (10\text{-}42)$$

将 $\Delta u_{sg} = \gamma \theta_g$ 代入式(10-31)有:

$$\begin{bmatrix} \sigma_{my} \\ \sigma_{by} \end{bmatrix} = \begin{bmatrix} k_{m1} & k_{m2} & k_{m2}+k_{m3}\gamma \\ k_{b1} & k_{b2} & k_{b2}+k_{b3}\gamma \end{bmatrix} \begin{bmatrix} \theta_{s0} \\ \theta_{s1} \\ \theta_g \end{bmatrix} \quad (10\text{-}43)$$

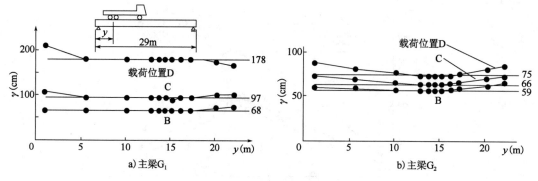

图 10-45 γ 的变化

而主梁竖向变位引起的转角 θ_{s1} 与横梁 θ_g 认为相等，将 $\theta_{s1}=\theta_g$ 代入式(10-43)可得

$$\begin{bmatrix} \sigma_{my} \\ \sigma_{by} \end{bmatrix} = \begin{bmatrix} k_{m1} & k_{m3}(\gamma - k_{m123}) \\ k_{b1} & k_{b3}(\gamma - k_{b123}) \end{bmatrix} \begin{bmatrix} \theta_{s0} \\ \theta_g \end{bmatrix} \tag{10-44}$$

式中，$k_{m123} = -\dfrac{k_{m1}+k_{m2}}{k_{m3}}$，$k_{b123} = -\dfrac{k_{b1}+k_{b2}}{k_{b3}}$。

4) 支配疲劳裂纹的参量

以上研究表明，桥面板的回转角和横梁回转角是支配钢板梁疲劳裂纹的两个重要参量，图10-46是横梁上连接板测定点的桥面板转角 θ_{s0} 和横梁中心的回转角 θ_g 的分析结果，式(10-37)中 θ_{s0} 是随板的尺寸规格 $a/(D_{cx}\cdot\lambda_c)$ 而变化的，可以看出 $a/(D_{cx}\cdot\lambda_c)$ 的倒数 $(D_{cx}\cdot\lambda_c)/a$ 变小，桥的 θ_{s0} 变大，局部应力 σ_{my} 和 σ_{by} 也增大，容易产生疲劳裂纹。这样就定义 $(D_{cx}\cdot\lambda_c)/a$ 为桥面板回转角的疲劳裂纹参量。

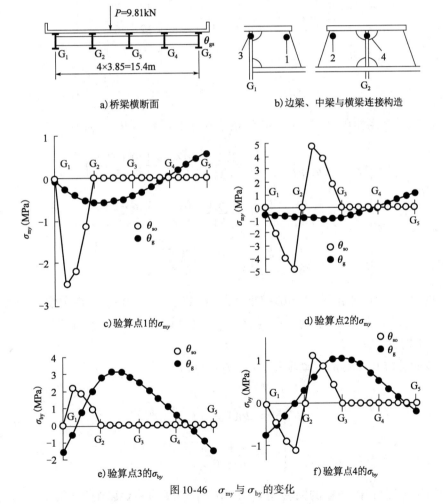

图 10-46 σ_{my} 与 σ_{by} 的变化

再考虑一下横梁回转角关系，主梁与横梁的格点上集中荷载 P 作用时，G_i 主梁的竖向位移 v_i 可用下式计算：

$$v_i = P\, q_{ij} \frac{l^3}{48\, E_s \gamma_i I_g} \tag{10-45}$$

式中：q_{ij}——G_j 主梁的格点作用荷载时对 G_i 主梁的荷载分配系数；

l——主梁跨长；

γ_i——主梁刚度比 $\gamma_i = I_{gi}/I_g$；

I_g——任意选定的计算基准主梁的二次惯性矩。

将格子刚度 Z 的计算式[式(9-4)]代入式(10-40)，可得以下矩阵关系式：

$$\begin{bmatrix} \theta_{g1} \\ \theta_{g2} \\ \theta_{g3} \\ \theta_{g4} \\ \theta_{g5} \end{bmatrix} = \frac{P}{2688}\frac{l^3}{E_s a I_g} \begin{bmatrix} -71 & 90 & -24 & 6 & -1 \\ -26 & -12 & 48 & -12 & 2 \\ 7 & -42 & 0 & 42 & -7 \\ -2 & 12 & -48 & 12 & 26 \\ 1 & -6 & 24 & -90 & 71 \end{bmatrix} \begin{bmatrix} q_{1i}/\gamma_1 \\ q_{2i}/\gamma_2 \\ q_{3i}/\gamma_3 \\ q_{4i}/\gamma_4 \\ q_{5i}/\gamma_5 \end{bmatrix} \tag{10-46}$$

G_1、G_2、G_3 主梁格点作用 P 时，在主梁 G_1 的横梁中心回转角 θ_{g1} 分别为

$$\begin{cases} \theta_{g1} = -\dfrac{P}{2688 E_s}\dfrac{l^3}{a I_g}\left(\dfrac{252+840Z}{7+34Z+5Z^2} + \dfrac{140+56Z}{4+5Z}\right) \\[6pt] \theta_{g1} = -\dfrac{P}{2688 E_s}\dfrac{l^3}{a I_g}\left(\dfrac{336+420Z}{7+34Z+5Z^2} + \dfrac{168-28Z}{4+5Z}\right) \\[6pt] \theta_{g1} = -\dfrac{P}{2688 E_s}\dfrac{l^3}{a I_g}\left(\dfrac{-168+840Z}{7+34Z+5Z^2}\right) \end{cases} \tag{10-47}$$

式(10-47)是 $\gamma_i = 1$ 的结果，这样的结果在图 10-47 上反映出 θ_{g1} 与格子刚度的关系，除了格子点 3 以外，发现 Z 在 10 以下的范围时，$\theta_{g1}/\{[P/(2688 E_s)][l^3/(a I_g)]\}$ 与 Z 成反比关系；Z 在 10 以上时，θ_{g1} 基本不变。

当 $Z > 10$ 时，式(10-48)的变动项是 $l^3/(a I_g)$，可得

$$\begin{cases} \theta_{g1} \approx \dfrac{P}{2688 E_s}\dfrac{l^3}{a I_g}\dfrac{1}{Z} \\[6pt] \theta_{g1} \approx \dfrac{P}{2688 E_s}\dfrac{a^2}{I_Q} \end{cases} \tag{10-48}$$

以上的讨论研究可知，横梁的回转角 θ_{gi} 作为格子刚度的重要影响因子，定义为钢板梁疲劳裂纹的第二参量，其关系总结为：主横梁的格子刚度在 $Z \leq 10$ 时，I_Q/a^2；$Z > 10$ 时，$\dfrac{a I_g}{l^3}$。

I_Q/a^2 或 aI_g/l^3 在减少时，Q_{gi} 呈现增加的趋势，导致疲劳裂纹发生。

日本对 17 年间高速道路上使用的 282 座钢板梁桥进行了疲劳调查，其中有 158 座 5 根主梁的桥，这些桥主梁间距在 3.74～3.99m 之间，变化范围太小，看不出 $(D_{cx}\cdot\lambda_c)/a$ 与疲劳裂之间的关系。由图 10-48 可以看出，大多数桥在 $Z<10$ 范围内，而且很多的桥是按照组合梁设计的，结果也是发生疲劳裂纹的占一定比例，这里也可以从反面证明组合钢板梁形式的钢桥的适用性，主梁主要的破坏模式是疲劳，而且混凝土桥面板的破损情况更加严重，近期将进行大规模更新。

I_Q/a^2 与类型 1 和类型 4 疲劳裂纹的调查结果见图 10-49。

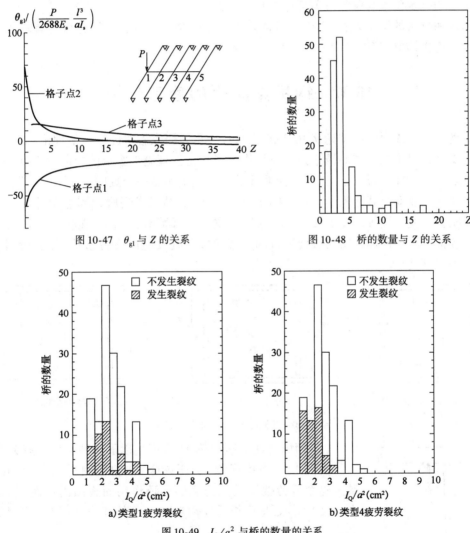

图 10-47　θ_{g1} 与 Z 的关系

图 10-48　桥的数量与 Z 的关系

a) 类型 1 疲劳裂纹　　b) 类型 4 疲劳裂纹

图 10-49　I_Q/a^2 与桥的数量的关系

根据以上分析，总结钢板梁横、主梁连接位置的疲劳裂纹情况如下：

(1) 连接板端部发生的竖直方向膜应力 σ_{my} 与主梁腹板发生的竖直方向板弯曲应力 σ_{by}，分别是类型 1 和类型 4 疲劳裂纹的支配局部应力。

(2) σ_{my} 和 σ_{by} 是由于车轮荷载作用在板上所产生的桥面板回转角 θ_{s0} 与主梁的竖向变位引

起的横梁回转角 θ_g 所引起的,两者的关系见式(10-45)。

(3)类型1和类型4疲劳裂纹的支配参量为:①θ_{s0} 关系的构造参量 $(D_{cx} \cdot \lambda_c)/a$;②$\theta_g$ 关系的构造参量 $Z \leq 10$ 时,I_Q/a^2;$Z > 10$ 时,$a \cdot I_g/l^3$;$Z = (I_Q/I_g)(l/2a)^3$。

(4)构造参量值比较小的钢板梁桥,发生疲劳裂纹的可能性高。

①类型1的疲劳裂纹受混凝土桥面板的影响大。

无论剪力连接件配置多少,疲劳仍然会发生,以组合梁较为突出,而且横梁连接位置的裂纹也多有发生,中梁的结合部是在类型1疲劳裂纹发生后发生的类型4疲劳裂纹;在横梁连接位置正上方没有设置连接件的情况下,σ_{my} 与 σ_{by} 的减少比较明显。

②车辆的行走位置与梁的疲劳寿命有很大关系。

从调查和分析的结果来看,无论是组合梁还是非组合梁,在横、主梁连接位置均不易配置连接板或者连接锚钉,都会对疲劳强度产生影响。

10.6 钢板梁腹板的疲劳分析

薄壁钢板梁的极限强度理论从 Basler 发表以来,很多研究者对此进行了理论和试验研究,前几章主要是针对钢板梁体的极限强度设计进行了讨论。理论上腹板的屈曲后强度是可以利用的,而作为薄壁的腹板是否能长期承受循环的动荷载确实是一个疑问,在这一点很多学者又对钢板梁体在反复动荷载作用下的疲劳问题进行了研究,结果发现腹板周边角焊接的腹板侧面结束端发生了疲劳裂纹。图 10-50 是薄壁钢板梁在循环荷载作用下,腹板与上下翼缘连接处的角焊接接头和横向加劲肋与腹板连接的角焊接接头处发生的疲劳裂纹,分别根据其荷载作用条件进行分类。

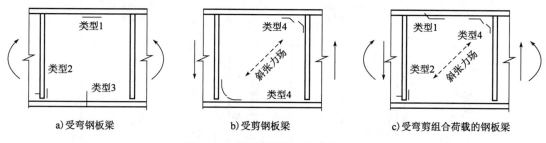

图 10-50　薄板钢板梁发生的疲劳裂纹

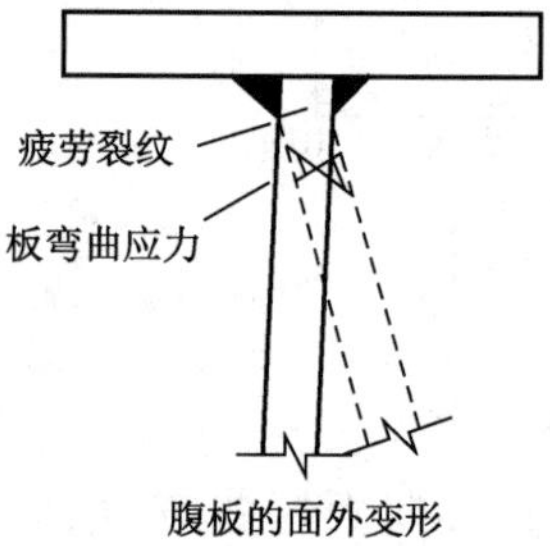

(1)面内弯曲的腹板单元,会产生以下两种类型的疲劳裂纹。

类型1:腹板角焊缝(受压翼缘)在腹板侧焊趾发生的疲劳裂纹。这个疲劳裂纹是随荷载的循环作用而逐渐沿焊趾成长的,如图 10-51 所示,是腹板受面内弯曲的面外变形,受焊趾位置的板弯曲应力而发生的。

类型2:是指横向加劲肋与腹板的角焊接处腹板侧焊缝所发生的疲劳裂纹。这个疲劳裂纹是向受拉翼缘传播引发受拉翼缘的破坏,梁的中性轴以下的拉伸侧发生的疲劳比类型1要早。

图 10-51　由腹板的面外变形而发生的板弯曲应力

(2)腹板单元受剪切的情况下,斜张力场固定的角部附近的角焊接的腹板侧焊缝产生类型 4 疲劳裂纹。这个疲劳裂纹是角焊接在沿焊趾传播后,基本上向斜张力场直角方向继续转移发展。疲劳裂纹比较长的情况下斜张力场效果会减小,梁的屈曲后强度降低。图 10-51 可以看出,受面内剪切的腹板的面外变形,焊趾的位置的板弯曲应力是疲劳发生的根本原因。斜张力场的屈曲后强度详见 6.3.4 节和 7.4 节(5)里的讲述。

(3)在弯曲与剪切组合荷载作用于腹板单元时产生类型 1 和类型 4 的疲劳裂纹,或者只产生其中一种类型的裂纹。

类型 2 和类型 3 的疲劳裂纹是比较标准的形式,在疲劳设计基准上也给出了等级 E 和等级 D。这里只讨论一下类型 1 和类型 4 的疲劳裂纹。

10.6.1 腹板单元的弯曲疲劳

图 10-52 为 $\alpha = a/b$ 的长方形板,假定其初期面外变形为

$$\omega_0 = \omega_{0\max} \sin\left(\frac{\pi x}{a}\right) \sin\left(\frac{\pi y}{b}\right) \quad (10\text{-}49)$$

式中:ω_0,$\omega_{0\max}$——分别是初期面外挠度和最大挠度。

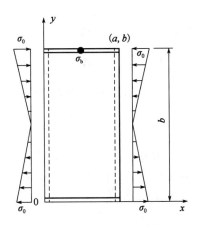

图 10-52 面内受弯的长方形板

这样板的 $y = 0$ 缘端的面内弯曲应力 σ_0 与点 $(a/2, b)$ 的板弯曲应力 σ_b 从 Marguerre 方程的伽辽金近似解法有以下关系式:

$$\begin{cases} \dfrac{\sigma_0}{\sigma_E} = k_{cr} \eta_0 + \dfrac{3}{4}(1 - \nu^2)\theta\, \xi_0 \\ \dfrac{\sigma_b}{\sigma_E} = S\eta_b + \sqrt{A^2 \xi_b^2 + B^2} - B \end{cases} \quad (10\text{-}50)$$

式中:η_0,η_b,ξ_0,ξ_b——是任意点的挠度 ω 和 ω_0 的中间变量,计算式分别为

$$\eta_0 = \frac{\sqrt{\left(\dfrac{\omega}{t_w} + \dfrac{\omega_0}{t_w}\right)\dfrac{\omega}{t_w} + \gamma_1^2 \left(\dfrac{\omega_0}{t_w}\right)^2} - \gamma_1 \dfrac{\omega_0}{t_w}}{\dfrac{\omega}{t_w} + \dfrac{\omega_0}{t_w}}, \quad \eta_b = \frac{(1 + 2\gamma_1)\eta_0 + \gamma_3(1 - \nu^2)\omega}{\eta_0 + 2\gamma_1},$$

$$\xi_0 = \left(\dfrac{\omega}{t_w} + \dfrac{\omega_0}{t_w}\right)^2 \left[1 - \left(\dfrac{\dfrac{\omega_0}{t_w}}{\gamma_2 \dfrac{\omega}{t_w} + \dfrac{\omega_0}{t_w}}\right)^2\right], \quad \xi_b = \left(\dfrac{\omega}{t_w} + \dfrac{\omega_0}{t_w}\right)^2 \left[1 - \left(\dfrac{\dfrac{\omega_0}{t_w}}{\gamma_4 \dfrac{\omega}{t_w} + \dfrac{\omega_0}{t_w}}\right)^2\right];$$

σ_E——板的基本屈曲应力,$\sigma_E = \dfrac{\pi^2 E}{12(1 - \nu^2)} \dfrac{1}{\beta^2}$;

β——长方形板的宽厚比,$\beta = b/t_w$;

ω——面内弯曲应力 σ_0 在点 $(a/2, 3b/4)$ 位置的附加面外挠度,$n = 1$ 时 $\omega_0 = \omega_{0\max}/\sqrt{2}$,$n = 2$ 时 $\omega_0 = \omega_{0\max}$;

$k_{cr}, \gamma_1, \gamma_2, \theta, S, \gamma_3, \gamma_4, A 、B$——板的各种条件系数。

板的有限变形偏微分方程的解按式(8-37)和式(8-38)可以表示为下记形式

$$\frac{1}{E}\left(\frac{\partial^4 F}{\partial x^4} + 2\frac{\partial^4 F}{\partial x^2 \partial y^2} + \frac{\partial^4 F}{\partial y^4}\right) = \left[\frac{\partial^2(\omega_0 + \omega)}{\partial x \partial y}\right]^2 - \frac{\partial^2(\omega_0 + \omega)}{\partial x^2}\frac{\partial^2(\omega_0 + \omega)}{\partial y^2} - \left[\left(\frac{\partial^2 \omega_0}{\partial x \partial y}\right)^2 - \frac{\partial^2 \omega_0}{\partial x^2}\frac{\partial^2 \omega_0}{\partial y^2}\right]$$
(10-51)

$$D_w\left(\frac{\partial^4 \omega}{\partial x^4} + 2\frac{\partial^4 \omega}{\partial x^2 \partial y^2} + \frac{\partial^4 \omega}{\partial y^4}\right) = t_w\left[\frac{\partial^2 F}{\partial y^2}\frac{\partial^2(\omega_0 + \omega)}{\partial x^2} - 2\frac{\partial^2 F}{\partial x \partial y}\frac{\partial^2(\omega_0 + \omega)}{\partial x \partial y} + \frac{\partial^2 F}{\partial x^2}\frac{\partial^2(\omega_0 + \omega)}{\partial y^2}\right]$$
(10-52)

式中:F——应力函数;

D_w——板的弯曲刚度,$D_w = \dfrac{E t_w^3}{12(1-\nu^2)}$。

应力函数 F 与膜应力成分 σ_{mx}, σ_{my} 和 τ_{mxy} 的关系式为：

$$\frac{\partial^2 F}{\partial y^2} = \sigma_{mx}, \frac{\partial^2 F}{\partial y^2} = \sigma_{my}, \frac{\partial^2 F}{\partial x \partial y} = \tau_{mxy} \tag{10-53}$$

长宽比 α 是 1/3 和 0.5 的长方形板的面外方向 $x=0$ 和 a 的边为简支,$y=0$ 和 b 的边为固定支承,则条件系数 $k_{cr}, \gamma_1, \gamma_2, \theta, S, \gamma_3, \gamma_4, A, B$ 列在表 10-11 里,其中 k_{cr} 是面内弯曲长方形板的屈曲系数。

系 数 值 表 10-11

α	1/3		0.5	
n	1	2	1	2
ω_0	$\omega_{0max}/\sqrt{2}$	ω_{0max}	$\omega_{0max}/\sqrt{2}$	ω_{0max}
k_{cr}	43.72		39.46	
γ_1	0.52	0.57	0.46	0.64
γ_2	0.35	0.50	0.65	0.64
θ	6.51		8.01	
S	86.69		62.31	
γ_3	1.03	1.28	1.08	1.36
γ_4	0.7	0.6	1.3	0.7
A	11.70		6.14	
B	5.29		1.65	

在疲劳验算中,要考虑初期挠度的影响,这里假定初期面外挠度的形状公式为

$$\omega_0 = \omega_{0max}\sin\left(\frac{m\pi x}{a}\right)\sin\left(\frac{\pi y}{a}\right) \tag{10-54}$$

式中:$m = 1,2,3,\cdots$。

面内弯曲应力 σ_0 与正方形板的 $y=a$ 边发生的板弯曲应力 σ_b 的关系,通过有限变位分析,其结果如图 10-53 所示,$m=1$ 的初期面外挠度形状受板弯曲应力的影响不很大,而 $m=2$ 和 3 时面外挠度的形状明显与板弯曲应力成正比关系。

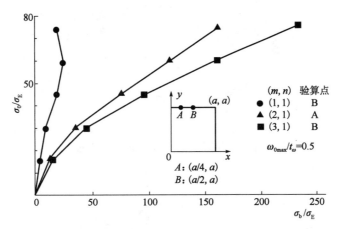

图 10-53　面内弯曲应力 σ_0 与板弯曲应力 σ_b 的关系

这里方形板单元的 $m=2$ 和 3 时初期面外挠度的板弯曲应力,是使用 $m=1$ 的初期挠度下纵横比 $\alpha=0.5$ 和 1/3 的板单元弯曲应力施加的,也就是弯曲应力是使用半波模型的结果进行方板的多波有限变位分析得出的。

业界公认,200 万次循环板的疲劳强度的应力范围大约在 166.7MPa,但 200 万次循环次数以前的类型 1 疲劳裂纹怎么防止,需要在板弯曲应力范围方面进行最大和最小应力幅限制,即

$$\sigma_{bmax} - \sigma_{bmin} = 166.7 \tag{10-55}$$

用式(10-53)的条件来解式(10-50)中的 σ_0/σ_E 和 σ_b/σ_E,最大面内弯曲应力 σ_{0max} 与腹板的宽厚比 β 的关系可以推出,再引用定义的应力比 $R=\sigma_{0min}/\sigma_{0max}$,则应力范围为

$$\Delta\sigma_0 = \sigma_{0max}(1-R) \tag{10-56}$$

由式(10-50)可知 σ_0/σ_E 和 σ_b/σ_E 两者,当 $\alpha=0.5$,$n=2$ 的情况下的关系呈非线性分布(图 10-54);满足式(10-55)条件的 σ_{0max} 与 β 的关系和 $\Delta\sigma_0$ 与 β 的关系都是随应力比 R 在变动,$\sigma_{0max}-\Delta\sigma_0-\beta$ 的关系比较见图 10-55,当 $\omega_{0max}/t_w=0.1$ 时,R 关联的 σ_{0max} 的变动比 $\Delta\sigma_0$ 的变动小;但 $\omega_{0max}/t_w=1.0$ 时,这个倾向正好相反。由图 10-54 可知,$\omega_{0max}/t_w=0.1$ 时,大约在 30 以下,σ_0/σ_E 的变化率比 σ_b/σ_E 的小,所以 σ_{0min} 对应的 σ_{bmin} 也变小。式(10-55)的 σ_{bmax} 约为 166.7MPa,也就是说这个 σ_{bmax} 对应的 σ_{0max} 的变动很小,特别是 $\omega_{0max}/t_w=0$ 时,σ_{0min} 的 σ_{bmin} 不发生,所以 R 几乎就不变动。在图 10-55b)里可见 ω_{0max}/t_w 增加时,σ_0/σ_E 和 σ_b/σ_E 的关

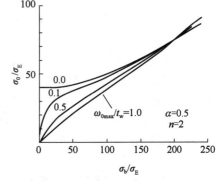

图 10-54　σ_0/σ_E 与 σ_b/σ_E 的关系

系平坦，所以 $\omega_{0max}/t_w = 1.0$ 时 R 关联的 $\Delta\sigma_0$ 的变动比 σ_{0max} 的变动小。这些倾向在 $\alpha = 0.5$ 和 1/3 时也都发生。

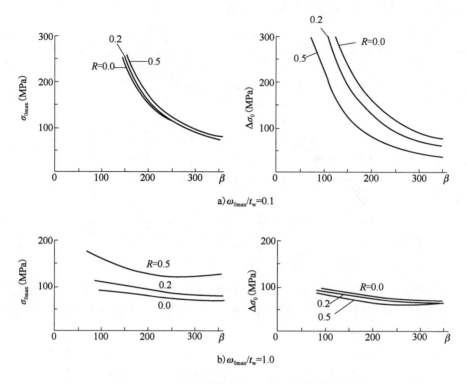

图 10-55　σ_{0max} 与 β 的关系和 $\Delta\sigma_0$ 与 β 的关系的比较

日美对钢板梁的疲劳进行了很多试验研究，图 10-56 和图 10-57 是钢板梁腹板单元的长宽比 α 与宽厚比 β 的关系和 ω_{0max}/t_w 与 β 的关系。大多数腹板单元是 α 为 1.0 的方板，而 β 是 300 以下。类型 1 疲劳裂纹在 $\beta \geqslant 191$ 的腹板单元多有发生。$\beta \geqslant 191$ 情况下大多数 ω_{0max}/t_w 的值大于 1.0，所以疲劳试验在实施的薄板钢板梁的疲劳试验时进行类型 1 疲劳裂纹的强度评价时，使用 $\Delta\sigma_0$ 更有效一些。前项也叙述了，ω_{0max}/t_w 在 1.0 附近 R 关联的 $\Delta\sigma_0$ 的变动比 σ_{0max} 的变动小，趋向稳定。

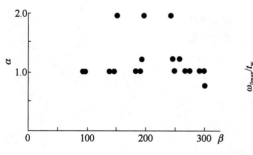

图 10-56　受弯薄板钢板梁的 α 与 β 的关系

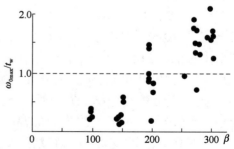

图 10-57　受弯薄板钢板梁的 ω_{0max}/t_w 与 β 的关系

疲劳试验的 $\Delta\sigma_0$ 与 β 的关系见图 10-58，类型 1 疲劳裂纹情况由黑白点表示，类型 2 和类型 3 的疲劳裂纹用日本疲劳设计指南规定的 200 万次容许疲劳应力幅线表示。

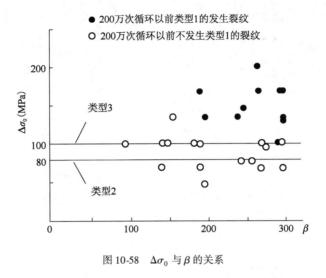

图 10-58　$\Delta\sigma_0$ 与 β 的关系

类型 2 疲劳裂纹的容许应力幅是指横向加劲肋下端的面内弯曲应力，疲劳等级为 E，200 万次容许应力范围为 80MPa。类型 3 疲劳裂纹的容许疲劳应力幅指腹板与下翼缘的角焊接位置发生的面内弯曲应力的范围，详细强度等级是 D，200 万次容许应力范围为 100MPa。图 10-58 上可见在类型 2 疲劳裂纹对应的 $\Delta\sigma_0$ 以下不发生类型 1 疲劳裂纹，所以类型 2 疲劳裂纹的验算满足时等于类型 1 也自动满足了。

10.6.2　腹板单元的剪切疲劳

受剪的钢板梁也一定伴随有弯曲发生，目前钢板梁的疲劳试验在 σ_0/τ_0 小于 1.0 时定义为腹板受剪为主，τ_0 是剪切力除以腹板截面积得来的平均剪应力，σ_0 是翼缘的弯曲应力。所以采用 $\sigma_0/\tau_0 = 1.0$ 的面内剪切与弯曲组合荷载方板的面外有限变形分析（图 10-61），由有限元分析实现，面外的初期挠度按下式假定为：

$$\omega_0 = \omega_{0\max}\sin\left(\frac{m\pi x}{a}\right)\sin\left(\frac{n\pi y}{a}\right) \tag{10-57}$$

如图 10-59 所示，初期面外挠度形状在 $(m,n) = (1,1)$ 和 $(2,1)$ 的条件下，解出的组合应力是 $\tau_0/\sigma_E = \sigma_0/\sigma_E = 32.0$ 的面外挠度结果，两者形状相似，大波变形在对角线上发生，而小波在左部上方出现。初期面外挠度形状 $(m,n) = (1,2)$ 和 $(2,2)$ 的结果也是这样。也就说初期面外挠度形状的半波个数与结果波形无关，板弯曲应力依存于面外挠度的形状。所以正方形板板边弯曲应力的分布，随荷载增加，基本上都类似，不受初期面外挠度形状影响基本上都类似，初期面外挠度形状 $(m,n) = (1,1)$ 的板弯曲应力分布如图 10-60 所示，斜张力场固定角部附近有较大的板弯曲应力发生。面内剪应力 τ_0/σ_E 与各边发生的最大板弯曲应力 σ_b/σ_E 的关系见图 10-61。

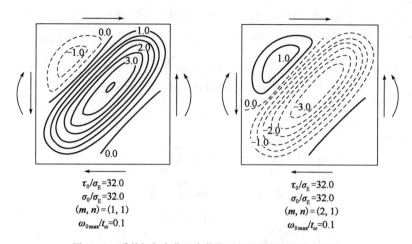

图 10-59 受剪切与弯曲组合荷载正方形板的面外挠度形状

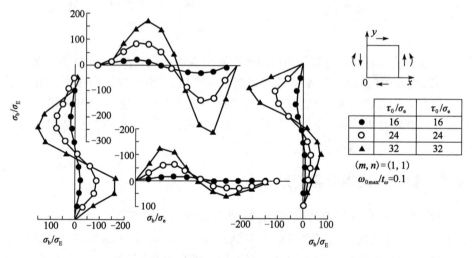

图 10-60 受剪切与弯曲组合荷载正方形板的弯曲应力的分布

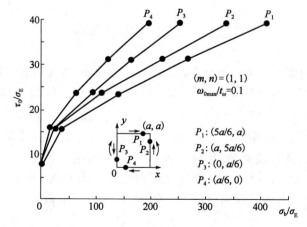

图 10-61 面内剪切应力 τ_0/σ_E 与各边上的最大板弯曲应力 σ_b/σ_E 的关系

面内弯曲应力在受压边 $y=a$ 的值最大,在受拉边 $y=0$ 的值最小,τ_0/σ_E 与在受压边 $y=a$ 的 σ_b/σ_E 之间的关系,$(m,n) = (1,1),(2,1),(1,2),(2,2)$ 的初期挠度形状的变化见图 10-62。由图 10-62 可知,τ_0/σ_E 较小时,板弯曲应力的增加与初期面外挠度形状有一定依存关系;而随着 τ_0/σ_E 的增加,面外挠度形状与初期面外挠度形状 (m,n) 的变化无关,都趋于类似,板弯曲应力的增加也相近。

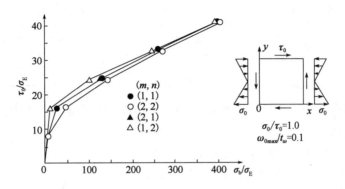

图 10-62 不同初期挠度形状 τ_0/σ_E 与 σ_b/σ_E 的关系

与弯曲板的疲劳研究方法相似,将 $(m,n) = (1,1)$ 的初期面外挠度形状的长方形板 τ_0 与 σ_b 的关系用下式表示:

$$\begin{cases} \dfrac{\tau_0}{\sigma_E} = k_{cr}\eta_0 + \dfrac{3}{4}(1-\nu^2)\theta\xi_0 \\ \dfrac{\sigma_b}{\sigma_E} = S\eta_b + \sqrt{A^2\xi_0^2 + B^2} - B \end{cases} \qquad (10\text{-}58)$$

其中

$$\eta_0 = \sqrt{\dfrac{\omega/t_\omega}{\omega/t_\omega + \gamma\,\omega_{0max}/t_\omega}} \qquad (10\text{-}59)$$

$$\xi_0 = \left\{0.61\left[\left(\dfrac{\omega}{t_\omega}\right)^2 + 2\dfrac{\omega_{0max}}{t_\omega}\dfrac{\omega}{t_\omega}\right]^{0.5} + 0.39\dfrac{\omega_{0max}+\omega}{t_\omega}\right\}\left[\left(\dfrac{\omega}{t_\omega}\right)^2 + 2\dfrac{\omega_{0max}}{t_\omega}\dfrac{\omega}{t_\omega}\right]^{0.25}\sqrt{\dfrac{\omega_{0max}+\omega}{t_\omega}} \qquad (10\text{-}60)$$

$$\eta_b = \dfrac{1}{2}\left[\dfrac{\omega}{t_\omega} + \sqrt{\dfrac{\omega}{t_\omega}\left(\dfrac{\omega}{t_\omega} + \gamma\dfrac{\omega_{0max}}{t_\omega}\right)}\right] \qquad (10\text{-}61)$$

式中: ω——面内剪应力 τ_0 在点 $(a/2,b/2)$ 位置发生的面外附加挠度;

$k_{cr},\gamma,S,\theta,A,B$——分析条件系数。图 10-63 中的单元腹板是面外方向 4 边固定支承的边界条件,其条件系数 $k_{cr},\gamma,S,\theta,A,B$ 取值见表 10-12,系数 k_{cr} 是面内剪力下长方形板的屈曲系数,式(10-59)是在最大初期挠度范围内有效,即 $\omega_{0max}/t_w \leqslant 1.0$ 时。

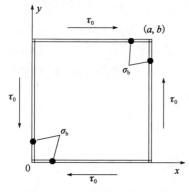

图 10-63 面内受剪的长方形板

条件系数值　　　　　　　　表 10-12

α	0.5	0.75	1.0	1.5
k_{cr}	42.46	21.31	14.67	11.49
θ	3.75	2.50	1.98	1.18
S	98.46	42.90	24.32	23.82
A	18.56	18.23	15.19	8.19
B	0.0	111.01	115.60	47.34

采用有限变位分析面内受剪的长方形板的面内剪应力与弯曲应力关系,求解满足疲劳强度的最大面内剪切应力。

长宽比 $\alpha=1.0$ 的腹板单元,τ_0/σ_E 和 σ_b/σ_E 的关系如图 10-64 所示,τ_0/σ_E 的值小于 14.67 时,σ_b/σ_E 的增加较小。τ_0/σ_E 的值大于 17 后,σ_b/σ_E 开始增加;$\tau_0/\sigma_E>17$ 时 τ_0/σ_E 与 σ_b/σ_E 的关系与最大初期面外挠度的大小无关,变成同一直线,这个直线近似计算式为

$$\frac{\tau_0}{\sigma_E} = C_1 + C_2 \frac{\sigma_b}{\sigma_E} \quad (10\text{-}62)$$

C_1 与 C_2 分别是常数,长宽比 $\alpha=0.5,0.75,1.0,1.5$ 的 C_1 和 C_2 值见表 10-13,表 10-13 中有对应 α 的屈曲系数,为防止 200 万次的循环次数以前发生类型 4 疲劳裂纹的条件是 $\sigma_{bmax}-\sigma_{bmin}=166.7$,由于最小面内剪应力 τ_{0min} 发生时最小板弯曲应力 σ_{bmin} 是很小的,

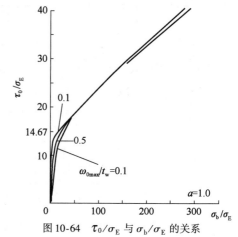

图 10-64 τ_0/σ_E 与 σ_b/σ_E 的关系

所以上式可以推出最大板弯曲应力 σ_{bmax} 大约是 166.7MPa,这样 166.7MPa 代入式(10-51)的 σ_b,有满足最大面内剪应力 τ_{0max} 的条件式:

$$\tau_{0max} = C_1 \sigma_E + 166.7 C_2 \quad (10\text{-}63)$$

式(10-63)中 τ_{0max} 总是比 $C_1\sigma_E$ 要大,表 10-13 中,除腹板单元的长宽比 α 在 0.5 的情况以外,C_1/k_{cr} 接近 1.0,所以 τ_{0max} 在比 $\tau_{cr}=k_{cr}\sigma_E$ 小的保证下,类型 4 疲劳裂纹是可以防止的。

$C_1,C_2,K_{cr},C_1/k_{cr}$ 的值　　　　表 10-13

α	C_1	C_2	k_{cr}	C_1/k_{cr}
0.5	28.81	0.08054	42.46	0.678
0.75	20.07	0.07668	21.31	0.941
1.0	15.26	0.08386	14.67	1.040
1.5	10.28	0.07588	11.49	0.894

目前日美两国的钢板梁疲劳试验结果的长宽比 α 和腹板宽厚比 β 的关系,以及 ω_{0max}/t_w 与 β 的关系如图 10-65 和图 10-66 所示。设计时的剪切屈曲式常用的腹板屈曲条件是在四边简

支的假定,则

$$k_{cr} = \begin{cases} 4.00 + \dfrac{5.34}{\alpha^2} & (\alpha \leq 1.0) \\ 5.34 + \dfrac{4.00}{\alpha^2} & (\alpha > 1.0) \end{cases} \tag{10-64}$$

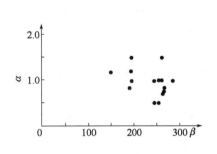 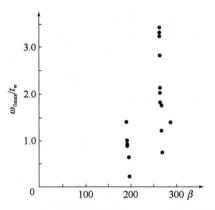

图 10-65　受剪薄板钢板梁的 α 与 β 的关系　　图 10-66　受剪薄板钢板梁的 ω_{0max}/t_w 与 β 的关系

疲劳试验梁腹板单元的 τ_{0max}/τ_{cr} 与 β 的关系如图 10-67,黑点是 200 万次的循环次数以前发生类型 4 疲劳裂纹的腹板单元,白点是这个循环次数以前不发生类型 4 疲劳裂纹的腹板。$\tau_{0max}/\tau_{cr} = 1.0$ 的水平线以下只有一个黑点,这个黑点是 162.6 万次循环时发生的类型 4 裂纹的标记。$\tau_{0max}/\tau_{cr} = 1.0$ 的水平线与上部黑点之间有多处白点存在,说明四边简支长方形板的剪切屈曲应力 τ_{cr} 作为类型 4 疲劳裂纹的预防指标是偏于安全的。

下面看一下弯剪组合下的腹板单元的情况,弯曲和剪切组合荷载的疲劳试验梁,τ_{0max}/τ_{cr} 和 $\Delta\sigma_0/80$ 的关系如图 10-68 所示,80 是横向加劲肋的下端疲劳指针规定的 200 万次容许应力幅,单位为 MPa。黑点是 200 万次的循环次数之前发生类型 1 或者类型 2 疲劳裂纹的腹板单元,白点为不发生裂纹的腹板,τ_{0max}/τ_{cr} 和 $\Delta\sigma_0/80$ 较大的腹板单元发生了疲劳裂纹,$(\tau_{0max}/\tau_{cr}, \Delta\sigma_0/80) = (1.0, 1.0)$ 的组合荷载状态下,因为没有试验结果,所以弯曲与剪切组合荷载的钢板梁疲劳裂纹预防方面没有适当的指标,这方面还是一个空白。

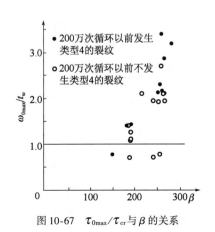 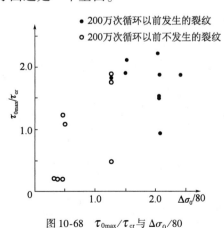

图 10-67　τ_{0max}/τ_{cr} 与 β 的关系　　图 10-68　τ_{0max}/τ_{cr} 与 $\Delta\sigma_0/80$

综上所述,防止钢板梁面外变形引起的疲劳裂纹的规定,总结如下:

受弯钢板梁腹板的面外变形引起的疲劳裂纹类型 1 在疲劳设计指南规定的疲劳裂纹类型 2 的容许疲劳应力幅以下不发生,这样对类型 1 的验算满足要求就等于限制了类型 2 的发生,而横向加劲肋下端的类型 2 的验算是有必要的。

受剪钢板梁的腹板,考虑为四边简支矩形板,保证其剪切屈曲应力在限制值内可以避免类型 4 的疲劳裂纹发生,也就是板上作用的剪切应力小于剪切屈曲应力。

以上疲劳设计指南对宽厚比 β 在 300 以下的薄腹板是比较适用的,《道路桥示方书》里最小的腹板厚为 7.5mm,也就是在从腹板高度 2500mm(2500/7.5≤300)而来的,对于疲劳而言今后要研究的课题还很多,主要包括:

(1) 表 10-13 可知, C_1/k_{cr} 的值在 $\alpha=0.5$ 时很小,这个范围的板单元剪切疲劳方面的试验需要实施。

(2) 弯曲与剪切组合荷载作用下腹板单元的疲劳预防规范是个空白,急需填补,另外在 $(\tau_{0max}/\tau_{cr}, \Delta\sigma_0/80)=(1.0,1.0)$ 组合荷载附近的疲劳试验研究也非常必要。

(3) 迄今为止已经进行了 $\beta<300$ 的腹板疲劳试验,而 $\beta>300$ 的腹板屈曲后强度的应用研究,及其疲劳研究和试验迫在眉睫。

(4) 初期面外挠度影响腹板的弯曲应力,以及主要由桥面板转动引起的腹板弯曲应力的增加,两者的关系需要引入钢板梁实桥上,这样的深入研究还需要继续加深,并需要更多的试验证明其关系,从而建立可靠的设计公式。

日本原则上是采用日本钢构造协会(JSSC)的疲劳强度计算准则,这个准则的中心就是针对常幅应力下焊接结构的 σ-N 线图。该线图的强度等级 A 是表面或端面作磨光处理的带板,B 是作磨光处理的全坡角焊,E 是荷载传递型的非处理十字接头,H 是荷载传递型焊口破坏型接头。

第11章 钢板梁桥自动设计软件 APOLLO

11.1 概　　述

工程上的各种设计计算最初都是从手算开始的,大家都采用基于图表和手册的设计方法,各种规范也是在这种操作环境下编制的。众所周知钢板梁的理论比较深奥,单体梁竖向荷载下的腹板屈曲行为和水平荷载作用下的翼缘横向屈曲等问题都涉及复杂的高阶微分方程式,而且随变形水平的变化,几何上会产生大挠度的几何非线性,如果期待材料有理想塑性就要考虑材料的非线性问题。即使单纯求受压钢板在弹性范围内的精确解也是很难的,更不必说腹板的屈曲后强度特性是钢板梁必须要利用的。

为了方便设计,使用板厚比就成为工程师设计时的必要手段。工程中考虑构件初始缺陷的承载力曲线是通过试验得到的,基于板厚比的构件承载力曲线是钢板梁设计的基本。钢板梁桥设计并不是从公式中求解最佳的板厚,实际是在按照规定的板厚比下假定板厚,推算荷载和刚度,然后求解其截面力,最后进行截面验算,超过容许值了再重新设计。这是设计咨询公司的传统设计业务流程,而在日本,钢桥的设计还有以下几个特点:

(1)政府部门有非常严格的公共事业的会计监察制度,桥梁是代表社会公共事业的项目,发包人也具备对技术内容的验算水平,每个决定要点都要逐项在设计报告书中明确说明其根据,《道路桥示方书》就是法律上的规范,要一一对应验算。

(2)日本没有标准图设计的说法,任何形式的桥梁都不能套用标准通用图,都要履行完整的条件制定、内容协议、结果汇报的技术过程。

(3)设计成果也就是设计图书,包括计算书、图面和数量,都有严格的质量要求,特别是设计计算的截面确定等重要节点,都要求有强有力的决定依据,近年又增加了第三方检验制度。

日本钢桥起步比较早,1939年就编制了初版的《钢道路桥示方书》。20世纪50年代,钢板梁设计主要是采用手算的影响线求解截面力,利用各种图表计算截面和联结系。到了60年代,开始引入欧洲的格子梁理论,并发展了加劲肋设计的内容。在这期间随着新干线和东京奥运会以及高速公路的建设,设计上积累了大量的钢板梁数据库,开始由日本电算株式会社在EWS基础上开发了自动设计软件,其主要是计算构造线形坐标、求解截面力、作主梁的截面和联结计算。到了70年代,日本道路协会编制了比较全面的钢桥设计手册,随之有两款设计系统(日本电算株式会社的HYBRIDGE和横河桥梁的APOLLO)也开始了自动出图的开发。最初是以线形图、主梁一般图、弯矩图以及截面构成图为出图项目。之后随着计算机的发展和NC(数据加工设备)的出现,开始了钢桥生产技术的CAM(计算机辅助制造)应用,随之也产生了比较完整的钢板梁设计、加工、检测技术服务产业。在技术规范方面,现在的《道路桥示方书》是第14次修改,钢桥篇虽然附有组合梁的章节,其整个技术规定和解说仍然以非组合的纯钢结构桥为主要内容。目前日本这两款钢桥自动设计系统(APOLLO和HYBRIDGE)连同

CAM 程序,MIPSON 和 JUPITER 已成为钢桥专业设计生产必不可少的专业工具,其中设计软件在钢板梁桥方面的主构造出图率已经达到 100%。下面就介绍一下自动设计系统 APOLLO 在钢板梁设计上的应用。

所谓自动设计是指用相对少量的数据输入,依靠计算机系统的自动处理而得到满足用户意图的结果。这种设想虽好,但事实上来自自动设计使用者的好评并不多,原因是:

①按用户想象的结果出不来时,或者系统遇到故障停止时,应对方法不明;

②系统出现毛病时,无法判定是输入错误还是程序欠缺;

③交互界面太多,输入数据过多,而且什么数据对什么有影响不明确;

④适用范围限制多,处理的灵活性欠缺;

⑤系统的规模太大,技能追加、变更等不能及时满足要求。

通过本书的理论介绍大家可知,钢板桥梁的设计从单板的屈曲计算到翼缘、腹板、加劲肋的各种支承条件,单板的理论性比较强,又很分散,而整个桥梁结构的应力分析都是基于格子梁理论的梁单元截面力计算。也就是说从梁模型来分析板的屈曲,而中间又有很多的屈曲承载力公式通过多元的参量来表示。再加上大批量的结果细则又与公式没有太大关联,这样设计的数据库和制图的数据库就非常庞大,最终要把工程师要用的详细图作到 100% 的完善确实是很难的事情。

图 11-1 所示为 APOLLO 系统的程序构造图,实际在主系统的控制下分为很多独立的模组,自动制图的前处理离不开庞大的细则数据库,比如说腹板上的格点间距离、截面长、构件形状、接续位置关系、焊接长度等都需要经过数据库自动确认或者直接读取数据细则。

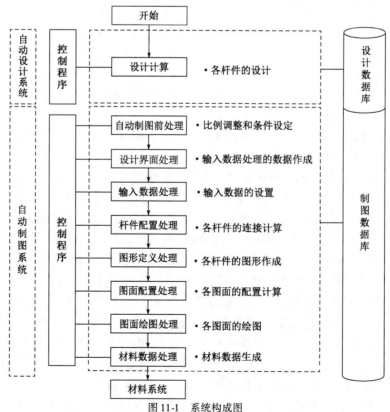

图 11-1 系统构成图

如图 11-2 所示，APOLLO 功能主界面由上至下总体分为 5 个功能区：设计条件及桥梁线形计算，荷载确认以及梁单元结构分析、桥面板设计，主梁横梁设计，加劲肋设计，钢材重量计算和疲劳验算。下面对每个功能区进行详细介绍。

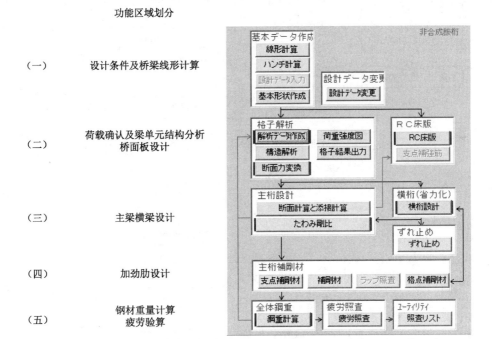

图 11-2　APOLLO 主界面（非组合梁）

11.2　建立桥梁结构分析模型

APOLLO 系统由构造分析（Analyzer）、主梁设计（Girder）以及截面设计（Section）三大计算部分组成。由构造分析得到的格子梁截面力交给截面设计进行应力计算。最后可以通过 Word 形式自动形成设计报告书并可以任意编辑添加删除，中间又可以形成 CSV、SEC、rtf 的文档。

图 11-3 是系统整体的相互构成关系和操作流程图。

11.2.1　桥梁线形文件的作成

桥梁线形包括平面线形、横截面及纵截面线形。这里把结构的空间位置都定义在结构的大小坐标系内，而且可以指示要计算输出的各种中间及延伸点的数据，各种线形的属性也可以分别定义。由于日本采用的是平面分布的 B 荷载面荷载，所以需要对道路的有效宽度进行准确定义。

首先，按照图 11-4 所示，进入桥梁线形计算模块（图 11-5）。

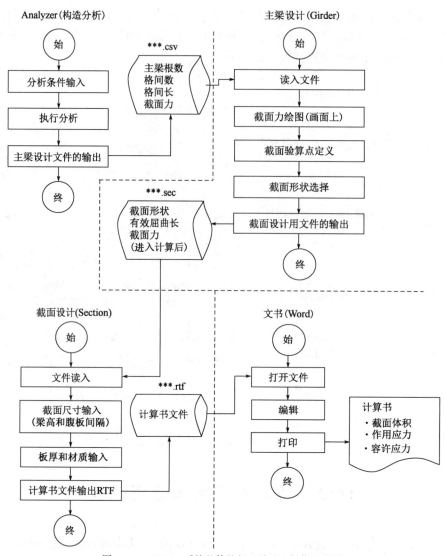

图 11-3　APOLLO 系统整体的相互关系和操作流程图

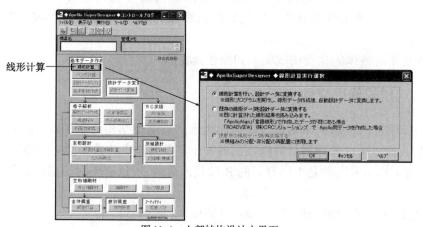

图 11-4　上部结构设计主界面

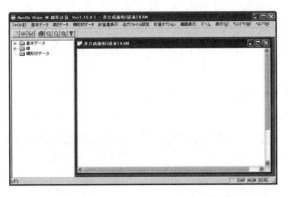

图 11-5 线形计算模块界面

进入线形计算模块后,根据设计路线进行坐标系选定(测量系),数学系指的是纵轴向上为正的理论坐标系(图 11-6)。线形计算里可以指示格子梁的应力计算和输出位置,而且如果要对桥梁进行疲劳验算,在这里就要求指示验算点的位置,从而可以对选取点的疲劳应力幅进行比较和输出。

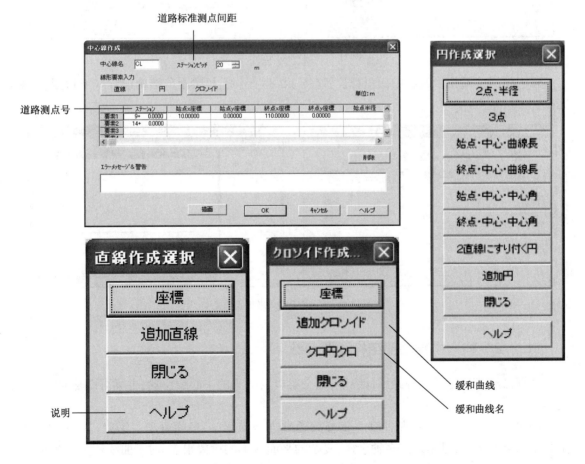

图 11-6 平面设计线形输入

日本道路线形复杂多样，APOLLO 的空间线形功能很强大，具备多种线形计算机能。

确定坐标系后，根据桥梁设计平曲线参数，依次输入桥梁设计线形；桥梁设计线形共由直线、圆曲线和缓和曲线 3 种形式构成（图 11-7）；APOLLO 内提供了丰富的道路中心线计算方法，可以灵活地设定道路中心线。

输入桥梁纵坡及横坡线形控制点数据（图 11-7）。

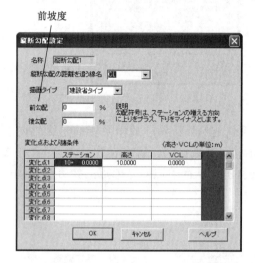
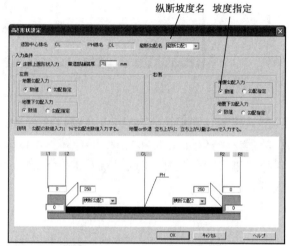

图 11-7　立面和断面线形输入

输入桥梁两端桥台和各中墩里程位置（图 11-8）；至此，桥梁上部结构设计线形形成，绘制完毕。

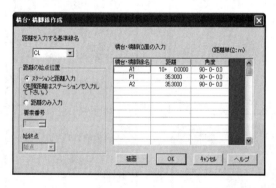
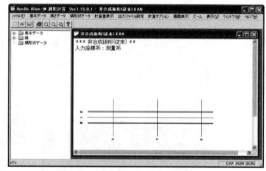

图 11-8　输入桥台和中墩里程位置

11.2.2　输入桥梁上部结构线形参数

根据已经建立完成的桥梁设计线形，定义梁以及横梁的中心线位置，主梁可以是曲线和折线两种。

按照图 11-9 所示顺序，依次建立钢板梁的端支承横梁、一般横梁和主纵梁；其中，关于横梁和主纵梁的建立，日本道路多种多样，复杂的平面线形的桥梁很多，对于曲线桥为了美观，一般都采用曲线腹板的主梁形式。APOLLO 程序内提供了丰富的建模和构造方法，基本能够适

第 11 章 钢板梁桥自动设计软件 APOLLO

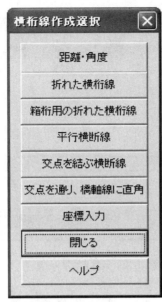
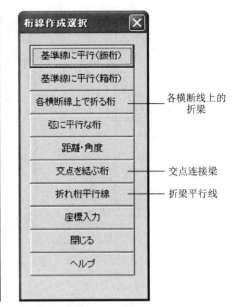

图 11-9 输入桥梁上部结构线形参数

用于实际中各种弯、斜桥梁的自动化、准确建模。

桥梁横纵剖面和路面需要的线形都可以作以下属性的定义（图 11-10）。

如图 11-10 所示，在完成上述各个模块的参数输入后，就准确建立了与实际桥梁结构线形坐标相一致的梁格模型（图 11-11），可以通过单元骨架图再次确认杆件号和验算关注点。

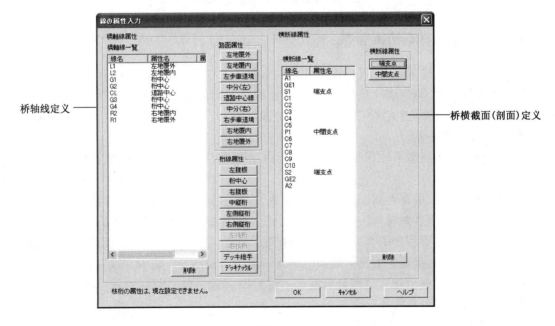

图 11-10

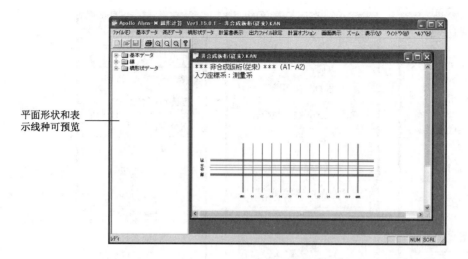

图 11-10　属性定义

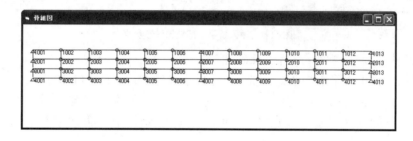

图 11-11　任意梁单元分析的梁格模型

11.2.3　输入基本桥梁参数

在完成桥梁线形输入后,进入桥梁上部结构参数输入模块。如图 11-12 所示,需要在程序内依次输入设计条件、构件编号及约束情况、横梁概算截面信息,主纵梁的最大分段长,定义主结构的现场拼接板计算方法;在完成上述各项的参数输入后,程序可以输出相应的任意梁单元分析图、平面图和横截面。

日本是使用分布荷载来计算截面力(图 11-13),分布荷载需要按桥面的有效宽度正确地指定和输入。

对于城市立交桥、桥宽大幅变化、匝道出口等复杂的桥型,在图形界面程序无法对应的情况下,可以使用 APOLLO 的单体"程序化线形设计"模块进行计算。根据实际的线形条件,使用 APOLLO 特定的线形程序语言来进行线形计算。因此,任何复杂的桥梁线形都能做到模型化,从而原则上可以对应现实中任何复杂的梁式桥梁进行自动设计以及自动制图。

纵观 APOLLO 在整个建立结构分析模型的过程中(图 11-14),凸显的两个特点是:

①直接以桥梁工程参数进行输入;

②与行业规范和工程实际联系紧密。

第 11 章　钢板梁桥自动设计软件 APOLLO

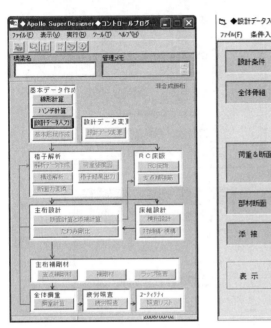
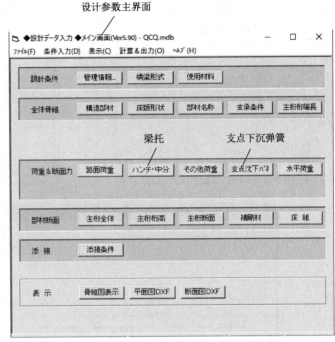

图 11-12　输入桥梁上部结构参数

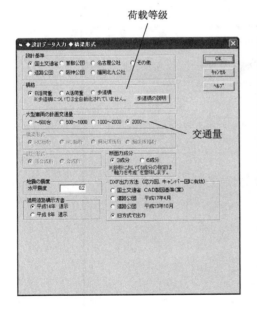
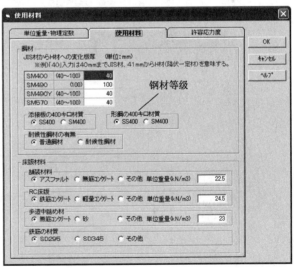

图 11-13　计算截面力

▶ 板的屈曲与钢板梁桥的设计

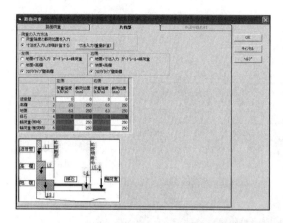
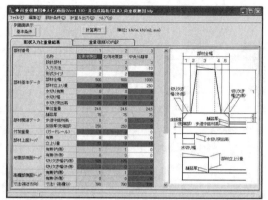
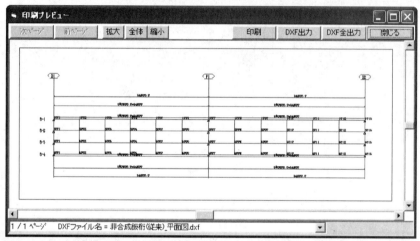
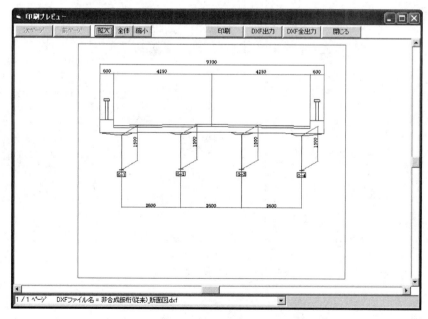

图 11-14 建立结构分析模型过程中的部分典型界面

与常规结构有限元分析程序不同，APOLLO系统整个建立桥梁结构格子梁单元分析模型的过程都是直接以桥梁结构参数进行输入，而不是以有限元分析模型所需的参数进行输入的，这点对于桥梁设计而言，至关重要和突出。一般说来，若要使用一款有限元分析软件建立一个正确的桥梁结构有限元分析模型，即使是梁单元的有限元，不仅要求操作者具有扎实、丰富的桥梁工程知识，同时也要求操作者熟悉有限单元法计算原理，只有具备以上两项素质的专业工程师才能确保建立的结构有限元模型能够准确地表达和还原实际结构的力学行为。而APOLLO系统软件以桥梁设计为目标，其输入的参数均为桥梁结构的参数，而不是有限元分析的参数。例如：对于结构有限模型，要输入节点坐标、单元截面参数和节点编号；而在APOLLO系统中，不用直接输入上述参数，输入的是设计线形，如何划分单元和节点编号都是由程序内部自动完成的。所以说，对于APOLLO的使用者，只要具备丰富的桥梁工程专业知识，就能正确地建立结构分析模型，不仅大大提高了建模效率，而且确保了模型质量。

对于一个具有桥梁工程经验的工程师，使用APOLLO建立一个钢板梁桥的梁单元有限元模型，虽然输入了较多参数，环节也比较繁琐，但是整个建立模型过程非常流畅和顺利。究其原因，整个APOLLO的参数化界面是完全按照现行的设计规范（日本），且各参数的输入顺序也是按照桥梁的设计顺序进行输入的。这种参数化输入方式非常值得同类桥梁设计软件参考和借鉴。

日本钢桥有非组合和考虑桥面板的组合结构之分，这样对桥面板和二次支持构件是使用叫T荷载的车轮荷载，对主梁和分配横梁的参加整体内力分析的主结构采用叫L荷载的均布荷载。L荷载中有大型连行车辆的加载长（B荷载10m）和荷载宽（5.5m）分布在整桥的最危险位置，其他有效宽度内按纵荷载折半分布，而且计算主梁的抗弯和抗剪使用不同的荷载集度。

11.3　任意梁单元分析

日本的钢板梁桥是使用格子梁分析方法计算内力，这时的格子梁不考虑单梁的抗弯刚度。而常用主梁与横梁的挠度格子刚度 Z 来判定荷载的分配效果。

在日本桥面系包括横联以及平联，也叫作桥梁附属结构，一般不参加整桥的格子梁计算模型。桥面系作为二次构件是通过水平力（地震力、风力）进行二次设计，当然APOLLO也包括这部分内容。

作为桥梁主构设计用的L分布荷载按图11-15中所示荷载强度考虑，B活荷载是高速公路和国道的活荷载。

对于一般的结构有限元分析软件，在进行具体计算之前，往往还要进行边界条件、外荷载输入以及施工阶段模拟等过程（图11-16）；但是APOLLO是一款面向桥梁设计过程的软件，如上节所述，其在输入完桥梁结构的直接参数后，将桥梁结构模型转化为任意梁单元的过程全部由程序自动完成，最后可以点击"荷载强度图"，打开如图11-15所示的图形界面，可以非常直观地进行设计荷载的确认和验算。大大提高了结构分析的效率，而且质量也得到了保证。

如图11-15所示，直接点击分析模型转化，一键完成整个上述边界条件、外荷载以及施工过程模型的过程（图11-17），大大提高了结构有限元分析的效率。

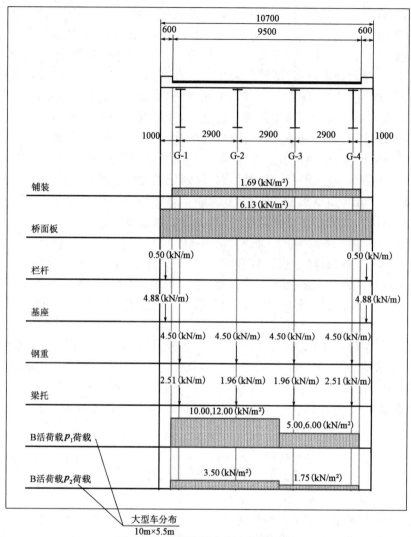

图 11-15 荷载强度图(尺寸单位:mm)

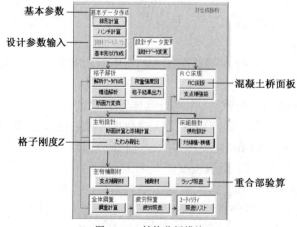

图 11-16 结构分析模块

第 11 章 钢板梁桥自动设计软件 APOLLO

图 11-17　程序求解进程

在自动生成结构梁格分析模型后,点击"结构分析"按键,则程序能够直接完成结构分析计算,此时的钢材用量以及主梁横梁的刚性均为假定值。其内部集成有专门针对梁格模型的快速求解器,求解速度非常迅速;然后再点击输出内力和内力转化的按键(图 11-18),则程序能将解析结果输出到指定的 WORD 文档。

图 11-18　上部结构内力等转化进程

11.4　主 梁 设 计

11.4.1　主梁截面验算

在进行完程序内结构建模与内力分析后,便可进行主梁设计的安全性验算。

如图 11-19 所示,整个设计界面由上至下分为 3 个功能区:

(1)结构图形显示区——显示有主梁的弯矩包络图、主梁的拼接板数量和位置以及横向加劲肋的布置情况,在这里用户可以直接在图上修改拼接板的位置。

(2)构件尺寸参数区——该区域与位于上部的图形显示区遥相呼应,具体进行主梁的上翼缘、下翼缘和腹板等材料型号和板厚尺寸的设定。软件提供自动推定截面的功能,设定好条件后可以使用自动推定功能来进行截面推定,局部不合理的地方再手动修正即可,方便快捷。

(3)验算结果显示区域——这部分直接显示了主纵梁的验算结果,包括上下翼缘的正应力验算结果和限值、腹板剪应力验算结果和限值,以及上下翼缘在拼接板处设置高强度螺栓,除去开孔部分的截面拉应力验算结果。特别注意翼缘板的拼接位置应力的控制,必须保证翼缘板的拼接位置扣除开孔面积的计算不能出现问题。

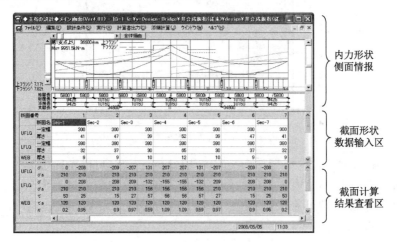

图 11-19　主纵梁强度设计界面

11.4.2　拼接板验算

如图 11-20 所示由拼接位置的截面应力来对拼接位置进行验算,并计算高强度螺栓的使用量计算。受拉侧翼缘板要考虑去除开孔部分截面面积而导致的板厚提升问题。而 APOLLO 内关于这部分进行了非常全面的设计,能够非常高效和智能地完成设计内容。用户只需要根据规范和构造输入相应的参考规范和总体设置原则(图 11-21),程序就会自动完成全部的设计工作。

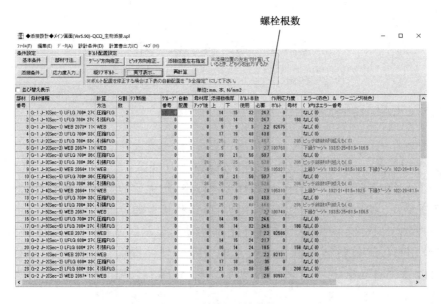

图 11-20　拼接板验算主界面

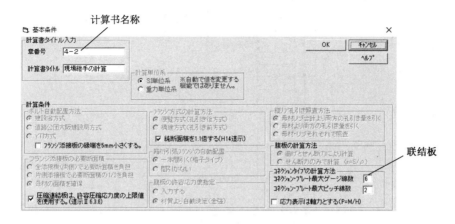

图 11-21　设计主纵梁拼接板的基本条件和总体原则

在输入基本设计条件后,程序会对上、下翼缘和腹板的拼接情况进行自动设计。

日本不允许现场焊接,所以主构的栓接计算很重要。APOLLO 的螺栓配置可以指定方法自动进行。如图 11-22、图 11-23 所示,程序能够自动对上下翼缘的受拉和受压情况进行区分,对于受压区,尽量按照最简单、方便的方式将高强度螺栓设置成举行排列;而对于受拉区则能够考虑扣除螺栓开孔后截面有效面积的减小,然后按照一定的方式在翼缘内逐步计算。对于腹板的连接方式,也是能够按照用户的设定原则,自动完成设计(图 11-24)。

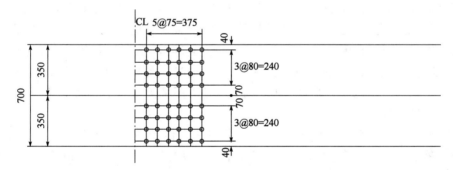

图 11-22　上翼缘板的拼接板和高强度螺栓布置图(尺寸单位:mm)

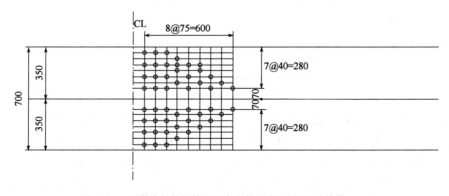

图 11-23　下翼缘板的拼接板和高强螺栓布置图(尺寸单位:mm)

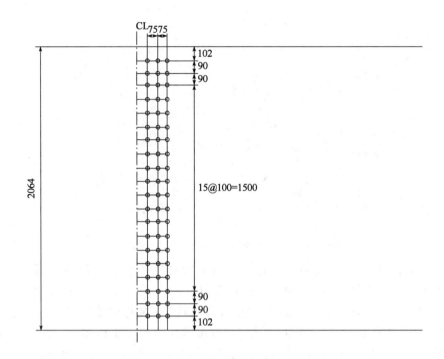

图 11-24　腹板的拼接板和高强度螺栓布置图

现场拼接计算首要条件是要考虑结构上的可行性。首先要保证螺栓能够正常的机械施工，所以在螺栓的配置上要注意与邻接板材的关系,保证足够的施工距离,比如腹板的最上段与最下段螺栓施工要考虑翼缘板的拼接板厚度的影响等；其次要注意拼接板是否跟横向加劲肋干涉,如果与横向加劲肋干涉拼接板将无法施工,这时需要调整拼接的位置或者横向加劲肋的位置来避免钢板之间相互干涉的问题。细节的地方是需要设计者多加思考,从而避免现场拼接无法施工的问题。

新《道路桥示方书》的极限状态设计法中,拼接板的设计是极限状态1按照双面摩擦栓接计算,极限状态3是考虑摩擦的失效后接承压结合计算螺栓的抗剪,这时也要验算边孔的拼接板强度。此程序指定为翼缘和腹板同时栓接形式,当翼缘为焊接时的混合接头不能计算。主梁和横梁的连接时原则上是全强设计,也就是拼接截面的强度一般不能小于母材断面的75%,而且采用双面摩擦结合形式。

11.5　横 梁 设 计

日本横梁有承担桥面荷载的分配横梁和一般横联之分,在格子计算里参加模型化的横梁为分配横梁,这里作为主构的一部分进行截面设计。图 11-25 是横梁设计的主界面。

如图 11-26 所示,根据桥梁实际情况出发,APOLLO 内首先将中间横梁和端部支点横梁分别进行设计；而端支点横梁、中支点横梁和中间横梁又可根据具体的构造形式分为框架式横梁和梁式横梁。

第 11 章 钢板梁桥自动设计软件 APOLLO

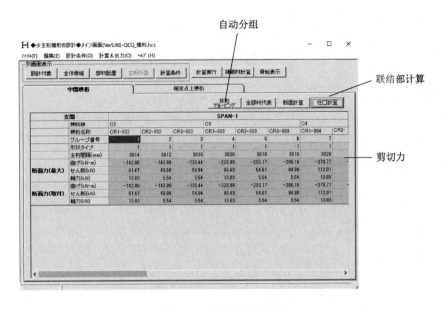

图 11-25 横梁设计主界面

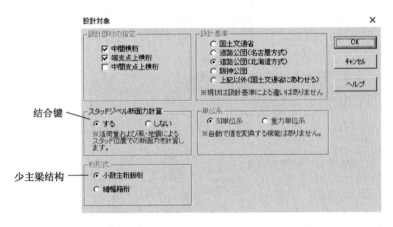

图 11-26 选择横梁位置和设计规范界面

抗水平力计算基本参数输入界面见图 11-27。地震时要考虑 L_2 大地震的工况。对一般的横联是主要作为承担主梁水平稳定的目的进行。

如图 11-28 所示,在设计参数选项卡内依次完成基本参数 - 1、基本参数 - 2、中支点横梁、端支点横梁、中横联等选项的内容;使用之前构造解析出来的内力,进行横梁截面设计。然后依次进行横梁的拼接计算、加劲肋、纵梁、平联的设计等。设计方法与主梁的设计基本相同。日本的横梁是指断面分析中的格子计算进行模型化的主构造,也叫分担横梁,主要是承担竖直和中的横向分配。这里一个重要的指标就是格子刚度 Z 的使用。Z 的大小是横向分配效果的标志,一般取 Z 在 10~25 之间。过大的格子刚度比相反对分配没有效果。

日本旧桥下平联形式多种多样,一般都是角钢结构,图 11-29 中所示下平联形式最近的桥梁中使用较少。

377

▶ 板的屈曲与钢板梁桥的设计

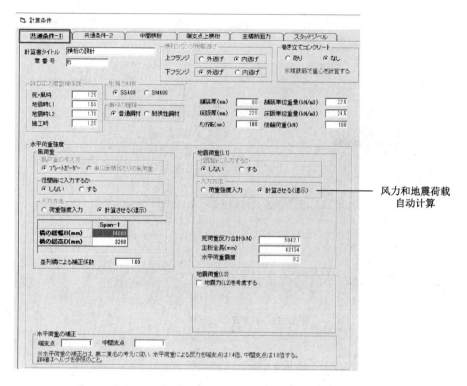

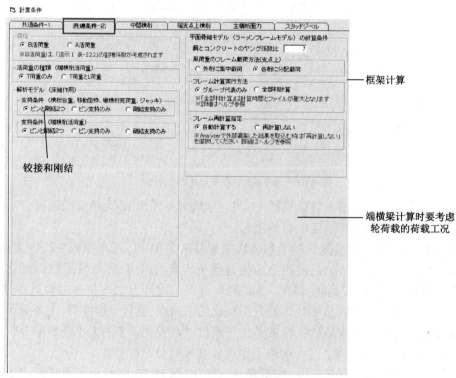

图 11-27 基本设计参数输入界面

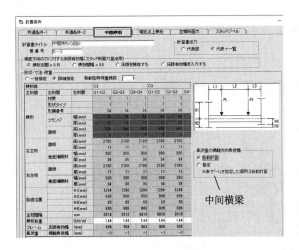 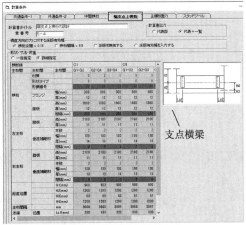

图 11-28 基本设计参数输入界面（二）

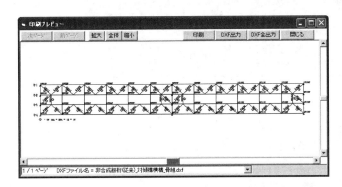 

图 11-29 横梁编号及布置图

11.6 加劲肋设计

11.6.1 横向加劲肋设计

主梁截面确定后，单梁的抗屈曲设计也是比较重要的内容。首先支承加劲肋不但是对腹板的加劲补强，更重要的是用加劲柱传递巨大的支承反力。图 11-30 是支承加劲肋的设计界面。

APOLLO 内设置有专门的支承加劲肋设计与验算模块，选择支承加劲肋的类别和数量，输入相应的基本设计参数和参考规范，程序可以自动完成支承加劲肋的验算工作。大地震时的加劲肋验算也可以使用软件完成，可以很大程度上保证结构的安全性。

横向加劲肋都是按图 11-30 中的 3 个截面形式的加劲柱来计算。使用外力主要是支承传来的水平和竖直反力。验算内容有下端的支压和加劲柱的抗弯、抗剪以及弯剪组合的应力。

另外还要对必要的加劲肋面积进行复核。当然加劲肋的焊缝计算也是重要内容,由于这部分是主梁截面决定后的加劲计算,所以只与支承反力有关,而且可以直接在界面上进行对话设计(图11-31)。

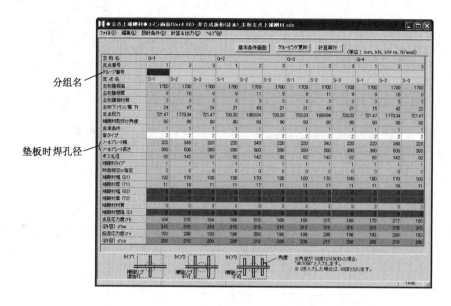

图 11-30　支承加劲肋设计界面图

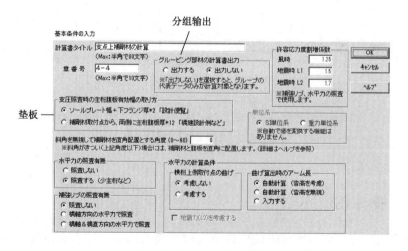

图 11-31　横向加劲肋设计基本条件

11.6.2　腹板加劲肋设计

对于腹板的加劲设计可以定义板单元的编号,并可指定单元内的腹板材料;指定隔间加劲肋的数量以及加劲肋的截面尺寸,来进行主梁加劲肋的验算,如图11-32、图11-33所示。

第 11 章 钢板梁桥自动设计软件 APOLLO

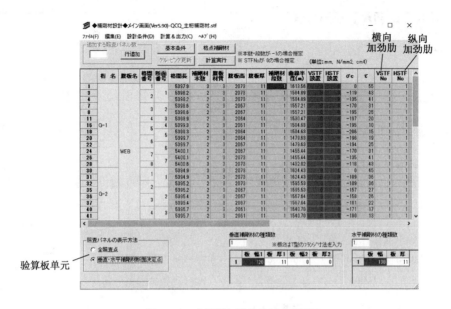

图 11-32 主纵梁加劲肋验算主界面

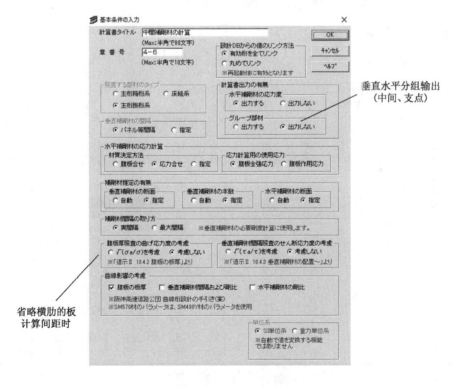

图 11-33 加劲肋设置总体原则

如图 11-34 所示,在完成各项参数的输入后,程序会输出完整的加劲肋验算书。对于腹板单元的弯剪组合应力验算是对应纵向加劲肋的分割情况,通过调整横向加劲肋的间隔来实现的。

381

▶板的屈曲与钢板梁桥的设计

4－5　中間補剛材の計算

計算式の説明

垂直補剛材の間隔照査
次式のK1,K2を満足することを確認する

$$K1 = a/b \leqq 1.5$$

1) 水平補剛材を用いない場合

$$K2 = [b/(100*t)]^4 * [(\sigma/345)^2 + \{\tau/(77+58*(b/a)^2)\}^2] \leqq 1 : (a/b > 1)$$
$$K2 = [b/(100*t)]^4 * [(\sigma/345)^2 + \{\tau/(58+77*(b/a)^2)\}^2] \leqq 1 : (a/b \leqq 1)$$

2) 水平補剛材を1段用いる場合

$$K2 = [b/(100*t)]^4 * [(\sigma/900)^2 + \{\tau/(120+58*(b/a)^2)\}^2] \leqq 1 : (a/b > 0.80)$$
$$K2 = [b/(100*t)]^4 * [(\sigma/900)^2 + \{\tau/(90+77*(b/a)^2)\}^2] \leqq 1 : (a/b \leqq 0.80)$$

3) 水平補剛材を2段用いる場合

4－5－2　間隔照査および必要剛度の計算

（1）主桁 G-1　　腹板名：WEB

（a）断面寸法および腹板厚の照査

格間番号	断面番号	格間長(mm)	補剛材本数	補剛材間隔(mm)	補剛材段数	作用応力度 σc	作用応力度 τ (N/mm²)	腹板材質	腹板高(mm)	腹板厚(mm)	割増係数 Kh	必要板厚(mm)
1	1	9287	2	3096	0	0	41	SM490Y	2423	19	1.20	16.4
1	1	9287	2	3096	0	-178	15	SM490Y	2423	19	1.09	18.1
2	1	9285	2	3095	0	-178	15	SM490Y	2423	19	1.09	18.1
2	1	9285	2	3095	0	-184	13	SM490Y	2423	19	1.07	18.5
2	2	9285	2	3095	0	-182	13	SM490Y	2423	19	1.07	18.3
2	2	9285	2	3095	0	-189	11	SM490Y	2423	19	1.05	18.7
2	2	9285	2	3095	0	-154	25	SM490Y	2423	19	1.17	16.9
3	2	9286	4	1857	0	-154	24	SM490Y	2423	19	1.17	16.9
3	2	9286	4	1857	0	-143	26	SM490Y	2423	19	1.20	16.4
3	3	9286	4	1857	0	-145	28	SM490Y	2425	18	1.20	16.4
3	3	9286	4	1857	0	-146	49	SM490Y	2425	18	1.20	16.5
4	3	5070	2	1690	0	-146	49	SM490Y	2425	18	1.20	16.5
4	3	5070	2	1690	0	-167	51	SM490Y	2425	18	1.12	17.6

图 11-34　腹板加劲肋计算书

11.6.3　腹板屈曲验算

钢板梁主梁除进行强度验算外，屈曲稳定设计是整个设计内容的重要组成部分，合理设置纵、横向加劲肋，确保腹板不发生屈曲稳定破坏，是钢纵梁必须要进行的设计和验算内容。

如图 11-35 所示,根据已完成的内力分析结果以及输入的加劲肋设置方法,程序会自动绘制主纵梁所承受的弯矩分布图,并且进行相应的腹板屈曲计算。

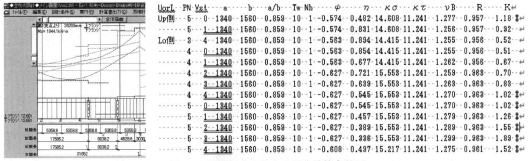

图 11-35 腹板应力分布及屈曲计算参数图

如图 11-36 所示,程序会根据已完成的内力分析结果,自动根据主梁所承受的正、负弯矩情况,完成腹板上下缘纵向加劲肋的设置范围和长度,可以根据具体情况,在主梁正负弯矩交互区域内手动设置更加合理安全的纵向加劲肋范围。

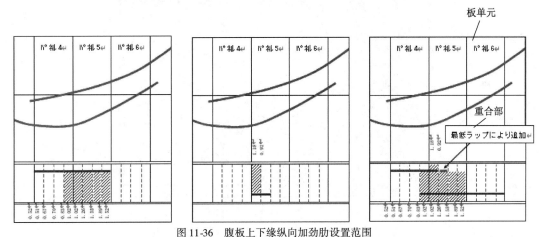

图 11-36 腹板上下缘纵向加劲肋设置范围

11.7 钢材用量验证、刚度比验证

主梁、横梁以及加劲肋等计算完成后,桥梁的整体构造已经基本成型。点击"挠度与刚度比"按钮,如图 11-37 所示,进行最大挠度、刚度比的验算。在挠度满足规范要求的前提下,进行刚度比的验算,如果刚度比超出了规范要求,通常假定刚度/实际刚度 <100%±5% 范围内。则需要更新假定刚度重新进行"构造解析""主梁设计"等步骤,循环直到刚度比达到规范要求。

刚度比以及挠度达到要求后,点击图 11-2 界面中的"钢材用量计算"按钮,则可在图 11-38 所示界面进行全桥的概略钢材用量计算,换算到每一根主梁的单重后与"设计条件"假定的主梁钢材用量相比较,误差在规范允许范围外将重新返回"设计条件"进行钢材用量循环计算,调整主梁截面直到设计钢材用量与假定钢材用量的比值达到规范要求,通常(假定钢材用量 − 实际钢材用量)/实际钢材用量 <5%,从而完成了桥梁的主体构造设计。

交叉梁的格子刚度比公式是 $Z = \left(\dfrac{l}{2a}\right)^3 \dfrac{I_{Q1}}{I}$，有关格子梁刚度比的相关规定和分配效果的评价可参照本书9.2节的内容。

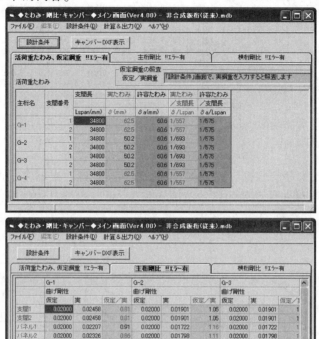

图 11-37　主梁挠度、主梁刚度比

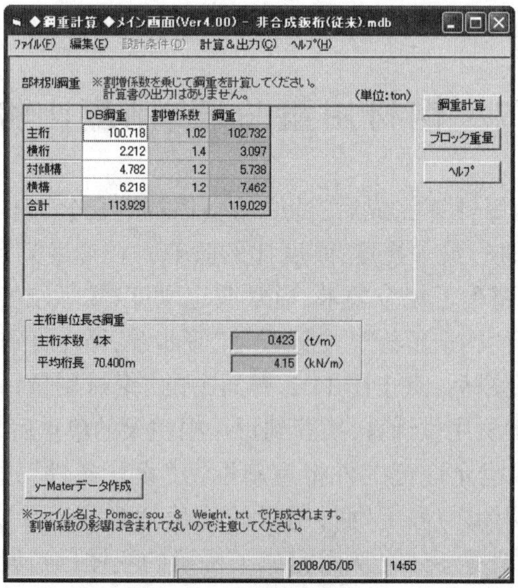

图 11-38　钢材质量的计算

11.8 疲 劳 验 算

疲劳验算是钢结构桥梁设计与验算的重要部分,APOLLO 在这方面能够进行全面、细致的验算。如图 11-39 所示,首先选择进入疲劳设计模块,并且输入疲劳设计的基本条件。

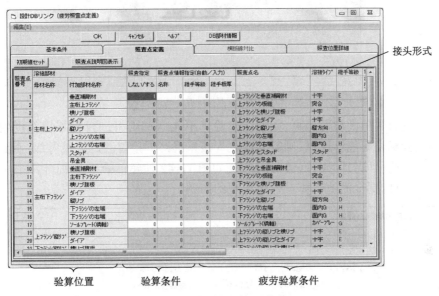

图 11-39 疲劳设计基本条件

如图 11-40 所示,在程序内依次选择疲劳应力验算位置,输入重车频率、重车加载位置、桥梁使用年限,指定的主梁横梁验算点和疲劳曲线等计算参数。在完成各项参数输入后,对具体需要验证的疲劳点,程序自动完成钢主梁的疲劳验算,疲劳计算结果如图 11-41 所示。

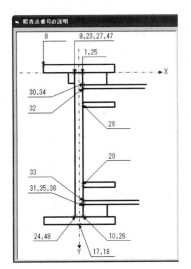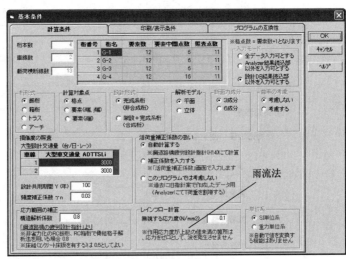

图 11-40 疲劳应力计算点及相应的计算参数界面

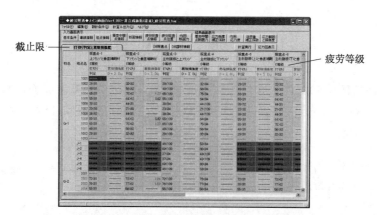

图 11-41　疲劳设计验算结果

软件首先进行简单的疲劳验算,如果简单验算不能通过则将进行积累损伤度的验算。如果积累损伤度验算还不能够通过,则需要优化焊接来提高焊接位置的疲劳等级,直到达到疲劳验算要求。之后便可以打印疲劳设计计算书,如图 11-42 所示。查看详细计算书中的计算公式与设计参数,可以更全面地验算设计中出现的问题。

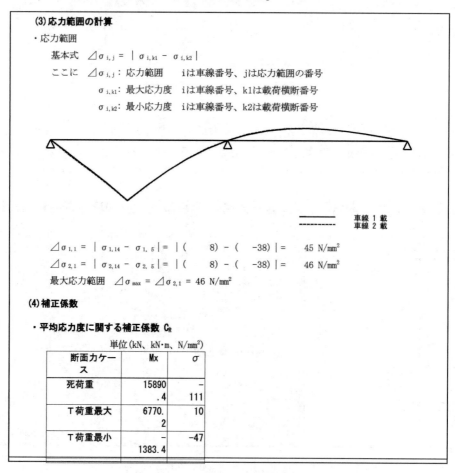

图 11-42　疲劳设计详细计算书

钢桥的疲劳验算主要是针对受拉构件的应力集中点,都规定为焊缝是疲劳热点,而且是通过受拉接头的应力幅来具体计算的。这样 APOLLO 疲劳验算要首先指定验算点的位置,当然这也需要注意使验算点产生最大应力的加载状态。程序是按照《道路桥示方书》规定的 8 根抗弯 σ-N 线和 1 根抗剪 τ-N 线来指定的焊缝等级。

11.9　自　动　制　图

钢材用量验算、主横梁刚度比验算与挠度验算通过后,上部结构的主构造设计就已经基本完成。然后利用现有的设计数据库资料,启动图 11-43 所示 APOLLO 的自动制图模块,便可以自动生成与设计相对应的上部结构主构造工程设计 CAD 图纸。

APOLLO 的自动制图部分在设计中非常重要,它是由巨大的工程数据库支持着,形式和细部构造规定、规范的内部选择、比例和配置的处理都是自动处理的。

如图 11-44 所示,选择进入条件输入模块,对工程图纸的字体、图层、比例等进行详细的设定。大部分参数信息是关联到之前的设计数据库,所以很大程度上提高了效率以及图纸的准确率。

输入所有的参数后,点击运行"自动制图"按钮就可以生成预期的上部结构主构造 CAD 设计图纸,如图 11-45 所示。出图完毕后,对 CAD 图纸进行检验,可以达到对整体设计进行复核的效果,如果设计上出现问题在 CAD 图纸里就会有更直观地体现出来,发现问题后返回"自动设计"程序,对之前的设计文件进行更正后再重新出图。前后数据库相互关联从而保证了设计的准确性,减少了设计文件与图纸符合的中间检验环节,大大提高了工作效率。

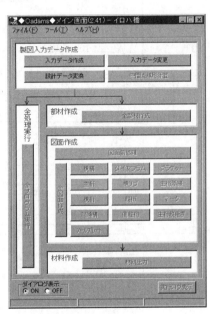

图 11-43　自动制图主模块

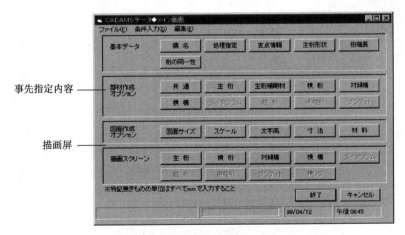

图 11-44　自动制图条件输入模块

"描画屏"指的是在这个屏幕上直接指定主梁的出图梁段、图面配置、比例调整以及附加的 CAD 功能。

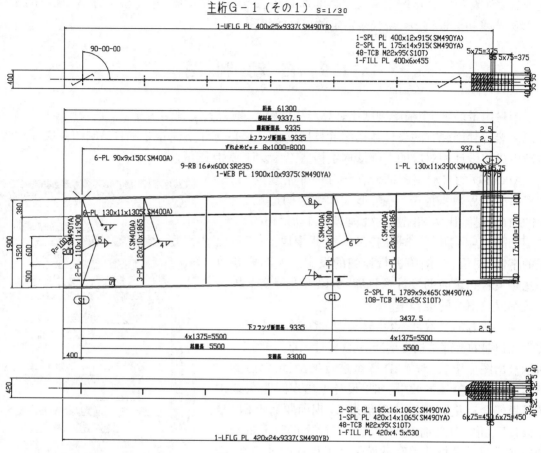

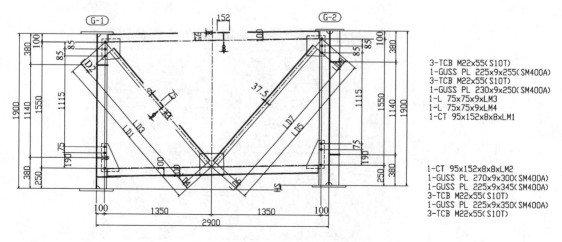

图 11-45 自动制图输出 CAD 设计图纸

11.10 本 章 小 结

本章只是对 APOLLO 这款软件的基本验算功能进行了简要的介绍,实际上 APOLLO 这款软件拥有完整、丰富、强大的功能。APOLLO 是一款面向钢结构桥梁设计的全过程软件,其涵盖桥梁路线设计、结构设计、结构分析、构件验算、施工图绘制以及工程量统计等大部分设计环节,其从 20 世纪 70 年代诞生并发展至今,随着日本桥梁规范不断地更新而逐步完善,得到了业界的完全认可,成为日本境内钢结构桥梁上部工设计的主流设计软件。总结其特点如下:

(1)完整、全面。APOLLO 这款钢结构桥梁设计软件其内容非常丰富,涵盖钢结构梁式桥梁上部结构主构造设计的大部分环节,从最初的桥梁线形输入,结构分析,直至最后的施工图绘制以及工程量计算,都是基于一致的桥梁模型来进行联动计算,大大提高了整个设计过程的效率和准确性。

(2)规范、准确。APOLLO 这款钢结构桥梁设计软件根据日本的桥梁规范不断地更新完善,其对规范内的各个条款、计算公式和构造要求,能够严谨地遵循规范,使用图形化界面能够让桥梁设计工程师更清晰准确地输入各项参数以及快速地发现设计中出现的问题,再复核出力计算书中详尽的计算公式与计算过程来更正设计中出现的问题。

(3)工程实际化。APOLLO 这款钢结构桥梁设计软件自从诞生起,就始终与钢结构桥梁建造水平相一致,其内部提供、输入或选择的各项参数都与当时的生产工具和生产力相一致。比如,腹板靠近上下翼缘的第一排高强螺栓的孔距问题,除了考虑受力问题外,还应计入工作最小尺寸以及配套扭力扳手的使用情况,而 APOLLO 内关于这部分参数就是始终结合当时实际的扭力扳手进行更新的。所以说,APOLLO 这款软件不是一款纯数字化、纸上谈兵的软件,它是一款实战软件,是一款真正"能够正确起飞、又能够准确落地"的软件。

(4)面向设计全过程。APOLLO 这款钢结构桥梁设计软件的输入参数方式始终秉承了面向设计过程的特点和优势,这样大大提高了设计效率和准确度;一般说来,结构分析是整个钢结构桥梁设计过程中技术含量最高、理论层次最深的环节,其在整个设计中起着至关重要的作用。而如何把实际桥梁结构抽象为任意梁单元分析模型,进而完成结构分析的工作,则是关键中的关键,往往这部分工作由具体的设计工程师来完成。显然,由于工程师的水平参差不齐,造成了最终的分析结果也会存在偏差,不仅影响最终的设计成果,而且也会使得设计复核工作难于实施(分析模型不统一)。鉴于此,APOLLO 很巧妙地采用了以桥梁结构工程参数作为输入参数,这些参数都是实实在在的参数或尺寸,而把如何建立结构分析模型的过程完全程序化,大大减小了设计工程师的工作量,而且使得分析模型统一化,进而也使得后期的设计复核工作能够确实、有效地完成。

综上所述,APOLLO 这款软件可以达成普通钢结构梁式桥上部结构主构造的自动化设计。由于很高的联动性,所以最终的设计图纸与桥梁工程师的设计思想可以达到高度的一致,从而避免了很多的中间检验环节,提高了整个设计环节的准确性和设计效率。

行业的发展和进步源于生产力的提高,而生产力的提高源于管理方式改革和生产工具的提高。中国的桥梁建设工作在近几十年内取得了辉煌的成果,无论在设计理论和施工方法上都取得了长足的进步;但是到目前(本文截稿)为止,中国仍没有一款能够贯穿常见梁式桥梁整个设计过程的软件,其结构分析、施工图绘制、工程量概预算,仍处于独立核算的状态,虽然近年来某些独立软件之间都进行了彼此接口支持的工作和处理,但是远没有达到 APOLLO 软件的统一状态,这也或多或少造成了桥梁设计工作无法做到细致,设计复核工作往往不能深入的原因。

所以,笔者在此大胆推测,当中国出现一款能够贯穿整个桥梁设计过程的"APOLLO"软件时,中国桥梁设计行业将会发生大的变革。

这样的钢桥自动设计系统是随着计算机的进步经过多年几个版本的更新和换代而形成的,但实际应用起来仍然存在一些问题。现状的 APOLLO 是针对钢板梁和箱梁为主力桥种,而且它主要是适用于上部结构,对下部特别是上下部一体的大型钢桥项目适用性有很多限制。目前它只能是对结构分析能全面通过 Analyzer 来求解截面力,而这时的自动设计特别是自动出图的机能就无法发挥。如图 11-46 的虚线范围是该系统应用内容。另外除了桥梁主结构作为设计对象还有大量的桥梁附属结构,如伸缩装置、排水、检查通道以及落桥防止装置,这些内容的自动图画处理更是设计者所期待的。

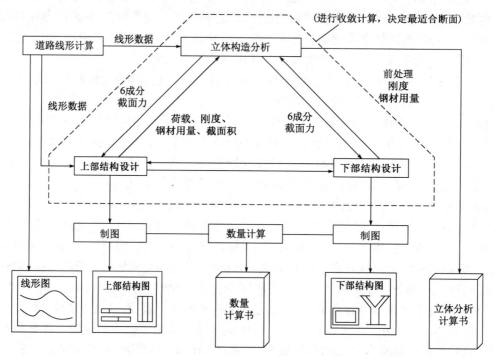

图 11-46　最近设计的自动化系统示例

后　　记

　　世界上最早的钢桥是建在英国产业革命根据地的铸铁桥（Iron Bridge），当软钢（低碳钢）板材出现以后最合理的形式就是 H 型钢桥了。研究发现，单体 H 型钢梁因为有翼缘的加劲作用，其强轴方向有巨大的抗弯承载能力，而其竖直方向的加载破坏模式不是发生在加载的竖直方向上，是绕弱轴的横向屈曲，并且梁轴力的发生会增加这种趋势。这种单体梁常用在建筑的吊车梁上，在桥梁中多通过横联用在简支小桥上。开口断面的单体梁即使有足够的加劲肋，其横向屈曲的破坏模式也是不变的。

　　Bleich 对薄壁构件的失稳建立了总势能表达式，在此基础上，设计上一般按梁反弯点的有无和固端弯矩的大小来近似求解最大弯矩的，当考虑轴力时问题更加复杂。这种情况下一是没考虑轴力，二是假定面内弯曲，截面纯扭和板的纯剪都是微小变形的。而实际工程中梁端固结条件多种多样，公式却是假定完全固结而不发生翘曲来推导的。在这种情况下我们只能仅考虑抗弯来设计截面，而对腹板抗剪等板的局部屈曲是无能为力的。所以对连续梁中间支点的腹板抗剪，弯剪组合下的稳定和应力是考虑不到的。同样由 H 型钢连接的桥梁也只能限制在简支梁的形式范围内。这时由于设置了横向支撑点，主梁的极限状态可以达到全塑性的理想抗弯模式，而且在解决了局部屈曲问题的情况下，利用材料硬化后的强度理论上也是可能的。新日铁开发的 PANEL-BRIDGE 结构就是在这种全强理念下实现了最低的梁高，实际是保证结构进入全强而不发生局部屈曲的设计。新《道路桥示方书》提倡 40m 以下的单跨桥梁原则上采用无缝设计，桥梁整体也应根据地质情况，对液化地表也可以使用柔性结构，破坏状态也可以考虑在梁端或者桩头出现塑性铰后控制其转角。以上所述是针对板宽厚比参量比较小的开口断面 H 梁。

　　还有一种是焊接薄腹板的钢板梁。吊车梁是比较代表的单体梁构造，而吊车梁刚度要求比较高，主要是挠度控制设计，一般也都是简支梁模型。由于建筑钢结构在各国都是发展较快，感觉吊车梁技术方面的研究比较到位。可以从单体吊车梁的力学性能中学到很多东西。无论是日本还是中国建筑吊车梁在设计规范上，都明确规定了腹板屈曲后强度的承载力公式。由于建筑大都是面向民间项目，所以比较强调经济目标下的构造合理性。全自动的吊车梁对挠度的要求是 1/1000 以上，这远高于道路桥 1/600 的梁体刚度规定。

　　通过十一章的分项学习，基本掌握了这种开口截面薄壁构造的力学机理，以整体抗弯和局部抗剪相结合的梁体构造，作为桥梁我们要求它能以人工地基一样有巨大的承载力，并有足够的行车平顺性。对这个薄钢板的结合体的整体受力模式、主横梁格子刚度下的力分配、连接点的强度、加劲肋的节线刚度、最后到每一块单元板的屈曲模态，以控制单元板的局部屈曲来保证主梁不发生整体屈曲，这一整套的屈曲技术操作就构成了钢板桥的整体设计流程。设计原理是在初等板理论的弹性力学基础上应用了能量法并反复地求解高次偏微分方程，板的屈曲后强度方面又扩展到大挠度下的几何非线性的有限变位理论，而最后的强度式还导入了

Bleich 的材料非线性的腹板双模量概念。完整地理解这些内容确实远远超出了大学本科所学的知识范围。真正的创新需要在这个基础上才能实现。

非组合形式的钢板梁桥历经百年,是建立在数学、力学、材料的经典理论上,通过全世界的结构先贤们的技术革新和无数的工程实践而创造出的最为宝贵的、可靠性最强的钢桥桥种。无疑学习和推广这种基本桥型是保证社会资本持续升值的工程师应该履行的使命。

本书也是在这种理念上对非组合钢板梁桥的专业理论进行的叙述。全世界各个国家都是从纯钢梁开始经过漫长的过程才发展到钢筋混凝土组合梁的。所谓的钢筋混凝土组合原则是设计寿命之前永远能组合在一起抵抗外力。那么混凝土真的会像钢材一样能永久抵抗吗?作为桥面板的混凝土客观上是不可能的。土木建筑中唯有桥面板这个构件处于最最恶劣的工作环境中,承受高温、瀑晒、重轴轮压、高频振动,特别不可避免地会有长期复合成分雨水的浸入,再加上日间和年份的温度变化。可以这么讲干线公路上的混凝土桥面板能超过 40 年的几乎就不可能。这里不是说组合结构不合理,而是过于理想化的合理,这种合理性需要在理解和掌握钢板屈曲理论基础上进行设计,而更要保证的是高质高强混凝土在现场能高质量地施工。国际上钢筋混凝土组合桥梁还不是普及的桥种,即使在组合桥梁的发明国——法国,组合结构也不到 10%,日本也在这个程度以内。呼吁中国郑重考虑普及常规跨径多采用的钢板梁桥!

参 考 文 献

[1] 小堀为雄,吉田博. 钢构造设计理论[M]. 东京:森北出版株式会社,1977.
[2] 伊藤文人. 构造安定论[M]. 东京:技报堂出版株式会社,1989.
[3] 伊藤学,奥井義昭. 钢构造学[M]. 东京:コロナ社,2020.
[4] 三木千寿. 钢构造[M]. 东京:共立出版株式会社,2000.
[5] 大倉一郎. 钢构造设计学的基础[M]. 东京:株式会社东洋书店,2004.
[6] 大倉一郎. 钢桥的疲劳[M]. 东京:株式会社东洋书店,1994.
[7] 倉西茂. 钢构造[M]. 东京:技报堂出版株式会社,2000.
[8] 关西道路研究会. 钢桥的终局强度解析与座屈设计[M]. 东京:共立出版株式会社,1998.
[9] 吴冲. 现代钢桥[M]. 北京:人民交通出版社,2006.
[10] 刘古岷,张著晞,张田申. 应用结构稳定计算[M]. 北京:科学出版社,2004.
[11] 陈骥. 钢结构稳定理论与设计(第6版)[M]北京:科学出版社,2014.
[12] 钟善桐. 钢结构[M]. 武汉:武汉大学出版社,2001.
[13] 吉伯海,傅中秋. 钢桥(第2版)[M]. 北京:人民交通出版社股份有限公司,2019.
[14] 李国豪. 桥梁结构稳定与振动[M]. 北京:中国铁道出版社,1992.
[15] 项海帆. 高等桥梁结构理论[M]. 北京:人民交通出版社,2013.
[16] 中井博,北田俊行. 钢桥设计的基础[M]. 东京:共立出版株式会社,1992.
[17] 伊藤满,栗田章光,铃木博之,等. 钢道路桥的建设管理[M]. 东京:明星大学出版社,2003.
[18] 桑树仁. 钢构造的性能与设计[M]. 东京:共立出版株式会社,2002.
[19] 渡边昇. 桥梁工学[M]. 鸟取:株式会社朝仓书店,1981.
[20] 童根树. 钢构造的平面外稳定[M]. 北京:中国建筑工业出版社,2013.
[21] 童根树. 钢构造的平面内稳定[M]. 北京:中国建筑工业出版社,2015.
[22] 松村骏一郎. 构造用钢材[M]. 东京:技报堂出版社,1981.
[23] 热田稔雄,当麻庄司. 屈曲的话题[M]. 东京:鹿岛出版会,1986.
[24] 日本钢构造协会. 构造物的立体举动与设计法[M]. 东京:技报堂出版株式会社,1992.
[25] 土木学会. 座曲设计指针[M]. 广岛:丸善株式会社,2005.
[26] 宇佐美勉. 钢桥的耐震·制震设计指南[M]. 东京:技报堂出版株式会社,2006.
[27] 日本道路协会. 道路桥示方书·同解说(钢桥篇)[S]. 东京:日本道路协会,2017.
[28] 梅村魁,骨组·板·曲板的力学[M]. 东京:株式会社彰国社,1968.
[29] 藤木盛久,等. 屈曲论[M]. 东京:株式会社彰国社.

[30] 日本钢构造协会.钢构造物的疲劳设计指南·同解说[M].东京:日本钢构造协会.
[31] 陈绍蕃.钢结构设计原理[M].北京:科学出版社,2014.
[32] 小松定夫.钢结构的加劲设计[M].东京:森北出版株式会社,1982.
[33] 全日本道路协会.钢道路桥设计便览[M].东京:日本道路协会,1998.
[34] 鸟养鹤雄,久世绅二.行机的构造设计[M].东京:日本航空技术协会,1992.
[35] 郝际平.钢构造进展[M].北京:中国建筑出版社,2017.
[36] 日中设计咨询(株).钢桥的原寸[M].ENTERPRISE 编集社.
[37] 鋼構造委員会.钢构造架设设计施工指针[M].东京:土木学会,2002.